世界歷史有一套之

德意志是鐵打的

世界歷史很精彩・世界歷史可以寫得很好看

楊白勞

引言／007

起源篇

德意志篇

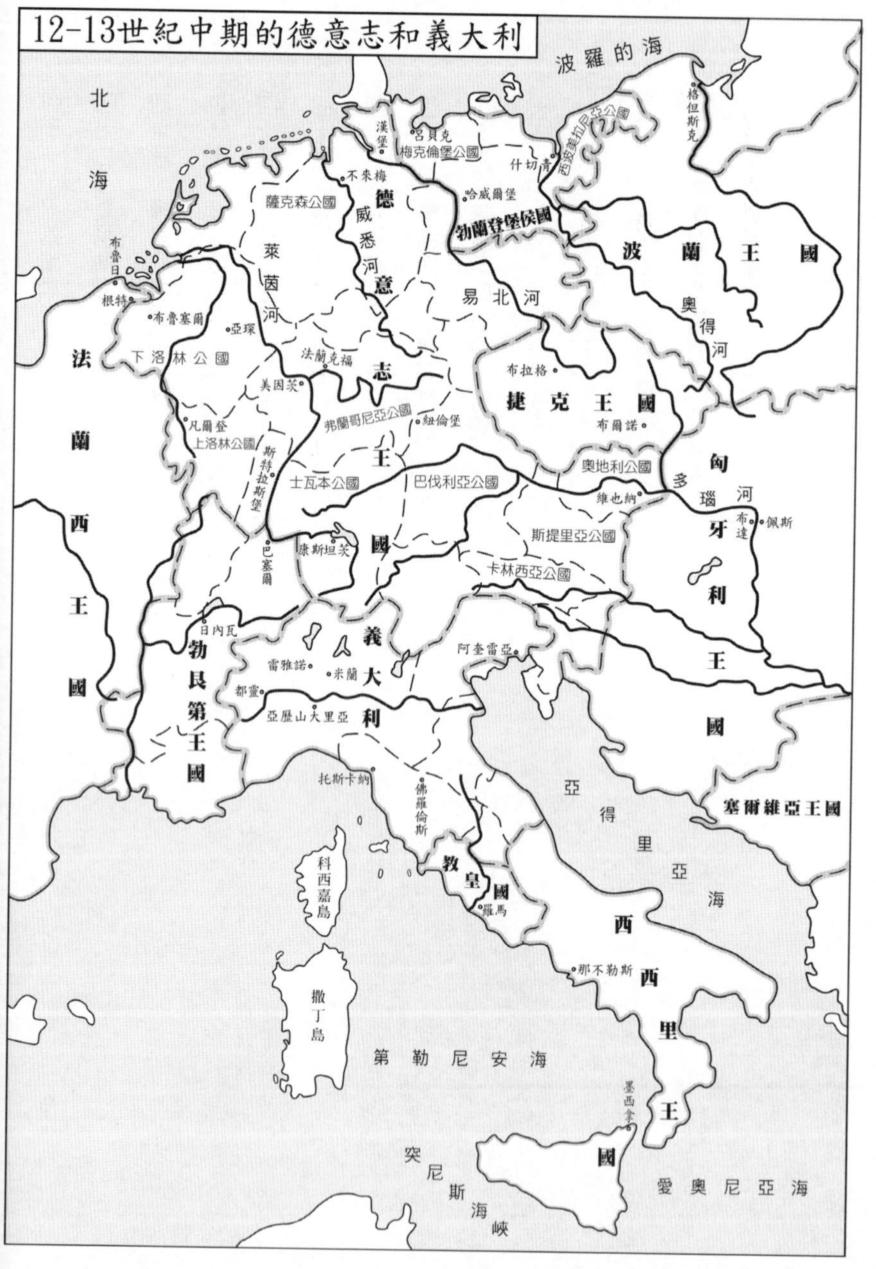

12-13世紀中期的德意志和義大利
波羅的海
北海
格但斯克
西波美拉尼亞公國
漢堡
呂貝克
梅克倫堡公國
什切青
不來梅
哈威爾堡
薩克森公國
德
威悉河
意
志
王
國
勃蘭登堡侯國
波蘭王國
布魯日
根特
萊茵河
易北河
奧得河
布魯塞爾
亞琛
下洛林公國
法蘭克福
美因茨
布拉格
捷克王國
法蘭西王國
凡爾登
上洛林公國
弗蘭哥尼亞公國
紐倫堡
布爾諾
斯特拉斯堡
士瓦本公國
巴伐利亞公國
奧地利公國
匈牙利王國
多瑙河
維也納
布達
佩斯
巴塞爾
康斯坦茨
斯提里亞公國
卡林西亞公國
日內瓦
勃艮第王國
義大利
阿奎雷亞
雷雅諾
米蘭
都靈
亞歷山大里亞
托斯卡納
佛羅倫斯
亞得里亞海
塞爾維亞王國
科西嘉島
教皇國
羅馬
西西里王國
那不勒斯
撒丁島
第勒尼安海
墨西拿
突尼斯海峽
愛奧尼亞海

引言

又要啟動我們的行程了，告別英倫三島，回到歐洲大陸，這片大陸是街坊的人口密集區，門戶甚多，去哪一家串門子呢？

且看中歐這一帶，有家豪門大戶，真個是鐘鳴鼎食之家，遍地鴻儒，星光燦爛，很值得拜訪。楊媽經常教育老楊，去別人家串門，一定要收拾準備一下，不要顯得太土鱉。

中國改革開放三十年了，很有錢了，絕對沒有人再敢說我們土鱉，漫說那些歐洲大牌都把旗艦店開在中國了，連總是自稱自己為農民的趙大爺（趙本山）都開始玩私人飛機了。

改變土鱉形象，最快的當然是硬體設定，穿身名牌，開輛好車。但是軟體就難了，藝術鑑賞代表一個人的品味，也是土鱉升級必要的軟體建設，而面對我們將要進入的這戶人家，第一個需要的修練就是，音樂，古典音樂。

什麼是古典音樂，老楊的解釋：聽不懂但是又很想聽懂，附庸風雅非要聽，要不斷掐大腿，防止打瞌睡的音樂。古典音樂，按字面理解當然就是古代的經典音樂，既然是在歐洲，我們講的自然是西洋的古典音樂。

有人說，音樂是上帝創造最美的東西。所以音樂也成為跟上帝溝通最好的工具，整個西方音樂的起源和發展跟基督教密不可分，最早來自教堂的聖詠，隨著樂器的進步，樂譜的完善，再經過文藝復興的思想解放，人類歷史上第一個音樂的燦爛時代出現在十七—十八世紀，我們要認識的第一牛人是，約翰．塞巴斯蒂安．巴哈。

你要是沒什麼事突然跟人講巴哈，十個人有九個說你裝。其實，沒有大家想得那麼高深，老楊敢斷言，所有的地主，活到現在，不管是主動還是被動，至少聽到過一次巴哈，他有一首曲子，幾乎是每個學鋼琴的入門課，三至五歲的小朋友，會彈的不計其數，縱然不會彈，也肯定會哼哼，也就是大名鼎鼎的小步舞曲。

小步舞曲雖然氾濫，但還都是音樂愛好者用於學習的。還有一首耳熟能詳，更是因為被廣泛用於各種咖啡廳，茶座，露天酒吧或者是酒店大堂，大家都不好意思說它高檔經典了，這首曲子就是的《G弦上的詠歎調》。

這首曲子出自巴哈《第三號管弦樂組曲》，是第二樂章主題，十九世紀，有位小提琴家將這段改編為鋼琴伴奏的小提琴獨奏曲，風靡了全世界。

大家都知道小提琴有四根弦，從粗到細分別是G弦、D弦、A弦、E弦，演奏者的手指在四根弦上跳躍舞蹈，小提琴特有的清越而流暢的旋律就是這樣產生的。而演奏《G弦上的詠歎調》就省事了，因為全部的工作都只在G弦這一根上完成，工作量好像只有四分之一，但產生的效果絕不偷工減料。

巴哈是個虔誠的基督徒，他幾乎所有的靈感都是來自他對上帝的愛，G弦厚重而深沉，博大包容，能演繹最深邃的情感，將這首曲子作為背景音樂放幾遍，你會不知不覺陷入一種纏綿的氣氛難以自拔，這就是經典的魅力，這就是巴哈的力量。

《G弦上的詠歎調》本來蘊含著宗教的神聖感和神祕感，可是因為太普及了，在一些茶館裡，從門地主的洗牌聲音空隙中傳來，它的宗教神聖感肯定就被淡化了，好在巴哈還有大量的宗教作品沒有被放進酒吧茶樓去糟蹋，其中的巔峰之作就是《馬太受難曲》。

將耶穌的事蹟譜成曲子，是當時很多作曲家喜歡幹的事，但是我懷疑用音樂描述耶穌事蹟，只有巴哈得到了上帝的正式授權，所以《馬太受難曲》之後，再沒有同類的東西敢拿出來現眼了。

整部作品有七十八首分曲，來自聖經的「馬太福音」，規模龐大，氣勢恢宏，需要三個合唱團和兩個管弦樂隊還有其他大量樂器的配合。

不管你有沒有讀過聖經，安靜聽一次《馬太受難曲》，你能體會到那種深刻的憂傷，犧牲的勇氣和偉大的救贖，你似乎能看到耶穌鮮血淋淋被釘上十字架時悲憫的目光，充滿神性的光輝，讓人心悸、心痛、心動，如果你碰巧信教，我相信你會流淚。所以，這套樂曲在世界宗教音樂史上有著無與倫比的地位。

不管給《馬太受難曲》多高的評價，它似乎都受之無愧，即使是最刻薄的批評家，也不敢隨便詆毀，可惜巴哈生前並沒有這個待遇。

他生前的所有名聲來自於他是個技藝無比高超的管風琴演奏家。傳說他在教堂裡演奏，教堂外種地的農民聽到，並不知道是誰在彈琴，但是這些農民會說，能彈奏出這樣的音樂，那人如果不是巴哈，就一定是天使！

巴哈生前地位卑微，到處跑場參加王公貴人的堂會。十八世紀初，巴哈去給當時的一位勃蘭登堡大公演出，這位大公是個音樂愛好者，養著一支樂隊，讓巴哈送他幾首曲子演奏，巴哈受寵若驚，誠惶誠恐地從自己的作品中精選了六首送給大公。

這是巴哈最黃金的時代，他的創作已經進入了行雲流水、三花聚頂的境界，靈感如火山岩漿般噴湧，已經鮮有東西可以承載，所以，這六首曲子幾乎是動用了當時能找到的所有樂器，驚才絕豔。可惜，他滿腔熱情地將自己的心血送出去，勃蘭登堡的大公並不是知音，大公的樂隊有六個人，巴哈這六首曲子，最少都要七個樂手，勃蘭登堡不知道是不是經費有限，沒有增加一個樂手的預算，於是就將這套作品丟進廢紙堆了。

大公去世，這六首曲子以每首四十八芬尼的價格賣出。芬尼是當時的貨幣單位，一芬尼相當於人民幣五分錢，這樣算下來，巴哈精選的這六首曲子大約跟同等重量的廢報紙價值相當。六首曲子後來重見天日，定名為《勃蘭登堡協奏曲》，是巴哈的管弦樂的代表作，在音樂史上是什麼地位呢，用另一位音樂家華格納的評價比較中肯——「一切音樂中最驚人的奇蹟」！

想從巴哈一生浩如煙海的作品中找出代表作是非常艱難的，形容巴哈的諸多讚美之詞中，經常被用的到一句就是「前無古人，後無來者」，因為他的作品不論是數量還是品質都是地球人無法企及的高度，如果說音樂家是讓我們仰望的高山，巴哈必定是珠穆朗瑪之巔。另一個音樂家舒曼說：「巴哈之於音樂如同創教者之於宗教」，所以巴哈有個稱號是「西方音樂之父」。

這樣的父親會影響很多孩子，且不說巴哈家族前後出過兩百多名的各種音樂工作者，也不說巴哈的兩個兒子都是音樂史上留下大名的音樂家，單看看巴哈的粉絲團，其陣容之豪華，已經沒有其他偶像可以比了。領銜巴哈粉絲團的，是一位全世界都認識的老朋友，他叫貝多芬。

如果說巴哈的作品包含著宗教的端莊凝重，貝多芬的作品則是生命激情的宣洩，如同他那頭不遜的捲髮般的桀驁。老貝二十六歲的時候，就開始出現了聽力衰竭，他自己知道，他最終會變成聾子，他甚至寫好了遺囑，可是當我們清理老貝的作品，我們發現，所有那些成就了他的名曲，全部來自他逐步變聾這個過程中。

對一個將音樂視為終生事業的人來說，他發現他自己聽不見了，恐怕是滅頂之災，遭遇巨大的不幸，如果沒有自殺或者逼瘋，就能成為天才，貝多芬就是這種。他也自怨自艾，可沒耽誤辦正事。他的作品是稍有文化的人必須知道的基本音樂知識，尤其是他那四部振聾發聵的史詩級交響樂。

第一部，《降E大調第三交響曲》，一般叫它英雄交響曲。貝多芬的確是寫給英雄的，他當時心目中的英雄是拿破崙。貝多芬的時代，法國大革命讓全歐洲人經過了一次精神洗禮，貝多芬也是支持革命派，所以拿破崙以維護共和的面目橫掃歐洲那些陳腐的大陸時，貝多芬看他，就是個救世的大英雄。他以滿腹的才華洋洋灑灑寫下對拿破崙的崇拜，激情澎湃，壯麗豪邁，有非常鮮明的英雄氣概。後來拿破崙傷了貝多芬的心，他稱帝了，獨裁了，貝多芬氣憤之下，將原來的題目「拿破崙．波拿巴大交響曲」撕掉，改成了現在的「英雄交響曲——為紀念一位偉人而作」，他說，這個偉人是他心中虛構的。

第二部，《C小調第五交響曲》，這首曲子太熟悉了，他簡直就是貝多芬的代號了，尤其是開頭那四個令人窒息的音符，如春雷撼動大地，排山倒海，是音樂史上最震撼的旋律。在這首曲譜上，貝多芬寫下了「命運在敲門」幾個大字。對，這就是命運叩門的聲音，這就是命運交響曲。此時的貝多芬深受耳疾之苦，幾乎崩潰，最糟的是，他還遭遇失戀，他愛的小姐因為門第之別嫁給了一位伯爵，他為她寫下了靜謐而憂傷的《月光奏鳴曲》，預備結束自己的生命。幸好他感覺他滿腹的旋律，如果不寫出來就死去，太不甘了，所以，他將此時的情緒宣洩成了這首帶著雄渾生命力的《命運交響曲》，這樣的曲子也振奮了他自己的精神，他不尋死了，他還喊了一句名言：我要扼住命運的喉嚨，它不能讓我屈服！作為一個正被命運扼住喉嚨的人，這樣的宣言不能不說是非常強悍。

第三部，《F大調第六交響曲》，貝多芬自己將其定名為「田園」。此時的他幾乎已經聽不見了，他搬入鄉間隱居。作曲時，咬住一把音叉的一頭，將另一頭頂在鋼琴上，琴弦的震動可以傳入內耳。顯然鄉間的隱居生活對平復老貝的心境很有益，他用音樂描述了一副鄉村風景畫。清新細膩，平靜樸實，跟「命運」放在一起演奏，可以感覺到貝多芬那收放自如的才華。

第四部，《第九交響曲》。一八二七年，貝多芬的創作進入了頂峰，他是幸福的，他的人生沒有回落，終結在最輝煌的頂點。《第九交響曲》寫完後，老貝就去世了。《第九交響曲》無疑是他眾多成功作品中最成功的一部，在這首樂曲的最後一章，老貝將他最鍾愛的詩人席勒的一首詩譜成一段合唱曲，也就是膾炙人口的《歡樂頌》。金色的陽光普照大地，萬物復甦，充滿莫大的喜悅。一個不快樂的人，很難寫出這樣燦爛的曲子。老貝一生飽受病痛，又終生未娶，受盡情傷，性情有些古怪，還是非常坎坷的，《歡樂頌》成為他生命的結束曲，不知道算不算是一種補償。

對藝術家來說，苦難和愛情都是最好的創作泉源，老貝一輩子談戀愛談得感天動地而沒有結果。他四十歲的時候又愛上十七歲的女學生，特雷澤，於是寫了首柔美溫馨的鋼琴小品抒發愛意，也就只要學過一點鍵盤就會彈的《獻給愛麗絲》，至於愛麗絲這個名字，是手稿流傳中的翻譯錯誤，後來因為太出名了，也沒辦法改回去了。師生戀沒有結果，但是這首名曲可以萬世不朽，絕對比世界上任何一種愛情都要持久。

雖然外面的世界靜止了，可在心中，有屬於老貝自己的驚濤駭浪，比任何自然界的聲響都要澎湃，歷史上沒有任何一首樂曲有貝多芬的作品這樣飽含生命內在的能量，所以貝多芬在音樂史上被稱為「樂聖」。他幾乎是全世界音樂家的偶像，自然也有一個陣容龐大的粉絲團，而領銜貝多芬粉絲團的，應該是布拉姆斯。

布拉姆斯說！在我背後不斷聽到巨人的腳步聲。他說的巨人，就是指貝多芬。

介紹布拉姆斯的作品，要從布拉姆斯的感情生活開始，而介紹他的感情生活，要從另一個音樂家開始，就是前面提到的舒曼。你可以不知道舒曼，但是不能不知道《夢幻曲》，這大約也是世界上流行最廣的古典音樂了，不用困惑，我相信每一個「地主」都聽過。

就算被各種場合各種功力不同的樂手演奏得氾濫了，這首曲子依然純美甜蜜得如同初戀。沒錯，這就是一份情書，二十歲的舒曼搬到他老師的家中學習鋼琴，愛上了當時只有十一歲的老師的女兒——克拉拉。

舒曼是個天才，克拉拉也是個女神童，因為音樂而互相吸引，這一段戀情就在克拉拉父親的眼皮底下祕密而幸福地展開。舒曼寫下了十三首鋼琴小品，當作情書送給克拉拉，其中的第七首就是

《夢幻曲》，就算沒有文字，這無疑是世界上寫得最動情的情書了。

克拉拉後來是跟老父親打了快一年的官司，才如願嫁給了舒曼。事情總有兩面，你收穫一個完美的妻子，不見得是最好的丈夫。舒曼是個標準的天才，有些病態，實際上，他精神是有問題的，即使不犯病，也喜怒無常，犯了病更不得了，他居然玩跳河！跳河被救，進了精神病院，最後以一個瘋子的形象離開了人世。

舒曼所有的好作品都來自與克拉拉的相見、相愛、結合，可以說，克拉拉是舒曼靈感的泉源，作為一個一流的鋼琴演奏家，克拉拉能用跟其他樂手完全不一樣的情感和心態演奏舒曼的作品，肯定也讓舒曼對自己的作品有更進一步的認識和啟發。

繆斯女神不僅僅只屬於舒曼。那是一八五三年，有人給舒曼介紹一位頗為才華的年輕人，希望他收在門下為傳人。面試時，一位叫布拉姆斯的二十歲青年來到了舒曼家裡，這是個金髮的英俊青年，人有些內向靦腆。他在舒曼家的鋼琴邊坐下，小心翼翼地為舒曼彈奏自己寫的《C大調鋼琴奏鳴曲》，剛彈了幾個音符，舒曼讓他暫停，說是要讓自己的太太一起來聽，畢竟克拉拉也是個專業人士。繆斯女神就這樣走進了布拉姆斯的視線。

這是世界文化史上最著名的初見之一，我們不知道布拉姆斯當時的心臟受到了多大的刺激，但是以他的性格，克制得滴水不露，絕對不會發生看著別人的老婆眼睛發直這個狀況。我們後來才知道，克拉拉不僅是走進了客廳，更是走進了布拉姆斯心裡並永遠住下了。

布拉姆斯一曲彈完，舒曼驚為天人，感覺終於找到了自己的衣缽傳人。而布拉姆斯也從舒曼這裡感覺到了跟他本身很契合的音樂氛圍，於是同舒曼確定了這種師徒關係，當然，這中間還有那位閃著一雙明眸的師母，這一年，克拉拉三十四歲了，已經是幾個孩子的媽媽。

舒曼並沒有教布拉姆斯太久，第二年，舒曼的家族遺傳精神病就發作了，他跳進了萊茵河，獲救後正式瘋了。這時的布拉姆斯做了一件誰也想不到的事，他走進舒曼的家，幫著克拉拉照顧孩子，照顧舒曼。此時舒曼家的生計都落在克拉拉身上，她需要大量的演出賺錢養家，而她離家的日子，布拉姆斯就擔負了她所有的後勤工作。他像一個非常稱職的褓姆，帶著孩子，並給克拉拉寫信，告訴她孩子的一切，舒曼的一切。要知道，這正是布拉姆斯事業的上升期，他為此放棄了很多演出和成名的機會。

兩年後，舒曼病逝，布拉姆斯選擇了離開，不再跟克拉拉見面。到底老布當時是怎麼想的，我們沒辦法猜度，大家都說老布是個理性內斂的人，這樣的人，他從不會將感情宣之於口，舒曼是他老師，克拉拉是師母，這個關係是無法改變的，布拉姆斯也許是沒有楊過娶小龍女那樣的勇氣，他遵循了一種東方式的道德。

並不是愛得不夠，後來的日子裡，布拉姆斯經常給克拉拉寫信，資助她的全國巡演，資助她對舒曼作品的整理，最重要的是，他自己的每一個作品，他都先郵寄給克拉拉過目，他在意克拉拉的評價。坊間傳聞，除了樂譜，他其實還是給克拉拉寫過大量的情書，只是，一封都沒有寄出，他將這份戀情生生地憋在自己心裡，以至於他的作品更克制更理性。

布拉姆斯生活的年代，是以貝多芬為代表的浪漫主義成熟的階段，浪漫主義的特點就是張揚個性，強調自身的情感感受。而布拉姆斯的音樂卻是個安詳地回歸，都說他的作品很復古，其實應該說，他在貝多芬代表的浪漫主義和貝多芬之前的循規蹈矩的古典主義間，建立了一種完美的均衡，形成了大器穩定品質精良的布拉姆斯風格。

說到布拉姆斯的代表作，首推應該是他的四首交響曲，而其中最經典的，則是《C小調第一交響曲》，為了向前輩致敬，交響樂的最後一個樂章，他引用了《歡樂頌》曲調。這部交響曲的完成，用了布拉姆斯二十一年的時間，幾乎是黃金生涯的全部，作品精工細作不用說了，其包含的人生感悟和人生歷練更是細緻而深刻的，所以，這部作品問世，轟動了世界，這無疑是貝多芬之後最令人驚豔的交響樂作品，於是，當時的人給這支曲子起名為：「貝多芬第十交響曲」，讓他以後輩的身分與貝多芬同列，這部作品也跟貝多芬那些作品一樣，光芒萬丈！

而說到被演繹得最多，流傳最廣的布拉姆斯作品，應該是《匈牙利舞曲第五號》。有一陣子，布拉姆斯開始迷戀民間音樂，尤其是吉普賽音樂，他總結這些來自民間的樂章，寫成了一部「匈牙利舞曲集」，共有二十一首曲子。這二十一首都算是名曲，其中最紅的是第五號，因為吉普賽的音樂元素，讓旋律很自由，很躍動。現在我們最常聽到的是管弦樂的版本，比他之前那個鋼琴四手連彈的版本更加豐滿熱鬧，激烈華麗。在冬日的午後，昏昏欲睡的時候，它可以讓你的心情突然振奮激動起來（寫這段文字的時候，老楊正在聽一個小號版本的《匈牙利舞曲第五號》，發現小號竟然這樣的高亢激昂，而我同時也發現，這首曲子的任何版本都很好聽）。

布拉姆斯另一首名作就比較高端比較學院了，那就是《降B大調第二鋼琴協奏曲》。從貝多芬以來，所有的協奏曲都是按三個樂章寫成的，而布拉姆斯在這首樂曲中，寫了四個樂章，規模已經是交響曲了。既然是鋼琴協奏曲，顧名思義就是以鋼琴為主，整個管弦樂隊為它伴奏，鋼琴是主角，樂隊是配角。這首樂曲，鋼琴的主角地位已經不明顯了，主配角戲份相當，是一種讓人耳目一新的嘗試，所以大家稱這首協奏曲是「由鋼琴主奏的交響曲」。不過，作為音樂的外行人聽來，曲子有點晦澀艱深。傳說是布拉姆斯在義大利兩次旅行後得到的靈感，反映了義大利的風光和人情，這個內容老楊是一點也沒聽出來，估計就是音樂素養不夠。

將鋼琴協奏曲寫出交響樂的格局，並不是布拉姆斯唯一的創新。他生活的年代，是馬丁路德宗教改革之後，基督教平民化了，聖經聖樂當然也放下了身段。馬丁路德翻譯了一部德文版的聖經，而布拉姆斯根據這部德文版的聖經寫下了偉大的《德意志安魂曲》。

安魂曲是一種特定的宗教音樂形式，用來哀悼死者。布拉姆斯之前的安魂曲，都是非常嚴格地按照天主教的規範和規格來寫作，那些出自聖經的歌詞當然也都是拉丁文，布拉姆斯這部突破天主教框架的安魂曲，則更加親切隨和。根據布拉姆斯一貫的慢工細活的作風，這首曲子也寫了快十二年，一直到他母親死後，才最終完成。因為親歷老師舒曼的死，摯愛母親的死，讓他的安魂曲低迴而沉鬱，但是作為一個教徒，基督教的死亡觀又讓他滿懷著喜樂和希望。

跟貝多芬和巴哈相比，布拉姆斯的生活水準算是小康，沒受過窮，大約人生最大的淒涼就是對克拉拉的暗戀。話說他離開克拉拉後，也不是沒有愛上過別人。

那是一位叫阿加特的女歌唱家，布拉姆斯經常和她一起鑽研音樂，發生了感情，據說還私下訂婚，交換了戒指，可真要結婚時，布拉姆斯不幹了。他說：我渴望你的擁抱，但結婚是不可能。有點始亂終棄，不願意負責任的意思。評論家認為，布拉姆斯是因為怕家庭生活影響自己的創作，這個說法顯然站不住腳，他的老師舒曼的成就都來自婚後。正常的推測，肯定是發現誰也不能替代克拉拉的位置，除卻巫山都不是雲。

阿加特帶著遺憾另嫁他人，布拉姆斯還是偶爾作曲送給她，說明難以忘懷。阿加特生第二個孩子的時候，布拉姆斯用一首童謠譜寫了一首《搖籃曲》送給新生兒，這《搖籃曲》也是布拉姆斯的經典作品，如秋夜的月光瀉滿湖面，初夏的微風掠過窗簾，懶懶的溫柔讓人沉醉。現在最常出現在各種胎教的音樂製品上，很溫暖很有愛。

一八九六年，六十三歲的布拉姆斯收到了克拉拉的死訊，這位老人家身在瑞士，不知道怎樣跌跌撞撞趕到火車站，要趕去法蘭克福見自己心愛的女人最後一面，不幸的是，這個憂傷的老人坐錯了方向，等兩天後，他終於找對路來到目的地時，已經是黃土壟中，佳人薄命。

老人家拿出小提琴，在克拉拉的墓前拉了一首曲子，沒有人知道是什麼，其實也不需要知道是什麼，那是四十三年蘊藏的愛情，四十三年說不出口的思念，現在他終於能大膽說出來了，可是那個女子卻再也聽不到了。克拉拉死後的第二年，布拉姆斯在維也納追隨她而去。他死後，漢堡港的所有船隻為他下半旗，並且鳴笛致哀。因為布拉姆斯出生於漢堡，他是漢堡的驕傲。

以一個外行的角度，一口氣講完了三個音樂家。要說這三個音樂家有什麼聯繫，除了音樂上的某種傳承，就是他們都代表著連續的三個古典音樂的偉大時代。但是老楊會把這三個人挑出來跟大家認識，最主要的原因，是他們都來自我們將要訪問的那個國家——德意志。

這三位在音樂史上被共稱為：「3B」，稱號不太好聽，因為他們三個的名字都以B開頭。無論哪個國家出了這3B，都可以說自己是音樂史的棟樑了，可德國不僅僅是只有這3B而已，大致點算一下德國籍的音樂家包括：亨德爾、舒曼、華格納、孟德爾松、韋伯等等。我們這只是說的國家概念上的德國，如果推廣到廣義的德意志概念，不得了啦：海頓、莫札特、舒伯特、史特勞斯家族、馬勒、卡拉揚……

現在大家知道了，不上音樂課怎麼好意思去德國串門子呢。但是僅僅是音樂還不夠，如果說這些音樂家是德意志的一片星空，他家肯定還有另一片星空，一樣的耀眼，那就是哲學家。德國的哲學家簡直就像是當地特產了，如同東北的人參鹿茸烏拉草，而那些聞大名如雷貫耳的哲學家，幾乎都出自德國。康德、黑格爾、叔本華、尼采、席勒，當然不能忘記馬克思、恩格斯兩位跟咱們很熟的老大爺，以及把很多人分析神經了的佛洛伊德。

一個地區同時盛產音樂家和哲學家是非常奇怪的，感覺將松樹和水仙種在一塊地裡。我一直認為音樂是天性的釋放，而哲學應該是理性的沉澱；音樂將複雜的事情簡單化，要麼愉悅要麼憂傷；哲學則非要把簡單的事情複雜化，愉悅的時候要分析憂傷，憂傷的時候要解構愉悅。但是在德意志，音樂和哲學是一個完美的統一體，音樂家和哲學家兩片星空交織出神奇的光輝，上面說過的舒曼和布拉姆斯都有哲學的學位，而尼采也曾是個半吊子的作曲家。

看到這些震爍古今的名字，我們好奇什麼樣的土地這樣的人傑地靈。這實在是一個高貴而偉大的民族，就算它也曾誕生過幾個狂人，讓世界不安寧，但它依然是偉大的，它的自律、自省和嚴謹值得所有人尊敬，讓我們帶一顆肅穆的心去敲門吧，跟德意志人一起走過他們的歷史……

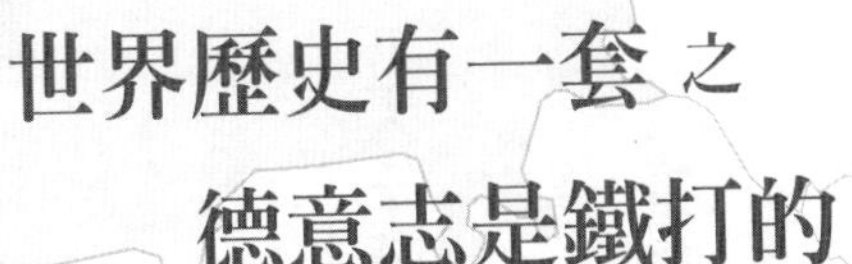
世界歷史有一套之
德意志是鐵打的

起源篇

1 尼伯龍根戰士

1.天生戰士

說到德國人，大家都叫他們日耳曼人。日耳曼人到底是什麼人呢？

在德國串門，我們對於人種和血統這個事情一定要慎重，因為這家出了個狂人，為了淨化人種和血統，不惜發動世界大戰。按這位老兄的說法，日耳曼人是雅利安人的後裔，雅利安人是神族的後裔，雅利安人在地球失去神力了，日耳曼人縱然不是神族，也應該是貴族。好在這夥計自殺了，要按他這麼鑽牛角尖想問題，恐怕德國人真成神族——神經病族。

從正常的資料分析，日耳曼人既不是神族也不是貴族，他們是蠻族！誰這麼缺德，給人取這種外號啊，牛人啊？羅馬的凱撒。

日耳曼人最早出現在文字裡，大約是凱撒出征高盧寫下的那本《高盧戰記》。凱撒和日耳曼人交了幾次手，這些人，髒兮兮的，亂糟糟的，居無定所，不事生產，專好打架。跟人幹仗時，老婆孩子帶著全部家當在邊上喊加油，提醒日耳曼的男人，一旦戰敗，老婆孩子就全部是別人的了。很多日耳曼的歐巴桑為了讓男人們知道茲事體大，經常在戰場上脫衣露點激勵士氣。不過這些日耳曼女人被敵人抓走的很少，如果日耳曼男人兵敗，大部分女人會選擇自殺，異常節烈！

凱撒軍團是訓練有素的職業軍人，打仗講究章法，而日耳曼的章法就是玩命，在文明人凱撒看來，這些人不是蠻族又是什麼呢？不過，凱撒給他們起名「日耳曼人」也表示對這些天生戰士的尊重，所謂「日耳曼人」就是「令人生畏的戰士」。

根據凱撒的記錄，西元前一世紀左右，萊茵河以東，多瑙河以北，也就是現在德國的主要部分，就已經居住著大量的日耳曼人了，日耳曼的男人們不種地不放牧不經商不讀書，甚至都不嫖娼和聚賭，主營業務就是當雇傭軍打架，凱撒跟高盧人開打的時候，高盧軍團裡就有很多日耳曼人。

日耳曼人並不是當地土著，要知道，西歐最早的原居民大約就只有凱爾特人和羅馬人。日耳曼人來自北歐，斯堪地那維亞半島南部、日德蘭半島、波羅的海海濱這片區域，跟現在的北歐人長得一樣，高大，長臉，高鼻子，金髮碧眼，稍微收拾一下，那是相當的漂亮。

既然來自北歐，他們尚武好戰這個秉性就容易解釋了，他們信奉的是北歐的宗教，而北歐宗教整個就是個悲劇故事（北歐神話參看英國篇），不論是人還是神，活著的目標就是為了最後與敵人同歸於盡。人間的戰士活著時作戰英勇，死了就可以進入奧丁的英靈殿，然後等諸神的黃昏到來，再死一次。對日耳曼人來說，男人的一生是戰鬥的一生，活著就為打架，打架就為犧牲。存了這種悲情的人生觀，他們怎麼會發展生產，改善民生呢？反正不管攢了多少家當，最後都是慘死沙場。

從北歐南遷萊茵河一帶定居，日耳曼人只是一群遷徙者的統稱，他們雖然語言造型習慣等比較接近，但其實內部卻有著非常清晰的部族分別，打仗時按部族為單位作戰，因此，雖然整個日耳曼人不少，作戰的時候，卻很難團結，各自為政，即使是單兵作戰驍勇無匹，碰上羅馬這樣兵團作戰的高手，也佔不到什麼便宜。

凱撒征服了高盧使之成為羅馬的行省，萊茵河西岸狹長地帶日耳曼人也被收拾歸順了，成立了羅馬的日耳曼尼亞行省。但是廣袤的萊茵河東岸地區，被羅馬人叫做「大日耳曼尼亞」的，還有更多的日耳曼人揮舞著短矛在溜達，為了防禦這些短矛不小心丟進羅馬的領土，東起北海西到萊茵河上游，羅馬修建了一條長城。雖然在長度上，這條長城不太符合標準，但是規模上一點不露怯，五十座城堡連接而成的，也就是著名的羅馬國界牆，這些城堡很多後來發展為德國的著名城市。

羅馬人修長城可不光是為了防禦，他們的主要目的，還是以國界牆為據點向大日耳曼尼亞進軍。從西元前二世紀到西元六年，兩百多年征伐，從馬略忙到屋大維，羅馬才宣布勉強收復了大日耳曼尼亞，眼看著日耳曼要跟高盧、埃及、希臘一樣，被羅馬兼併，消化，成為另一個羅馬的延伸。

日耳曼人表面上是歸順了羅馬，但這個族群是不太容易被征服的。西元七年，駐紮在大日耳曼尼亞的羅馬軍營發生了一次重要的人事變化。

原來羅馬駐大日耳曼尼亞的總督是屋大維的養子提比留（詳見古羅馬篇），這位後來的羅馬皇帝腦子很清楚，做總督期間，恩威並施，讓日耳曼人很馴服，基本不搗亂折騰。提比留作為屋大維手上最好用的悍將，自然是哪裡有事奔哪裡去，當時有個行省作亂，屋大維就下詔讓提比留領兵出征，將大日耳曼尼亞總督這個位置轉給自己的侄子瓦魯斯接任。

瓦魯斯跟提比留是兩種人，瓦魯斯非常羅馬，特點就是知識淵博，口才出眾，作風懶散，生活奢逸。提比留鐵腕嚴肅，所以他治下的軍營也肅穆嚴整，瓦魯斯一接手，覺得這樣治軍太不人性，應該積極開展娛樂活動，繁榮軍營的文化生活。瓦魯斯是羅馬人，羅馬人對娛樂的基本認知就是酒池肉林，經他改造，羅馬軍營鶯鶯燕燕歌舞昇平。

這個人事變化在羅馬看來是個小事，但是在一個日耳曼人看來，這很可能是上天送給日耳曼人的重大機會。這個日耳曼人，名叫阿爾米尼烏斯。阿爾米尼烏斯無時無刻不念叨著要讓日耳曼人脫離羅馬人的統治，可是表面上，他低眉順眼，點頭哈腰，對羅馬人極為客氣。這種陽奉陰違的智慧，讓阿爾米尼烏斯在羅馬人那裡非常受寵，以至於讓他參與羅馬的軍隊作戰，竟然因為參戰有功獲得了羅馬的公民權，是一個持有羅馬綠卡的日耳曼人！阿爾米尼烏斯對羅馬人和羅馬軍隊都瞭若指掌，所以提比留和瓦魯斯這一交接，他就感覺到了機會。

羅馬人總說日耳曼人是蠻族，其實就道德標準這一點，日耳曼人不知道比羅馬人高出多少等。日耳曼人對家庭很忠貞，一夫一妻，抵制淫亂。而此時的羅馬，就好這一口。瓦魯斯把羅馬軍營搞成紅燈區，讓所有的日耳曼人很鄙視，很激憤，如此乾淨純潔的大地如今被一些「三俗」的人糟蹋，日耳曼人豈能坐視？

阿爾米尼烏斯非常精準地抓住了這種情緒，開始連縱，祕密聯絡了很多部族，萬事具備，只等下雨。

那是西元九年的九月九日，一場秋雨帶著些神祕莫測的使命降落在日耳曼大地上，道路很快地泥濘不堪。這時，阿爾米尼烏斯突然來向瓦魯斯報告，說是北方一個部族造反了。瓦魯斯天天鬼混日子也膩歪，聽說可以到北方去平亂，總算找了件正經事做，心裡挺激動。長途行軍還道路泥濘，當然要選擇科學的路線，整個日耳曼地區，瓦魯斯覺得最可信最靠譜的就是阿爾米尼烏斯這個老兄弟，於是，阿爾米尼烏斯不客氣地幫羅馬軍隊選擇了一條絕路。

瓦魯斯這人就是不靠譜，他明明是去平亂的，可他把自己武裝成郊遊的，行李輜重一車接一車，全是娛樂用品，足夠隨時安營紮寨開 party，後面還跟了大批的妓女和小販。郊遊隊伍被阿爾米尼烏斯引入了一片黑黝黝的橡樹林，這片森林位於現在德國的西北部，叫做條頓堡森林。這樣密集的森林內，羅馬軍團擅長的戰陣根本無法展開，而四面八方突然就射來了如蝗的箭矢。

知道遭到了伏擊，羅馬人也只能拚命，以羅馬軍團的驍悍，居然在這樣不利的局面下苦戰了四天。最後，瓦魯斯帶領的三個軍團近兩萬人，幾乎全軍覆沒，逃出來也就百餘人。條頓堡森林到處布滿羅馬士兵的屍骸，而那萬多枚頭顱，被日耳曼人掛在了森林中的橡樹上，不知道歷經幾世風雨。

瓦魯斯知道回天乏術，犯下大錯，識時務選擇了自殺，他的頭顱成為最好的戰利品，在日耳曼部落給所有人傳閱參觀。

條頓堡森林的慘敗傳到羅馬，屋大維幾乎崩潰，這是他七十二年輝煌人生中最慘痛的失敗，老人家幾個月不洗臉不梳頭不刮鬍子，每天躲在房間裡撞牆，撞牆的間隙就望天吶喊：瓦魯斯，把我的軍團還給我！這句話也是古羅馬留給後世的重要名言之一。

這是羅馬百年不遇的慘敗，屋大維急宣提比留領兵復仇，復仇戰打了好幾年。直到提比留登基，他想明白了，要徹底征服日耳曼代價太大了，算了，放下吧。此後，羅馬軍團撤退到萊茵河多瑙河一線設防，這裡成了羅馬和日耳曼的疆界，羅馬軍團再沒有收復日耳曼尼亞的雄心壯志，而日耳曼人就此永遠擺脫羅馬獲得了獨立。

條頓堡森林之戰後的第十年，阿爾米尼烏斯一次戰鬥失利，逃出戰場，他的岳父就毫不猶豫地將自己身懷六甲的女兒，也就是阿爾米尼烏斯的老婆交給了羅馬軍團做人質，隨後不久，阿爾米尼烏斯，這個日耳曼民族的解放者被自己的部族殺害，年僅三十七歲。

十九世紀，德皇在條頓堡森林為阿爾米尼烏斯建起了一座五十多米高的青銅雕像，那裡依然還能看到當年激戰留下的痕跡，直到現在，考古學家還能陸續挖出很多當年羅馬士兵的遺物，此地是德國旅遊著名的參觀景點。

條頓堡森林被認為是日耳曼的立國之戰，它是整個大德意志光輝的起點，此後的日耳曼人被稱作條頓人，它向全歐洲宣告，既然羅馬放虎歸山，就不要怪這隻猛虎隨時下山吃人了！

2.尼伯龍根之歌

上篇故事老楊在「羅馬篇」裡已經詳細講過了，因為條頓堡森林的這場戰事，是日耳曼歷史的開端，所以在本書，不怕「地主」們膩歪再寫一次。不過，接著發生的故事，老楊就不好意思再重複了，大家可以參看「羅馬篇」第三十三章，整個日耳曼民族被北匈奴襲擊，產生了一輪多米諾骨牌似的遷徙。

歷史事件不能再重複，我們就從神話角度再講講故事吧。老楊在英國和羅馬兩篇中都講述了當地的神話故事，用神話故事糊弄歷史也是老楊一個不著調的特色。這個著名的德國神話叫做《尼伯龍根之歌》。

說起德國文學或者是文化，《尼伯龍根之歌》肯定是不能迴避的，它一直被稱為日耳曼人的偉大史詩，更被稱為是德國的《伊里亞德》！這部史詩陪伴著德國人一起經歷歷史的沉浮，不同時代的德國人，都將這部史詩理解出符合自己時代特色和時代需要的內涵，而從這篇故事裡，我們能更明晰生動地了解日耳曼人的特質和性格。

話說日耳曼人中不是有勃艮第一支部族嗎，他們最早來自挪威，大約四—五世紀之間，在德國的沃爾姆斯（德國西南部，萊茵河西岸）這個位置建立了勃艮第國家。

勃艮第國的國王叫恭特，英偉神武，他有兩個弟弟，也是勇敢的騎士，另外能幹的文武大臣不少，都是些遠近知名的英雄豪傑。不過這些個老少爺們再紅，也紅不過恭特的妹妹，著名的美人克里姆希爾德。

克里姆希爾德豔名極盛，為給她獻殷勤，勃艮第王宮的門檻都快被踩爛了。各路日耳曼英雄都希望引起克里姆希爾德的注意，誰知道這小姐躲在後宮突然宣布她預備抱定獨身，恪守貞操！一個青春少女受什麼刺激，把自己往老姑婆方向努力呢，源自於她作了個夢。她夢見自己養的那隻寵物老鷹被兩隻鷲給咬死了，她拿這個夢去求問她的母親，烏特太后。

一般的母親聽說自己的女兒被噩夢嚇著了，都會安慰她，夢是反的，越夢到壞事越幸運。不知道日耳曼的母親是不是都是有一說一的，老實得病態，烏特太后一臉沉重地告訴女兒，這個夢預示著，克里姆希爾特將來的丈夫會死於非命！

哪個小姐被自己的親媽這麼嚇唬還不落下病啊，克里姆希爾德為怕自己到時遭遇難以承受的痛苦和打擊，索性宣布她不戀愛不結婚，心如止水過一生！小姐就是嘴硬，要真能說話算數，世界就太平多了。

萊茵河下游，德國和荷蘭接壤的位置有個古城叫桑騰，我們故事的男主角就在這裡。一個小國，一個小城堡，一對國王和王后，一個王子。王子的大名叫西格弗里特。

標準的騎士王子，大家可以盡己所能按所有的歐洲神話故事男主角的標準想像這位王子的風采，絕對不會過份。他一成年就開始闖蕩江湖，留下了很多讓人驚歎的事蹟：

據說早年他曾殺死一條惡龍，用龍的血洗了個澡，然後身上就變得像龍鱗一樣堅硬，如金鐘罩鐵布衫，一身橫練的功夫，刀槍不入！

說這娃早年不是在江湖上亂晃嗎，某年某月的某一天，西格走到一個山邊，看到一群人在忙著從一個山洞往外掏財寶，那些個碧玉珠寶、黃金白銀堆積如山，晃得人睜不開眼，據說一百輛大車也拉不完。西格一輩子也沒見過這麼多錢，所以就駐足觀看。誰知搬珠寶的這些人居然認識他，而西格也認出，這是一群尼伯龍根人。

日耳曼人可能來自北歐，所以他們的神話，跟北歐的神話一脈相承。北歐也有一部史詩，也就是冰島的歌謠集《埃達》，老楊在英國篇裡講訴的北歐神話故事，就是來自這本歌謠集。《埃達》中提到，勃艮第有一支古老的王族就是尼伯龍根。

至於山洞來的金銀財寶是哪裡弄來的，《尼伯龍根之歌》沒有明確說，不過根據後面的故事，很可能是尼伯龍根的兩個王子尼伯龍和希爾伯意外發現的。因為他們一見到西格就很高興，他們感覺西格這麼大名聲，算術應該是學得不錯，所以就找他幫忙，希望他能公平地將這筆財產分配給尼伯龍和希爾伯兩個王子。為了表示感謝，他倆將尼伯龍根的一柄寶劍送給西格，這柄寶劍的名字叫巴爾蒙，翻譯過來就是「石中劍」，眼熟吧？

不能指望西格這樣的小孩學習好，追他的女孩子太多，忙早戀呢，所以面對這麼大一筆財富，他也沒法提供一個科學的分贓辦法，他扳著手指頭，頭皮都抓爛了，也沒分清楚，尼伯龍根的兩個王子對他非常不滿意。兩個王子著急，西格自己也心煩意亂，脾氣都挺不好的。到底怎麼打起來的，沒說明白，鬥毆結果是，西格用尼伯龍根的寶劍殺掉了尼伯龍根的兩位王子和他們帶的所有隨從，自然，他宣布財寶從此歸他擁有。

這時，有個叫阿爾貝里希的小侏儒跳出來要為兩個王子報仇，他有一件隱身衣，穿上後不僅就地消失，而且還擁有十二個大漢的力量。這件寶貝在侏儒身上真沒用，因為增加的也就是十二個侏儒的力量，阿爾貝里希跟西格廝打一會兒，西格就一把搶走了隱身衣！

小侏儒比較識時務，眼看不對，趕緊投降，於是西格下令，把寶物搬回山洞裡，阿爾貝里希發毒誓對西格忠誠，以後就成為門衛，幫著西格看守這個山洞。那時候的歐洲人信仰虔誠，發了毒誓一般是有用的。就這樣，西格不僅是最神武的王子，還變成了最富有的王子。

在桑騰國裡，半個城的姑娘都暗戀或者明戀王子，他出於一個騎士的風度，過著逢場作戲的生活，不過在他內心，他嚮往的姑娘就是勃艮第的克里姆希爾德公主，雖然他從來沒見過，那些漫天遍野的小道消息讓他感覺，這位遠方的公主肯定比桑騰本地這幾個強。

有一天，西格王子突然稟告父母，他要去把勃艮第公主娶回家。桑騰的國王立刻整飭了一支兵強馬壯的軍隊。這是去求婚還是去幹仗啊？沒分別，日耳曼人嘛，蠻夷脾氣，預備人家不答應就搶親。

西格弗里特王子藝高膽大，他說他只需要十二個武士，充個門面就行了。於是，桑騰國王給兒子備好駿馬雕鞍，王后給兒子備好華服錦袍，武士們都打扮得山清水秀、鳥語花香的，到勃艮第求親去了。

《尼伯龍根之歌》最開始介紹西格出場的時候，挺騎士的，還說他風度翩翩，很有教養，誰知他跑到勃艮第，就暴露了蠻族子弟的嘴臉，他預備一開始就給勃艮第國王一個下馬威，最好人家迫於他的淫威，乖乖地送上公主。勃艮第國王有個大參謀，高人幕僚哈根。他先認出了遠來的這位衣飾華麗的粗人是江湖上大名鼎鼎的西格弗里特，為了讓恭特國王有個清醒的認識，哈根繪聲繪色講述了西格弗里特的生平故事，結論是這娃是個狠角，沒事不要惹他，如能利用他是最好的。

西格絕對是個屬驢的，他本來定好計畫是炫耀武力，然後將恭特國王拿下，最好是佔有他的國土財富進而佔有王妹，人家客氣兩句，順著毛摸了他幾下，他就非常溫順地留在沃爾姆斯給恭特國王當打手了！

西格在沃爾姆斯閒逛了一年，又在勃艮第混成了超級偶像，期間丹麥和薩克森聯手進攻勃艮第，西格請命帶兵，打退了這兩股敵人，還把丹麥和薩克森的國王抓回交給了恭特！

為了慶祝這場重大勝利，恭特國王在宮裡舉行盛大慶典，叫他妹子出來祝賀西格的勝利。西格在沃爾姆斯這一年，身邊又吸引了一群各色女人，但就是見不到那位著名的公主。而公主在深宮經常聽說他的故事，漸漸地，忘掉了自己的獨身計畫，芳心暗許了。

這次宴會，是西格第一次見到克里姆希爾德，沒有天雷地火的震撼感，都很平靜，因為彼此夢見對方好多次了，所以見面就像舊友重逢，而在見面的那一剎，雙方都認定了對方就是自己一直尋找的那個人。

這時，正好恭特國王也發情了，他也根據小道消息看上了一位姑娘，冰島女王布倫希爾德。說到這位女王啊，全歐洲的男人都倒吸一口冷氣，這小姐在冰島玩比武招親，三場比試，都贏了她就可以娶她回家。她劃下的道也不簡單，這女人是個田徑愛好者，她的比賽內容是：先互相投擲標槍，如果沒被標槍扎死，就丟石頭，看誰丟得遠，然後立定跳遠，看能不能跳到石頭邊上，據說那大石頭要十二個武士才能抬進來，女王抓起來就可以丟出去幾十米，想像一下，誰會要娶這麼剽悍的女人啊！

恭特國王口味重，他聽說這些事無比神往。他找西格弗里特幫忙。西格當然滿口答應，並讓恭特答應，只要順利拿下冰島女王，就把克里姆希爾德許給西格，兩對一起結婚。

恭特帶著西格去了冰島，對女王介紹西格是自己的隨從手下。西格本來神勇，又有隱身衣幫忙，所以那三項田徑比賽，恭特負責做戲，西格負責賣命，都贏了。恭特將女王帶回了勃艮第，並兌現諾言，將自己的妹妹許給了西格。

結婚那天，冰島女王費思量了，這個西格明明是恭特的下人，怎麼可以娶到公主，恭特好像還對他異常客氣。她就這個問題詢問恭特，這種國家級重大機密恭特怎麼會告訴她呢，就忽悠她說，等過一陣我再告訴你啊。冰島女王也是霸道慣了的，她想知道的事，老公居然敢不說，她的處理方式比較激烈，新婚之夜，她不准恭特上床，還用一根繩子綁住恭特，把他掛在牆上的釘子上，讓勃艮第國王像個吊死鬼一樣在牆上站了一晚上。

第二天，恭特一臉灰頭土臉，他決定當夜對老婆霸王硬上弓，可他老婆才是真正的霸王啊，於是恭特又找到西格，讓這個泡馬子的搭檔好事做到底，幫著完成洞房花燭夜。具體辦法是，關閉所有的照明設備，西格摸黑上床，把布倫希爾德制服，恭特再完成一個新郎的工作。這個恭特是怎麼想的呢？他怎麼知道西格能把握尺度，不亂吃東西呢？

當天夜裡，恭特吹熄了所有的燭火，伸手不見五指，一個黑影跳上了布倫希爾德的床，之後，恭特順利行使了自己的權力，然而西格也不白幫忙的，他在搏鬥中順手牽走了王后的腰帶和戒指，回家後他很得意地送給了自己的老婆。

西格如願娶到美女，不久就帶著克里姆回到了自己的家邦，生孩子過日子，還以為能甜蜜一輩子。

冰島女王沒結婚之前是個剽悍的女戰士，被恭特搞定後就成了幽怨小婦人。小婦人的特點就是，閒著沒事就瞎琢磨，越不讓她知道的事，她越是變著法子要知道真相。恭特和西格的關係，是困擾布倫希爾德婚後生活的頭等大事，尤其是，西格總說自己是恭特的封臣，可他接掌了桑騰王位後，從來不曾向勃艮第國納貢啊，這事太奇怪了，而最窩火的是，不管王后動粗還是使詐，恭特就是不告訴她原因。後來布倫希爾德想了個辦法，她決定從小姑子那裡打開缺口，於是，結婚十年後，她建議恭特應該邀請妹妹和妹夫過來走走親戚，回個娘家。

西格兩口子就真來了，勃艮第舉辦了各種盛大活動招待回門的公主和駙馬。其中最熱鬧的，當然就是騎士比武。比武場上，布倫希爾德和克里姆兩姑嫂盛裝出現，是現場最引人注目的風景，兩個女人湊在一起閒話，不是討論孩子，就一定是討論老公。

克里姆看了那些騎士表演，非常不屑地評價說，這些個騎士比自己的老公西格差遠了；布倫當時就火了，她堅持世界上最神武的騎士是自己的老公恭特，而西格不過是自己老公的一個馬仔小弟，說到自己最氣憤的事了，就指著小姑子的鼻子問，你家老公明明是個奴才，為什麼從來不向勃艮第納貢，誰給他這麼大膽忤逆不忠！克里姆也是個暴脾氣，跳起來跟大嫂對罵，這個罵街的演出上演到高潮，克里姆拿出了大嫂的腰帶和戒指，告訴她，她的新婚之夜都是西格幫忙才完成的！

布倫這下傻了，等她回過神來，當然就是抓住恭特撒潑，恭特見老婆突然知道了真相，第一個反應就是妹夫西格喝了點老酒找人炫耀，洩露了自己最不願人知的內幕！不管西格怎麼辯解，恭特都不信了，而且你幫人家上床，拿走新娘子的腰帶和戒指，本來就動機不純吧，就這樣，恭特兩口子恨死了西格！

恭特手下不是有個高參幕僚哈根嗎，這夥計對國王的忠誠那可是日月可鑑的，他聽說國王咬牙切齒恨西格，自告奮勇說是幫著把西格除掉。

整個事件，西格被蒙在鼓裡，他也不知道自己到底做錯了什麼事，讓大舅子突然對自己翻臉了。這時，哈根突然送來一封不知道哪個部落發來的戰書，說是要找勃艮第幹仗，哈根要求西格帶上人馬跟勃艮第的軍隊一起出征，西格心眼實誠，大舅哥的事，一般很痛快就答應了。

之前不是說西格沐浴龍血，有一身橫練的功夫嗎，大家都知道，金鐘罩這類功夫，修習者都有一個罩門，西格也有。話說他當年沐浴龍血的時候，有片菩提葉落在他肩胛骨這個位置，所以這裡沒有沾上龍血。這個致命的弱點除了西格自己，世上唯一知道的人就是他老婆克里姆了。

哈根找到克里姆，一臉殷情地對她說：「公主啊，你看駙馬爺要出發打仗去了，我一個做奴才的最怕駙馬爺出事，我緊緊跟著他，要想傷害駙馬爺，先殺掉老奴再說吧！」克里姆比較單純，給哈根忽悠兩句就信他是個好人了，隨後這個好人繼續忽悠：「公主啊，刀槍無眼，駙馬爺有沒有什麼需要特別保護的地方，你在他衣服上做個標記，我好重點保護這個位置！」老男人騙小姑娘那可是一騙一個準的，克里姆真傻呼呼的在他老公罩門那個位置繡了個標記！

達到目的，哈根就對西格說：「沒事了沒事了，那夥人突然退兵不打了，不打仗好啊，走，駙馬爺，老奴陪你去打獵，放鬆一下！」西格聽說不打了，一腔熱血沒有去處，是要打野獸發洩一下。雖然克里姆說她感覺不妙，右眼直跳，西格還是去了。

進入森林，西格到一條小溪邊喝水，蹲下後，哈根的長矛順著克里姆繡的那個印記就插進了西格的身體，日耳曼人的大英雄死得比鴻毛還輕！

哈根將西格的屍體丟在克里姆的寢宮門口，亂編了一個理由，說是西格死於一夥不知名的盜匪，克里姆這時候變聰明了，她看著老公流血的傷口，確信哈根就是那個兇手！

辦完喪事，克里姆雖然悲痛欲絕，可是她拒絕回到桑騰去，她留在勃艮第的沃爾姆斯，誰都看出來，她為了伺機復仇。

還記得尼伯龍根的寶藏嗎？古代結婚有晨禮這個風俗，也就是說，新婚第二日，新郎要送給新娘一筆財物，保障她的生活，這個好像在歐洲比較盛行。西格出手闊綽，他送給克里姆的晨禮，就是那筆尼伯龍根寶藏！

克里姆喪夫之後突然變得很忙碌，她的錢讓她的人緣非常好，身邊很快聚集了很多騎士、謀士，她像孟嘗君一樣養了大批門客。一個女人養一群老爺們，太不尋常了，一般人都以為這女人死了老公，精神變態或者是寂寞難耐，只有哈根頭腦清楚，他當然知道，克里姆是想用西格的那筆財富為自己攢下一支可以復仇的力量！

太可怕了，根據那筆財富的數量計算，克里姆要組織一支顛覆恭特的軍隊是不難的，所以哈根堅持讓恭特想辦法把那筆財寶騙過來。

克里姆恨死哈根，對自己的大哥，她還是保有一點親情的，她還有一個哥哥一個弟弟呢，他們三個還是保持著良好的關係。於是恭特對自己兩個弟弟說，讓他們勸說妹子把財富從山洞裡搬出來，放在勃艮第的宮裡，這樣安全些。為什麼歷史上外戚容易掌權呢，就是因為女人總是相信並依賴自己兄弟的，尤其是這種守寡的女人。克里姆真被兄弟說服，將財富搬到了沃爾姆斯，據說是十二輛大車，拉了四天四夜。

可憐的克里姆又被騙了，財富拉回來不久，哈根就找到機會將財富轉移，並沉入了萊茵河底！克里姆知道，沒有這些財富，她沒辦法替夫報仇了。

美女很難進入絕境，因為只要姿色還在，翻身的機會就還在。所以男人要注意保護自己的本金，女人要專心維持自己的容顏。克里姆在沃爾姆斯守了十三年的寡，居然還風韻猶存，有個異族老色鬼來求親了，他就是匈奴王艾柴爾。克里姆聽說艾柴爾的戰績和權勢，她答應了對方的求婚，遠嫁匈奴。哈根心裡明白，還是要找人幫她報仇。

匈奴王對克里姆不錯，克裡姆被冊封為后，在匈奴頗受尊重，漸漸也扶持了自己的勢力。在匈奴又生活了十多年，怎麼算，美女都是老太太了，現在對克里姆來說，除了前夫枉死要討個說法，自己的尼伯龍根寶藏更讓她牽掛，這天，她對匈奴王說，想邀請自己的兄弟們來匈奴作客，特別說明，邀請哈根一起來。

哈根知道此去凶多吉少，所以雖然是作客，他還是提醒恭特國王帶上相應的武裝。兄妹多年不見，也沒什麼親熱的，因為克里姆眼中只有哈根，這個幾乎讓她恨了半輩子的男人。兩人一見面就鬥嘴，鬥嘴還沒結束，在隨後的宴會競技比武時，兩邊弄假成真，匈奴軍隊和恭特帶來的勃艮第軍隊開始火拼。

戰爭過程異常慘烈，但是因為牽涉的人名太多，老楊覺得還是不要引起「地主」的大腦疲勞了。過程中最讓日耳曼人神往的一幕是：勃艮第人以少勝多，殺掉了一個大廳的匈奴人，而後克里姆下令封鎖大廳，開始火攻，但勃艮第人拒不投降，他們選擇喝地上那些匈奴士兵的血來抵制炎熱和饑渴！

克里姆最後如願抓到了哈根和大哥恭特，把他倆分別關起來。克里姆拷問哈根，讓他說出尼伯龍根寶藏的地點，此時的克里姆好像更關心寶藏的位置，她甚至答應哈根，只要他交出寶藏，可以饒他不死！哈根說，這個世界上，只有他和恭特知道寶藏的祕密，只要他的主上還活著，他就不能說出祕密。這個話很有問題，他這擺明是要害死他主子啊。

之前這場血腥的殺戮，勃艮第和匈奴英雄血流成河，屍橫遍地，克里姆的心態已經徹底不正常了，現在她為了寶藏可以放棄一切，當然也包括骨肉之情。哈根一說完，克里姆就走到了恭特的地牢，手起劍落砍下了哥哥的腦袋，血淋淋地提到哈根面前。

哈根哈哈大笑，說：「你既然殺了我的王，那全天下就只有我一個人知道寶藏的地點，我更加不會告訴你了！」克里姆徹底被刺激瘋了，她紅著眼，一劍又砍掉了哈根的腦袋。這時匈奴有個將軍看不下去了，這麼多優秀的騎士英雄慘遭不幸，歸結到底都是這個瘋婆子造成的，同樣是英雄，讓他感覺非常不值，所以他一劍砍死了克里姆，徹底結束了一段漫長的恩怨。

所有這個故事的主角和重要配角都死光了，只剩下匈奴王站在遍地的鮮血中，看著層疊的屍體，傷心不已。

這部《尼伯龍根之歌》是一部長詩，用中世紀的中高地德文寫成，最早在五世紀左右傳唱於民間，後來在十二世紀時，由奧地利的某個文人重新整理編撰，成為我們現在看到的共三十九個章節的長詩。一般認為，匈奴王艾柴爾就是影射匈奴王阿提拉，而勃艮第國或者西格弗里特這些人就是當年艱苦抗擊匈奴人的日耳曼各部族。

跟北歐的神話一樣，《尼伯龍根之歌》也是一幕慘烈的悲劇，日耳曼人尚武好戰，崇尚英雄，可是他們的故事裡，英雄全都沒有好下場，這家人好像很喜歡悲情英雄，鍾意全死光光這樣的結局。而且，以一個中國讀者的角度看，這些故事也沒有弘揚真善美，滿紙瀰漫的是嫉妒、復仇及屠殺，日耳曼國家的小孩子聽著這種故事長大，會出個別狂人也就可以理解了。

2 法蘭克王國之墨洛溫

1. 斧頭幫大哥

羅馬和他家蠻夷鄰居的愛恨情仇導致了現在的西歐版圖，老楊在羅馬篇已經大致記錄過了。西哥德人發飆的結果是，羅馬城被徹底洗劫。而且西哥德人還為蠻夷的反羅馬鬥爭指明了方向，那就是：撕裂羅馬的版圖，建立自己的國家。

四七六年，西羅馬終結了，他的肢體上，新的蠻夷國家學著像羅馬人一樣生活。義大利本土成為東哥德人的領地；西班牙和高盧一帶，是西哥德的王國；北非是汪達爾人的新居；盎格魯和薩克遜人渡海進入不列顛，開啟了英倫的七國時代；由蠻族進化到正式國家這個過程，歷史上稱為「日耳曼人大遷徙」，是地球上幾次著名的遷居工程之一。進城打工而後成為城市的主宰，也是個很勵志的故事，

總算把背景交代完了，可以請出本篇的主角了，也就是法蘭克人。

法蘭克人是日耳曼族群中非常重要的一支，早先生活在萊茵河下游和高盧北部。日耳曼人以部族為單位，一輪輪騷擾羅馬帝國，法蘭克人當然也不落後。「法蘭克」就是自由的意思，即使是在

日耳曼世界內部，法蘭克人也算是勇猛驍悍的，這夥人的成名的兵器就是戰斧，而且喜歡拿戰斧當暗器丟，敵人被從天而降的斧子劈掉了腦袋，戰場畫面異常血腥，所以這個有組織犯罪團夥我們就稱之為「斧頭幫」。

在騷擾羅馬高盧部分的進程裡，斧頭幫分成兩部分作戰，住在萊茵河中游地區的叫「河濱法蘭克人」，住在萊茵河三角洲一帶的，因為瀕臨北海，被稱為「海濱法蘭克人」。海濱法蘭克部落的總舵主是墨洛溫家族，這家人的標誌就是留著長髮，在法蘭克社會內部，擁有尊崇的江湖地位。

西元四八一年，海濱法蘭克換了個大哥，墨洛溫家族的接班人是個少年英雄，他就是十五歲的克洛維。

克洛維出生到成長的這十幾年，正是歐洲最動盪混亂的幾年，羅馬正被肢解，各路英雄成王敗寇，是騾子是馬都在江湖上到處溜。所以，被這個偉大時代鼓舞的克洛維的青春期比任何人都躁動，比任何人都衝動，他要開疆闢土，建立屬於法蘭克人自己的國家。

阻擋克洛維南征道路的最大敵手是一支羅馬軍團。此時西羅馬已經滅亡，剩下些殘餘勢力躲在各地養精蓄銳，企圖東山再起。幫助克洛維出名的羅馬將領名叫西亞格里烏斯，這夥計本來是羅馬派駐巴黎一帶的軍事幹部，看著中央倒了，就地自立為王了。

四八六年，二十一歲的克洛維親帥斧頭幫南下，在巴黎東北部的蘇瓦松與羅馬軍團大戰，漫天飛舞的戰斧讓羅馬人心煩意亂，心驚肉跳，心悅誠服，隨後大敗而去。西亞格里烏斯被他親手送上了斷頭台，並佔用了巴黎附近的土地，進而遷都巴黎，法蘭克國家正式成型，克洛維的第一份工作就是法蘭克國王，他用祖父的名字來命名自己一手開創的王朝，這是墨洛溫王朝。

從斧頭幫幫主升級到法蘭克國王，這個轉變克洛維自己很適應，斧頭幫的兄弟們不太適應。原來的老大不過是部族首領，打仗搶劫殺人放火，有福同享有難同當，打仗的時候，老大衝在前頭；不打仗的時候，還能勾肩搭背地喝酒吃肉。

克洛維的小弟們不了解這個年輕人，克洛維早就超越了一個社團老大的水準，跟其他蠻夷不同的是，克洛維不僅會掄斧頭，不怕死，更重要的是，他有很縝密的機心和長遠的眼光。

卻說蘇瓦松戰役後，斧頭幫按他們的傳統分贓。江湖幫派就是講義氣，不論尊卑，所有的戰利品抽籤決定歸屬。斧頭幫的兄弟們搶劫了蘭斯大教堂，主教非常客氣地要求克洛維歸還教堂裡一隻廣口花瓶，據主教說，這是聖杯之類的東西。克洛維雖然答應歸還，可他說了不算啊，因為這個花瓶被一個士兵抽籤抽到了。克洛維提出希望拿回這個花瓶時，士兵居然當場就發飆了！日耳曼人火爆脾氣，他表達不滿的方式是拔出劍來，將花瓶打碎了！克洛維什麼都沒說，淡定地撿起所有的碎片，黏好，還給了蘭斯教堂。

第二年，克洛維檢閱軍隊，走到砸爛花瓶的士兵跟前時，克洛維大聲斥責他，說他武器保管不當，並搶過他的戰斧丟在地上。這個傻裡吧唧的士兵趕緊要把戰斧揀回來，一低頭，克洛維就劈掉了他的腦袋，然後向所有人宣告了他的罪行：「你就是這樣砸爛花瓶的！」

剩下的法蘭克士兵都不傻，他們頓時明白了，眼前這位一手鮮血表情冷酷的年輕人已經不是「大哥」了，以後見面要畢恭畢敬地叫「陛下」或者「主公」！

終於確立了自己地位，克洛維已經二十七歲了，功成名就的，就是個人問題沒有解決。日耳曼人粗線條，國王眼看就是大齡剩男，他們一點不著急。好在也不需要著急，很快，有個美女自動送上門了。

來的是勃艮第王國的公主克羅提爾德，勃艮第王國是以法國里昂為首都的日耳曼小國。當時這個國家正鬧宮廷政變，公主的大伯殺了公主的父母篡位，克羅提爾德跑到了法蘭克王國請求庇護。從天而降的公主算是日耳曼歷史上著名的美女之一了，克洛維覺得在亂世中對一個美女最佳的保護方式就是放在後宮，於是克羅提爾德成了法蘭克王國的王后。

這不是一個簡單的八卦故事，克洛維的這場婚姻直接改變了他以及法蘭克王國，甚至包括整個歐洲的歷史進程。克羅提爾德是個虔誠的天主教徒，克洛維原來可能是信仰一種多神教，據說王后從新婚第一夜就開始向國王傳教，雖然克洛維對自己的王后寵愛有加，但是對於改信宗教這個事，他一直表示不能接受。

法蘭克王國繼續在高盧的大地上征伐。羅馬已死，周遭只剩日耳曼同胞，相同的悍勇善戰，相同的如狼似虎，現在每一步擴張，都是殘酷的血戰，當時最讓克洛維頭痛的，就是現在法國東北部和瑞士北部的阿勒曼尼人。

西元四九六年，克洛維遭遇他戎馬生涯最大的危機，他被阿勒曼尼人圍困，陷入絕境。病急亂投醫，臨時抱佛腳，克洛維向自己信奉的諸位神仙都發出了求救信號，沒有收到神仙的回饋，絕望中，他想到王后天天念叨的耶穌，他高舉雙手對蒼天吶喊，如果上帝能幫他脫困，他將帶著自己的子民受洗，成為上帝的信徒。他祈禱完不久，對方的陣營裡就出事了，阿勒曼尼士兵突然兵變殺掉了自己的王，然後全體向克洛維投降！

這麼神？姑妄信之吧。基督教在西方取得統治地位後，歐洲的歷史書，隨處可以看到諸如此類的神蹟記錄。不管是神話還是神蹟，反正克洛維幹掉阿勒曼尼後真的就帶著自己的三千親兵衛隊去洗禮了。克洛維可能是第一個正式受洗皈依羅馬天主教的蠻族首腦，而法蘭克自然也成為第一個接受天主教的日耳曼國家，拉丁語同時也成為法蘭克的官方語言。

法蘭克成為天主教國家，讓別的日耳曼人不以為然，表面上看似乎是失去了很多日耳曼同盟。實際上，羅馬崩潰後，那些有實力有資產有影響力的教會無所適從，高盧大地上巨多的天主教徒也找不到依靠。法蘭克王國的皈依，自動吸引了這些教會和教民的依附，這是一支巨大的支持力量。像克洛維這樣深謀遠慮的人，我們更容易相信，他皈依的目的原本就在於此。如他所願，此後的戰鬥，可以看作是法蘭克王國代表教會對異教徒的征討，上帝保佑，他後來真的是一帆風順。

在高盧東部擊敗了圖林根人，在瑞士北部解決了勃艮第王國，隨後又在當地教會支持下，將西哥德人趕到了庇里牛斯山以南，讓這座山脈永遠地成為國界。最後，克洛維發現，高盧地區，他只剩下一個礙眼的東西了，那就是另一個法蘭克政權，河濱法蘭克人的國家。

克洛維年輕時就看著精明老道，晚年時已經升級為老奸巨猾，而且更加心狠手辣。克洛維統一高盧地區的路程上，河濱法蘭克人一直是以盟友的姿態站在他身邊的。攻打西哥德的時候，河濱法蘭克首領的兒子克羅德里克一直在克洛維麾下效力。對西哥德的戰鬥勝利後，克洛維就私下挑唆克羅德里克弒父篡位。克羅德里克骨子裡也不是什麼好東西，克洛維一挑唆，他就真幹了！殺掉老爸，領了河濱法蘭克的首領之位，心滿意足之餘，他還預備了金銀財寶一份厚禮說是要送給克洛維表示感謝，感謝別人鼓動他殺老爸。克洛維一臉善良地表示，金銀禮品就不要了，不過克羅德里克一番好意，看都不看有點遺憾。這樣吧，派一個使團過去，參觀一下克羅德里克預備的禮品，就當作法蘭克國王心領了。克羅德里克省了一筆財寶，求之不得，趕緊隆重迎接來自巴黎的參觀團。使團裝模作樣參觀珠寶時，其中有個使節突然拔出劍來，將克羅德里克捅死了。

河濱法蘭克立時亂套了，一連死了兩個老大，沒當家的，成孤兒了。克洛維及時跳出來，對河濱法蘭克人的遭遇表示了極大的同情，並且指天誓日，說自己跟這兩個老大的死亡事件絕對一點兒關係沒有；作為兄弟之邦，法蘭克王國熱烈歡迎河濱法蘭克人加入，成為一家人，從此克洛維國王會保護他們的安全。就這樣，克洛維動了動嘴皮子，就兼併了他舊日的同盟。

克洛維統一了整個高盧，包括現在的比利時、法國、荷蘭、及德國易北河東部的地區，都歸入了法蘭克王國的版圖，以首都巴黎為中心，成為西歐最強大的國家。為感念克洛維對異教徒和其他蠻夷的勝利，東羅馬帝國的皇帝授予他執政官這個稱號。得到東羅馬的認可，對於蠻族出身的法蘭克國家是個意想不到的巨大殊榮。克洛維舉行了一個盛大的晉升典禮來慶祝。

東羅馬帝國只給一張聘書，又不給人家相應的任職規範。蠻族國家也不太懂禮制，這個晉升典禮排場有點僭越，讓東羅馬皇廷非常鬱悶。因為在這個典禮上，克洛維公然披上了紫袍，帶上了王冠，他這個姿態不是執政官的上任典禮，完全是羅馬皇帝的登基典禮！好在克洛維沒多久就死了，他也沒正式宣布自己是皇帝，東羅馬也就忍耐了。

隨著疆域的擴大，法蘭克王國在各個方面向正式的國家進化，他們甚至還編撰了自己的法典，這部法蘭克人的習慣法就是《薩利克法典》，直接影響了後來法蘭西國家的法律體系。

五一一年，克洛維駕崩。他在世的時候，一直致力於打造一個羅馬化的國家，大事小情，搞不清楚狀況的，都按羅馬規矩解決，用羅馬的精神武裝頭腦。誰知在他死時，遇上王權傳遞這樣的大事時，他又不按羅馬規矩辦事了，他又想起他祖上日耳曼的古老傳統了。

日耳曼人氏族部落的鄉下規矩是，老爺子的財產在所有兒子中間平均分配。克洛維有四個兒子，好在克洛維活的時候有效率，打了不少地盤，每個兒子能分到一大片。這四個兒子按分到的區域分別成為蘭斯王、奧爾良王、巴黎王和蘇瓦松王。

這種分遺產的辦法就是故意讓子孫不和，本來是骨肉兄弟，現在都成了獨立的國王，領土黏連，不可避免經常發生邊境糾紛。而且估計分的時候丈量的資料也不太科學，分得不公平，也只好讓子孫們自己去解決公平了。

2.大義滅親的家族

墨洛溫這個家族最早成為法蘭克部落的總舵主並不是因為武功卓絕，技壓群雄，而是這家人的封建迷信活動。最早他家在部落內搞一些占卜問卦跳大神之類的事情，像個祭司，忽悠了大批不明真相的日耳曼群眾，成就了自己的家族事業。比如他家人喜歡留長髮，據說是長髮會在成年帶給他家超自然的力量；他家還堅持自己跟特洛伊的英雄們有些千絲萬縷的聯繫，而法蘭克的首都——巴黎，這個名字就來源於特洛伊的王子——帕里斯。在羅馬篇時老楊已經介紹過這個人物，一輩子最大的成就就是拐了別人的老婆海倫，引發了古今中外天上地下最熱鬧最好看的一場大戰。巴黎這個城市因為用了這小子的名字，到現在都沒人說巴黎人品行端正，遵守風化。

上篇說到法蘭克王國的開國君主克洛維死了，家產傳了四個兒子。大家掐指一算，按照這個分配方法，日耳曼人如果不講究個計劃生育，子生孫孫生子，子子孫孫循環幾輪後，這些法蘭克王室子弟到手的土地面積只能是蝸居了，其權力範圍絕對比不上一個村主任，為了防止自己從王子淪為農村基層幹部，克洛維的子孫自力更生排除萬難解決人多地少的問題。

四位王子根據長幼排序，分別是蘭斯王、奧爾良王、巴黎王和蘇瓦松王。要說這四個王，心機最深的就是老四蘇瓦松王，大名叫克洛塔爾。分家後，他二哥奧爾良王忙著收拾勃艮第人，結果戰死了。克洛塔爾為了安慰遺孀，就把二嫂帶進了自己的後宮；並叫上大哥蘭斯王和三哥巴黎王一起，害死二哥的兩個兒子，將第三個兒子逼出家。兄弟三個分了老二的土地，因為克洛塔爾是主要策劃人，所以分了最多最好的土地，算是蘇瓦松兼併了奧爾良。

隨後兄弟三個聯手吃掉了勃艮第王國，克洛塔爾又分到一大片。不久大哥和大侄子相繼死了，克洛塔爾就拿走了蘭斯的土地，三哥死後，他又收下了巴黎。終於，五十年的分裂後，克洛塔爾又將法蘭克王國統一了。

克洛塔爾也不僅僅是會欺負自家人，他一直擴張到德國東部的薩克森，將現在德國的土地也收編了。

局面很好的，又一個大一統的強大國家。無奈好景不長啊，克洛塔爾是骨肉相殘兄弟鬩牆的總策劃和主要參與者，他一點也沒覺得這樣有什麼不好，他在位時發現自己的大兒子疑似謀反，便果斷俐落地將兒子媳婦孫子一併活活燒死。

大兒子死後，克洛塔爾正巧又剩下了四個兒子，法蘭克王國土地又被分成四份。克洛塔爾已經為兒孫們留下了很好的傳統，自家人殺自家人毫不留情，不僅兒子們出手狠辣，兒媳婦們也不示弱，從克洛塔爾開始，整個墨洛溫王室就比屠宰場還要血光沖天。

先是擁有巴黎地區的大王子分家不久就死了，他三個弟弟一擁而上分割了大哥的土地。於是，整個法蘭克王國就成了三個部分，東部的奧斯特拉西亞，它的主人是三王子西吉貝爾特；西部的紐斯特里亞，領主是四王子希爾佩里克；勃艮第地區，它屬於二王子貢特拉；還有一塊位於現在法國西南部的阿基坦公爵領地，屬於三兄弟共有。

以下要說的是墨洛溫王朝最著名最經典的自相殘殺的故事，不僅內容血腥，人名地名還都非常繁複，老楊每次講這個故事，自己都被弄暈了。

話說三王子西吉娶了西哥德王國的公主，布隆希爾德，豔名遠播，是當時該地區著名的美女。四王子希爾是個標準的色中惡鬼，他的後宮已經網羅了不少美女了，看到三嫂還是無比眼饞。他聽說西哥德王國還有個美豔的女兒，也就是布隆希爾德的妹妹，於是趕著去西哥德求親，將加爾斯特溫娶進了門。姐妹花嫁給兄弟倆，也是一段佳話。

四王子這個等級的流氓怎麼會忠誠呢？加爾斯特溫過門沒幾天，希爾佩里克就膩歪了，他發現還是他原來的情婦好些，這個小三是他的侍女弗雷德貢德。加爾斯特溫剛過門就從新婦變成怨婦，天天被晾在後宮曬太陽，以淚洗面。加爾斯特溫小姐大小是個公主啊，肯定有點脾氣，她忍無可忍之後，終於發作了，跟所有受了委屈的小媳婦一樣，她強烈要求回娘家。

四王子希爾佩里克不僅好色，他還暴躁。日耳曼人的家族多少有點大男子主義，他覺得老婆就應該低眉順眼，三從四德，即使受了氣也只能打落牙嚥下去，居然敢張羅回娘家，讓老公沒面子啊。希爾佩里克的暴怒讓小三感同身受，弗小姐非常體貼地幫著出了個解決辦法，希爾佩里克馬上就接納了這個主意。不久的一個夜晚，熟睡中的加爾斯特溫被一個奴隸勒死。為了感謝小三幫著除掉老婆，希爾佩里克將弗小姐扶正，一個侍女成了王后。

聽說自己的妹妹被殺，奧斯特拉西亞的王后布隆希爾德又悲又怒，她認定了這一切的罪魁禍首就是弗雷德貢德，她發誓要讓這個賤婢付出代價。於是西吉貝爾特和希爾佩里克之間的兄弟內戰開始了，而實際上，這一場戰爭是布隆希爾德和弗雷德貢德兩個女人間的仇殺。

兄弟內戰沒什麼看點，那個時代的戰爭也打不出什麼新花樣，因為有兩個女人參與其中，所以廝打成了次要的，重點是私下耍心眼施詭計。

弗小姐先勝了第一輪，她派人暗殺了布隆希爾德的老公，還沒收了對方的財產。眼看能讓布隆希爾德投降，沒想到希爾佩里克的大兒子看中了這個三伯母，還不懼流言蜚語要和她結婚！氣得希爾佩里克不得不把這個大兒子趕進了修道院。不久，希爾佩里克也被暗殺了。弗小姐帶著襁褓中的兒子托庇於老公的二哥，二哥貢特拉死後，弗小姐徹底失勢，非常不幸地落在了布隆希爾德的手裡。

新仇加舊恨，布隆希爾德肯定不會讓弗雷德貢德死得舒服了，歷史書記錄是，弗小姐受盡酷刑而亡，具體酷刑到什麼程度，我們是不難想像的，不過女人對女人下手，我們家有現成的例子，比如半個世紀後，中國出了位姓武的小姐，她就將自己的情敵手腳砍掉，丟進酒缸裡泡著。

弗小姐慘死，好在還留下一個兒子，雖然幼年童年飽受流離顛沛之苦，這個兒子還是順利接下了紐斯特里亞的王位，他的大名也叫克洛塔爾。

這個兒子真是秉承墨洛溫家族的基因啊，一上班就進入了咬牙切齒地找親戚們報仇的狀態。一邊跟自己的三伯母布隆希爾德開戰，一邊使反間計，挑動奧斯特拉西亞上下不和。終於有一天，奧斯特拉西亞的貴族跳出來，推翻了掌權的布隆希爾德。

布隆希爾德落在克洛塔爾手裡時，已經是個花甲老太太了。好侄兒克洛塔爾可不信這個邪，他光想自己的媽死時的慘狀了。他想出來的處決方式也很有創意的，他將老太太綁在自己的馬後，拖著一路狂跑，直到老太太終於嚥氣為止，這兩個女人的恩怨終於在血腥中了結了。

克洛塔爾後來成為了克洛塔爾二世，因為他不僅繼承了祖父的名字，還繼承了他的事業，在位十六年間，他用各種辦法兼併了其他堂兄弟的領地，再次將法蘭克王國統一。

墨洛溫王朝是個幫派組織成長起來的，對於手下那些幫自己拚命打江山的兄弟，從克洛維時代就延續匪幫的傳統，那就是每次佔領了新的土地，主公都非常大方地饋贈給寵臣或者是親信，不僅讓他們終生享用而且無條件世襲，以至於這些貴族地主們勢力越來越大。

到克洛塔爾二世統一時，他根本說了不算，法蘭克王國已經成為大貴族、地主和教會的勢力天下，因為他們掌控大部分的土地、財富和軍隊。國王的話他們不太聽。

也是從克洛塔爾二世開始，法蘭克王國的歷史中，國王就已經不是唯一的主角了，有個至少是跟他一樣重要的角色叫宮相。大家感覺上應該是丞相之類的官職，那是他們發跡以後的事了。最早，這個位置不過是王室的管家或者主管，管理國王家中的大小事務。

能者多勞，宮相都是些能力很強智商很高的人，漸漸就大權在握。原來宮相是國王親封的，貴族們得勢後，他們要求推選宮相。宮相既然是貴族們選舉出來的，所以雖然貴族們不聽國王的，大部分時候，他們跟宮相還是能商量。

宮相管的事越來越多，權力越來越大。克洛塔爾二世的江山傳給兒子、孫子，反正都說了不算，那就不說了吧，省點力氣。墨洛溫王朝後期，國王就越來越懶，每天喝點小酒，唱著小曲，找人趕著一輛帶有王室徽章的牛車，在古代歐洲那些崎嶇泥濘的小路上晃悠，每經過一處，就讓當地給貢獻點特產，吃點野味，很像是下鄉腐敗的基層幹部，日子過得相當安逸。

墨洛溫王朝最後有十二個國王都是這樣過日子的，歷史上，稱這一段為「懶王時代」。

3. 鐵錘來了

上篇說到法蘭克國王越來越懶，主子懶了，管家就只好包辦所有的事了，除了國王一家老小的吃喝拉撒，整個王國的吃喝拉撒都成為工作內容。

法蘭克王國分為三部分，自然也就有配套的三個宮相。懶王時代，國王懶得幹仗了，但是王國內部還是硝煙不散，因為這三個宮相不懶，他們要爭個高低短長。

這三個王國中，以奧斯特拉西亞和紐斯特里亞為大，所以這兩家的宮相打得也最激烈。最後，奧斯特拉西亞的宮相——赫斯塔爾．丕平獲勝，能者多勞，他的勝利果實是包辦三國的事務，成為總宮相，也就是說，雖然三國有各自的國王，但是大小事只有一個人說了算，那就是丕平宮相。

既然什麼事都能說了算，那麼總宮相這個職務自然也能在丕平家族內傳繼，七一五年，丕平的私生子查理接了他的班，成了法蘭克王國的大當家。

查理宮相可以說將丕平家族的宮相事業帶上了頂峰，幾乎可以媲美我們的曹孟德。查理在任時，法蘭克的各國王都可以忽略不計。查理也不用挾天子以令諸侯，因為諸侯很多年前就知道聽宮相的話比聽國王的話更有效率。

其實查理剛上台時，沒這麼威風，日子並不好過。紐斯特里亞和勃艮第的貴族們剛開始根本不願意被奧斯特亞西亞的宮相轄制，而在東部，有些外來部族的敵人對王國虎視眈眈；以前三國共治的阿基坦領地更是趁著這段時間鬧獨立了！但，最嚇人的是，阿拉伯人來了。

大家回憶一下東羅馬的歷史，還記得七世紀中後期，阿拉伯人對拜占庭帝國的連續攻伐，後來因為東羅馬使出了「希臘火」這種大殺器加上君士坦丁堡神話般的固若金湯，終於將銳不可當的阿拉伯鐵騎阻擋在歐洲之外。阿拉伯人不甘心，於是，他們換了個思路，東方不亮西方亮，他們於是決定繞道伊比利半島，踏平那裡的西哥德王國，然後翻越庇里牛斯山，進軍歐洲大陸。七一四年，阿拉伯人真的按計劃吃掉了西哥德王國，兵鋒直指大山另一面的法蘭克王國。

上篇說到，墨洛溫匪幫的分封制讓地主貴族勢力日增，查理接班後，覺得這種草莽氣頗重的分贓形式已經跟不上新的鬥爭形勢，對查理來說，他需要的不是天天趾高氣揚的地主貴族們，他需要的是一支強大而且聽話的軍隊。於是，查理開始土改。

查理推行的土地改革制度叫做「采邑制」，也就是說，表現好的臣子們，還是有土地分，但前提是，拿了國家的地就要替國出征，服兵役，如果不願意打仗，土地立即收回；而且這些土地是不許世襲的；主公保護這些封臣的利益，封臣當然要忠於主公，保護主公不受欺負。

采邑制實行後，地主們安頓好土地，就自備兵器盔甲帶著自己的人馬替主出征，這些人有錢啊，所以軍備普遍比較高級，都有自己的戰馬和騎兵裝備，於是，騎兵成為戰場主力，也為後來西歐中世紀的騎士制度奠定了基礎。

阿拉伯人翻越庇里牛斯山，進入的第一塊法蘭克領土就是阿基坦地區。這個地區的公爵叫歐多，是個著名的刺頭，查理剛接班，他就鬧了獨立。不過他有牛氣的理由，因為阿拉伯人最早試探性的進軍就是被阿基坦的當地武裝打回去了。

七三一年，阿拉伯倭馬亞王朝的西班牙總督阿布德率幾萬穆斯林精騎再次來襲，這次人家來真的，歐多就扛不住了。

阿基坦地區大家可能不熟，但是這裡有個地方是天下聞名，也就是波爾多地區，最好的葡萄酒產地。穆斯林打進阿基坦的時候波爾多的這項特產還不是這麼出名，況且穆斯林也不喝酒，波爾多的酒香對他們也沒什麼吸引力，只看著是個繁榮茂盛的港口城市，於是就先把這裡佔了。波爾多一失陷，歐多公爵就慌了，他也不鬧獨立了，趕緊收拾細軟帶著家丁向查理投誠。

查理運籌帷幄，高屋建瓴地提出了暫不抵抗，讓穆斯林長驅直入的方針。為什麼呢？因為查理了解阿拉伯軍隊。阿拉伯人滿世界打仗，最高目標肯定是在歐洲推行伊斯蘭教，但是這個目標實現起來比較困難。次級目標，比較容易實現的目的呢，一是搶土地，二是搶財產。擴張的土地充實了阿拉伯王國的版圖，但是金銀財產卻是要全軍分配的。這一路的高歌猛進，很快，以騰挪靈動著稱的阿拉伯輕騎兵就有點走不動了，因為行李輜重太多了。

不能閃電般的進退，阿拉伯的輕騎兵就失去了他的優勢，當查理的法蘭克大軍將他們堵在圖爾地區對峙時，阿拉伯人怎麼也不願意放棄搶到手的財物，這些身外之物成為行軍最大的負擔。不能出其不意地進攻，輕騎兵就幾乎沒有防禦能力，而他們面對的是法蘭克王國新型的重甲騎兵，不論是進攻和防禦都排山倒海，地動山搖。打了幾天，阿拉伯人不得不接受現實，丟下財物，逃之夭夭。查理也沒有乘勝追擊，因為阿拉伯人留下的財務讓法蘭克人有點走不動了，而查理對歐多公爵也頗有猜忌，所以他願意讓阿拉伯軍隊留在山的那一邊幫他牽制阿基坦地區。

這場普瓦蒂埃戰役法蘭克損失了大約一千五百人，而讓阿拉伯人將萬餘屍首留在了歐洲大陸。戰役的勝利不僅僅是戰場上的，查理阻擋了穆斯林進入歐洲的腳步，保住西歐的文化，特別是基督教在歐洲的統治地位。查理因為這一戰被稱為「鐵錘」，在歐洲大地上，聲譽一時無兩。後來不久，他徹底平定了阿基坦地區，將一個整齊統一的歐洲大國交給了自己的兒子丕平。

鐵錘查理一向被中國的歷史學者拿來跟曹操相提並論，兩人都算是「挾天子以令諸侯」，權勢無匹，但是不管如何強大，即使頂著個奸雄的罵名也不篡位。曹操可能是有點儒家教育的根底，不太敢踰越最後一條紅線，查理沒這個講究啊，他也不敢取君主而代之，這是個很奇怪的事。好在這兩位的兒子都出息，而且還都是「丕」字輩的。

3 法蘭克王國之加洛林

1. 這個祕書很懂事

鐵錘查理其實有兩個兒子，他死後，長子卡洛曼成為奧斯特拉西亞的宮相，次子丕平成為其他地區的宮相。之前說過，墨洛溫王朝進入後期，王子兄弟之間不打了，改成宮相之間爭權奪利。丕平顯然更勝一籌，到任不久，他就把大哥趕進了修道院，像他父親當年一樣，把持了整個王國的朝政。

這個丕平因為個子矮小，歷史上被稱為「矮子丕平」，法國的矮子名人非常多。

丕平同學個頭雖小志氣高，他覺得總宮相這個職位，工作不少待遇卻總上不去，肯定是上不去了，這已經是人臣的極限了，再想提升，就只能等頂頭上司挪個位置出來了。根據歷史傳統，這個頂頭上司一般不會隨便把位子讓給一個宮相。丕平想到，頂頭上司也不是老大啊，在歐洲，唯一的老大是上帝，上帝他老人家一時見不到，他的代理人，羅馬教皇總是在的，如果羅馬教皇支持讓墨洛溫家族提前下課，丕平坐上王座，這個改朝換代就算是名正言順了。

於是，丕平給羅馬教皇寫了一封信，大意是：國王只是個擺設，宮相一天忙到死也還是個打工的，賣白菜的職位要操賣白粉的心，這個事公平不？羅馬教皇回信非常體貼：「誰工作誰作主，國王當然應該是實權人物居之」。行了，拿到任命書了，七五一年，丕平非常客氣地把墨洛溫家族最後一個國王送進修道院，法蘭克國家的大主教為他塗油加冕，他建立了法蘭克王國的加洛林王朝。

教皇怎麼這麼好說話呢，那以後誰想謀反忤逆只要給教皇寫信就成了？當然不是，丕平同學是在一個正確的時間做了一件合適的事。請大家回憶東羅馬歷史，還記得嗎，西羅馬死亡後，羅馬教廷是依附拜占庭帝國存在的。這一段時間，因為拜占庭國內吵著要搗毀聖像，直接導致了東西兩個教會的觀念衝突，羅馬和君士坦丁堡已經是決裂的邊緣。羅馬教皇孤零零地留在義大利，周遭還有些對義大利半島虎視眈眈的蠻夷，比如日耳曼的倫巴底人，他們已經在義大利站穩腳跟，預備繼續南下建一個倫巴底人的羅馬帝國。拜占庭照顧羅馬教皇的時代，這些人要是進攻義大利，肯定有東羅馬的軍隊迎擊他們。現在羅馬教廷既然不跟拜占庭玩了，再有人欺負他，他自然不願意找拜占庭幫忙，所以對教皇來說，在歐洲再扶持一個自己的保護國是非常必要的。不用挑選，當時西歐最強的就是法蘭克王國了，而丕平家族既然掌握著國家實權，教皇早晚用得上，何不順水推舟滿足他的要求。

丕平上位，這個人情加洛林王朝肯定是欠了羅馬教廷的，還能不還嗎？

不久，教皇就去討要他的人情了。那是西元七五二年，教皇史蒂芬二世頂風冒雪翻越阿爾卑斯山造訪法蘭克。老爺說了，他一定要來親自給丕平加冕！

羅馬教皇的加冕啊，這種榮耀太大了。所以丕平在當了兩年國王後，又繁文縟節地做了一次加冕儀式，又塗了一次油膏，教宗還宣布，以後禁止從別的家族產生國王，如果有其他人想篡加洛林家族的王位，教廷將其開除出教會！也就是說，教廷公開給了一個雙重標準，丕平家篡位是可以的，其他人如果再敢幹這事，上帝絕不罩他！

看著丕平興奮得小臉通紅，教皇慢條斯理地表示了來意——請丕平對倫巴底人用兵。這時候教皇不論要求什麼，丕平都會奮不顧身地赴湯蹈火。他趕緊整飭人馬，護送教皇回羅馬，經過阿爾卑斯山，順便收拾了倫巴底的軍隊。兩年後，丕平再發大軍至義大利，橫掃了倫巴底人佔領的地區，迫使倫巴底人把佔領的義大利中部的領土歸還。丕平講究啊，他一收到這些土地，轉手就贈送給了教皇，這樣一來，原來的光桿教皇有了自己的領土，這四萬多平方公里的土地就成了教皇國，教皇除了繼續給上帝打工，還兼任了世俗的教皇國國家元首。這個事件，歷史上稱之為「丕平獻土」。

自己辛苦搶來的地盤轉手送人，對當時的蠻族國家還是比較罕見的。丕平為什麼能這樣辦事得體善解人意呢？大家別忘了，他是宮相出身的，宮相嘛，最早的工作實質就是相當於國王的祕書或者助理。祕書這個職位最是培養人磨練人的。

宮相廢主登基，標準是奴才造了主人的反，可是，這個出身一點不影響丕平家族在西方歷史上的尊崇地位，第一個重要原因當然是因為跟教廷這種互相有用的親密關係，大家都知道，歐洲歷史人物的形象，跟教會的好惡是息息相關的。但是，如果一個王朝沒有引人注目的男主角，教廷再喜歡也沒用。好在矮子丕平也算是了不起，他除了為法蘭克王國建立新的王朝，還給自家的王朝生了個歐洲歷史上最聲名顯赫的當家人，後來被稱為「歐洲之父」，也就是我們即將說到的查理大帝！

2.猝不及防的皇冠

查理是丕平的長子，作為未來的男主角，他在丕平時期，出鏡得比較早，而且戲份很重要。上面說到教皇翻山越嶺頂風冒雪到法蘭克國訪問，上趕著要現場給丕平塗油加冕。老爺子不遠千里而來，行程艱苦，丕平祕書出身，深諳迎來送往之道，所以他命令自己的長子查理出迎教皇。這時查理剛十二歲，這個年齡的孩子就算懂禮貌有家教，最多就是在城門口恭迎貴客，可查理卻是策馬趕了一百英里的路，在勃艮第見到了教皇。教皇看這孩子風塵僕僕，非常感動。老爺子遠來，也沒預備給孩子的見面禮，只好順手塗了查理一腦袋油膏。大家千萬別說教皇小氣，教皇就是送給查理一座金山，也沒有這一腦袋油膏值錢，因為這個動作代表著，教皇宣布，這孩子是未來的法蘭克王！看到沒有，最先受教皇加冕的法蘭克人不是丕平而是查理！

七六八年，阿基坦地區又叛亂了，丕平在征討的過程中病逝。已經改朝換代了，繼承的思路就是不肯改。丕平讓長子查理和次子卡洛曼平分了法蘭克王國。這種分家方式在墨洛溫家族就危機四伏，到了加洛林時代一點沒改善。年輕時的查理為人還比較大器，上班之初想的就是要繼續安定阿基坦的局勢，所以他邀上弟弟，預備兩家聯手鎮壓阿基坦的叛亂。

本來根據分家的地圖，阿基坦地區是屬於卡洛曼的領地，縱然有人造反，也應該是卡洛曼著急，誰知他不著急，因為查理大哥替他急了。查理一邊發兵阿基坦，一邊叫弟弟快過來幫忙，卡洛曼完全不回應。查理沒辦法，大軍已發，不打不行了，好在查理十來歲就隨父親征戰沙場，公認是個天生的統帥，雖然沒有支援，沒人幫忙，他最終還是收拾了叛軍，讓阿基坦地區暫時順服了法蘭克，不，應該是卡洛曼的統治。

經過這個事，兄弟倆的芥蒂就算正式產生了，整個西歐都等待著法蘭克王國內部的又一場兄弟內戰。卡洛曼這娃命好，沒機會跟查理大哥正面交戰，因為接班四年不到，他就病死了。這樣，查理不用背負欺負弟弟的罵名，直接接手了整個法蘭克王國。

丕平一上班就覺得自己帽子太小，查理一上班就覺得自己地盤太少，即使現在法蘭克的國土上已經沒人跟他分割版圖了。

把鄰居殺死或者趕走應該是擴張地盤的唯一辦法。正好，羅馬教皇又求救了。這不是丕平搶了倫巴底國的土地送給教皇了嗎，倫巴底人心不甘情不願，肯定是天天上門索要。

其實，就算是羅馬教皇不找查理幫忙，查理也預備收拾倫巴底王國了。他在卡洛曼死後佔領了弟弟的土地，而卡洛曼有老婆有兒子，卡洛曼的老婆來自倫巴底王國，受了欺負，自然回娘家求救。當時的倫巴底國王已經張羅著要立卡洛曼的兒子為法蘭克國王。

公私兼顧，七七三－七七四年，查理遠征倫巴底，經過五次大戰，徹底平滅了這個義大利北部的國家，他派自己的兒子做總督駐守這裡，而查理此時就成為了「法蘭克人和倫巴底人的國王」。至於查理的弟妹和侄子，其下落恐怕只有查理自己才知道了。

剛把義大利的事情平定，查理感覺庇里牛斯山對面的穆斯林總有些隱患，於是他又發兵西班牙，將現在的巴賽隆納一帶收入囊中，成為法蘭克王國的西班牙邊區。

查理一輩子都用來幹仗了，他的生涯有歷史紀錄的大戰超過五十多次，前面說的阿基坦平亂，倫巴底征服和西班牙邊區的成立，加在一起大約是二十多次，剩下那些數字大部分奉獻給薩克森人了，對薩克森人的戰鬥，是查理戎馬生涯最辛苦也最慘烈的篇章。

薩克森人也是日耳曼種族的，當時在萊茵河下游及易北河之間的地區存身，從英國篇我們知道，薩克森（在英國篇叫撒克遜）人有一部分跟來自日德蘭半島的盎格魯人聯手，以海盜起家，最後入主了英倫三島。而在歐洲中部地區剩下的薩克森人就落後多了，一直維持著原始社會剛解體時的蠻夷生活，繼續信仰著多神教。

從墨洛溫王朝開始，法蘭克王國和東北鄰居的薩克森人都互相不服，經常發生邊境衝突，法蘭克看著這個桀驁不馴的同宗鄰居也很頭痛，跟薩克森人幹仗幾乎是每個法蘭克當家都要重視的工作。

丕平晚期，法蘭克王國和薩克森人難得地和平共處了一陣子，到查理這輩，鄰里關係又惡化了。西歐大部分地區都信基督了，薩克森人堅決不從，對於到他們的地盤上去傳教佈道，他們也是極為排斥，經常有些大不敬的動作，比如焚燒教堂。

查理除了是個善戰的統帥，最大的特點就是信仰虔誠，所有的異教徒都是他的敵人，有人在他家門口焚燒教堂，這絕對比燒了查理的眉毛還嚴重，他肯定是以最快的速度發兵征討這幫不信上帝的蠻夷。其實不管薩克森人燒不燒教堂，查理要對他們動武是早晚的事，如今師出有名，法蘭克軍隊更加士氣高昂。

查理自己也沒想到，這一仗會打得如此辛苦，他在位四十六年，其中的三十二年都在跟薩克森人拚命，期間大型的征討行動就有十八次。

戰爭剛開始階段，法蘭克的軍隊一如往常般的順利，薩克森的首領戰敗逃走，當地的貴族地主願意向查理宣誓效忠。查理於是很放心地跑到西班牙跟穆斯林打仗，正打得熱鬧，薩克森人又反了，查理只好北上鎮壓，可這一次，查理沒有好運氣，他不斷地失利，而他駐紮在薩克森的某個營地某天突然被薩克森人偷襲，大批法蘭克的優秀將領，貴族等被殺，而這些人，都是查理的親信、朋友。這一次遇襲改變了查理對薩克森的征伐初衷，現在對他來說，這片土地一定要被徹底清洗，而且一定要讓基督的榮光普照這些蠻夷的靈魂。

查理從此對薩克森變得殘酷而暴躁，為了找到此次突襲事件的元凶，他將所有之前宣誓效忠於他的當地貴族叫到跟前，讓他們如實交代反動游擊武裝的人員名單，薩克森人還是比較執拗的，雖然是投降了，出賣同胞的事不幹，終於將國王惹火了，一天之內，他下令屠殺了四千五百名薩克森人！隨後，一邊不斷地剿滅當地人的反抗之火，一邊強行在該地區推行基督教，殺戒一開，很多事就容易多了，畢竟將宗教信仰凌駕於自己生命之上的人還是比較少。當該地區終於滿腹委屈地臣服後，至少有四分之一的人口已經被殺無赦了。

整個王國東部的征服，除了北部薩克森，還有中部的巴伐利亞，最後是多瑙河流域的阿瓦爾人。查理剛接下王位時，法蘭克的領土不過是現在的法國、比利時、瑞士和德國荷蘭的部分地區，幾十年打下來，法蘭克王國的版圖東起易北河多瑙河一線，西至大西洋，南起庇里牛斯山，北至北海，而在這個地區，這樣的疆域歷史上只有一個國家可與之抗衡，那就是當年的羅馬帝國！

既然已經擁有了一個羅馬帝國，再叫他法蘭克國王是不是有點委屈人家呢？查理自己難道沒有什麼進步的要求嗎？查理淡淡地一笑，告訴我們：「有福之人不用愁，我一犯睏就有人送枕頭！」

查理跟羅馬教廷的關係好，大家都知道的。所以他也能左右一些教皇的選任之類的事務。比如當時的教皇利奧三世，就是在查理的支持下順利當選的。他上任後自然是百般地說查理好。教皇自從有了自己的土地，羅馬那些貴族們都有點眼紅，所以隔三差五地找教皇發難，估計利奧三世自己的行為也不是特別謹慎，上任不久的某天，在大街上晃悠的教皇就被一群貴族圍攻，隨後被關了禁閉。主事的羅馬貴族聲稱利奧三世道德敗壞、生活放蕩、品行不端等等長篇罪行，還說他們預備挖掉教皇的眼珠子並切掉他的舌頭以淨化教廷的風氣。根據羅馬篇我們知道，羅馬人說是要切下部分器官，那一般還是下得了手的。不過羅馬貴族出名的辦事不靠譜，抓了教皇這麼大的事也不認真對待，還沒來得及挖眼睛割舌頭，利奧三世居然跑掉了。

教皇踉踉蹌蹌，狼狽不堪地跑到了薩克森地區，找到了正在種族清洗的查理，哭訴了自己的遭遇。查理馬上放下前線的工作，率領大軍親自護送利奧三世回到羅馬，並召開了宗教大會。查理以法官的身分，宣判了整個事件，迫使鬧事的貴族收回對教皇所有的指控，並發誓以後不敢了，教皇歸位，重掌教廷，基督教世界的一場風波在查理的兵威下消弭。大恩不言謝，利奧三世知道，他需要找個合適的機會徹底報答查理。

當年，也就是西元八〇〇年的耶誕節，作為一個虔誠的教徒，查理盛裝出現在羅馬的聖彼得大教堂，利奧三世主持宏大莊嚴的彌撒，而查理面容祥和地跪在聖壇前祈禱。突然，利奧三世做了一件出乎所有人意料的事，他拿出一頂金色皇冠，帶在查理頭上，然後大聲宣布：「上帝為查理皇帝加冕，這位偉大的帶來和平的羅馬人皇帝，萬壽無疆，永遠勝利！」世界歷史上王冠加頂的故事很多，大家還記得，凱撒當年也有這樣一天，不過他戴上花冠時，現場比遭遇寒流還冷。查理不一樣，雖然他幾乎是被皇冠加頂時表情最迷茫的一位，可是他周圍的歡呼聲卻是清晰如雷的，看樣子，幾乎所有人都等待這一天了，只有查理自己還頗為懵懂。

既然支持聲山呼海嘯的，再拿下來就讓現場觀眾失望，讓教皇利奧三世沒有面子了，先戴著吧，現在，查理不是國王了，他是神聖羅馬帝國的皇帝！

查理變成皇帝這個過程，到底是在查理並不知情的情況下由利奧三世一手導演，還是查理私下和利奧三世通了氣的陰謀，不得而知，也是歷史之謎。根據史料，大部分人傾向於查理之前並沒有稱帝的意圖，原因是他忌憚東羅馬，畢竟東羅馬才是羅馬正統，他怕自己稱帝得不到認可，徒惹嘲笑。

請大家複習羅馬篇，在東羅馬帝國的第十三篇裡，老楊說到，此時的東羅馬是伊琳娜女王當政，羅馬教廷不承認伊琳娜是羅馬皇帝，當然東羅馬也拒不承認查理這個西羅馬皇帝，但是羅馬帝國有個傳統啊，西羅馬皇帝要得到東羅馬皇帝的承認才合法，現下查理皇冠已經戴上了，東羅馬又沒有一個可以被所有人接受認可的皇帝，這個局面怎麼解呢？只好先僵持著吧。

雖然東羅馬不承認，西歐大部分地區可都認可了查理，即使是剛剛建立的阿拉伯帝國的阿巴斯王朝，還專門派人送了一頭大象作為祝賀羅馬帝國皇帝登基的禮物。後來拜占庭伊琳娜女王甚至願意跟查理結婚，來解決這個僵局，遺憾的是，這一場東西合併，羅馬再現的盛況因為伊琳娜女王被人推翻而沒有實現。十二年以後，拜占庭的皇帝才萬般無奈地承認了查理的職稱。

能征善戰，信仰虔誠都是查理的主要優點，而最難得是，作為一個蠻族、軍人出身的皇帝，他對文化的重視是超乎尋常的。當時法蘭克王國雖然國勢強盛，疆域遼闊，可幾乎是個文化沙漠，查理的臣民們大部分都是文盲。查理專門在亞琛一帶開設了學校，教這些文盲的日耳曼人看書識字，對於一些勤奮好學的貧家子弟重點提拔。還下令教會抄錄和保留希臘和羅馬的文稿經典，推廣傳播。查理皇帝的這一輪文化建設，甚至被有些人稱為是「加洛林王朝的文藝復興」。

文治武功，查理都算是千古一帝了，他被後人尊為查理大帝，而他治下的龐大疆域，經常被稱為查理曼帝國。不論是現在的德國、法國、義大利、荷蘭、西班牙等地，甚至包括英格蘭，往自己臉上貼金的時候，都說查理大帝是自己國家的英雄祖先，所以他又被稱為「歐洲之父」。

查理大帝一生正式結婚有五次，品種流雜。法蘭克人、倫巴底人、士瓦本人什麼種族都有，大都出於政治需要，其間最大的收穫是，他熟悉好幾門外語。除了有名有份的，露水情緣混過的女人還有不少，私生子就更加不計其數了。但因為他寵愛第三個妻子，所以這一支生的兒子才被認為是嫡出，有繼承權。這個士瓦本女人也生了不少兒子，不過活到最後能繼承大統的只有羸弱的小兒子路易。這真是個諷刺，法蘭克只有巴掌大的時候，等著分家產的兄弟們還要排隊，如今這麼大一片領地，卻沒有人來分了。

查理大帝也是個勞碌命，閒不住，不打仗他也喜歡巡視邊疆。要巡視查理曼帝國的邊境可不是個輕鬆的活，想像一下騎著馬繞現在的歐洲西部一整圈是什麼工作量。歷史上，不少英雄人物戰場上的危險都逃過了，卻平白無故會從馬上掉下來沒了性命。查理大帝也在一次巡訪中，御馬受驚，被掀落在地。這一跤跌得不輕，皇上一直沒恢復過來，八一四年，偉大的查理大帝駕崩了！

3. 西歐諸國的出生證

從鐵錘到矮子再到大帝，丕平家族真是一代勝過一代，如果查理大帝再生出一個比他還狠的兒子，我們就要懷疑這家人到底是什麼品種，竟然能在繁殖中不斷優化基因?!好在上帝是公平的，待到查理要傳位的時候，只有最沒用的兒子路易在眼前晃悠了，這個瘦弱蒼白的小王子吃力地戴上了沉重的羅馬帝國皇帝的皇冠，他就是路易一世。

路易在查理大帝身上最顯性的遺傳就是信仰虔誠，這一點青出於藍，甚至歷史書送他一個「虔誠者」的外號。其實「虔誠」有點用詞不當，說他「迷信」更接近事實。

每天，路易一世除了安排國家大事，最重要的工作就是從皇宮到大教堂去祈禱，風雨無阻。他繼位後第三年的一天，當他去教堂經過皇宮的遊廊時，突然木質的廊簷坍塌，將皇上砸傷。這要是正常人被砸，第一個反應肯定是追究皇家建築承包商的責任。不過皇上的意識飄得比較遠，他馬上認為這是某種神啟，凶多吉少，搞不好自己就命不久矣。

出於這個考慮，路易除了自怨自艾感慨身世，急急忙忙地開始著手安排後事。歷史上手足相殘教訓殘酷，查理大帝曾告誡路易，還是盡量按長子繼承這個辦法來傳遺產。路易有三個兒子，長子洛泰爾，老二丕平，老三路易。根據長子繼承的原則，法蘭克王國的主要部分加上義大利就傳給洛泰爾，同時，洛泰爾還領了神聖羅馬帝國共治皇帝的位置，路易一世駕崩後，洛泰爾就扶正成為皇帝。二王子丕平分到了阿基坦地區，三王子路易分到了巴伐利亞地區。

法蘭克的貴族地主們最喜歡王子們互毆，他們好趁亂揩油，擴充自己。現在這個傳位方式，實力相差太遠，這哥仨動手的機會不大，讓地主貴族們很失望。

好在，法蘭克國王從誕生就注定了這個風格，那就是，親兄弟，明幹仗。路易一世交代了後事，就等著上帝召他過去玩，誰知道他誤會了上帝的意思，上帝對他好著呢，不但不安排他早逝，還給他一個梅開二度，老來得子。

如果說皇宮遊廊的工程事故真是個神啟，那應該也不是給路易一世，是給他老婆的。路一立好遺囑的第二年，皇后死了。屍骨未寒，路一迎娶了一位出名的大美女尤迪絲，尤迪絲來自現在德國西南部，當時叫士瓦本的這個位置，她的父親就是在當地軍政大權在握的韋爾夫伯爵。

德國的歷史，牽涉到很多歐洲的重要家族，雖然很費勁，但也沒辦法，這支韋爾夫家族就是很重要的一家，大家盡量記住他。

尤迪絲不僅美豔而且聰明，深得路易一世的恩寵，婚後不久就生了個女兒，接著，又生了個兒子！路易一世四十五歲再次當爹，心中百感交集，抱著這個寶貝小兒子不撒手，傻樂了一天，為表達對新兒子的愛意，特意沿用了英雄父親的名字，小王子起名為查理。歐洲歷史上很多國王不都有外號嗎，查理的外號是「禿頭」。不過，根據史料，實在沒有證據證明查理患有任何會導致脫髮禿頂的病症，好像他一直都有頭髮，老楊確信他的髮型跟歷史進程無明顯關係，大家也就不糾結了吧。

路一傻樂，皇后樂不起來，自己飽受恩寵沒用，生出兒子來也沒用啊，因為路一所有的財產已經分光了，尤迪絲母子現在金尊玉貴的，將來路一下崗後，母子倆到哪裡領退休金？

從查理出生，尤迪絲皇后徹底變成一個歐巴桑了，她是天天念夜夜念，早也念晚也念，翻來覆去就是一句：「給我兒子一塊地！」

其實，就算她不念，路一也在考慮這件事，怎麼給自己的小兒子一塊立足之地。指望三個大兒子發揚風格一人讓一塊是不可能的，沒有商量，只能硬來。於是，在查理六歲那年，路一正式宣布，查理十六歲的時候，將得到阿爾薩斯·庫爾·阿拉曼公爵領地加上勃艮第的一部分這片土地。

哪裡會有憑空冒出來的土地，基本上就是從太子爺的遺產上割出來的。大家還記得英國篇裡亨利二世的故事，人家就算是同父同母的弟弟都不肯相讓，這個異母的弟弟就更別指望了。路一剛把話放出來，大哥帶著兩個弟弟三人就聯手造反了！

法蘭克王國所有皇室家族親情都很淡漠，孝順這兩個字在他們的字典更是不存在，三兄弟直接罷黜了父皇路易一世監禁了小弟弟查理，後媽尤迪絲更是被丟進了阿基坦一個修道院，據說哪裡專關通姦女人和巫婆。

一個神聖羅馬帝國的皇帝是不容易被罷黜的，有些忠心的諸侯會勤王的，不久路易一世又跌跌撞撞恢復了王位。然後，這一個爸爸四個兒子就熱鬧了，前後進行了四次分地，怎麼分都有人不爽，一不爽就起兵造反。路一是既沒有智慧解決遺產問題，也沒有勇氣對親生兒子下死手，最後心力交瘁而死。當時二王子丕平也死了，所以路一駕崩後，遺產之爭就在洛泰爾、路易和查理之間進行。這一場三國演義，洛泰爾顯然是曹操，路易和查理於是非常聰明地選擇了孫劉聯盟。

路易和查理的孫劉聯合還有個小故事，在現在的法國東部，隔著萊茵河與德國對望這個位置，有個城市叫斯特拉斯堡，當年路易查理簽訂合夥合約就是在這裡。舊社會簽合約，沒有蓋章公證這些瑣事，兩邊發毒誓，說話算數，如有違背萬箭穿心諸如此類的。路易和查理發誓就很好玩了，這兩個明明是兄弟，卻用不同的語言盟誓，路易那方發誓用的是條頓語，而後發展為德語，查理那方用的是羅曼語，被認為是最早的法語，而發誓的內容形成專門的文書，用的是拉丁語。而不管是條頓語還是羅曼語，都說明這兩兄弟雖然血緣如此接近，卻已經代表不同的國家和民族了，斯特拉斯堡等於是見證了兩個國家的誕生，所以這個城市在法德兩家都有特殊的意思，是歐洲旅遊著名的人文景點，「斯特拉斯堡誓言」也成為歐洲歷史文化一個特定的詞組。

曹操在孫劉盟軍的步步進逼節節敗退，最後，大哥終於同意坐下來，簽訂最後的分地方案。八四三年八月，《凡爾登條約》簽訂，三兄弟在彼此感覺不錯的狀態下完成了這個折騰了三十多年的領土紛爭，查理曼帝國被切成三份，萊茵河以東，所謂東法蘭克歸了路易，萊茵河以西那片——西法蘭克是查理的，原來的皇帝大哥洛泰爾領了義大利加上東西法蘭克之間的一個長條地帶被叫做中法蘭克的。洛泰爾死後，他的三個兒子又平分了中法蘭克這一長條土地，於是原來查理曼帝國的領土上，有叔侄五個王，都對自己的居住環境不滿意，都想推掉圍牆擴大院子，一通混戰。而夾在東西兩個法蘭克王國中間的洛林地區，就成為是非之地，左鄰右里為它焦躁了好幾個世紀。

《凡爾登條約》被認為是「現代歐洲的出生證」，德國、法國、義大利三個國家大約就是由此時逐漸形成並開始發展。

世界歷史有一套之

德意志是鐵打的

1 從東法蘭克到德意志

這一篇起，我們說的故事才是真正屬於德國自己的歷史了。不過此時，我們還不能稱這裡為德意志，它還是加洛林王朝的東法蘭克王國。

《凡爾登條約》簽訂及洛泰爾死後，路易和查理搶了三個侄子不少地盤，東法蘭克王國包括現在的荷蘭、瑞士、奧地利和德國西部。地方不小，但是在查理曼帝國的三片領土中，這裡的文明發展程度最低，也最混亂，因為這裡幾乎沒有被早年的羅馬帝國染指過，各族群還都保持著自己的人文特性，品種流雜，有點菜市場的風格。

加洛林王朝派在這個地區的各級官員，為防禦東部的異族入侵，都有自己獨立的軍政權力，時間長了，就形成五大派系的軍閥，他們有自己的語言、法律和文化，自然就成為五個隸屬於東法蘭克王國的諸侯國，在歐洲，我們叫他們公國，而公國的首腦，就是公爵。

這五大公國分別是：法蘭克尼亞、薩克森、圖林根、士瓦本和巴伐利亞。大家記住這五個大腕，他們是後面歷史的主角。

先跟「地主」報備一聲，德意志的歷史，因為這些諸侯公國之間的恩怨而異常紛繁複雜，老楊盡量把複雜的問題八卦化，不過，還是那句話：看得懂就盡量看，實在看不懂，直接跳過，找能看懂的看。

路易領了東法蘭克成為國王，查理曼帝國的加洛林王朝在這裡統治了六十八年，經歷了五個國王，這五個國王誰也壓服不了那五大公爵，既然國王拿自己當配角，老楊也就不打擾他們，讓他們歇著吧，我們重點關注這五大諸侯。

除了這五個地頭蛇態度傲慢，藐視王權，外患還有不少。因為東法蘭克王國地段不好，居住環境很差，容易吸引流氓黑社會過來打家劫捨。本來他們一直受馬札爾人（後來的匈牙利人，參見羅馬篇）騷擾，後來維京海盜發跡，丹麥人又打過來了。對東法蘭克國王來說，如何拉上這五大家族同心同德抵禦外侮是個重大考驗。

東法蘭克最後一個國王還是路易，他是路易四世，登基時才七歲，大權掌握在主教手裡。這時馬札爾人的入侵已經如火如荼了，東法蘭克各地都飽受蹂躪，路易四世剛成年就戰死，還沒來得及生孩子呢，於是，加洛林王朝東法蘭克這一支絕嗣。

按道理東邊沒人了，就應該到西法蘭克去找接班人，畢竟人家那是加洛林王朝的正統，不過東法蘭克的主教和諸侯們一致認為，已經分家了，還什麼正統不正統的，東法蘭克的土地是日耳曼人最早的家邦，就應該建立一個純粹的日耳曼人的統治格局，以後除了搶地盤，沒事就不跟加洛林家族那幫子打交道了。

加洛林族系不考慮，這麼大一片土地誰來管事呢？不是有五大家族嗎，從中間選一個。對當時的法蘭克來說，誰能凝聚各路諸侯的力量打擊犯罪，抵抗蠻族黑社會是最重要的。東法蘭克地區的幾個大主教在家裡分析討論，法蘭克尼亞的康拉德公爵應該有這個能力，而且啊，算起來，他是路易四世的外甥，跟加洛林王朝有親，算跟皇統沾邊。

就這樣，康拉德公爵成了康拉德一世，帶上了東法蘭克的王冠。公爵到國王，康拉德唯一提高的待遇就是多了頂帽子，因為其他領地的公爵根本不理他。法蘭克尼亞公國在五大家族中，實在不能算勢力強大，他不當國王還好，一當國王，就成了其他那四家人的出氣筒，變著法子找他麻煩。

其中最淘氣的，當算是薩克森家族的亨利，大家還記得薩克森吧，前面介紹過，查理大帝幾乎花了一輩子的時間，血濺四方，才換的這個族系的屈服。即使是歸順了帝國和基督教，薩克森人剽悍鐵血的性子一時還不容易改，因而薩克森幾乎是五大家族中最不馴的，而且也是勢力最強的。

從康拉德一世登基開始，薩克森公爵亨利就拿他消遣，亨利也沒有公開表示起兵篡位的意思，他就是隔三岔五地啟釁打架，挑戰康拉德的帝王尊嚴，康拉德縱然有一肚子憤懣，他也沒地方出氣，因為基本上大多數交兵，他都輸給亨利了。

內亂不能平息，外侮更是無能為力，康拉德一世頭昏腦脹心煩意亂地在東法蘭克王國國王的位置上堅持了九年，臨死時，他終於給自己毫無意義的帝王生涯尋找了一個高明睿智的結尾。

本來他可以將王冠傳給他弟弟，但是他知道，這個折磨人的位置，還是不要禍害手足了，他決定讓自己的死敵遭受同樣的罪，他宣布，傳位給他最大的仇家——薩克森公爵亨利！不管康拉德到底出於什麼目的，表面上看，他這就算是以德報怨了。當然，交出大位有條件，那就是他弟弟接班的法蘭克尼亞領地自治，不受新國王的轄制。

薩克森的亨利同學日常生活非常豐富，他的薩克森地盤長期受到馬札爾人和丹麥人的正面衝擊，他一邊忙著跟這些外來敵人幹仗，一邊還招惹自家老闆打架消遣，除了這兩件大事，平日裡，釣魚摸蝦，鬥雞走狗這些活動更讓他忙碌。這天，他正帶著手下在哈爾茲山中抓鳥玩，突然有快馬來報，通知亨利，「陛下別再抓鳥了，趕緊去加冕吧。以後全國的鳥都聽你的了！」

就這樣，亨利一世成為國王後，人送外號「捕鳥者」，這名字怎麼聽怎麼不務正業！說亨利一世不務正業那是相當委屈，這夥計一上台就說明了，他當國王的能力絕對在他捕鳥的能力之上。

先是登基加冕，亨利一世就給了所有人一個桀驁不馴特立獨行的印象，先插播一個小故事啊。

我們之前說到加洛林家族丕平、查理被教皇塗油加冕的事，到底塗油是怎麼回事呢？這要追溯到《聖經舊約》，以色列的先知撒母耳根據上帝的要求，指定大衛為王，而大衛需要「受膏」，翻譯成普通話就是抹一身油，這個油膏的主要成份應該是橄欖油，還參雜點香料。透過一個上帝指定的代理人，塗在「受膏者」的腦門、胸口、後背等身體各處，表示上帝認可該人成為某種權力的代表。這些「受膏者」在教界就是教皇主教一流，在世俗社會當然就是皇帝或者國王了。這個事是不能開玩笑的，西歐後來那麼多割據勢力，不管多強大，即使按住了皇帝國王，將他們當寵物養，或者挾天子以令諸侯，行天子事，全套天子儀仗，所有王的事他都幹了，獨獨不敢給自己塗一身油膏，就是怕惹惱了上帝。

亨利加冕，僧侶們端著傢伙，舉著各種器物，主教舉著兩手油，單等亨利過來配合這套長篇累牘、花裡胡哨的禮節，誰知亨利堅決拒絕主教在自己身上亂抹，他接過王冠帶上直接就職，讓教會好一陣尷尬。在亨利看來，主教給自己塗油，是不是以後教會就要壓國王一頭了，我做國王靠我自己的能力，跟你教會給不給我塗油有什麼關係？

亨利敢這麼橫，當然是有自己的資本，教會除了大驚失色火冒三丈也沒有別的辦法，於是僧侶們在背後給他起個外號，叫他「無柄之劍」，劍是好劍，沒有手柄怎麼操控啊，這個稱號代表了法蘭克教會對亨利一世的無奈。

雖然亨一為了顯得自己名正言順，一天到晚吹噓說他的王權來自克洛維和查理曼的傳承，不過王統肯定是跟加洛林王朝沒什麼關係了，而且既然分了家，東法蘭克又是純粹的日耳曼人聚居地，也就犯不著非要跟法蘭克王國攀親戚了，從這時起，東法蘭克王國正式轉變為德意志王國。

2 捕鳥者—奧基人

亨一意外當選為國王，除了薩克森領地擁戴自己的老大，法蘭克尼亞自己放棄王位，不跟亨一找麻煩，其他幾家都不服，而其中反應最大的就是巴伐利亞和士瓦本。巴伐利亞更是推出了自己的公爵，號稱他才是東法蘭克的真正國王。

攘外必先安內，不能壓服這些個軍閥，讓東法蘭克的力量團結凝聚，根本無力對抗入侵的外敵。亨一上班的頭幾年都用來跟這些同胞幹仗了，終於把士瓦本和巴伐利亞兩個公國打服了，雖然還沒有能力徹底壓制這兩家，使他們知道臣子的規矩，不過公然犯上作亂是不敢了，也願意團結亨一，為新興的德意志國家而戰。

國內的事大約安排妥當，亨一就開始解決邊境問題了。大家看地圖，上篇說過，查理曼帝國被分割，東西法蘭克坐大，而夾在兩國中間的部分中法蘭克國犯了個傻，又被平均分配給三個兒子，於是中法蘭克成了一盤散沙的小國，日漸式微，兩邊的親戚鄰居都如狼似虎的，能不乘機欺負弱小，霸佔地盤嗎？所以，中法蘭克夾在兩國之間的部分，就成了東西法蘭克都想爭奪的自留地。這個恩怨幾乎成了後來法德矛盾的最主要的內容。

現在的法國阿爾薩斯—洛林地區就是這片自留地。法國作家都德的《最後一課》，講的是一個法國小學，即將被德國佔領，從今以後要開始學德文的事，文章寫得可憐兮兮盪氣迴腸的，而這個小學，就處在這個阿爾薩斯——洛林地區，不過《最後一課》的故事發生在十九世紀，那是以後的事了，就在法國和德國兩個大佬誕生發跡的這段時間，這個地區就已經開始在兩國之間轉手。

中法蘭克剛分裂時，東法蘭克霸佔了這個地區，在康拉德一世任內，洛林地區不喜歡跟日耳曼人混，又轉投了西法蘭克的門牆。人只要有選擇，就別指望太忠誠，洛林公爵給法德兩邊縱容出了點牆頭草的脾氣，這個鄰居對他不好讓他不爽，他就投靠另一個，反之亦然。

亨一這夥計有點貪財，而且不怕影響名聲。比如說，他看中了一個有錢的寡婦，娶回家了，大把陪嫁到手了，隨後他就想盡辦法夥同教會，跟這個老婆離了婚。前妻趕走了，亨一並沒有把陪嫁還給人家，隨後又找了個更有錢的老婆，又賺到了一份更優厚的陪嫁。

對老婆的嫁妝尚且如此，對於土地就更計較了。對亨一來說，只有把別人的東西弄過來這個道理，自己的東西怎麼能給弄走了呢，所以，他上班後不久，就忙著把洛林地區要回來。財迷的能量是驚人的，陰謀詭計加上武力威懾，西法蘭克國家正好又有點內部糾紛，於是，洛林地區就真的回到了德意志王國手裡，成為王國內又一大諸侯，洛林公爵娶了亨一的妹子，結了暫時相安無事的骨肉親戚。

內部問題基本解決了，終於可以和匈牙利人了斷了。德意志王國的幾大諸侯窩裡橫，平時在家都挺囂張的，如今終於結成夥出去打架居然都熊了，估計是日耳曼人從蠻夷到文明人進化得過快，再碰上其他的蠻夷找不到打架狀態了。

從上面的介紹，大家看出來了，亨一這個夥計八字絕對是吉星高照的，跟馬札爾人的戰鬥，他也贏在運氣上了。明明是戰鬥失利，卻給他稀裡糊塗地抓住了一個馬札爾人的首領。這個首領雖然在歷史上沒什麼大名聲，不過他肯定是德意志的大恩人，就是因為他被擒，馬札爾人不得不放棄了對德意志的進襲，為了贖回這個倒楣首領，馬札爾人簽訂協定，答應只要亨一交出首領並按年納貢，馬札爾人沒事就不過來騷擾邊境了。

九年，馬札爾人給了亨一九年的安全和安定，亨一不敢怠慢，他用這九年時間修建堡壘，鞏固邊境，建設軍隊。九年後，亨一停止了對馬札爾人的貢賦，然後率領麾下德意志各諸侯聯合組成的軍隊等宿敵來犯。馬札爾人果然來了，不過這一次，他們沒能長驅直入，一頭撞在日耳曼軍隊的鎧甲上，被撞得七零八落。亨一取得了對馬札爾人戰鬥的重大勝利，這些人好長時間都不能恢復元氣。

除了馬札爾人，亨一還平定了丹麥，並開始入侵斯拉夫人的領地，到他死時，德意志王國已經成為歐洲一個實力很大的國家，而亨一隱約已具備歐洲老大的格局，而更大的理想和更高的追求，就要透過兒子來完成了，亨一相信自己的兒子，所以放棄日耳曼人和法蘭克王國傳統的分遺產模式，將所有的王權和領土，全部交給了自己的次子，他叫奧托。

3 大帝—奧托

看過《羅馬帝國睡著了》的讀者對新上任的德意志國王奧托並不陌生，而且我們知道，叫他奧托一世是很沒禮貌的，這一千多年來，全世界認識他的人都叫他奧托大帝，這一篇我們重點介紹大帝是怎樣煉成的。

既然亨一順利傳位給兒子了，也就算是一個王朝的延續了，因為這一支王系都是薩克森公爵出身，所以這就是德意志歷史上的薩克森王朝。

奧托一世登基是得到了地方支持的，上位後，那幾個大軍閥頭子都進入宮廷幫忙他，基本算是緊密團結在國王周圍，高舉德意志振興的偉大旗幟，共同前進。當時的職位安排是：洛林公爵管財務，法蘭克尼亞公爵管伙食，士瓦本公爵掌酒，巴伐利亞公爵掌御馬監。大家別笑，這些聽著像雜役，不過是個象徵，也就是昭告天下，這幾個公爵願意成為國王的僕從。這些個之前嘰嘰歪歪的軍閥願意到宮廷裡為奧托服務，正是說明了，亨一當年對內整合工作的巨大勝利。

老公爵們給亨一的面子不跟奧托為難，老公爵的子侄們不見得要賣奧托的帳，別說是這些地方軍閥，就是薩克森自己的屬地，也不斷有叛臣跳出來質疑奧托的王權和地位。

跟亨一一樣，奧托國王的第一項修煉就是，平亂。奧托更慘點，他在位碰上的造反行動共有四起，幾乎都是由奧托身邊最親的人發起，其他諸侯趁勢跟上，演變成一場德意志內部的大混戰（閱讀警告，以下內容比較混亂，「地主」們再次注意用腦安全）。

第一起，奧托同父異母的弟弟唐克瑪律是頭目。他想得到德意志東部邊境的某個軍事職位，而奧托並沒有給他，懷恨在心，導致成仇；正好法蘭克尼亞的公爵跟薩克森的封臣有些恩怨，行為粗暴，遭到了奧托一世的處罰，於是法蘭克尼亞公爵跟奧托成仇；巴伐利亞的老公爵死了，他兒子從來都不服奧托，拒絕接班後繼續做朝廷的御馬監，於是加入前兩個的隊伍想伺機推翻國王。

這一仗的結果是，唐克瑪律被殺，法蘭克尼亞公爵投降，巴伐利亞的公子被罷黜，奧托扶持了老公爵的弟弟為新的巴伐利亞公爵，他宣誓效忠自己，算是奧托正式收編了巴伐利亞公國。奧托取得了國王生涯第一個勝利。

第二起，奧托的親弟弟亨利發起，奧托的媽喜歡這個小兒子，一直認為就算不能讓小兒子接班，也不應該所有的權益都由奧托繼承，存了這個心思，亨利一直對奧托心懷怨懟，他跑去洛林公國拉公爵下水，洛林公爵歷史傳統就是沒有忠誠可言，所以對這種忤逆謀反的事，一拍即合；法蘭克尼亞的公爵上次造反投降，現在看到又有人領頭了，他又跳出來加入戰團了。

這一仗是奧托帝王生涯最重大的考驗，也經歷了他一生最危急的時光，好在他還有幾個忠實的屬臣冒死勤王，否則德意志王國只怕剛出生就夭折了。法蘭克尼亞的公爵陣亡，奧托就不在當地設置公爵，法蘭克尼亞公國正式併入奧托的薩克森領地，這一支軍閥被徹底消滅。洛林公爵逃亡中淹死在萊茵河，洛林公國又沒有領導了。而頭號責任人王弟亨利，奧托則給與了難得的寬容和原諒，不僅不處罰他，還讓他領了洛林公國，成為新的洛林公爵！

根據法蘭克到德意志的社會傳統，兄弟間千萬不要太友愛，奧托當年一念之仁，放了亨利一馬，沒想到過了幾年，新的洛林公爵亨利又反了！好在奧托頭腦清楚，對於這位有造反前科的弟弟，他是一直保持高度警惕，經常派特務盯梢，所以，亨利一動念頭，就被察覺，第三次動亂幾乎是被扼殺在搖籃裡。這次亨利的動作大了，他不是想推翻哥哥這麼簡單，他的計畫是要哥哥的命！亨利在逃跑的路上被擒，趕緊找了身懺悔衣穿上匍匐在奧托腳下求饒（歐洲人講究，什麼都有特定衣著，負荊請罪也不能隨便光膀子，有指定服飾的），按我們的意見，肯定是斬立決。沒想到奧托大哥又饒了他！

因為對亨利沒有原則的容忍和原諒，後世評價奧托都說他「寬厚」，他樂得給自己一個好名聲，因為此時的奧托一世已經不擔心國內有人反他了，上面幾次平亂戰爭是他對付諸侯的剛性手段，而他最擅長的還是柔性手段，那就是聯姻和通婚。

首先，他讓自己的兒子跟士瓦本公爵的女兒伊達訂了娃娃親，所以在上面各次造反中，我們都沒有看到士瓦本家族的身影。士瓦本公爵沒有兒子，他一死，他的女婿也就是奧托的兒子接班成為士瓦本公爵。

亨利二次造反兵敗，奧托提升一個忠於自己的親信伯爵康拉德成為洛林公爵，並將女兒嫁給他，這樣一來，洛林公國成為女婿的屬地。

巴伐利亞的公爵死了，只有一個年幼的兒子，奧托操作了一下，就讓叛臣弟弟再次成為巴伐利亞公爵。

在德意志諸侯造反的過程中，法國為了拿回洛林地區，也暗地裡跟著做了不少小動作，奧托平亂之後也沒饒了他家，當時的法國正好也有公爵造反，奧托以彼之道還施彼身，你支持我的叛軍，我就到你家去支持叛軍。不過法王路易四世的武功比奧托是差太遠了，路四支持德意志叛軍只是要求洛林的主權，奧托支持的叛軍卻是差點要了法王的命！最後，路易四世不得不向奧托求饒，尋求和解。奧托看得遠，他為了以後經常能插手法國的事務，所以將自己孀居的大姐嫁給了路四，於是，法國方面也老實了。

如此一來，五大諸侯，薩克森和法蘭克尼亞是奧托自己的屬地，其他三大屬國分別屬於弟弟、兒子、女婿，奧托收回了一部分巴伐利亞的土地，而亨利被徹底打服了；法王現在是自己的姐夫，而且是個忌憚小舅子的姐夫，所以，奧托自己認為根本不擔心這些傢伙再找麻煩了。這段時間奧托一邊打架，一邊還要經營婚姻介紹所，業務繁忙，好在這兩項業務都成效卓絕，此刻奧托長舒一口氣，告慰先帝：「爹啊，這才是普天之下莫非王土啊！」。

大家掐指一算，不對啊，不是說有四起叛亂嗎，這才三起，奧托就給自己放假了？

這第四起呢，嚴格說不是針對奧托，而是針對他兒子的，發起人也是他兒子。這就要說到奧托的私生活了。還記得查理大帝吧，他幹掉了義大利北部的倫巴底，將倫巴底國併入法蘭克的版圖。後來法蘭克分家，義大利這一條屬於中法蘭克，再次解體後，成為德法眼中的外快，隨時想去撈一筆。奧托既然已經插手法蘭西的事務了，義大利自然也在他日常安排中。正好當時的倫巴底國王死了，某個公爵貝倫加爾乘機篡位，前倫巴底國王的遺孀阿德萊德囚禁在一個城堡裡。

德國的野史喜歡將這個部分渲染成為經典的西歐王室愛情故事，阿德萊德是出名的美女，落難的貴族，被怪獸關在城堡中的公主，她向當時最勇敢最威武的英雄求助，當然也就是奧托，奧托騎士帶著軍隊殺進倫巴底，英雄救美，此後美人英雄幸福地生活在一起。

好像歐洲的歷史很待見那些為女人捨生忘死的男人，比如特洛伊戰爭那些個愣頭青，我們家好歹出了個吳三桂，被所有人罵成孫子了。奧托為了美女打進義大利，這個故事我們也喜歡啊，不過，有點太演義了。奧托首先是個睿智的君主，理性的政治家，然後才是個情種，如果不是他感覺在政治上有必要拿下倫巴底，就算是海倫在城堡裡向他求救，他也不見得動作這麼快。而且啊，奧托一直是拿查理大帝做榜樣的，既然是翻版的查理大帝，怎麼能缺少一頂倫巴底王國的王冠呢。

九五一年，奧托的德意志大軍翻越阿爾卑斯山，開進了義大利，基本沒動手，義大利人一聽奧托殺來，鳥獸散了，倫巴底的王冠放在宮裡等他呢，奧托也沒跟任何領導機關報備，就戴上了，發現大小還挺合適。隨後，就迎娶了阿德萊德，讓她繼續做王后了。奧托沒有停妻再娶，他老婆死了幾年了，他比較符合老男人幸福的標準，升官發財換老婆。

阿德萊德很爭氣，跟了奧托第二年，就生了一個兒子。「地主」們心裡「咯噔」一下子，根據前面我們了解的歷史，老年得子一直是歐洲王室很大的一個隱患啊，對啊，奧托的大兒子，也就是太子爺也「咯噔」一下子，這位太子爺也就是娶了士瓦本公爵的女兒，最後直接變成士瓦本公爵的那位。正好倫巴底王國流亡的國王貝倫加爾也開始在德意志內部尋求援助，他先找上太子爺，又搭上洛林公爵，也就是奧托的女婿，如此一來，又湊齊了三家，開始跟奧托發難。

這次這三方做事比較絕，不僅自己在國內亂，他們還招來了外援，也就是久違的馬札爾人！憑藉自己那些忠誠的屬臣尤其是教會方面的幫助，奧托先狙擊了馬札爾人，隨後瓦解了兒子和女婿的叛軍，再次將一場叛亂平息。

內亂容易壓服，馬札爾人不容易收手，他們再次迸發了極大的熱情，又開始進襲德意志邊境了，奧托感覺，這個外患是到了徹底根除的時候了。

九五五年，在德國中南部的奧格斯堡，奧托率領各路諸侯大敗馬札爾人，這就是歷史上著名的萊西菲爾德戰役。這一場戰役可不僅僅是粉碎了一個境外黑社會這麼簡單，要知道，馬札爾人跟德意志過不去已經一百多年了，而且這些人一門心思地想西進，將整個西歐輪著搶一遍。奧托出手比較重，這場架打完後，馬札爾人這個集團徹底失去了作為一個著名黑幫的氣勢，他們決定還是從良吧，皈依天主教，以後跟德意志老大混江湖。從良的馬札爾人給自己找了個改邪歸正的地方，這個地區被叫做匈牙利。

奧托打黑成功，形象空前高大，德意志的歷史書認為：「這一仗的勝利讓過去幾百年的勝利黯然失色！」其實到這時候，才算真正奠定了奧托德意志人之主這個地位，大家稱他為「國家之父」！

馬札爾人老實了，奧托對東部的征伐就容易多了，歷史上薩克森公國在諸侯中實力最強是有原因的，第一，他家院子裡有座哈爾茨山，也就是當年亨一喜歡捕鳥的地方，這座山頭不僅有鳥，最幸福的是出產銀礦，所以薩克森家族從來不缺銀子；第二，他家的東部越過易北河，有大量的斯拉夫人可以欺負。

話說斯拉夫人在歐洲東部脫離了原始社會，分成三支出外務工。向北的那支就是俄羅斯、烏克蘭之類的老祖宗；向南的那支進入巴爾幹半島，後來建立了保加利亞和塞爾維亞等國；向西的這支呢，就正好走到薩克森公國的門口，他們後來成為了波蘭和捷克兩個國家，但在奧托一世的時候，捷克這個地區的西部被叫做波西米亞，我們現在經常說到的波西米亞風情就來自這個地區。薩克森家族歷史上搶了波西米亞不少土地，分封給手下親信。中世紀歐洲騎士打仗，國家民族這些榮譽想得少，效忠與否，關鍵看待遇。跟著薩克森家族征戰，薪資高，有土地分，所以薩克森的軍隊越來越強。奧托一世的時候，波西米亞徹底臣服，後來波蘭王國也開始向奧托納貢。

取得這些戰績後，德意志的軍界政界時不常的，有意無意的喜歡叫奧托為「皇帝」，這個稱號是讓他暗爽，可僅僅是暗爽不夠啊，他需要拿到正式的執照，讓自己從國王升職為皇帝。從國王到皇帝，最成功的模式當然是查理大帝，前提條件是，要讓教皇覺得欠人情。

奧托運氣好，他碰上了天主教歷史上最離譜的一個教皇，大名鼎鼎的約翰十二世。這位教皇的故事寫本小說估計也可以直接進入禁書行列，香豔有趣得很，但既然我們的主角還是奧托，還是不要讓約翰十二世喧賓奪主了。

約翰十二世是個官二代，後來接班時，他不僅是羅馬的行政首腦也是教皇。這一年他還不到十八歲，是古往今來最年輕的教皇。跟所有的公子哥一樣，一個十八歲的小孩成為羅馬之主，你就不難想像他會做出什麼事情來。他最大的特點就是繼承發揚了羅馬人荒淫無度的性解放生活，他在位沒幾天，他的住所拉特蘭宮就成了著名妓院，據說良家女子都不敢經過這一帶，怕給教皇看上就擄進宮中，後果難料。不過，羅馬教皇國是這麼個彈丸之地，教皇就算五毒俱全，壞得冒煙，手下人也沒什麼實力推翻他。但是，旁邊的國家就會打主意了。

前面不是說過，教皇國的北部就是倫巴底王國嘛，奧托已經是國王了。到約翰十二上台的時候，這個局面有些變了，話說奧托取得義大利北部後，跟當時的羅馬教皇要求過皇冠，人家不搭理他，不睬他。於是奧托就覺得倫巴底國王這個身分很沒意思，而後他平亂、打黑忙得腳不著地，就扶持了之前被他趕跑的那個家族貝倫加爾恢復王位，讓他對德意志王國效忠，其實不管忠不忠的，奧托也顧不上他了。

貝倫加爾覬覦教皇國的財富很久了，看著奧托管不著自己，他就向教皇發難。教皇要找人幫忙禦敵，只有兩個選擇，要麼是法蘭西要麼是德意志，反正他不太找拜占庭辦事了（參看羅馬篇），這時的法國國王正忙著對付阿拉伯人和諾曼人呢，於是奧托就成了第一選擇。

這麼大的忙肯定不白幫，奧托出發前就說了，「小子，把羅馬帝國的皇冠準備好，我收拾了貝倫加爾就過來加冕！」對於約翰十二世來說，只要他還能繼續做教皇，繼續荒淫無度，酒池肉林，送幾個皇冠出去都行，反正不要本錢。於是，奧托一世就這樣進入了羅馬，貝倫加爾的進犯實在不值一提，約翰十二世不得不在九六二年二月二日為奧托加冕，現在，我們可以叫奧托為皇帝陛下了。

二月二，龍抬頭，奧托最恨有人壓他一頭。教皇在加冕之後就貶值了，奧托要求：皇帝陛下保護教皇是應該的，但是，教皇要向皇帝陛下宣誓效忠！

約翰十二世這時候發現，奧托才是自己頭號對頭。於是，趁奧托在義大利北部收拾亂黨的機會，約翰十二世跟之前的敵人貝倫加爾建立了聯繫，並承諾，將羅馬帝國的皇冠送給貝倫加爾，讓他成為教皇的保護者，對付奧托。

這逼得奧托不得不決定對教皇下一次狠手，好好給他上一次規矩，聽說奧托的大軍轉向羅馬，約翰十二世以最快的速度逃之夭夭了。奧托舉辦了一場史上最熱鬧的對教皇的審訊，雖然被告不在，猛料可不少，這些審判材料即使是放在滿園春色的羅馬情色史上也是挺出眾的。

淫亂、貪污、受賄、傷害各種罪行成立，約翰十二直接被宗教會議罷免，奧托扶持了一個聽話的教士成為教皇，也就是可憐兮兮的利奧八世。

貝倫加爾家族餘孽未除，奧托也不能總在羅馬照應利奧八世。根據羅馬人的道德觀，約翰十二世再流氓一百倍也是名正言順的教皇，利奧八世就算再廉潔也是個山寨教皇。奧托一走，羅馬人就支持約翰十二回來復位，他挨個報復了當時審訊宣判他的主教，挖眼睛挖舌頭挖鼻子剁手腳（羅馬人喜歡幹這個）。

奧托鬱悶啊，有完沒完了，以後難道要常駐羅馬？好在，他的大審判產生了效果，約翰十二雖然回到了教廷，但所有的羅馬男人都加強了對自己老婆的監督和保護，因為不知道什麼時候自己就跟教皇成了莫名親戚。就是這樣嚴密的監督，約翰十二還是忍不住跟人通姦，還被抓了現行。苦主二話不說就把教皇按在地上捶了一頓，這位吃醋的丈夫不知道是用了降龍十八掌還是七傷拳把人打出了內傷，教皇當時沒事，回去沒幾天就翹辮子了，沒等到奧托過來找他麻煩。

約翰十二之後，教皇的人選又震盪了幾次，最後奧托基本是控制了羅馬的情勢。根據羅馬篇我們知道，奧托最後還是取得了拜占庭帝國皇帝的認可，並讓兒子娶了拜占庭的公主，他這個神聖羅馬帝國皇帝的位置就算是坐穩了，我們終於可以正式稱呼他為奧托大帝了！

奧托大帝三進羅馬，不累死也煩死了，所以最後一次從羅馬回家後不久，就駕崩了，享年六十一歲。

4 奧托三世的義大利情結

先扯點花絮吧。在羅馬篇裡老楊講過一個關於十字軍東征時聖矛的故事，那是個大騙局，也許整個關於聖矛的故事都是騙局，不過現在這柄聖矛鋥亮地擺放在維也納的霍夫堡博物館，另外羅馬的聖彼得教堂也號稱他們藏有一枝，所以啊，關於它的真假就不好再討論了，萬一都是假的，兩家這麼著名的博物館還開不開門營業了呢？

進入德國篇，聖矛是重要的道具了，所以有必要再詳細地介紹一次，既然公開宣布的聖矛實物就有兩枝，可見關於它的版本奇多，老楊揀自己道聽塗說的給大家講。

話說耶穌被釘上了十字架，當時正好是十三日週五，因為第二天是週六了，猶太人認為安息日不要處決犯人，所以最好就在週五就把耶穌結束掉。耶穌被殘忍地釘上十字架也有幾個小時了，一個羅馬士兵感覺，還是要確認一下到底死了沒有。於是他舉槍刺進了耶穌的心臟，一股鮮血噴出來，濺了這個士兵一臉。這個士兵名叫朗基努斯，在這之前，他因為眼病幾乎失明了，辦完這件差事，他也要提前下崗回家務農了。可就是耶穌這一腔熱血，讓朗基努斯的眼睛突然恢復了光明。朗基努斯在該剎那看到了真相，明白了十字架上釘著的，就是神的兒子，從此朗基努斯出家成為一名僧侶，開始了佈道的人生，他死後，被追認為聖朗基努斯。

所謂聖矛，就是朗基努斯刺進耶穌身體的那柄槍，也被叫做朗基努斯槍。因為帶有基督的寶血，所以神奇無敵，據說持有它，就有戰勝所有的敵人的力量。

朗基努斯既然出家為僧，應該不會帶著一柄長矛到處跑，他丟下這柄槍後，這件地球上唯一刺穿過神的身體的兵器去哪裡了呢？

老楊這個版本大致是這樣的，大概先是當時的羅馬總督拿到了聖矛玩了幾天，鑑於這夥計不信上帝，所以這東西在他手裡也沒什麼用；隨後輾轉落在君士坦丁大帝手裡。羅馬篇裡講過，君士坦丁大帝信基督比較虔誠，而且有收藏聖物或者疑似聖物的癖好，這柄聖矛後來被他弄到手也不奇怪。據說他就是用這柄聖矛決定了君士坦丁堡的位置，而後建立了東羅馬帝國的基業。

君士坦丁之後，聖矛又傳回了西羅馬，西哥德人入侵羅馬時搶去，後又輾轉落在東哥德人手裡，再後來就到了鐵錘查理手裡。傳說也就是靠聖矛的力量，才有後來的丕平宮相進位為王，開啟了加洛林王朝。

既然有了聖矛，加洛林王朝後來的事都好解釋了，查理大帝的不世業績都是靠舉著聖矛完成的，而後來他不小心失手掉落了聖矛，導致他被自己的馬掀翻在地而死。加洛林王朝分裂，聖矛在中法蘭克這一支流動，隨後薩克森王朝的開國君主亨利一世要求擁有聖矛，他實力雄厚，前景看好，中法蘭克那幾個小國王也不敢拒絕，只好將聖矛交出，於是聖矛就留在薩克森王族了，如果聖矛的神通成立，那麼奧托大帝也是聖矛成就的，此後德意志各路英雄，都將這柄長矛奉為聖器，所以才讓聖矛在今天還保持著神的光澤。

奧托一世之後，聖矛幾乎是德意志君主傳位的一件憑證了，猶如咱家的傳國玉璽。

奧托大帝死了，誰接受了聖矛？奧托二世，奧一和阿德萊德生的兒子，大兒子不是忤逆造反嗎，自然便宜了小兒子。我們在羅馬篇裡說過，奧托一世向東羅馬求親，希望為兒子迎娶一位生於紫色寢宮的公主，當時的羅馬皇帝嫌他身上有蠻夷味道，怕辱沒了公主，硬沒給他，奧一因此氣得發兵義大利南部，攻打拜占庭在義大利的領土。隨著奧托大帝越來越威武，拜占庭也不得不最後承認了他的地位，當時的約翰皇帝將自己的親侄女嫁給了奧托二世，雖然不是出生在紫色寢宮的公主，但是德意志人也挺滿足的了。這位拜占庭公主芳名泰奧法諾，後來的事實證明，她出嫁德意志，絕對是德意志賺到了。

奧二在七歲的時候就是父親的共治王了，這些人就是喜歡學羅馬，太子爺先做副國王。因為訓練得當，所以奧托二世扶正後，還算有模有樣的。

每個皇帝上台，德意志諸侯都要鬧一場。還記得奧托大帝的弟弟亨利吧，屢次造反，屢次被鎮壓，還屢次被原諒，後來他終於在巴伐利亞公國做公爵安分守己了。不過這個血統裡的忤逆不遜是改不掉的，到他兒子亨利，又跳出來了惹是生非了。

這個亨利江湖人稱「爭吵者」，聽名字就是那種得理不讓人，不得理更不讓人的主兒。他造反拉攏了波西米亞和波蘭幫忙，剛制定了計畫，還沒動手就被鎮壓，奧二不得不將這個堂弟關起來，換了自己同父異母的弟弟的兒子去做公爵。

巴伐利亞這個地區也是個非之地，還是因為地盤太大，再切小點吧。巴伐利亞東部這一塊切出去，打賞給巴奔堡家族，大家記住這個家族的名字，而他們獲得封賞的巴伐利亞東部地區，大致相當於現在的奧地利。

亨利被鎮壓，波蘭和波西米亞馬上就歇菜了，乖乖地再次同意向皇帝陛下臣服並納貢。

奧托二世最激烈的軍事行動大約就是對法國了。這個洛林地區雖然在奧二手裡，可裡面全是千絲萬縷骨斷筋連的法國關係，尤其是奧一加冕為帝後，羅馬帝國的皇帝自然覺得自己應該是凌駕於法王之上的，對法國的事喜歡指手畫腳，但是基本沒有安好心的時候。

法王洛泰爾一世不想受這鳥氣了，他決定，閃電出兵先把洛林拿回來。他還差點成功了，一直打到了德王加冕的重要城市亞琛，打了奧二一個措手不及，奧二還差點被他俘虜了。這是奧二一生最狼狽的時刻，據說他的親媽都以為可能是不行了，預備捲鋪蓋投奔女婿—也就是法王洛泰爾一世。虎父無犬子，奧托大帝的兒子也不是慫蛋，逃離亞琛，整頓了人馬，第二年，打進法蘭西，一直進逼到巴黎城下！

巴黎告急，居然讓西法蘭克之前敵對的力量團結抗敵了，奧二雖然出了惡氣，但也沒佔到便宜，只好撤回去。不過法王知道他厲害了，也退出洛林，並答應，暫時不打洛林的主意了。

從奧托開始到他以後的德意志君主，都有偏執的義大利情結，總覺得如果不能取得義大利，自己這個羅馬帝國的皇帝做的就沒勁。所以照例奧二遠征義大利，扶持新教皇。

平亂、守住洛林、征服義大利、插手教皇的事務，這幾個是德皇上班的規定動作，奧二挨個演一遍後就死掉了，於是奧三接班了。

我們說奧一、奧二、奧三這個傳承，聽著就是正常的王位世襲，其實人家德王都是經過諸侯選舉的，只是，自從公爵們被皇帝收拾聽話後，也就懂得非常聰明地選擇少主接班。德王一般在自己活著時就把接班人安排好，奧二二十八歲就安排大選，公爵們識相選擇了奧三成為下任德意志國王，雖然當時奧三只有三歲。

奧二沒想到，自己正當壯年就在當年因為一場瘧疾治療失敗去世，他死在羅馬，被安葬在聖彼得大教堂，德國人好像沒有將奧二的遺體運回德國的意思，於是他就一直留在那裡了。

當時的通信基本靠走，奧三八月當選，十二月在亞琛加冕，也就是這個時段，奧二駕崩，奧三加冕的時候，羅馬的消息並沒有傳過來。小皇帝上班應該有個攝政，雖然他的媽媽和祖母都不是普通的女人，而且正從義大利趕著過來照應奧三，諸侯們還是覺得這倆女人不太可信，於是選擇了科隆的大主教做奧三的監護人，一則是他的老師，二來是他的攝政。

之前德王成年繼位還困難重重，更何況是個三歲的小破孩，沒有人搗亂就怪了。這次又是誰？沒別人，還是「爭吵者」亨利，他之前被奧二抓住後逃脫，後來又被抓，做反賊的理想就是不能泯滅。奧二一死，他的支持者把他放出來，這傢伙不知道用什麼辦法說服科隆主教讓他帶走了奧三，然後召集諸侯開會，要求他們選自己為德意志國王！

第二年春天，兩位太后回到德意志，立即吸收了不少反對亨利的人，兩邊對峙，由德意志的諸侯評委根據人氣選擇誰進入一下輪。太后獲勝，亨利把奧三交出來，讓小德王上班，為了安撫亨利，朝廷將亨利魂牽夢繞要求的巴伐利亞領地還給他，恢復他家巴伐利亞公爵的地位。

四歲的奧三此時面臨兩個女攝政，老媽和奶奶。不過這兩個女人的水準高下是非常明顯的，來自拜占庭的公主，奧三的媽媽泰奧法諾很快就將朝政抓在手裡，將老婆婆打發到義大利養老去了。後來的德意志朝政，就看泰奧法諾的演出了。

亨利造反，斷不會孤身犯險，他一定是又拉一群幫手，除了歷史上就跟他勾結過的波蘭、波西米亞還有些其他斯拉夫部族，這次他最牛的是拉了法王洛泰爾一世幫忙。亨利肯定是答應了洛泰爾一世，如果他順利登基，就將洛林割讓給法國，洛泰爾一輩子最大的志向就是收復洛林，所以亨利一吆喝，洛泰爾就非常自覺地進駐了凡爾登，單等亨利割地了。

洛泰爾一世沒等到洛林回歸，兩年後他死掉了，又過了一年，洛泰爾的繼承人路易五世也死了，這樣一來，西法蘭克王國的加洛林王朝就剩下了洛泰爾的弟弟查理。查理當然有權要求加洛林家族的帝位，只是，這其中有個隱患，那就是奧二在世時，為了牽制洛泰爾，專門將下洛林地區封給了查理，挑唆著查理天天跟大哥洛泰爾一世過不去，讓法王吃不香睡不著的。

泰奧法諾太后在家裡掐指算帳，查理是下洛林地區的公爵，這是老公親自封的，沒什麼緣由，總不能說撤就給人撤了吧，但如果他爭取法國的王位成功，下洛林不就被他帶回法國了嗎？那可是德意志自己搬石頭砸了自己的腳，怎麼辦？最好的辦法就是，讓查理當不上法王。

主意打定，太后就開始操作了，到底是拜占庭出身的，這些個爭權奪利的陰謀詭計無師自通的，在太后的操作下，于格．卡佩拿到了法國王位，開啟了法蘭西的卡佩王朝，為了感謝太后的支持，卡佩一上班就撤出了凡爾登，並通知對方，卡佩家族對洛林沒興趣，德意志放心留著吧。

這可是巨大的勝利，大家想想，東西法蘭克分家以來，兩邊搶洛林都快搶瘋了，現在西法蘭克居然宣布他家退出了，這可是連奧托大帝都做不到的外交成就啊。

不僅是穩住了洛林，太后基本是擺平了威脅他兒子地位的所有諸侯關係，鑑於奧三還不是皇帝沒有加冕，所以泰奧法諾在義大利行使權力的時候，都稱呼奧三為「奧古斯都皇帝」，她想達到一個既成事實的目的，也就是說，讓所有人知道，就算暫時教皇沒給奧托三世加冕，他早晚必是皇帝！

泰奧法諾這樣心機深重的女人，一般壽數都不長，三十五歲就死了，奧三還沒成年，只好把奶奶叫回來攝政，只是六十歲奶奶比媽媽肯定是差太遠了，在老太后攝政期間，國內外的形勢又漸漸地向不利奧三的方向發展。

好在，奧三及時成年了，十五歲一過，奧三就宣布親政。奧三小朋友跟他媽媽一樣壽數不長，二十二歲就死掉了，七年的首腦生涯，他真沒蹉跎，不過他忙活了一輩子的事，實際上意義不大。

奧三一輩子忙什麼？建立真正的羅馬帝國！他的想法可不只是像他爸爸爺爺那樣，偶爾去羅馬領導教皇就滿足了，他的想法是，將德意志和義大利完全合併甚至融合，將國都設在羅馬，成為實實在在的羅馬帝國，而他當然就是名副其實的「奧古斯都」！

我對薩克森家族是挺納悶的，按說他家早年沒有被羅馬帝國統治過，估計也就是遠遠看過羅馬帝國的邊境軍營，自從脫離蠻夷，他家的羅馬帝國情結比羅馬人還強烈。奧三的媽是拜占庭公主，希臘人，從小的老師也是希臘人，估計這幾茬人的教育重點就是把羅馬帝國描繪得神乎其神，讓奧三從懂事開始就覺得復興羅馬帝國是他義不容辭的偉大使命。

奧三親政的時候還不是皇帝呢，連皇冠都沒有，要重建羅馬帝國還是挺玄的。所以奧三一主事，他就派使團去羅馬跟當時的教皇商量加冕的事。心有靈犀啊，當時的教皇約翰十五正好要求奧三辦事。羅馬城內的權貴的們又跟教皇過不去了，還把約翰十五給攆出羅馬了！

德意志的國王最喜歡教皇被人欺負了，他們正好發兵義大利，在羅馬用兵才有羅馬帝王的感覺嘛。奧三大軍未到，約翰十五就死掉了。於是，奧三這次進軍性質就變了，他要幫著新立一個教皇。他選擇了自己的堂兄，一個德意志人成為新的教皇格列高利五世。奧三這樣做是頗有深意的，義大利籍的教皇總感覺不像自己人，只有連教皇都是德國人了，才有希望把德意志和教皇國完全融合。

格列高利五世是世界歷史上第一位德意志人的教皇，上台後第一件事就是給德意志人的國王奧三加冕成為羅馬帝國皇帝。都說德國人天生邏輯嚴密，關於這個事的邏輯老楊一直沒想通：德意志諸侯選國王，國王立教皇，教皇再提拔國王升職為皇帝……

奧三做了皇帝，他邏輯更混亂了！他開始將羅馬當作國都，按羅馬帝國的模式管理他的領土和臣民，他自己也裝模作樣的，在皇宮裡換了全套羅馬皇帝的排場，沉浸在羅馬夢境裡不能自拔。奧三大部分的時間都耗在羅馬，甚至還在羅馬蓋了新的宮殿。中間因為波蘭和匈牙利的事回去德國處理了一陣，為了獲得某種保佑，經過亞琛時，他掘開了查理大帝的陵寢，整理了查理曼的屍體，還從他身上拿走了點紀念品，預備藉著查理曼大帝的神光，一統羅馬江山。

羅馬不是德意志的羅馬，奧三裝得再像，羅馬人也知道他來自日耳曼那個蠻夷的家族。羅馬人組織暴動反對他，而德意志諸侯也乘機舉事造反，奧三這麼綺麗的理想，遭到現實無情地荼毒，本來就虛弱的身體很快就垮了。臨終前，他的心拔涼拔涼的了，留下遺言：「既然羅馬人不喜歡我，就將我的屍體運回亞琛下葬，有空我還能去找查理大帝探討學習。」

奧三沒有兒子，現在，貴族中有兩三個人有繼位的資格，而這其中，就有巴伐利亞的亨利公爵，當然，這個亨利是跟奧三造反的那個亨利公爵的兒子，這家人全都叫亨利，成心難為寫歷史的人?!

亨利家有非常顯性的造反基因，遺傳標誌就是都長著反骨，如今新的亨利公爵居然是有合法繼位權的，他家還不抖擻精神、銳意進取啊。這一代的亨利公爵，說起來真造孽，小時候父親謀反被抓，童年時代流離失所、生活無著，嚴重影響發育，打小就是個瘸子，估計還喝了來路不明的牛奶，長大後有嚴重膽結石，偶爾他還癲癇！

雖然如此，小亨利同學身殘志不殘，立志要在平凡的職位上做出不平凡的貢獻。聽說奧三的靈柩回國，他立馬屁顛屁顛地長途跋涉過去迎接，虧他是那樣一個腿腳，居然跑得這樣快！亨利當然不是為了提前表達哀思，他是去攔路打劫的。

話說奧三的靈柩剛到慕尼黑附近，亨利就出現了，也沒給先皇上香也沒給鞠躬，一見面他就將所有皇帝的公章執照等憑證抓在手裡，當時的科隆主教忠心耿耿地藏起了聖矛，亨利顯然是武裝搶劫，最後聖矛也被拿走了。舉著德王所有的證件憑證，亨利要求各路諸侯推舉他繼位為德王。

到亨利這輩，他家的皇帝夢已經做了三世，事不過三，天道酬勤，上帝聽他家祈禱都挺膩歪了，成全他家吧。亨利雖然沒有得到全體諸侯的通過，但鑑於其他的候選人更不著調，所以，只好讓他上班了。他是亨利二世。

5 亨利家族夢想成真

不管搶來的騙來的還是打來的，自古君王不問出處，只要敬業，文能壓服國內，武能平定邊疆，就是個稱職的國王。

亨利二世本人就是個教士，有執照和上崗證明的，傳說是他小時候，奧三為了將這家人的造反雄心扼殺在修行裡，特意安排小亨利去宗教學校受教育，等於是出家為僧了。

對有造反傾向的人出家為僧有什麼用啊？人家朱元璋也做過和尚。薩克森的皇族真是不懂天子的規矩了，這要是在咱家，如果聖上知道有家人以忤逆謀反為最高理想，這家子別說老少爺們，就算是家裡的雞鴨狗豬連金魚都會被拉到菜市口咔嚓掉。就是因為上面幾個奧托不知道這個規矩，以至於終於讓亨利家族夢想成真了。話說回來，以當時德意志諸侯囂張的狀況，假如當時只要有謀反意向的都要誅九族的話，德意志估計會死掉半個國家的人。

教士亨二一生的主要工作就是跟波蘭幹仗，大戰三次。大家都知道，講德國人的歷史，波蘭是絕對不能迴避的，順帶著還有捷克、斯洛伐克、匈牙利、俄國還連帶丹麥和塞爾維亞，幾乎是世界上最亂的亂麻，而這一團亂麻，在中世紀就已經非常纏繞凌亂了，趁著還能找到這幾條線頭，老楊介紹一下波蘭的故事。

之前已經說過，波蘭是西斯拉夫人過來組建的一些零散部落，他們主要分布在奧德河和維斯瓦河之間的平原地區，所謂「波蘭」也就是指平原。

部落林立，漸漸都成了氣候，成了些小公國，九六六年，波蘭這些公國裡比較有實力的大公叫梅什科，逐漸統一了這些小公國，他當時轄下的領土，跟現在我們看到的波蘭也差不多大小。梅什科除了一統江山，一輩子做的最大的事情就是娶了個波西米亞的公主，而公主信仰天主教的，梅什科在老婆的影響下，皈依了羅馬天主教。還是那句話，宗教決定國家命運。

梅什科不是波蘭國王，他到死不過就是個土地很大的大公而已。因為根據我們之前的介紹，波蘭一直是德意志的藩屬國。

梅什科沒讓波蘭正式成為一個王國，他兒子做到了，他兒子名叫波列斯瓦夫，他後來成為波蘭的第一任國王，也就是在本篇故事裡，跟亨二幹仗的波蘭人，既然他是波蘭第一個君主，我們就叫他波一。波一幹嘛跟亨二過不去呢，土地唄，那年頭打架一般也沒別的新鮮事。

之前說過，波蘭曾經也跟德意志幹仗，沒打贏，只好認了別人做大哥、宗主。波一之前跟奧三關係還是相當不錯的，就因為波蘭老實，奧三才能放心在羅馬浪費青春。梅什科不僅統一了斯拉夫的部落，他還向外擴張，在向西的這個方向，他一直覬覦的就是邁森地區（現在的邁森在整個歐洲很出名，它學習中國製造瓷器，後來成為德意志的瓷都，也是整個歐洲的瓷器中心）。

邁森在當時是個伯爵領地，原本是屬於薩克森公國的。波西米亞成為德意志的藩屬後，就感覺這個邁森應該是自己的勢力範圍，而當時的巴伐利亞公爵亨利是支持波西米亞的。巴伐利亞公爵既然是個公開的造反派，像波蘭這樣小藩屬國是不敢惹他的，只好眼巴巴深情注視著邁森，而邁森伯爵私下裡也鍾意波一，兩家結成盟友。

亨利忙著爭奪王位的時候，當時的邁森伯爵正好也是有繼位資格的人之一，不過他沒搶過亨利，還離奇古怪地死掉了。邁森伯爵死掉，邁森地區暫時權力真空，邁森地區有些個堅持不信基督的異教徒暴亂，該地區的官員們就找波一過來幫忙收拾異教徒。

波一的人馬進入邁森地區，這肯定會讓亨二不爽，我土地上的異教徒，我自己不會收拾啊，你一個藩侯，沒有王命帶著兵馬到處亂竄，你想整哪齣啊？於是亨二召波一在梅澤堡開會，討論關於邁森的問題。波一剛到梅澤堡，就被不明來歷的歹徒襲擊，差點丟了性命，他七手八腳逃回家後，越想越恨，於是，他預備組建一個盟軍，找亨二算帳。

波一的想法肯定是亨二騙他去開會，然後找人揍他，這事一直沒定論，歷史之謎。亨二也沒自我辯解，而且他很快發現自己的敵人還真是不少。波一逃回家養好傷，馬上就安排自己的女兒跟新上任的邁森伯爵結婚，這樣一來，邁森加入波一陣營；波一的妹夫是當時的丹麥國王，本來丹麥一直跟德意志不和，當然也響應參加盟軍；波一還想拉攏波西米亞一起，人家波西米亞好好的幹嘛蹚這渾水啊，嚴詞拒絕了，波一不喜歡被人拒絕，他殺進波西米亞，將其控制在自己手裡。波蘭＋波西米亞＋丹麥＋邁森，當然還有些跟著打醬油的，乍一看，真有不少人啊！

亨二初登大寶，還沒見過這陣仗，心裡發怯，就對波一說，「愛卿啊，再談談吧，這樣吧，既然你已經取了波西米亞，你就拿著玩吧，不過，對外就說是朕封給愛卿的好不好？」

這時候說這樣的話，明擺著就是示弱了，波一肯定不會答應的，既然這樣，只好刀劍說話了！

波一拉了幫手，亨二也不願意孤軍作戰，他找誰做幫手呢？還記得波一進入邁森是幹什麼嗎？

鎮壓異教徒啊，所以這些異教徒是波一的死敵吧，亨二很輕鬆就爭取了他們成為自己的同盟。大家不要以為這是個簡單的聯盟動作，別忘了，亨二是個教士，天主教的教士，他現在等於是聯合異教徒跟天主教信徒作戰！

這第一次對波蘭的戰爭，雙方戰成平手，因為波一佔領了波西米亞，波西米亞上下都不服他，所以亨二一發動，波西米亞就自動站到德意志這邊了。誰也制服不了對方，和談吧！

不打了，好啊，亨二還有其他的事要做呢，大家注意，他還僅僅是德王哦，他還沒獲得皇帝資格呢，所以，他還有義大利的事務要忙。

第一次戰爭是波一發起的，最後和談結束，對波一來說就是失敗了，他總結原因，得出結論：最壞的就是那幫異教徒！於是，他再次發兵，找異教徒的麻煩。亨二一聽，也惱了，異教徒現下是朕的盟軍，你打狗都不看主人的？又打起來了！

這次，波一佔領了勞齊茨地區（在現在德國、波蘭、捷克交界處），亨二作戰不利，雙方再次和談，亨二只好將勞齊茨地區封給波一。波一的兒子迎娶先帝奧三的侄女，兩邊和親，還互相承諾，如果對方跟其他人幹仗，己方要提供軍事支援。

我們知道亨二要再打架肯定是在義大利，波一如果不跟德意志幹仗了，他還跟誰打呢？他那頭的鄰居，當時的基輔羅斯公國。

八～九世紀，東斯拉夫人圍繞著基輔地區也有很多部落小國，後來諾曼海盜留里克進來，讓東斯拉夫人開了眼，於是被擁戴為王，建立了羅斯公國（參看俄羅斯篇）。羅斯公國和波蘭都在形成期，斯拉夫人的脾氣都不好，磕磕碰碰是免不了的。

波一搞定了亨二，就開始轉頭找羅斯公國的麻煩了，說是羅斯公國佔了波蘭的土地。波一要跟羅斯公國幹仗，讓亨二發兵幫忙，亨二履行了合約，可是波蘭打不贏羅斯啊，鎩羽而歸。這時正好亨二要在義大利打架，就找波一派兵幫忙，波一黃牛了，為什麼呢，他不爽啊，既然我打羅斯沒打贏，我就可以當作你沒幫過忙，那你亨二打仗也別想用我波蘭的兵！

亨二沒見過這麼耍賴的，朕的德意志子弟也為你戰死了不少，都白死了?!不過這時候亨二沒工夫跟波一扯皮，因為就算沒有波蘭的幫忙，他也直搗羅馬，在一〇一三年，讓教皇為他加冕成為皇帝了。

皇帝陛下有空了，可以回頭找波一清算了。這第三次波蘭戰爭，雙方換了個打法，把戰場轉移到了基輔羅斯國內。此時的基輔羅斯大公死掉了，他就是大家都認識的弗拉基米爾一世，還記得他嗎，他娶了拜占庭帝國的巴西爾二世的妹妹安娜，讓全體國民跳進第聶伯河受洗成為東正教徒。

弗拉基米爾一世毋庸置疑是條好漢，他兒子比他更好漢，名字還巨長，他的大兒子斯維亞托波爾克為了爭奪王位，一口氣殺掉了三個弟弟，而倖免於難的弟弟亞羅斯拉夫自然組織人馬跟他爭位。（詳見俄羅斯篇。）

大兒子斯維亞正好是波一的女婿，眼看打不過自己的弟弟，他就跑去找波一幫忙。亞羅看大哥找了幫手，他也非常聰明地拉上亨二。就這樣，等於是波一和亨二又開打了。

這時的波一是牛啊，他一幫忙，立時逆轉，亨二和他支持的亞羅又落了下風，亨二不得不又跟波一和談了。不過這時波一殺進基輔羅斯有更大的理想了，他不是給女婿幫忙，他自己做了羅斯大公！跟波西米亞一樣，他自我感覺良好地坐上大位，當地的百姓和官員誰也不待見他，沒多久，他就被趕出來。亞羅乘機再次發難，最後終於驅趕了大哥，自己成為新的羅斯大公。

對亨二來說，加冕為帝就要隨時為教皇作戰，義大利總要去出差，只好看著波一坐大。來回奔波對一個本來就體弱多病的人太致命了，一〇二四年，亨二駕崩，最搞笑的是，他臨終囑咐皇后，收好那些玉璽、聖矛什麼的皇帝憑證，別給人搶走了！因為他自己是搶來的嘛！

亨二在世時，波一哭著喊著要當波蘭國王，亨二在教皇那裡進讒言，就是沒讓他得逞，好歹熬到亨二死掉，波一如願正式加冕成為波蘭的國王，也是波蘭歷史上的第一個國王。

之前我們說過，薩克森家族主事前，德意志諸侯一個比一個囂張，後來怎麼那麼容易都被奧托大帝收拾老實了呢？其實他有一個很重要的法寶，就是教會和主教。諸侯的領土範圍國王可能說了不算，但是教會的事德皇是說了算的，在一些敏感重要的位置設立主教區，就能透過這一支力量牽制各路諸侯。顯然，這招非常有用。而後的薩克森王朝，國王、主教、諸侯是三股非常微妙的既互相利用又互相牽制的力量。

亨二是個教士，自然對教會有些特殊情懷，對於奧托一世這個國策，他更是全心全意貫徹了。在他任內，他建了兩百多家修道院，而且他向教會或者主教贈送土地是非常慷慨的，不僅讓他們在宗教社會有勢力，還讓他們在世俗的社會也有自己的實力。亨二提拔自己的親信做主教，不過他要求這些主教必須獨身，因為他不希望他賜的這些土地被主教們世襲。說明他希望完全控制教會。德意志的教會也不是傻瓜，後來的德國的歷史上，除了諸侯之間的恩怨，還有更嚴重的是王權與教權之間的糾結，剪不斷理還亂。

亨二是個很有意思的人，他娶了盧森堡的女主人庫妮德為妻，據說這兩人結婚時就簽訂協定，要禁欲！亨二如果是個教士，禁欲是苦修的方式，可以理解，可既然處心積慮張牙舞爪地取得了皇帝之位，難道就不是為了王朝千世萬世而不朽？看來亨二的野心比較有節制，他自己玩過癮就行了，不準備一直霸佔這個位置。

亨二的皇后庫妮德答應一塊禁欲苦修，後來有狗仔隊爆料說是發現皇后跟人通姦。這種事沒有真憑實據怎麼判呢？有辦法啊，上帝的眼睛可是雪亮的。還記得神判法嗎（英國篇）？中世紀教會那些包公之類的人物都是這樣斷案的，皇后說她清白，狗仔隊說親眼見，好吧，燒紅一鐵條，讓皇后光著腳丫走過去，如果沒被搞成烤豬蹄，就說明庫妮德是清白的。皇后非常淡定地走過了這塊燒紅的鐵條，她的玉足光潔如故，毫髮不傷，狗仔隊無話可說了。關於如何在燒紅的鐵條上行走，應該是個有悠遠歷史的傳統魔術了，老楊不幹那揭祕魔術的事，怕劉謙之類的大哥找我麻煩。

6 教宗生涯原是夢

這一篇我們說教皇！老楊說過，對宗教保持敬畏，不過對教皇他老人家不在此例。首先，教皇是個凡人，有凡人的缺陷，其次，就算老楊不八卦他們，全世界的狗仔隊也不曾饒了他們。從二〇〇九一直持續到二〇一〇年初的天主教會孌童案，就讓教皇他老人家每次出現都一臉尷尬。也不能怪人家狗仔隊是吧，教會真要是是清白乾淨的，狗仔隊敢無中生有編排上帝的代理人嗎？不過相比較現在西方教會那些個小風化問題，早年間，尤其是中世紀那段，教皇的生活幾乎可以媲美韋小寶混在麗春院。

首先，我們說個女教皇的故事。這個事主流資料是找不到的，都說是個標準野史。正史野史有時候唯一的區別就是政治價值（對當權者有正面作用的是為正史，對他們有反面作用而且又屢禁不絕的，定義為野史）。天主教會是絕對不承認曾經有個女教皇出現的，正統史料也都曖昧含糊。老楊又是道聽塗說的，最多是傳謠，不算造謠啊。

女教皇叫做瓊安，傳說母親是英國人，父親是德國人，她出生在英國，後來去德國的科隆讀書，愛上了一個修道士，也順帶愛上了基督教。為了跟修道士在一起，瓊安一直女扮男裝。後來她愛的修道士大概是死掉了，瓊安已經修習成了神學之類的專家，於是到羅馬得到了一份教授的工作，後來成為神父。瓊安雖然女扮男裝沒人能看出來，可她的內心還是很女人的，傳教佈道這種事，耐心和愛心是第一重要的，女人更容易勝任，於是，瓊安，不，大家都叫「他」約翰神父，很快在羅馬宗教界攢下了非常好的威望及聲譽。應屆教皇利奧四世死去，約翰神父眾望所歸成為了新的教皇，約翰八世！

這個騙局玩大發了，帶上教皇的冠冕，還是沒人知道，教廷已經是女老闆了！兩年的教宗生活，約翰八世教績卓然，深受好評，自然也深受羅馬臣民的愛戴。

可惜的是，女人就是女人，不論多智慧的女人，都有可能在一個男人手裡栽跟頭。瓊安愛上了自己的私人管家，可以理解，工作和異裝雙重壓力，對一個女人來說太沉重了，她需要找個人宣洩一下。

八五五年的一天，約翰八世組織一個盛大的宗教儀式，「他」帶著一眾主教，以及身後一臉虔誠的大批羅馬市民，從聖彼得大教堂走向教廷的拉特蘭宮，經過一條小巷子的時候，眾主教和羅馬市民親眼目睹了宗教歷史上最駭人的一幕：教皇約翰八世突然臉色蒼白，倒地不起，翻滾掙扎一陣後，教皇的長袍下血流如注，然後，教皇生下了一個男嬰！

羅馬人發現，原來教皇是個女人了，受騙上當的感覺讓他們當時就失控了，他們將教皇拖在馬尾後，用石塊將她和新生兒活活打死！

教皇的日常工作太忙了，瓊安實在找不到任何理由請假離開職位墮胎啊，於是，在光榮地任職兩年七個月後，約翰八世就離奇消失了。根據天主教資料，瓊安之前的利奧四世死於西元八五五年，不過更多的資料顯示，利奧四世在八五三年就死了，這神祕的兩年時間，就湮沒在各種胡說八道裡。

天主教一直否認女教皇的事，但是瓊安之後，教皇再巡遊什麼的，當年瓊安產子的地方他們就不走了，還寧可繞遠路。最搞笑的是，從此教皇上崗體檢有個重要項目，那就是：性別！

美國女作家克羅斯用了七年時間發掘女教皇事件的來龍去脈，最後寫成了《女教皇》一書，是世界聞名的暢銷書，最近被拍成電影，世界盃期間，居然在梵蒂岡放映了，深受孌童案困擾的教皇也沒出來辯解，他們的麻煩太多了。

天主教會原來有不少針對性的條款是對女性的，可能有一部分原因是因為女教皇事件，不過更大部分的原因是源於其後，天主教廷再次被兩個女人把持，她們是母女倆。

九〇四年的時候，教廷上任的新教皇是塞爾吉烏斯三世，這個夥計在教廷歷史上的成就，就是開創了一個名聲響亮的「娼妓政治」時代！幹嘛，他又把教廷開成娛樂場所了？差不多了，這位教皇有個叫瑪洛齊亞的十五歲情婦，這個情婦還給他生了個私生子。瑪洛齊亞家學淵源，她母親希歐多爾拉也喜歡跟神父玩，她母親傍上的是一位紅衣主教。

塞爾提烏斯三世在位七年就死了，希歐多爾拉就想法設法將自己的男人捧成了新教皇約翰十世，為了保住新教皇的地位，希歐多爾拉就作主，把自己的女兒瑪洛齊亞嫁給了當時一個軍官艾柏力克，這樣她家就獲得了軍隊的關照。

瑪洛齊亞起點太高了，她稍微懂事就住在教皇的床上，所以對教皇「皇后」這個生活更習慣，於是她慫恿老公推翻約翰十世自己當教皇。沒想到教皇更強，他先下手誅殺了艾柏力克，碎屍後，還招呼瑪洛齊亞來參觀現場！

幾年後，瑪洛齊亞改嫁了一個勢力很大的農場主，她挑唆著第二任老公組織人馬殺回羅馬，此時希歐多爾拉已經死了，離開女人扶持，約翰十世活得很困惑，以致被瑪洛齊亞扳倒而後被絞死。此時，瑪洛齊亞想讓自己和塞爾吉烏斯三世生的私生子繼承教皇大位，只是那孩子當時太小了，於是瑪洛齊亞隨便扶持一個傀儡，而自己掌握教廷大權。過幾年，讓兒子約翰十一世當上了教皇。

瑪洛齊亞做過教皇的情人、做過教皇的「女兒」，又做了教皇的媽，她的權力已經相當於女教皇，她還不滿足啊，她又想到世俗世界去爭取權力，離她最近的就是義大利王國嘛，她張羅著去當王后！人家義大利國王當時有老婆啊，瑪洛齊亞再不能容忍做情婦的命運了，她讓約翰十一世幫她出面，直接逼義大利國王離婚另娶。

瑪洛齊亞正籌備婚禮呢，她和艾柏力克生的兒子小艾柏力克造反了，帶兵進入羅馬，推翻了約翰十一，將自己的老媽關進黑牢，扶持自己的兒子坐上了教皇寶座，這樣一來，瑪洛齊亞又做了一屆教皇的祖母！

「地主」們提醒老楊，說皇帝緋聞就激動，說教皇緋聞更是眉飛色舞收不住，你還記得你是在寫德國歷史不?!是啊，沒忘啊，瑪洛齊亞這個教皇孫子就是約翰十二世，給奧托大帝加冕的那位花花教皇，現在大家知道他為什麼一上班就把拉蘭特宮變成妓院了吧?血統問題啊！

約翰十二世為奧托大帝加冕，不僅結束了瑪洛齊亞當權的教廷歷史上的「娼婦政治」，更是將德意志人引進了羅馬，讓薩克森王朝歷代君主天天鬧心義大利的事。而從上面的故事我們也看出，中世紀的教廷亂到什麼程度了，這事難道沒人管了嗎？

再靡爛的時代都有清風徐來。西元九一〇年，一個法國公爵在勃艮第的克呂尼建了一所修道院，這個修道院很快就成為其他修道院的學習榜樣，而克呂尼修道院的管理紀律更被命名為「克呂尼運動」，影響了整個歐洲，不論是教界還是政界。

為什麼這麼轟動？其實很簡單，因為這家克呂尼修道院提倡教士應該遵守西方修道院最開始定下的紀律教條：教士應該保持獨身、群體生活、安貧樂道不置產、不買賣教職、服從宗教禮儀等，總而言之一句話，堅持一個神職人員該有的操守，純樸、純真、純粹地為主作工！

大家可能覺得好笑，這難道不是神職人員最基本的規章守則嗎，還至於發起一個運動來推廣？對啊，做官不能貪污不禍害百姓也是最基本的規章守則，可那些稍微貪少點的、對老百姓客氣點的就經常被老百姓奉為神仙啊！

要說「克呂尼運動」在歐洲產生這麼大影響，要感謝一個重要推手，也就是德意志國王亨利三世，「地主」們別算，在本書他還沒出場呢，他是德意志薩利安王朝的第二個君主。

7 從亨利到亨利：誰是老大

1. 玩教廷於股掌之亨二

回到德意志，亨利二世駕崩時，囑咐皇后，收好玉璽，別給不相干的人搶走了！沒人搶他的，他亨利家族已經當過皇帝過了癮啦，整個德國的王朝更迭就太平多了。所以啊，教化反賊最好的辦法就是讓反賊得手，反賊做了皇帝了，自然他就改邪歸正不是反賊了！

德王選舉，康拉德勝出，成為新德王。為什麼他當選，除了公認他個人能力還行，主要是血統，早先奧托一世的女兒不是嫁給康拉德，然後駙馬爺成為洛林公爵嗎，這個康拉德就出自這一支。他是康拉德二世了，他啟動的就是薩利安王朝。

康二挺能打的，將入侵的波蘭人趕過了奧德河，還逼著波蘭國王放棄國王的稱號，以後叫波蘭公爵；讓波西米亞臣服，又鎮壓了義大利人，上篇說的亨利三世就是他生的，他兒子在東部擴張事業上可能沒有康二進取，因為他更需要操心羅馬教廷的事。

一〇一二年，羅馬教廷選擇本篤九世成為教皇。江湖傳說他繼位時才十二歲，不過天主教的資料上顯示他十八或者二十歲，估計是教廷不想讓教眾覺得教皇選舉太兒戲了，而且使用童工也不符合工作法。這小孩跟之前的約翰十二算是哥倆，都是沒正行的公子哥。本篤就是在教皇的位置上長大，後來的事證明，這種位置顯然不適合人正常發育。

一〇三六年，因為本篤九世生活太靡爛放蕩了，最八卦的羅馬人對教皇的醜聞都聽膩歪了，於是羅馬市民起義，把本篤趕跑了，他們自己選了個叫西爾維斯特的人成為新教皇。新教皇幹了二十天，本篤又糾集了一些人回來了，趕走西爾維斯特，復位二次登基。

本篤也是個怪人，他費這麼大勁拿回了位置，他又不幹了，他發現了新的人生方向，那就是：還俗娶表妹！他本來是個浪子，這會兒突然想安定了，歷代教皇雖然不准結婚，人家也都不耽誤找情婦生孩子啊，本篤九世最特殊，非要給表妹一個名份！結吧，買房子買車擺酒送彩禮哪樣不要錢啊，我堂堂一個教皇，讓我裸婚啊?!本篤生財有道啊，他開始售賣教皇之位！

一千五百磅黃金，本篤的叔叔買下了，他銀貨兩訖後，成為格列高利六世。誰知本篤的婚事黃了，他又後悔了，於是又帶著他的人馬殺回來，想把他賣掉的教皇職位搶回來，這時，之前被趕走的西爾維斯特三世也跑回來了，也帶一些人，他們說自己才是正宗的教皇，這一下，羅馬城裡就有三個教皇預備爭位。

羅馬亂成這樣了，羅馬最大的員警機構負責人德國國王能不管嗎？亨利三世過來了，就算沒這些事，他也要過來，別忘了，他腦袋上還少頂皇帝的冠冕呢。

亨利三世也是個虔誠的教徒，而且以他德意志人嚴肅自律的秉性，對克呂尼派的運動是非常贊同和支持的，如果分析這次的羅馬三教皇事件，起根的原因，也是教會的靡爛墮落，克呂尼派的行動對羅馬教廷是一種淨化作用。

亨三來到羅馬，主持了宗教大會並判決：本篤九世，買賣聖職，有罪，下課！西爾維斯特三世，來路不明，資歷可疑，辭退！格列高利六世……，沒等宣判，他趕緊辭職走了，賣聖職的有罪，他買聖職的能留任嗎。三個教皇都不要，德皇指派一個，當然是德意志人。這個德國教皇上任的當天，就是給亨三和老婆加冕成為神聖羅馬帝國皇帝和皇后。好景不長，新教皇不久就被人毒死了，又換了個德國教皇，又被毒死。亨三最後委任了自己的表弟成為新的教皇，也就是利奧九世，這位利九是克呂尼改革派的教皇，不怕下毒，非常虔誠也非常熱忱，他一上任，就忙活著在羅馬教廷大刀闊斧地實行克呂尼派的改革。亨三很欣慰，這是他願意看到的，不過，他看不到的是，這一輪克呂尼派的改革，他的家族和王朝將是最大的受害者，也為整個薩利安王朝奠定了教權皇權角力這樣一個主旋律。（參看羅馬篇，利奧九世就是因為一塊餅跟東正教廷徹底鬧翻的那位強硬派教皇）

跟所有德意志皇帝一樣，亨三治國，第一是邊境防務，對東部，要壓制波蘭、波西米亞和匈牙利，亨三親自領兵出征了幾次，有贏有輸，最牛的是讓波西米亞公爵穿著懺悔服光著腳丫跟亨三認罪道歉，但是基本上，亨三還是再次確認了德意志對東部這幾個國家和地區的宗主權；對西部，還是老問題，洛林和法王。據說亨三跟法王談判洛林歸屬，話不投機，亨三要求跟法王單挑決鬥，亨三三十九歲，法王四十六歲，有點欺負老人家的意思，法王說了句：「朕還有事，走先！」然後就閃了。後來東部邊境遭到一些沒被收服的斯拉夫部族騷擾，德意志軍隊連受重創，亨三不堪打擊，剛滿四十歲就駕崩了。

亨三為人冷峻，很酷，在位時調擺教皇輕鬆自如，教廷是德皇手中的健身球玩得很溜，皇權空前的強大，他死前絕對沒有想到的是，他屍骨未寒的二十多年裡，一直有人欺負他兒子！

2. 君子報仇什麼時候都不晚之亨四

還是亨利，亨四，六歲的德意志國王。亨三對他這個兒子可是安排得很周密的，早早就為他預訂了王位，四歲就已經給他戴上了德王的王冠，所以六歲也就履行了一個正式登基的儀式。

剛開始給亨四攝政的是他媽媽阿格尼絲，法國阿基坦地區的公主，當年阿格尼絲作為續弦嫁給亨三，是抵禦了重重阻擾的，對法王來說，自己的西南重鎮跟德意志聯姻，對法國當然一點好處都沒有，所以他找了好些人，想了不少辦法，也沒擋住，算起來，亨三和阿格尼絲都是捕鳥者亨一的後代，沒出五服，實在是近親。

之前就桀驁不馴的諸侯，加上經過兩朝培養勢力漸強的主教，哪個都不是清淨的主兒，誰都想控制小皇帝。於是，他們號稱不能接受一個女人攝政，德意志都是純爺們，能聽一個女人安排嗎？德意志還真是純爺們，爺們的表現就是欺負婦孺，他們找到亨四，抱起來就跑，而後逼太后交權。孩子落在對頭手裡，媽媽還有什麼不能捨棄的，太后黯然地走出皇宮，進入一家修道院修行去了。

這是亨四第一次被人欺負，他十二歲，無力反抗。

亨四十六歲時，他最不喜歡的攝政科隆主教安茹安排他迎娶了都靈的女伯爵貝莎，他一直不待見這個老婆，好不容易等到自己親政，他馬上宣布：要離婚！結果，他發現他還是說了不算，諸侯主教聯手，壓制了亨四的離婚要求，又欺負他一把！

在主教攝政亨四成長的這幾年裡，雜草般的野心又在德意志諸侯心中瘋長。原來國王在各公國都有屬於王室的土地，趁小國王管不上，一片片都被分吃了。亨四離婚離不成，一肚子火，就想建功立業把這些土地要回來。亨四跑到薩克森公國去，建城堡，劃地盤，宣布要整合該地的王產，跟當地的封主百姓利益發生牴觸，商量不妥就打起來了。鎮壓薩克森的暴動算是亨四第一次顯示威風，不過沒顯出來，雖然打仗是打贏了，亨四還是做了很大的讓步才讓薩克森重歸安寧，看亨四態度不錯，薩克森的貴族答應繼續挺他。

亨四鬱悶啊，自己的國王做得憋屈呢，這幾年眼看著，諸侯越來越強大，主教越來越硬氣，最可恨的是羅馬那個教宗，一天到晚，總以亨四的上級領導自居！亨四決定，再次亮相，讓教皇重新審視自己的位置！

亨四和教宗這起舉世聞名的恩怨到底怎麼開始的呢？很複雜，不過最根本的原因，跟前面說的「克呂尼運動」有關，我們光注意到了這項運動對神職人員的道德建設和教會的精神文明建設的作用，其實，「克呂尼運動」還有很重要的一項精神就是：神職和神權應該是不受任何世俗權力干預的，教皇的權力是大於皇權的，教皇是上帝的代理人，教皇為皇帝加冕才能獲得皇權，教皇不給這頂帽子，相當於皇權沒有獲得營業執照！

一〇七三年，教皇格列高利七世上台了，這個身材矮小，模樣不太周正的教皇是個激進的「克呂尼」改革派，除了上面那些個運動精神，他還認為，教皇可以任免國王，可以審判和懲罰國王，而教皇，地球上是沒有人可以審判他們的！正好當時的米蘭主教出缺，教皇指派了新的主教，可這事在亨四看來，委任主教應該是國王的事啊，於是他指派了一個。

根據德意志一貫的國策，主教是被當作制衡諸侯勢力的力量培養的，所以主教必須是自己人才好控制，自然，任免權必須抓在自己手裡。現在教皇和亨四兩邊都不承認對方任命的人選，兩邊同時決定，要讓對方知道自己的厲害。

亨四先動手，他先召開宗教大會，宣布罷黜教皇；格列高利七世反擊也快，一個月後，他也召開宗教大會，宣布開除亨四！教皇發布的，就是基督教內對信徒最嚴厲的處罰：破門律。有點像國王留用察看的性質，如果一年之內，亨四不能得到教皇的諒解重歸門牆，那麼，他的百姓和封臣之前對他的效忠宣誓可以全部作廢，也就是說，如果亨四不求饒，一年以後，他的國王職務也作廢了。

你說作廢就作廢啊，我的臣民和封臣為什麼聽你的?!亨四沒看清楚他在位時的形勢，那就是，德意志的諸侯又開始擴張壯大了，他們又不想看國王臉色過日子了。教皇的破門律等於是昭告天下的造反動員令，世上所有人，不管高低貴賤，只要你敢想，就有可能推倒亨利四世，坐他的位子，大膽做，上帝同意的！德意志部分的諸侯率先被激勵，他們立刻選舉了士瓦本公爵魯道夫為新的國王，而其他還沒加入的諸侯也表示，如果亨四沒辦法恢復教籍，他們是不可能效忠一位被開除出教的國王的。事態很清楚，跟教皇的這一輪角力，亨四輸了，如果他不能按時獲得教皇的諒解，王位肯定是保不住了。

一〇七七年，亨四脫下王袍，帶著老婆孩子和幾個隨從，頂著風雪翻越阿爾卑斯山脈的塞尼山口，來到了義大利北部的卡諾莎城堡。因為他知道教皇在這裡。他以為教皇是故意躲著不見他，其實是教皇聽說亨四帶著人來找他，以為是找他報仇幹仗的，所以他溜到卡諾莎堡躲避。

卡諾莎堡對亨四禁閉大門，亨四脫下衣服，披上了一件懺悔袍，光著腳，站在卡諾莎堡的大門外，淚流滿面請求教皇的饒恕。這是當年的一月，義大利北部正是嚴冬，積雪覆地，寒風刺骨，就是這樣的天氣下，亨四在門外站了三天三夜，據說還帶著他的老婆和兩歲的兒子！

這就是歷史上著名的「卡諾莎之辱」，當然是指亨四受到的欺辱。好在雖然是被辱，目的達到了，第四天，教皇開門了，接受了亨四的道歉和認錯。看著跪在自己面前的德王，教皇非常得意，終於等到這一天了，終於把這些人收拾服帖了，以後，還有誰敢挑釁教皇至高無上的尊嚴和權力！

咱家曾有韓信受辱胯下的故事，以退為進，敢於吃眼前虧其實是一種大智慧。亨四回到德意志，關於他如何卑躬屈膝，狼狽不堪祈求教皇原諒的故事，已經被教皇和他的手下添油加醋藝術加工了好幾個版本遍傳江湖，整個西歐，差不多連種地的農婦都知道德意志國王在雪地裡的遭遇。而最可恨的是，那些擁立了新國王的諸侯們，並沒有因為亨四恢復了教籍而停止反叛，他們說亨四悔悟太遲了，教皇能原諒他，諸侯們不原諒，況且，他們已經有了自己的國王了。

好在亨四畢竟是正統，諸侯們出於自己的利益考慮，也不想讓那個什麼魯道夫之類的成為新王，而德意志的百姓更是覺得，亨四以國王之尊，差掉凍死來懺悔錯誤，怎麼就不依不饒呢，於是亨四這邊很快也有不少支持者。亨四現在滿腔的憂憤，他不報仇都不能活了，於是德意志內戰開打了。

教皇是叛臣一邊的，亨四回去後就組織人馬跟叛臣幹仗，顯然是認罪不徹底啊，教皇勸他停手，亨四不從，教皇大怒，一〇八〇年，再次破門律。支持亨四的德意志教會這次也很快做出反應，再次宣布罷黜教皇！這一次，教皇的目的沒達到，德意志本地的主教都和亨四站在一起，不久，王軍鎮壓了反叛，那個被推立的魯道夫國王戰敗，失去一隻右手後死去。

亨四長出了一口氣，告訴自己，可以殺進羅馬，找教皇算總帳了。一〇八一年，亨四選出了新的教皇克雷芒三世，並開始進軍羅馬，因為種種原因，他總不能順利攻入羅馬城，抓到仇家出氣，只好一輪輪嘗試。而面對亨四一次次來攻，格列高利七世也到處找人幫忙。

這次，教皇找的救兵是諾曼人，羅伯特．圭斯卡德。老熟人了吧（參看東羅馬篇），羅伯特的諾曼軍團在南義大利擴張，最開始也遭到了教皇的抵制，他也威脅過羅伯特好多次，要對他處以破門律，這東西嚇唬羅伯特這種人更沒用了。亨四攻勢甚猛，格列高利七世實在沒辦法了，只好跟羅伯特和解，找他幫忙。

羅伯特實在太忙了，拜占庭、西西里島這些事，讓他無暇分身，等他抽出空可以馳援教皇時，亨四已經攻克了羅馬，新的教皇上任了，並為亨四加冕為皇帝，而格列高利被圍在一個城堡裡望眼欲穿等待諾曼救星呢。

羅伯特多猛啊，他的諾曼軍團一動手就擊敗亨四，救出了格列高利。可這幫子是諾曼人啊，海盜基因，他們搶劫上癮啊，這不進羅馬了，世界級大都會啊，滿眼都是好東西，金光耀眼的。於是，實在是控制不住的諾曼人在羅馬大搶了三天。既然是公開打劫就難免不殺人放火，幾乎是毀掉了三分之一的羅馬城！這下格列高利七世徹底把自己葬送了，你想啊，就算原來羅馬人民支持他，現下，你把諾曼人叫來，劫掠了自己的信眾和他們的家園，他們還能饒你嗎？格列高利知道自己大勢已去，如果留在羅馬，前途堪虞，只好跟著諾曼人撤出了羅馬，在流亡中不知道死在哪個異鄉了。

諾曼人的出現是意外狀況，但是就亨四和教皇的恩怨來說，現在可以宣布亨四獲得了最後的勝利，大仇得報，他在心裡想，這下再沒人敢欺負我了吧！

亨四可憐啊，他小時候就被大人欺負，等他變成大人了，又開始被小孩欺負了，而且，欺負他的，是他老婆和親生兒子！

先是大兒子造反，被鎮壓。隨後，諸侯們選舉了小兒子亨利五世成為新的國王，這小子被人挑唆，又找他爹的麻煩，亨四的第二任老婆加入了這支隊伍，而且，亨四發現，他自己任命的主教也學著格列高利七世一樣，想盡辦法要壓自己一頭。更可惡的是，現在的教皇都學壞了，只要想轄制亨四，就和德意志反對派諸侯聯手，居然還帶上王子亨五一起鬧。

亨五先是抓住了亨四，逼他退位，將他囚禁，亨四成功脫逃後，對兒子反撲，打敗了他，可惜王位是要不回來了，因為一一〇六年，亨四在現在比利時列日市這個位置死去了，總算沒人可以再欺負他了。

3. 退一步海闊天空之亨五

亨五我們應該認識，這夥計在英國篇中跑過龍套，「亨利的二女兒瑪蒂爾達先是嫁給了德國皇帝亨利五世，沒多久就做了寡婦」，這龍套跑的，出來露個臉就死了。瑪蒂爾達改嫁法國的安茹伯爵，生下了後來金雀花王朝的開國君主亨利二世，這一堆亨利，虧得他們自己不暈。

總算到亨五自己做主角的時候了，老楊就算想給他多安排點戲份，他自己不爭氣啊，三十九歲就翹辮子了。亨五做太子的時候，跟教皇合夥跟老爸過不去，等他自己接班成了國王，教皇就開始跟他過不去了，爭執的焦點問題還是那個「主教敘任權」，也就是主教這個職位，到底應該是該由皇帝任命還是由教皇任命。

亨五一輩子就忙這事了，先是教皇拒絕給他加冕，他就帶兵殺進了羅馬，將教皇囚禁，也如願帶上了皇冠。不過不久，他就收到通知，他被教廷開除教籍，亨五再次殺進羅馬，扶持了自己選立的教皇。

德意志的諸侯最喜歡皇帝跟教皇互相折磨，他們乘機擴大地盤，擴充勢力，現在對他們來說，可是個伸縮自如的時代，皇帝讓他們爽呢，他們就幫著皇帝打教皇，皇帝一高興，很多事可以妥協；如果皇帝讓他們不爽呢，他們就加入教皇陣營，最後還是可以逼著皇帝向他們的要求妥協。所以從亨四開始，德意志的諸侯又找到了久違的活力，到亨五這輩，德意志又回到奧托大帝之前那個小邦林立的狀態。

亨五很清楚自己的處境，他知道再鬧下去，皇權會越來越薄弱，所以在一一二二年，跟教皇達成了《沃爾姆斯宗教協定》，此協議規定：德意志境內的主教由教士自由選舉產生，這種選舉必須在皇帝的監督下才能有效，但是皇帝不能插手干預。主教在領地上的世俗權力由皇帝來授予，而其宗教權力則來自教皇。兩邊都算給了對方一個面子，這個「敘任權之爭」總算是告一段落了。

協議簽完第三年，亨五去世，如果他不死，也夠他忙的，因為他下半輩子的工作重心肯定是幫助自己的老婆爭取英國王位，他要不死，英國的金雀花王朝就不存在了。

亨五沒有子嗣，所以應該說，德意志的薩利安王朝就算結束了，不過在下一個王朝開始前，還有個十二年，由當時的薩克森公爵執掌大位。此時的德意志諸侯活得都比較糾結，比如這位最後登基的薩克森公爵洛泰爾，他最開始是幫著亨五打亨四，後來又打亨五，反正就是對現有政權不滿，也算是著名反賊，索性德意志諸侯就選他當國王，讓他自己在這個職位試試，讓他試試經常要跟屬臣諸侯開仗的生活。

8 霍亨斯陶芬家族VS韋爾夫家族

1.沒有無緣無故的仇家

諸侯們沒讓這個洛泰爾二世失望，他一上台，就遭遇了霍亨斯陶芬家族。

霍亨斯陶芬家族名字起源於德意志士瓦本公國佅羅山上的一座城堡，這個城堡屬於當時的腓特烈伯爵，後來腓特烈伯爵成為士瓦本公爵，家族就用這個斯陶芬為名號，而「霍亨」大約是代表尊貴的意思，也就是尊崇的斯陶芬家族。

霍亨斯陶芬家族在亨利四世的時候與王室聯姻，公爵娶了亨四的公主，生了兩個兒子，算一下，這兩個兒子也就是亨五的外甥。所以啊，如果亨五絕嗣，這兩個外甥絕對有要求王位的權利。

洛泰爾二世是薩克森公爵，應該是當時實力最強的諸侯之一，他選舉成功登基為王，立即就成為霍亨斯陶芬家族的敵人，為了對抗士瓦本的這支力量，洛泰爾二世將自己的女兒嫁給了巴伐利亞公爵，取得他的支持後，總算暫時平息了霍亨斯陶芬家族的王位要求。

洛泰爾二世除了跟斯陶芬家族幹仗，就是參與羅馬兩個教皇的爭位，奔波操勞，所以沒幹幾年就死掉了，而他臨終時，指定他的女婿，巴伐利亞公爵亨利接手王位。

這樣一來，又引出了本篇故事的另一個主角，巴伐利亞公爵亨利。先不管他是哪裡的公爵，這個亨利是韋爾夫家族的，而韋爾夫家族，可以說是德意志另一個非常古老非常尊貴的家族了，他家的歷史，可以追溯到八世紀，也就是法蘭克王國還沒分裂的時候。他家最早的奠立者應該是士瓦本的韋爾夫伯爵，他的兩個女兒先後成為法蘭克王國的王后，大女兒更是禿頭查理的親媽。

這個家族後來先後主持士瓦本、勃艮第、義大利等地，是德意志諸侯中的名門望族。輾轉幾百年，家族正宗可能已經斷絕了，血系旁支繼續延綿下來。到亨利四世在位的時候，韋爾夫家族幫著平亂有功，被封在巴伐利亞，成為巴伐利亞公爵。後來透過聯姻，又取得了薩克森的封地，所以在洛泰爾二世時期，韋爾夫家族的亨利（外號驕傲者）坐擁薩克森和巴伐利亞兩片疆土，是所有公爵中的老大，另外，他還是當朝駙馬。

洛泰爾私自決定將王位傳給驕傲者亨利，其他的諸侯可不答應，大家想想，這時亨利已經多大的地盤了，再給他當皇帝，以後諸侯還能時不時的跟國王幹仗嗎？德意志諸侯最不爽的不就是國王權力太大嗎？非要選個國王，又不願意服從他，看來這幫德國公爵選國王的目的就是為了給自己無聊的生活找點打仗的刺激。

韋爾夫家族不能當選，其他的家族也沒有足夠的支持率，最合適的就是斯陶芬家族了，他家的權勢威望不大不小剛剛好，既配得上皇冠，又沒有能力收服割據勢力，而且，他家上位，韋爾夫家族在野，正好是一支巨大的牽制王權的力量。就這樣，斯陶芬家族的康拉德成為新的德王，他是三世。可以預見，韋爾夫家族絕對不服，整個霍亨斯陶芬王朝，這兩大家族恩怨情仇是主要內容。

2.韋爾夫家族的獅子

康三登基後，亨利開始也願意臣服，但是康三要求，他家的兩塊地，必須交一塊出來，亨利當然不幹，於是康三索性將兩塊都收回來，也不管這是人家合法繼承的。亨利還沒來得及發飆就死了，而他的兒子，也就是後來著名的獅子亨利還沒成年呢，康三將韋爾夫家的兩塊領地都封給自己的親信的封臣，於是，韋爾夫家族和斯陶芬家族正式宣布跟對方不共戴天並大打出手。

韋爾夫家族由亨利的弟弟指揮，在德意志南部跟康三對抗，基本屢敗屢戰。在這一輪戰鬥中，曾發生過一場頗令人感動的故事。卻說康三親征，親自進攻韋爾夫家的領地，將現在德國南部的城市魏因斯貝格圍困。當時城內的韋爾夫軍隊已經宣布投降，但是康三也不想放過他們。康三為了表現自己的騎士風度，下令，城內的女人可以徒步出城，並帶上她們認為最珍貴的東西離開。命令一下，康三就目瞪口呆了，城內的女人們，幾乎每個人出來，背上都背著丈夫或者是父親或者是兄弟！就這樣，在康三的無奈的目光中，城中的女人幾乎是救走了大部分的軍隊。

兩大家族你來我往仇殺了幾年，終於等到小獅子長大了。康三沒收韋爾夫家族的兩塊領地後，就將薩克森的那一塊轉手封給了他的一個愛將，江湖人稱「大熊」，大熊在薩克森的日子真不好過，薩克森的人不認他啊，人家小亨利是正宗繼承人，而且其他的諸侯也感覺，把薩克森從韋爾夫家手裡拿走，這個事特別不地道。正好大熊也是個猛人，對東部邊境地區有點領土野心，所以，他就宣布放棄薩克森，到東部邊區佔地盤去。

薩克森回到了亨利手裡，條件是，他必須答應，不能再要求把巴伐利亞拿回去了。

以後的日子，獅子亨利在薩克森公爵的位置上繼續成長，他叔叔在南部德國努力爭取拿回巴伐利亞，而康三呢，他顧不上跟韋爾夫家族扯皮了，他找到更崇高的工作了，他報名參加了第二次十字軍東征！康三在十字軍的戰績，我們在羅馬篇已經詳細記敘過了，基本上，他就是出去丟人的，而跟他相反地是，獅子亨利的聖戰卻大獲成功。

話說韋爾夫家族跟教皇關係是不錯的，一般教皇都跟德意志最大的反對派關係曖昧。當時教皇除了發動對中東方面的聖戰，還號召歐洲騎士們去收拾波羅的海邊的異教徒。於是獅子亨利就把在國內憋屈的滿腔怒火就發洩到易北河對岸去了，那裡有大量不信基督的斯拉夫人。亨利的征伐或者說是侵略非常成功，開疆闢土，建立了不少著名的城市，尤其是現在德國北部非常美麗的呂貝克。

在康三去參加十字軍之前的諸侯大會上，獅子再次提出了拿回巴伐利亞的要求，當時康三跟他說，等回來再解決，兩人出差回家，高下立現，獅子意氣風發，康三灰頭土臉，還整了一身毛病。康三病歪歪的也絕不鬆口，就是不答應獅子的要求，然後，康三就死掉了。大家注意，康三一輩子挺忙的，但是有一件大事沒辦，那就是加冕為皇帝，沒顧上。

康三死的時候，兒子六歲，德意志國內危機四伏，眾敵環伺，一個小孩子說不定連命都丟了，算了，王位交給侄子吧，好了，霍亨斯陶芬王朝最牛的皇帝，全歐洲最狂的老大出場，掌聲有請紅鬍子腓特烈一世，而紅鬍子，在義大利語裡叫做巴巴羅薩，至於為什麼義大利人要給人起外號呢？後面會說到。

9 巴巴羅薩的義大利糾結

巴巴羅薩登基是獲得了大多數德意志諸侯支持的，為什麼呢，之前斯陶芬家族和韋爾夫家族的連場內戰，德意志夠亂的了，諸侯們感覺，是時候休息一下了，總這麼打也挺煩的。而巴巴羅薩最大的優勢，他是斯陶芬家族的侄子，而他的媽媽卻是來自韋爾夫家族的，這樣一來，說不定兩個家族就不打了。

巴巴羅薩還真是不負眾望，他一上班，就宣布，將獅子亨利一直要求的巴伐利亞領地還給他，而亨利馬上宣誓向國王陛下效忠！

為什麼這麼好說話呢，因為巴巴羅薩需要獅子支持他，紅鬍子一輩子的理想就是將義大利吃掉，重建羅馬，而收復了亨利，第一獲得他家的軍事支持，第二，也防止他趁國王去義大利出差，他在後院放火。巴巴羅薩和獅子就這樣建立了非常友好的關係，兩個人的蜜月期大約維持了二十年。

教皇跟德王經常心有靈犀的，德王一惦記教皇，教皇就正好有事要幫忙。這不，教皇又招惹麻煩了。有個叫阿諾德的教士，對教皇和教廷腐化墮落的生活不滿，覺得教會就應該艱苦樸素一點，要求無果，他就組織了一場暴動，帶著一群人奪取了城市政權，還組建了自己的元老院選出了自己的執政官！

收到教皇加急快遞的求救文書時，巴巴羅薩正預備去羅馬呢，他還不是皇帝，他要過去戴上皇冠啊。這下師出有名了。德意志的軍隊鎮壓了暴亂，教皇安全了，非要表示一下？酒就免了，給加冕吧。

當時給他加冕的教皇是新上任的英國人，阿德里安四世，經過前幾十年教皇和皇帝的爭權奪利，每個新教皇上班，都會嘗試先把自己的威嚴樹立起來，最好是從開頭就讓皇帝知道規矩。加冕儀式開始，阿德里安四世堅持，巴巴羅薩要幫他牽馬、扶蹬，巴巴羅薩一想，這活我今天要是幹了，以後全世界都知道教皇是大，皇帝是小了，以後老子還在江湖上混不？免談！阿德里安四世也夠倔的，你不幹我就不給你加冕，巴巴羅薩暴脾氣，能受這種氣嗎？一聲令下，加冕現場變成修羅場，在場幾千羅馬人被殺，血流成河。突然遭遇這樣的慘禍，教皇肝膽俱裂，什麼也不敢要求了，哆哆嗦嗦地給巴巴羅薩帶上了皇冠。巴巴羅薩覺得，羅馬帝國皇帝這名字聽著不夠威風啊，他給加個形容詞，以後就叫神聖羅馬帝國皇帝！

遙想巴巴羅薩這一輩子對義大利的征伐，老楊不禁要為他掬一把同情之淚，其孜孜不倦、鍥而不捨、不離不棄真是感天動地啊，不過這次，「天道酬勤」這個真理沒有成立。

沐浴著血光加冕是他第一次進入義大利，其後這樣的遠征他又組織了四次，為什麼非要跟義大利過不去呢，總結原因，第一條應該是巴巴羅薩那個驚天動地的羅馬野心和羅馬暢想，沒有羅馬的帝國怎麼算是羅馬帝國呢；第二，巴巴羅薩總結前幾任帝王的得失，覺得他們是對教皇太客氣了，對教皇一定是按住不鬆手，不讓他抬頭；至於第三條，那就是非常實在的現實考慮，巴巴羅薩需要錢。

義大利城市富裕，經濟發達，佔有這裡，巴巴羅薩手頭寬裕，有錢就有實力，各級諸侯還敢跟皇帝叫板挑釁嗎，一手按住教皇，一腳踩住諸侯，這樣的皇帝才能高枕無憂啊。

加冕後，巴巴羅薩就宣布對義大利擁有主權，以後這個地區官員任命、收稅等實權部門全部由德意志負責。他本來就是來侵略的，現在得手當然是用力壓榨，義大利北部的城市因為毗鄰德意志，受害最深，不久，以米蘭為首大城市開始跟德皇對抗。

一一五八年，第二次義大利戰爭，以城邦聯盟投降告終；一一六〇年，第三次義大利戰爭，當時的教皇忍無可忍了，宣布開除巴巴羅薩的教籍，然後跟米蘭城市聯盟一起，抵抗德意志侵略。這次巴巴羅薩是真火了，圍城兩年，拿下米蘭城後，他把這座名城砸成廢墟！

全義大利人被激怒了，主要城市全部團結起來，組成了一支叫做「倫巴底聯盟」的義軍，「反清復明」！一一六七年，巴巴羅薩再次領兵光臨義大利，這次他勢如破竹一口氣打進了羅馬，讓當時的教皇流亡。為了藐視教皇的破門律，巴巴羅薩在羅馬再次加冕為帝。

做事太絕了，真不怕上帝嗎？進入羅馬的德國軍隊突然就爆發瘟疫了，而這時，羅馬的老百姓自發組成軍隊抗擊德軍。巴巴羅薩陷入人民戰爭的茫茫大海，突然發現自己被圍，忙不迭地換上老棉襖，找塊花頭巾把自己的招牌鬍子兜起來，裝扮成當地農民，逃走了！

這一輪太狼狽了，巴巴羅薩氣昏了，這口惡氣不出還不腦溢血啊？這時，義大利方面的同盟城市已經超過二十多個，還加上了拜占庭，當然還有教廷和緊緊圍繞在他周圍的人民群眾，這陣子義大利上下真是空前團結。對手全國上下團結，德意志也要團結啊，巴巴羅薩召開諸侯開會，讓諸侯們發揚愛國愛王的精神，出兵出力隨自己出征。

巴巴羅薩口沫橫飛比手畫腳地戰前動員，各路諸侯在會議室打瞌睡。老大現在是偏執型狂躁病人了，誰跟他混不瘋啊，尤其是獅子亨利，前幾次對義大利的征伐，還都是靠他的人馬大力支持，現在亨利在波羅的海附近步步推進，收穫甚豐，不願意總跟巴巴羅薩到義大利吃苦受累。

這時的巴巴羅薩真不能用正常人的標準分析了，亨利無視他的出兵計畫，他居然走下御座，在眾目睽睽之下給獅子跪下了！獅子亨利很淡定，他看著跪在地上的皇帝，笑著說：「把戈斯拉爾城給我，我幫你出兵！」戈斯拉爾是個出產銀礦的地區，巴巴羅薩可以丟面子，絕對不願意給銀子，想敲詐朕？沒門，你們不幫忙，朕自己去！

第五次義大利戰爭以巴巴羅薩慘敗告終，尼亞諾戰役，德皇被從戰馬上掀翻在地，整個戰場都傳聞他戰死了。後來知道，這位老大逃跑跟打仗一樣厲害，他居然又蓬頭垢面，衣衫襤褸地回家了。

這一次不服輸真不行了，跟教皇和解吧，佔有了人家的教產，全部歸還，以後教皇國內的事，不得隨便插手，之前那些收稅的權力全部還給當地。還不行啊，好吧，德皇跪下，親吻教皇的腳，以後會乖了。

吃了這麼大的虧，巴巴羅薩一定要找地方平衡，誰是罪魁禍首啊，獅子亨利！這混蛋關鍵時刻不幫忙，枉朕平時對他那麼客氣！召開帝國會議，召集諸侯們批判他，皇帝盛怒之下，獅子也不知道會面對什麼樣的環境，面對皇帝的傳訊，他一而再，再而三地拒絕露面，於是，巴巴羅薩宣布，剝奪他的領地（留了兩個城池），後來還將其驅逐出境。而正好亨利的薩克森領地也有人反他，他發現一時佔不到上風，只好跑到英國去政治避難了。英王亨利二世是他岳父。

一一八六年，巴巴羅薩再次遠征義大利，這一次不算幹仗，他沒找教皇的麻煩，他讓教皇作主，讓自己的兒子娶了西西里島的公主，兒子成為義大利國王。

巴巴羅薩死於第三次十字軍東征，老爺子六十七歲了，非要蹚這渾水，還風風火火地跑在最前面，一輩子什麼大風大浪都過來了，在小亞細亞的一條小河溝翻了船，令人唏噓。關於他死亡的原因，有兩種說法，一種認為是身穿重甲過河時，一頭栽倒，屬於因公傷亡；還有種說法是，老爺子下水游泳，心臟病發，屬於因病傷亡。這個事就不研究了，他是皇帝，不管怎麼死，都不影響追認或者是追悼會規格對吧。

德意志人心中，巴巴羅薩立志徹底收復義大利，開疆闢土，是大英雄，而義大利人看他就是惡魔了，腓特烈一世有一臉金紅色的鬍子，叫紅鬍子也無可厚非，但是義大利叫他「巴巴羅薩」是沒懷好意的，義大利人的意思是，這個紅鬍子是被義大利人的血染紅的。

巴巴羅薩時代是中世紀騎士黃金歲月，而巴巴羅薩更是以騎士代表自居。一一八四年，他在美因茨修建慶典之城，招呼各路諸侯過來參加比武大會，這可是中世紀最著名的一場盛事啊，據說到場的各路騎士超過七萬人！連天的比武大會，盛況空前，錢花海了，天天擺流水席，每天大車小車往現場拉酒肉。

盛會第一個高潮是，巴巴羅薩親自披掛上場打鬥，據說還勝了幾場，折斷了對手的長矛，說不清楚是不是對方故意讓他的；第二個高潮是巴巴羅薩為兩個王子慶祝成年，並冊封為騎士；第三個高潮更高，為慶典臨時搭建的行宮居然被風吹倒了！應該是壓死了不少阿貓阿狗，花花草草，巴巴羅薩高興，這點事他沒放在心上，但是後來那些個「事後諸葛亮」都說，這預示著王權的凋零！

巴巴羅薩在德意志人心中地位是很崇高的，所以他意外薨於小亞細亞，很多人都不信，民間一直有他的傳說，說是他帶著他的騎士進入了德意志某個山中神殿，一旦有機會，他會再出來攪動江湖風雨，還有說是親眼見過他等等。他也是後來德意志許多狂人的偶像，顯然，他自己也算個狂人了。

10 後巴巴羅薩時代

巴巴羅薩出征在外，家中一直是兒子亨利六世攝政，一一九〇年正式接掌王權時，他也不過二十五歲。這是個白皙瘦小的年輕人，看著有些憂鬱，喜歡寫宮廷情詩，頗有些傳世之作，老楊看過幾首翻譯的作品，比梨花體顯得有誠意。小白臉的文學青年，他能接下巴巴羅薩的江山嗎？

本來大家都認為小白臉的一臉憂鬱是一個詩人的特有表情，誰知道這個表情居然代表的是陰沉冷酷的機心。巴巴羅薩在小亞細亞游水這段時間，獅子亨利又回來了，他覺得他打不過巴巴羅薩，還能幹不過青年詩人嗎。這場動亂在主教的調解下兩邊和解，大家可以想像，如果獅子能取得最後的勝利，他是不會接受調解的。

亨六必須先和獅子和解，他沒時間內戰，他大侄子死了，他要忙更重要的事情！哪裡來的大侄子啊？這要從亨六的婚姻說起。

亨六娶的是西西里王國的公主，我們在羅馬篇裡描述過，因為拜占庭雇傭諾曼人，又不兌現好處，拖欠農民工薪資，諾曼人生氣了，佔領了義大利南部原來屬於拜占庭的地盤，後來獲得了教皇的認可，而後，他們一舉拿下了西西里島，我們現在說的西西里王國，就是義大利南部那不勒斯到西西里島的這部分。

巴巴羅薩的義大利野心被粉碎，他參加十字軍出差之前，為什麼緊趕慢趕要給自己兒子安排婚事呢？不是怕他兒子是剩男啊，亨六當時十八歲，他是怕新娘子變剩女，因為新娘子當時三十四了！

這個新娘子要重點介紹一下，當時的西西里國王威廉二世的姑媽康斯坦斯。康斯坦斯身材挺拔頗有姿色，不過年紀輕輕就被送進修道院了。因為她小時候，有看相算命的預言，這女人會禍害掉一個國家！巴巴羅薩哭著喊著要跟西西里聯姻，西西里王室找了一圈，只有這麼一個正統，人家德皇居然不嫌棄，趕著就把新媳婦迎進門了！

巴巴羅薩難道是想給亨六找個媽？當然不是，這個聯姻還是為他的義大利計畫，威廉二世沒有子嗣，康斯坦斯是有機會要求王位的。德意志如果兼併了西西里島，整個教皇國就被夾在中間，巴巴羅薩不相信他吃不掉這塊嘴邊的肉。

最好的情詩很少是寫給老婆的，尤其是一個年齡可以給自己做媽的老婆，亨六的情詩有點纏綿憂傷，可以猜想，肯定是另有所愛。愛不愛不要緊，關鍵是他父皇的計畫實現了，就在巴巴羅薩東征的那一年，威廉二世真的死掉了，而且，絕嗣！

眼看這富庶的西西里就要落在自己手裡，亨六終於體會到了這份婚姻的幸福，只是，西西里人不幹。德意志這點小陰謀，路人皆知的。西西里擁戴了威廉二世的異母兄弟，坦克伯雷。本來他是個私生子，沒有繼位權的，西西里人為了抗拒德意志人的入侵，別說私生子了，抱養的都接受。

聽說坦克伯雷登基了，亨六趕緊同意跟獅子亨利和解，而後，發兵南下。亨六跟獅子和解的條件是讓他兩個兒子在自己身邊做人質，這次出征，他就把這兩個小獅子帶上了。

在路過羅馬時，亨六要求教皇給自己加冕，教皇不答應，亨六不惜將一座一直與羅馬為敵，對德皇死忠的城市交給了教皇，終於帶上了帝國的皇冠，詩人做事還是挺果決的。

因為路上還操勞這些瑣事，亨六大軍到達那不勒斯的時候，坦克伯雷作為國王已經被大家接受了，面對德意志的侵略，諾曼人團結一心，共同禦敵。那不勒斯久攻不下，而從北方來的德意志軍隊又不能適應地中海春夏的氣候，以至於軍隊中又流行疫病，亨六自己也染上。獅子的兒子趁亂逃回德意志，逢人便說亨六死翹翹了，國內各種反動勢力再次群起逐鹿，一片大亂！

亨六不得不承認，這次肯定是搞不定了，趕緊撤吧。撤得很狼狽，丟盔棄甲的，還把老婆丟了，皇后康斯坦斯被西西里人俘虜了。

自己都顧不上了，還管老婆？先收拾了家裡的事再說吧，各級諸侯和主教都跟亨六過不去，亨六回到德意志，好一陣手足無措。好在，上帝幫了他一個大忙！

其實「地主」們對亨六應該不陌生，他除了是個詩人，是個野心勃勃的君主，最出名的，他是全歐洲身分最顯赫的綁匪。還記得吧，英國的獅心王就是被他綁架，勒索了大筆錢財的。

理查落在亨六手裡的時候，正是德皇最困頓的時候，人窮志短，他也顧不上臉面了，用力要錢唄。整個犯罪活動進行了一年多，最後收了肉票家屬十五萬馬克，亨六發了一筆橫財。

有了這筆錢，亨六還有什麼難事呢，再次發兵西西里，一酬壯志。一一九四年十二月二十五日，亨六被加冕為西西里國王，好事成雙，第二天，皇后分娩了！

皇后之前被贖回，回到亨六身邊，這種劫後餘生的慶幸，讓兩口子突然同病相憐，發現了遲來的激情。而此時的皇后四十二歲了，在中世紀，遇到這個年齡的女人，我們應該尊敬地叫她祖母，她說她懷孕了，誰信啊？當時從德意志到西西里，所有人都在猜想，皇后冒充懷孕，到時候做戲產子，不知道拿誰的孩子來當太子養著。

一一九四年十二月二十六日，正趕去跟亨六團聚的皇后在經過一個叫耶西的小鎮時感到了胎動，即將臨盆的皇后下達了一個驚世駭俗的命令，在耶西最熱鬧的市集搭一個帳篷，然後招呼當地所有的良家婦女現場參觀皇后生孩子，免門票不准拍照！

在所有人的見證下，一個漂亮的男嬰出生了，康斯坦斯當著所有人給新生兒哺乳，粉碎了所有的謠言，這的確是王子，是太子，是天潢貴冑，是天之驕子。而這個孩子，就是後來霍亨斯陶芬王朝最精彩閃亮的君主腓特烈二世。

亨六取得了西西里，第一個動作就是搬空了人家的國庫，然後留下老婆成為西西里王國的攝政。此時的康斯坦斯在想什麼呢？曾經美麗如畫的西西里，如今滿目蒼夷的破敗蕭條，如算命的預言，真是她毀滅了自己的家邦嗎？

兼併了德意志和西西里，還賺了大把銀子，亨六的權勢到達頂點，現在他有兩件大事要辦，第一，他要完成巴巴羅薩未盡的事業，十字軍東征；第二，他希望能讓德意志國王加上西西里國國王這兩個職稱在他的後代承襲下去，以後就不麻煩德國諸侯總是聚會選舉了

願意參加十字軍是好事啊，大家都歡迎，至於王位世襲嘛，對不起，沒門，不管是諸侯還是教皇都不怕麻煩，以後該選還是要選。

亨六現在可不是一般的皇帝，他是個巨有錢的皇帝，基本上，世界上用錢搞不定的事非常之少，歷史書上查不到最後亨六到底給了諸侯及教會多少好處，亨六是大知識份子，不會像貪官傻老婆一樣行賄受賄還拿小本子記錄的。一一九六年，兩歲的王子，大名叫腓特烈．羅傑的，成了德國

的國王。腓特烈是他爺爺德意志皇帝巴巴羅薩的名字，羅傑是他外公諾曼人國王的名字。

亨六搞定了一切，正預備扛起十字軍的戰旗出發，西西里暴亂了，幸好有線報，滯留在墨西拿的亨六逃過了一場謀殺，據說這些亂黨跟皇后有某些曖昧的勾連！亨六以非常極端殘酷的手段平息了這場動亂，主要亂黨都被他酷刑折磨而死，因為這一輪平亂手段狠辣，當時的教皇英諾森三世「誇獎」他：「北風怒吼，肆虐在玫瑰園般的西西里」（中世紀的人說話比較文藝）。

亂黨被整得太狠，做了鬼都不放過亨六，當年，亨六就因為瘧疾而死，三十一歲的英年。

小王子只有三歲啊，誰接班呢？又亂套了！

霍亨斯陶芬家族的擁立了亨六的小弟弟菲力浦，而韋爾夫家族則擁立了獅子的兒子奧托，又打起來了。斯陶芬家族的菲力浦是個還俗的教士，公認是個高尚的人、純粹的人、脫離了低級趣味的人，不久被人暗殺了。韋爾夫家族幹的？還真不是，這位高尚的菲力浦有個閨女，他原來是許給了巴伐利亞的行宮伯爵，想爭取他的支持，後來他發現爭取教皇的支持更重要，於是又將女兒改聘給教皇的侄子。一女二嫁，毫無誠信，巴伐利亞的行宮伯爵就取了菲力浦的性命，替自己出氣了。

選戰死了一個，另一個自動當選了，韋爾夫家族的奧托四世，終於拿到王位了，韋爾夫家族也不用做反賊了！

既然做了國王，當然就想做皇帝，所以奧托要去巴結教皇。這一場王位大戰，教皇、英法兩國都參與其中，奧托是獅心王理查的外甥，他背後是英國，法王自然就轉而支持菲力浦了。教皇英諾森三世唱哪齣？先支持奧托，後來因為侄子的婚事又轉向菲力浦，不過教皇帥到了最後，他知道，不管誰當選，橫豎會求他。

面對奧托四世的加冕要求，英諾森三世開了兩個條件：第一，奧托承認教皇對西西里王國的實際控制權；第二，在義大利境內的德王領土，過戶給教廷。這樣的條件，如果給紅鬍子知道，他只怕又會氣得殺人，人家韋爾夫家族就是不一樣，奧托四世當時對教皇說：「漫說兩條，兩百條您老都隨便提，朕全答應！」

英諾森三世感動啊，這麼多年了，總算將德意志王族降服了，乖孩子，過來，我幫你把皇冠帶上，看看，真有帝王之像，多威風多俊俏啊！

奧托四世離開時連謝謝都沒說，就是回眸一笑，還給教皇飛了個媚眼。而後，他穿上盔甲，跨上戰馬，一舉攻佔了義大利名城，托斯卡納（這個城市出名的是比薩斜塔，奧托進城的時候，塔已經開始傾斜了，奧四說了，不是他推到的）；隨後奧四發兵西西里，預備攻陷這個斯陶芬家族的地盤。

英諾森三世意識到，被奧四耍了！教皇報復德皇，有操作指南的，第一條就是，欲滅德皇，扶持亂黨！英諾森連亂黨都不必找，他手上有更好的武器。

11 世界的奇蹟—腓特烈二世

奧四和菲力浦打這麼熱鬧，大家一下忘記了，還以為先皇亨六絕嗣呢，沒有啊，康斯坦斯在集市生下了王子啊，而且他已經獲得了德國王位和西西里王位，兩個篡位的打紅了眼，正宗的哪裡去了?!

話說小腓特烈出生後，就被丟給一個公爵夫人照看，他爹媽都出外打工去了。一個忙著策劃叛亂，一個忙著鎮壓叛亂。

四歲時，康斯坦斯非常智慧地讓兒子放棄了德國王位，並在當年為他加冕為西西里國王。對康斯坦斯來說，四歲的兒子去德意志爭位太凶險了，不如就安守西西里這一隅，也能保一生錦衣玉食。不久，康斯坦斯就死了，臨死時，她兒子託付給教皇英諾森三世。

英諾森三世留在歷史上的形象，最出名的是他鐵腕，獨斷，而且野心勃勃，他還有個外號是「中世紀最強大的教皇」，沒有一條是說他慈祥有愛心或者是會帶孩子的。他接下四歲的腓特烈時，正忙著在德意志王位戰上操作周邊呢。應該說，奧四和菲力浦的爭位大戰，最大的贏家是英諾森三世，他趁亂佔領了不少土地，教皇國一時極盛。就是因為便宜佔大了，奧四忍無可忍了，所以一加冕得手，就對教皇國下手。

腓特烈在巴勒莫的西西里王宮孤獨地長大了，大家經常忘記還有個小國王，此時的西西里，英諾森三世是實際的老大，巴勒莫主教主理朝政，西西里的各路人馬虎視眈眈。作為一個兵家必爭之地，這裡每天要面對德國人、法國人、諾曼人、羅馬人（拜占庭）、阿拉伯等等各種型號的敵人，誰還顧得上理會一個小孤兒的成長。據說腓特烈小時候在王宮經常會衣食無著，他溜達到大街上也沒人管，是西西里熱情的老百姓偶爾給這個可憐的小國王一點家庭溫暖。

西西里歷史上被多個族群不斷易手，巴勒莫是個國際大都市，有來自各國的人，融合著各種文化。在市井間溜達的腓特烈可以學到很多書本上學不到的知識和生存智慧，比如說語言，後來的腓特烈會說六種語言，遺憾的是，這個斯陶芬家族的正統皇裔，他就是說不好德語！

一二〇九年，是腓特烈人生的轉捩點，教皇發善心了，終於考慮小孤兒的婚事了。教皇這時候看出有愛了，他考慮到腓特烈從小沒媽，應該有些戀母情結，於是給他安排了一個大齡寡婦，阿拉貢公主康斯坦斯（阿拉貢王國在現在的西班牙東北部），結婚時，新娘子比腓特烈大十歲。

王室的婚姻關鍵是看收益，腓特烈的這一次婚姻至少讓他少奮鬥三十年，康斯坦斯陪嫁過來的，是一批騎士和軍隊。靠著這支武裝，腓特烈平定了西西里，讓所有人再次確認了他是西西里之王，坐穩了母親家的江山，他當然要考慮去整理父系的國土了。

監護人英諾森三世的意見呢？他贊同啊，在他看來，這個男孩是在自己的掌心成長的，他的生死和發展，完全取決於自己是想攤開手掌還是握緊拳頭。此時教皇正要廢掉奧托四世，西西里的男孩，不正是一柄利刃神兵。

腓特烈北上主張王位，不論是王后還是親貴都不放心，奧托四世雖然已經失去了教皇的支持，可他畢竟是韋爾夫家族的，身後還站著英王。腓特烈當時很悲壯地為自己一歲的兒子亨利加冕，讓他成為西西里國王，這等於是告訴所有人，就算他回不來，西西里王國已經有了繼承人。

只帶了幾個隨從和一點小錢，腓特烈到了羅馬，面見教皇。雖然英諾森號稱是腓特烈的監護人，可這真的是他倆第一次見面，由此可見教皇對這個孩子的重視程度。自己養了十四年的工具可以用了，但是醜話還是要說在前面的，兩條規矩：第一，德意志王冠和西西里王冠不能合併，也就是說，兩個地區不能統一，把教皇國夾在中間，這一條腓特烈已經做到了，他已經將西西里王冠交給兒子了；第二，一旦取得王位，要組織十字軍東征。大家還記得，十字軍東征是教皇重要教績，不過在英諾森三世任內，這個工作辦得很不體面，因為先說好攻打聖地的十字軍後來佔領並洗劫了君士坦丁堡（參看羅馬篇）。而聖地呢，被薩拉丁佔領後又沐浴在真主的神光中了。這個要求，腓特烈自然也是答應的。英諾森三世對腓特烈的態度很滿意，只是他忘記了，之前奧托四世答應他的時候，態度也是很痛快的。

腓特烈回鄉之路是非常艱苦的，還記得義大利北部的倫巴底聯盟吧，因為巴巴羅薩時代的恩怨，他們滿懷敵意設卡阻擾。而奧托四世聽說腓特烈回來了，自然是率軍前來圍堵。好在腓特烈腳程快，大約在一二一二年九月到達了德意志的南部門戶康斯坦茨，比奧托四世提前了三個小時，如果沒有這三個小時，腓特烈的下場就不好估計了。

腓特烈生在南方長在南方，回到北方老家還不太適應，不過他的大叔大爺們可都在盼著他回家呢。霍亨斯陶芬家族之前正陷入群龍無首的困頓局面，腓特烈的到來，再次整合了家族的精神和力量，更重要的是，因為奧托四世是英王扶持的，所以法王主動送來大筆錢財支持腓特烈。

一二一四年的布汶會戰，奧托四世慘敗，韋爾夫家族不得不放棄了王位，腓特烈現在終於成了名正言順的腓特烈二世了。這一場會戰，敗的不光是韋爾夫家族，還加上不列顛，當時的英王也就是「失地王」約翰，這一場亂戰，他失去了他祖輩在法國的所有領土，導致了他家《大憲章》的問世（參看英國篇）。

一二二〇年，腓特烈二世帶上神聖羅馬帝國的皇冠。現在他面臨一個問題，那就是，他答應過教皇，不能將德意志和西西里合一，也就是說，不管這兩個王國內部有什麼勾連，必須看起來是兩個國家，有兩個王。腓特烈二世鬧心了，相比較，他更喜歡西西里啊，他從生下來就把自己當義大利人的，他連德國話都說不好，怎麼辦？換換唄，讓兒子亨利過來，接掌德意志的王位，自己還是回到西西里去做國王。

有人這時會問了，腓特烈二世既然不喜歡德意志，他幹嘛冒生命危險北上爭奪王位？讓給奧托四世就好了。人的佔有性是古怪的，這東西是自己的就是自己的，不喜歡也要爛在自己鍋裡，不能給別人。而更重要的原因是，他預備用德意志資源壯大西西里，這跟他的祖輩們正相反，他們爭取義大利的目的是想藉義大利資源來壯大德意志，由此可見，腓特烈二世實在是個義大利人。

腓特烈坐穩德國王位的第二年，英諾森教皇就死掉了，他以為他的後任，留下了一個很乖很聽話的神聖羅馬帝國皇帝，不過繼任的教皇並不這麼想。

話說，新教皇上班，馬上想起，原來腓二不是答應過要組織十字軍的事嗎，這小子現在混得風生水起的，怎麼不提收復聖地的事了呢？

腓二準備好了軍隊，也預備東征，不過手上總是有事啊，就一直沒走，讓教廷懷疑這小子陽奉陰違，敷衍教皇。一二二七年，終於宣布要出發了，他又說軍隊裡爆發了大型疫病，他又回來了。

當時的教皇格列高利九世也是個暴脾氣，他當時就認定，腓二這小子消極怠工而且調戲教廷，大怒之下，對腓二下了破門律。

又是破門律?!有沒有新鮮的了？格列高利九世說了：「沒有，小子，過來求饒吧！」腓二這時的表現再次展現出他是個西西里人，他是既不生氣，也不上火，既不找教皇麻煩，也不向他求饒，他就當作完全沒這碼子事，該休整休整，該養病養病，等疫病消失，他帶上軍隊就出發東征去了！

教皇更火了，在背後跳腳啊：「死孩子，你給我回來！我讓你去你不去，你現在被開除教籍了，你敢組織聖戰?!」嗓子都叫啞了，腓二一概沒聽見。教皇心想：小犢子，我已經掏紅牌了，你還不下場！行，管不了你，我還管不了別人嗎？再下一道指令，解除德國、義大利、西西里所有教徒對皇帝的效忠，也就是說，場上的隊員不准跟腓二配合進攻，逼得腓二形成單刀。腓二帶著一支人丁寥落根本無力組織任何戰事的軍隊，繼續向耶路撒冷進發。

對腓二來說，此去耶路撒冷，不僅是兌現自己的諾言，更重要的是，他是耶路撒冷的國王，他必須將自己的城邦從異教徒手裡拿回來！他怎麼變成耶路撒冷的國王了呢？因為他迎娶了耶路撒冷的公主啊！

回顧一下羅馬篇，第一次東征，十字軍佔領並血洗了耶路撒冷，並在那裡建立了一個拉丁國家，後來薩拉丁拿回聖城，原來的拉丁國王被驅逐，公主叫伊莎貝拉，這可真是落難的公主，沒錢、沒權、沒地，就剩耶路撒冷的繼承權，剛好腓二的阿拉貢老婆幾年前去世了，腓二就娶了伊莎貝拉，接過了耶路撒冷國王的空頭職稱。

歐洲人和教皇都等待著腓二慘敗的消息，都在猜測這小子悽慘的下場，沒想到，一二二九年，傳回教廷的消息是：腓二全取了耶路撒冷，還加上耶穌出生的伯利恆、耶穌的故鄉拿撒勒，以及去往這三個聖地朝拜的陸上通道！這傢伙怎麼做到的?!

緣分啊，遇上知音了。還記得嘛，腓二會說六種語言，雖然不會說德國家鄉話，可他阿拉伯語講得很溜啊，而且腓二是個雜家，什麼都懂一點，天文地理，挺能侃，特別喜歡科學藝術。巧了，此時主持聖地的是薩拉丁的侄子，而這位阿拉伯蘇丹跟腓二一樣，涉獵廣泛，癡迷科學藝術。關鍵兩個人都是思想開放，作風時尚的人，對於天主教和伊斯蘭教的所謂矛盾，都不以為然，腓二帶著球進入禁區，跟蘇丹四目相對時，暗通款曲，相逢恨晚。幾天談下來，越聊越投機，蘇丹覺得這哥們遠來不容易，不能讓人空手回家，很痛快就把上述地區交還了，臨走還送給腓二一頭大象。腓二當然不忘找到聖墓教堂，自己給自己戴上耶路撒冷的王冠。

收回了聖地明明是好事，教皇應該高興吧，正相反，他更生氣了！他開除了腓二的教籍，腓二居然不費一兵一卒拿回了聖地，這不是打教皇的臉嗎？老爺越想越氣，透過對教皇國百姓徵稅給自己搞了一支軍隊，而後，進攻腓二的西西里王國！一邊進攻腓二的國土，一邊還大肆散布腓二已經死在耶路撒冷的消息。

腓二聽說西西里遇襲，趕著回家，登陸時，他一展開王旗，現場就有人當場嚇死，因為大家都相信腓二已經死了，冷不丁看著這麼一個旗幟出現，不是詐屍就是還魂啊。不過，等西西里人反應過來，皇帝沒死，他們馬上就跟腓二站在一起，將教皇和他的雜牌軍趕回了羅馬。

如果換了腓二的爺爺巴巴羅薩的脾氣，教皇趁我不在偷襲，他不殺進羅馬才怪呢，可腓二仗著雄壯的兵威趕走了教皇軍，並沒有乘勝進攻教皇國。格列高利九世在羅馬想了幾天，宣布恢復腓二一的教籍。老爺子也沒辦法啊，罰他沒用啊，乾脆和解。

承諾的東征任務完成了，腓特烈二世繼續對西西里這一畝二分地下功夫，他東征之前，就在西西里啟動了大型改革，頒布了一部偉大的法典，還建立了那不勒斯大學，歐洲第一所國立大學。

這輪勵精圖治的改革帶來豐碩成果：建立了強大的中央集權國家，有點專制獨裁，讓君主制在西西里率先凌駕於教皇與教會之上，比西歐諸國提前百多年，這個時期西西里王國政權在歐洲歷史發展中，具有極明顯的前衛性和先進性，有歷史學家稱之為為「早熟政府」。

腓二在義大利政策上鐵腕獨裁，可他對德意志的政策就正好相反，他對德國老鄉很客氣，而且願意讓那些本來就尾大不掉的諸侯自治，在他任內，諸侯在自己的地盤上，獨立審判、獨立收稅、獨立鑄幣、還可隨意增加城防設施！德意志的諸侯很知道好歹，老大這麼客氣，他在位的時候，不跟他添亂找碴，還配合他義大利的行動。

腓二是達到自己目的了，可是德意志的國王是他兒子亨利啊，太上皇把各路諸侯養得這麼剽悍，亨利怎麼控制他們呢。於是在如何治理德意志的問題上，父子發生了矛盾，應該說，斯陶芬家族再次發生了父子爭端。不過這一場父子鬥，雙方級別差得太遠，腓二聽說兒子叛亂（他自己是國王，怎麼算叛亂呢？算他是淘氣吧！），連兵馬都沒帶，只帶他的宮廷儀仗，散著步進入德國，亨利一黨攝於太上皇那豪華的儀仗，當場便土崩瓦解了。亨利被囚禁，六年後，在一次轉運看押中，墜落山谷而死。死個兒子不怕，腓二有的是兒子，不僅有以前生的，他還不斷生出新的來。

就在審判兒子那一年，腓二又結婚了！他沒重婚，耶路撒冷公主又掛了，這又是個剋妻的。這次，腓二娶的是英王的妹妹。

兒子剛平定，教皇又鬧了。一二三九年，教皇再次對腓二下了破門律！腓二又犯什麼錯誤了?!腓二的計畫是以西西里為根據地，向北推進，當然他的理想也是全取義大利。自從教皇有了一塊土地後，他們的世俗心就被激發了，誰不想院子越來越大啊，腓二向北推進，位於義大利中部的教皇國正在前進的道路上。

腓二對破門律都麻木了，不過這次他沒漠視，他指揮大軍開進了羅馬。格列高利九世實在受不了這個氣，終於蹬腿了，接替他的英諾森四世繼續叫囂收拾腓二。英四也收拾不了這個猛人，羅馬太不安全了，教皇為安全考慮，跑到法國里昂，建了一個新教廷，遙控指揮全歐洲的同盟對抗腓二。

根據之前的記述，斯陶芬家族最忌憚的敵人是倫巴底同盟。腓二當然不想放過他們，而且兒子造反的時候，倫巴底同盟還是他同夥呢。於是，腓二發兵找倫巴底同盟算新帳舊帳。可惜的是，巴巴羅薩打不過這種新興的城市聯盟，腓二也打不過。而教皇的指揮是頗有層次章法的，除了戰場上的正面打擊，他還買通了腓二身邊人對他投毒下藥，這中間還包括腓二的御用醫師。

一二五〇年，腓二死去，之前這個強人已經病了一段時間了，可是既然連御醫都信不過了，我想他也不太敢亂吃藥，就這麼死掉了。

腓特烈二世是個很精彩的帝王，即使是最枯燥的歷史書籍，最嚴肅拘謹的文字裡，你都能感覺到他是個放浪形骸、離經叛道、特立獨行的潮人。「地主」們也許會想，上面說的這些事，看不出來嘛，每個德國皇帝不都忙這些事嗎？是啊，他不忙皇帝工作的時候，日子是很繽紛的，老楊揀幾條給大家說說啊。

第一，教皇動不動就開除他教籍，其實這個事，他根本不放在心上，作為一個基督教國家的首腦，羅馬天主教廷的保護者，腓二最大的特點就是，他對上帝的信仰沒那麼虔誠。他喜歡研究哲學，當時社會上出現一本書，叫《論三個騙子》：「整個世界都被三個欺世盜名之徒給騙了。這三個人一個是摩西，一個是穆罕默德，還有一個是基督。」很多人都認為這本書的作者是腓二，有爭論，既然會懷疑他是作者，說明他平時應該有相應的言論；

第二，腓二特別喜歡研究科學，而且喜歡拿活人做醫學實驗。最出名的一個，他想知道，人吃飽以後是坐著不動消化快，還是吃完運動消化快。他找了兩個犯人，晚上給吃了頓飽飯，然後安排一個去騎馬，一個躺下睡覺。第二天一早，這兩個倒楣鬼被解剖，皇上得到的結論是，吃完不動，消化得好，「地主」們以後吃完就臥倒；有一天他又突發奇想，他想，要是沒有任何人跟初生的嬰兒交流，他們會不會自動學會說話，自動會說那種語言呢。於是他下令，找幾個嬰兒，規定褓姆只准餵他們吃，給他們換尿布，但是絕對不能跟他們有任何語言上的交流，不准愛撫他們，哄他們。實驗結果是，這些小嬰兒沒說出火星語言來，他們全死了！這個實驗確實泯滅人性，「地主」們千萬不要學，小嬰兒需要很多關注和愛，尤其不能用於醫學實驗！諸如此類的活人實驗多了，要列舉出來，這腓二絕對是個反人類的變態分子。不光是醫學，腓二對占星術、天文學之類的都有研究；

第三，腓二結了三次婚，情人無數。他骨子裡是西西里人，狂放熱情隨性，所以泡妞也是張揚型的。他喜歡用義大利語寫情詩，義大利語可能適合寫情詩，因為可以寫得非常肉麻。腓二據說是有個專門的衛隊，不，應該說御用快遞公司，每天幫著他把情書送到世界各地的情人手裡。腓二最出名的就是喜歡阿拉伯女郎，他出差去一趟耶路撒冷，露水情緣無數，白天和蘇丹哥倆好，晚上有異族女郎當陪護，其中還有不少是蘇丹哥們送的禮物。野史傳說，腓二在中東風流快活後的離去，他的情人們每人以淚洗面，不願給人看見，所以後來的穆斯林女人出門都戴上黑紗。他後期寵愛一名叫布蘭卡．蘭西亞的女子，一直沒給她名份，他臨終時，在靈床上跟布蘭卡完成了婚禮，他這樣做，應該是為了給布蘭卡的孩子繼承權；

第四，腓二是個阿拉伯控，他對阿拉伯的文化有些古怪的癡迷。這夥計喜歡東方帝王的排場，上篇不是說他的儀仗隊一進入德國，叛臣立時自動瓦解嗎，給大家描述一下他出門的儀仗啊。阿拉伯輕騎兵前面開路，跟著就是齊整的駱駝隊，駱駝隊馱著轎子，轎子裡是腓二後宮的阿拉伯美女，雖然蒙著面紗，掩不住魅惑流轉的目光，這些美女由一些黑人護送著，後面是皇帝本人，穿著他喜歡的獵裝，大多數時候，他按阿拉伯人的時尚打扮。雙眼「像蛇一樣」（腓二讀書太多，近視眼，喜歡瞇著眼看人，有點像蛇）；皇帝身邊跟著騎士和宮廷侍衛，再後面，就熱鬧了，一個動物巡遊的隊伍，內容包括：皇帝的鷹和獵狗、獵豹、大象、獅子、熊、猴子、猞猁等，遇上大婚之類的盛大行動，動物隊伍後面，就是一車車東方工藝品和珠寶。這樣一個隊伍出門，誰能看出來是基督教的國王，怎麼看都像是阿拉伯蘇丹啊，腓二這樣子行走在教皇轄下的大街小巷，怎不讓人側目呢，怎麼不讓敵人恐懼呢。腓二喜歡拉文化人聚會，他的宮廷裡，經常有基督徒和穆斯林一起參加的各種party，這裡沒有異教徒之類的刻薄概念，所有人相處甚歡；

第五，腓二是個馴鷹的高手，宗師級的，他寫的馴鷹手冊，到十八世紀還被奉為該學科的圭臬。

篇幅有限，必須打住了，就因為腓二這諸多的事蹟，他被人稱為是：「世界奇蹟」！

腓二這樣的君主寫進歷史書是好看的，做他的臣民不見得會幸福。就因為他以義大利為主的國策，讓德意志諸侯割據，國土分裂，王權分崩離析，他死後，德意志整體作為一個王國幾乎已經不在了，而這個分裂的狀態，足足持續了其後的六百年。

教皇在腓二死後的瘋狂報復，讓斯陶芬家族難以立足，在教皇授意下，法國安茹伯爵攻佔了西西里，腓二的兒子被殺，宣告了斯陶芬家族的終結，而實際上腓二死去那一年，德意志王國的霍亨斯陶芬王朝就算實際上結束了。

12 哈布斯堡家族發家史

一二五四年，腓二的繼承人去世，德意志和義大利都陷入混亂。一二五四～一二七三年這十九年裡，整個王國沒有正式的獲得大家承認的首腦，歷史上稱之為「空位期」。說是「空」，各路諸侯可都沒空，他們在原有的基礎上不斷擴充自己的地盤，強化自己的實力，諸侯們的日子很愜意，希望這樣沒人管的日子持續到地老天荒。

不管諸侯們心裡怎麼想，德意志形式上還是個國家吧，總要找個老闆擺著啊，於是幾個實力最強的諸侯主教便組成了一個選舉委員會，決定自己的老闆人選。老闆是誰不重要，此時的德意志形勢，全看這個選舉委員會的心情，委員會內有七個著名委員；三大教會諸侯分別是科隆大主教、美因茨大主教、特里爾大主教；四大世俗諸侯分別是薩克森公爵、普法爾茨伯爵、勃蘭登堡公爵、波西米亞國王。這七大護法給德意志的歷史增添了一個特色名詞：選帝侯。

十九年空位期，德意志諸侯日子閒散，羅馬教廷卻很忐忑，你德意志霸著一個神聖羅馬帝國的名號，是我教廷教皇的保護者，現在你們各自為政，誰也不管教廷的安危，算怎麼回事啊，所以空位期時間一長，教皇著急了，督促這些選帝侯，端正態度，嚴肅有效地選一個國王出來。

整個德意志歷史，因為諸侯邦國林立，人物眾多，所以老楊在講述的時候，只能留下主角和少數重要配角，有些青史揚名的龍套，老楊就盡量不提他們的名字了，否則這部德國史看著就像一本電話號碼薄了。

這次正經選國王，候選人有四個，其中最引人注目的是波西米亞的國王奧托卡二世，他絕對是當時德意志實力最強的超大型諸侯，他參加競選的時候，轄下的領地除了他家自己原有的波西米亞，還包括：奧地利（巴奔堡家族的最後一個大公在跟匈牙利的作戰中戰死，奧地利落在匈牙利手裡，後來又被波西米亞弄去了）、西里西亞（現在的波蘭西部，與德國捷克交接處）、匈牙利，幾乎囊括了現在地圖上德國東部的所有領國，這麼大的國家屈尊做德意志的附庸多不合適啊，就應該把王位給人家嘛。

其他的選帝侯沒有老楊這麼二百五，波西米亞國已經這樣強了，再給他德意志的王位，隨後再加一頂皇冠，奧托卡二世又是一個可以轄制所有諸侯的君主，以後哥幾個還能像過去幾年那麼自在嗎？根據他們的想法，此時的德王最好是老少咸宜，人畜無害，資歷能服眾，勢力又不能翻天。就這樣，哈布斯堡的魯道夫一世最後當選，而帶著哈布斯堡家族走上歷史的舞台。

哈布斯堡家族來自瑞士北部的阿爾高州，一〇二〇年築造鷹堡——哈布斯堡，以後就以此為號。魯道夫接手的時候，哈布斯堡家族也就是領有瑞士阿爾高州和阿爾薩斯（法國東北）這兩片貧瘠的地產，魯道夫透過聯姻、繼承、買賣等各種手段，不斷擴充家族地盤。不過，作為一個二等伯爵，他再擴張，區域也是有限的，後來哈布斯堡成為全歐洲最顯赫的家族，應該說，起點就是魯道夫取得了王位。

魯道夫一世的當選，除了他無毒無害的形象，他最大的財富是有六個如花似玉的女兒，透過嫁閨女，他搞定了兩個選帝侯，對他最後當選產生了直接積極的作用。

空位期後的第一個國王，魯道夫一世任內的主要工作是清算，清算什麼呢？清算德意志沒有老闆期間，那些佔有挪用貪污公司財產的高層們，而其中的典型，就是波西米亞國王奧托卡二世。

霍亨斯陶芬家族消亡，他的家族領地和王室財產都被各路諸侯用各種辦法瓜分，別說公司高層，連中層下層都貪了不少，肥了不少人。奧托卡二世顯然是最肥的，集體貪污的特點就是，貪得少的嫉恨貪得多的，如果那小子還囂張跋扈，更加得罪人，魯道夫一世都當選加冕了，奧托卡二世還不服，堅決不肯宣誓效忠，於是國王諸侯上下一心，決定胖揍他一頓，讓他把之前吞掉的帝國土地都吐出來！

跟奧托卡二世幹仗是魯道夫一世在位最重要的工作，魯道夫一世沒什麼文化，好戰尚武，他以六十歲的高齡率德軍出征，一戰再戰終於平定了波西米亞，奧托卡二世戰敗被處死。

這一仗打得漂亮，結果更漂亮，原本是魯道夫一世代表公司懲罰高層，結果沒收的財產——奧地利及周邊的部分沒被充公啊，經過大家同意，魯道夫一世將奧地利封給自己的兒子了，從此以後，奧地利就成為了哈布斯堡的家族領地，霸佔了好幾百年。

什麼時候德意志諸侯這麼好說話了？不是他們好說話，實在是魯道夫一世會做人。魯道夫的六個女兒，除了一個出家做修女，其他五個全都嫁給了德意志的重要人物，在德意志上層，魯道夫拉了一張龐大的裙帶網，加上老頭為人和氣，作風樸實，本來身家也不太豐厚，德意志諸侯憐貧惜老的，也就願意讓他藉著在位的機會致富。最有效的關係建設還是教皇，魯道夫登基之前就跟教皇承諾過，對西西里不感興趣，絕對不會去搶回來，把教皇國夾在中間。德意志國王對義大利沒有野心，對教皇國來說，是重大利多，所以魯道夫一世在位時，所有教皇看他都笑眯眯的。

傳說大象可以預知自己的死期，並找到象塚死去，魯道夫一世好像也有這種特異功能。他晚年（他一登基就算是晚年了）為痛風所累，差不多的時候，他居然帶著老婆孩子侍衛大臣們浩浩蕩蕩向施佩爾進發，施佩爾是德意志諸位先皇的墓塚所在地。七十三歲的魯道夫老爺子騎馬趕到施佩爾，壽數耗盡，跟先皇們團聚去了，非常神奇。

魯道夫一世死後，兒子阿爾布雷希特就覺得自己可以要求承繼王位，可諸侯們不幹，原因不言自明，從此可知，魯道夫當這一朝國王，哈布斯堡家族已經是空前壯大了。阿爾布雷希特沒有他爸爸人緣好，據說只有一隻眼睛，看著嚇人，所以諸侯們推舉了一位無權無勢無兵的伯爵，阿道夫。

阿爾布雷希特既然對王位有要求了，他當然不會善罷甘休，加上阿道夫在德意志沒有背景，一上台他就找英王幫忙壓服諸侯，讓德意志又不待見他了，一二九八年，阿爾布雷希特成功地罷黜了阿道夫，拿回了哈布斯堡家的王位。在位十年，阿爾布雷希特先是忙著讓教皇承認自己，後又忙著幫兒子爭取波西米亞的王位，結果因為他對侄子的不公正待遇，被侄子暗殺，哈布斯堡家族莫名其妙地上場，又稀裡糊塗中場休息了。

13 國王的職業津貼

上篇說到，德意志的選帝侯選國王跟選柿子一樣，體型要不大不小的，手感要比較柔軟的。這些個軟柿子國王上台，都要看各路諸侯的臉色，國王不敢限制諸侯，諸侯也不跟國王較勁，國家看著挺和諧的。對這些軟柿子家族來說，被選中成為國王卻是個發展壯大的捷徑，哈布斯堡家族已經創建了一個成功範本，下一個輪到誰家了？

盧森堡的亨利伯爵雀屏中選。盧森堡啊，我們講這麼久的歷史，都沒提過這家人，是啊，小門小戶，小鼻子小眼，上不了檯面，怎麼輪到他家了呢？這位亨利伯爵有個好大哥，是位樞機主教。什麼是樞機主教呢，也就是我們熟悉的紅衣主教，相當於教皇的高級幕僚，幫著教皇管理所有事，混得好的話，能當教廷的家。亨利伯爵的哥哥是紅衣主教，按照我們家的話說那就是「上面有人」，稍微操作一下，亨利七世就登基了。

大家回憶一下啊，哈布斯堡家族傳了二代國王，家族領地越來越大，實力開始讓其他家族害怕，但是他家有一件事沒做，魯道夫一世父子兩代到死都是德國國王，他們不是皇帝啊，神聖羅馬帝國的皇冠呢？

哈布斯堡家族沒顧上，也沒有好的機會讓他們進去羅馬去提要求，一不小心，惹毛了教皇也不好。亨利七世就上進多了，他一上台站穩腳，就開始忙乎義大利的事業。

義大利被德意志這些個皇帝整的，也是四分五裂的，義大利人也盼著有個強勢皇帝來整合統一。亨七顯然不是上帝選中的人，雖然他依靠教會的背景實現了加冕為帝的目標，但是想平定北義大利，並收復南義大利西西里，這個太難了。而亨七皇帝也拼盡了全力，僅僅在位五年，就死在進軍那不勒斯的途中。

哈布斯堡家族做國王獲得的福利是取得了奧地利，亨利七世為盧森堡家族爭取來的特別獎金是什麼呢？波西米亞！亨利七世的兒子約翰娶了波西米亞的公主，亨七發兵幫著自己的兒子媳婦搶了波西米亞的王位，如此一來，波西米亞就成為盧森堡家族的領地。

又發達了一家，選帝侯們再不能選他家當國王了，換一家。現在，有些大型諸侯不願意看到那些小門小戶一步登天了，他們開始爭取選票自己當選。維特爾斯巴哈家族浮出水面。

這個家族統治著巴伐利亞和普法爾茨，算是大戶人家，不過因為人口多，子孫分分，每個人實際控制的可能也不大。他家出來競選國王的是路易，擁有上巴伐利亞那部分領地。

路易公爵當選後就是路易四世，他沒有獲得全部的選票，反對的諸侯也推選了一個國王，來自哈布斯堡家族的腓特烈三世。路易四世登基後大部分時間都用來跟腓特烈三世爭位，打到最後的結果是，兩人成了朋友，化干戈為玉帛，兩個人一起當國王，不是有共治君主這個玩法嘛。

路易四世解決了和哈布斯堡的矛盾，他也想去義大利加冕為帝啊，這時候教皇說了：「你是誰啊，你說加冕就加冕，教皇沒同意呢！」然後，又拋出了唯一的那招殺手鐧：破門律！

德意志的中世紀歷史，教皇是絕對的主角之一，戲份一直很高，最近這幾場戲，教皇他老人家只聞其聲不見其形啊，教皇跑哪去了？教皇不是搬家了嗎，還記得吧，「世界奇蹟」腓特烈二世總跟教皇過不去，教廷為安全計，跑到法國去了，在美麗的普羅斯旺找到了新據點，法國的阿維尼翁小城此時是新的教皇城。

每個當選德意志國王的人第一個心理準備就是要被開除教籍，路易四世早準備好了：「我管你答不答應，你連羅馬都不敢回了，怎麼還這麼得瑟呢？」於是，路四南下羅馬，讓羅馬的貴族給自己加冕為帝，然後，自己扶持了一個羅馬教皇跟法國教廷對抗。看來皇帝加冕這個事是越來越不嚴肅了，只要進入羅馬，就能帶上皇冠，跟教皇在不在家在不在場沒什麼關係。

加冕回家的路四遭遇了一些質疑，好在他還想了些辦法，安撫平息了反對派，後來，當教皇再嘰嘰歪歪說路四是個假貨的時候，大部分的德國諸侯代替國王回答：「以後，我們自己的皇帝自家說了算，老傢伙不要多事多嘴！」

當時教皇克萊芒六世又被刺激了，他們不是有一本專門收拾德皇的秘笈嗎，也帶到法國去了，教皇拿出來一翻，扉頁上那一句赫然入目：欲滅德皇，扶持亂黨！

大家都知道了，不管後來德意志有多少人才和特產，反正中世紀的德意志最大的最源源不絕的特產就是亂黨和反賊。教皇只要有心，隨手就能撈一個。

盧森堡家族再次被選中，亨利七世的孫子，波西米亞的國王查理將向路易四世宣戰，替教皇出這口惡氣。可惜路四和查四沒機會打起來，因為路四大戰之前死掉了。

14 金璽詔書：王權大派送

我們上幾篇經常提到波西米亞，波西米亞作為一個風格詞彙頻繁出現在各種文化載體，比如，每年的時裝界都會有點波西米亞的元素。說起波西米亞，我們可能覺得很潮流，說起捷克，如果不是米蘭．昆德拉的小說，我們就經常會忽視中歐的這個小國。

捷克的歷史，也是一部血淚史，充滿了心酸的欺凌和蹂躪，即使是近代，還被左右鄰居兩頭拉扯，經常體無完膚，可憐兮兮的。不過我們這一篇，要回顧一個捷克史上的盛華時代，那時的布拉格，是中歐最繁榮、最興旺、最有文化的城市。

這個最美的布拉格時代締造者就是本篇的主角，查理四世。上篇說到，他被教皇扶持，對抗路易四世，既然路四中途死了，查四也就名正言順成了德意志國王。

查四來自盧森堡家族，他的父親就是被亨七派到波西米亞繼位的約翰。因為德意志國內不太平，查四小時候就被他爹放出去遊學，遊歷了不少地方，住的時間最長的就是法國。法國那地方不容易學好，小查四又早戀又早婚，七歲就和法王的妹妹成親了，不是童養媳啊，新娘子也七歲。在法國期間，查四有一個私人教師，而這位教師就是後來的教皇克萊芒六世。現在大家知道為什麼教皇會扶持查四爭位了吧。

建立以波西米亞為中心的德意志帝國，是查四的執政綱領。在他任內，布拉格相當於德意志的首都，而他也不遺餘力的建設這個家園。首先，透過跟教皇的勾連，波西米亞成立了自己的大主教區，也就是說，從此後捷克的教會自治，波西米亞的國王要是在頭銜和職務上想更進一步，不用去求其他的主教，自己家的主教就能給加冕。

建立了中歐第一所大學，也就是現在布拉格的名校，查理大學。查理大學在學術上有什麼地位呢？這所大學出過一個最重要的人物叫胡斯，我們後面會詳細介紹，而就是這個胡斯同志，告訴所有人，宗教勢力的為非作歹，並號召大家對教會的腐敗做出鬥爭。影響了整個歐洲乃至整個世界的基督教改革運動，胡斯是真正的先驅。愛因斯坦曾是查理大學的理論物理教授，他最重要的論文就誕生在這裡。它還是現代派文學的始祖卡夫卡的母校。

查四自己是個知識份子，學者皇帝，經常跟羅馬的馬克奧理略、拜占庭的君士坦丁七世相提並論。他建大學的目的，就是給所有的德意志子弟一個就近求學，集中探討的地方。他的目的達到了，鼎盛時，布拉格是中歐文化中心。

除了學子，還有各地的藝術家。聽說查四要建設新的布拉格城市，義大利和法國的建築家、設計家都雲集在此。聖維特大教堂和橫跨伏爾塔瓦河的查理大橋都是當時的作品，至今仍然是布拉格的地標。去捷克旅遊，很多帶有查理名號的名城古蹟，多少都跟查理四世有點關係。查四做羅馬皇帝的那幾年，布拉格繁花似錦，富麗堂皇，是波西米亞最美麗最耀眼的年華，到現在，經過了許多興亡榮辱的捷克人還是認為，查理四世是歷史上最偉大的捷克人。

不論查四為捷克做了什麼，他做為德意志的國王，基本可以說是敗壞朝綱。

查理任內，歐洲爆發了黑死病（參見英國篇）。這場鼠疫席捲歐洲後，全歐洲人都瘋了，因為是信徒嘛，馬上就反省到可能是自己不潔或者褻瀆，上主降下懲罰，於是整個歐洲開始流行一種活動，那就是聚眾遊行，然後拿鞭子自己抽自己，抽得血肉模糊的。把自己抽得半死還是沒有制止疾病的流行，歐洲人開始抓罪魁禍首了。誰是第一嫌疑，猶太人！當然是他們，不是他們還能是誰，這些人永遠不合群，神祕群居，神奇般地不斷製造財富，最要緊的是，猶太人連耶穌都害死了，誰說他們不會對上帝的子民下手。自從猶太人被羅馬人趕出家園開始流浪，他們就散落在歐洲各地艱難地生活。可不管怎麼艱難，這些人總能在最短的時間聚集最多的錢財。猶太人族群是很多國家的王室銀行，只要沒錢了，就向猶太人徵收苛捐雜稅。然後，一有不爽，就殺猶太人出氣。

歐洲的黑死病，猶太人染病的比例很低，因為他們的居住地是和周圍隔絕的，最重要的是，猶太人即使是居無定所地流浪，也保持著比中世紀歐洲人好得多的衛生習慣。歐洲人大批染病，猶太人居然沒事，推理得出結論是：猶太人下毒！下毒案沒有證據，判刑是夠重的，全歐洲都是行刑者，開展了一場聲勢浩大的屠殺猶太人行動。民間的情緒不容易控制，尤其是集體殺人行動。老楊原來說過，歷史上對猶太人的屠殺，跟他們太有錢了是很有關係的。這一輪對猶太人的屠殺行動，下層百姓可能出於某種恐懼引發的病態反應，而對歐洲很多高層，絕對是為了錢。有些貴族欠了猶太人的債，債主死了，錢就不用還了。有的諸侯等著自己領地的猶太人被殺光，然後將他們留下的錢財宅地據為己有，而在這一類人中，就有查理四世。

在德意志國內，猶太人一年貢賦不少，安分守己，正是查四最忠實的臣民，應該得到他的保護，誰知，他對屠殺採取的是默許的態度。整個屠殺行動，歐洲被殺掉了十萬猶太人，查理四世因為這個事發了大財，直到黑死病逐漸得到控制，也實在找不到猶太人可以下手了，這才下令停手。

即使是不殺猶太人了，也不讓他們好過，為了將他們和歐洲其他人區別，規定，猶太人男人必須戴寬邊禮帽，猶太女人面紗下留一縷額髮，耶穌受難日那天，不管有事沒事，猶太人都不許出門。查四大小是個君主，就為點錢把名聲都搞壞了，真不值得。

查四是個知識份子，和平人士，他一直認為，不管德意志還是義大利，不管是諸侯還是教皇，不要一有事就幹仗鬥嘴，大家商量嘛，商量不通就花錢嘛，還有錢解決不了的事嗎？大家想啊，查四是教皇以反對黨扶持起來的國王，他怎麼這麼容易就坐穩了江山呢？第一是散錢，第二是聯姻，對誰都好使，諸侯不跟查四較勁，教皇還給他羅馬帝國的皇冠。不過因為查四有更大的計畫，所以他需要更多的錢。沒有錢辦不了的事，最怕是沒錢。

一三五六年，查四拋出一份讓他名垂青史的重要文件，也就是德意志歷史上大名鼎鼎的「金璽詔書」。詔書的主要內容有以下兩點：一、明確皇帝由七大選帝侯選舉產生，選不出皇帝時由薩克森公爵和萊茵宮廷伯爵攝政；二、各選侯擁有自己領地內的關稅和鑄幣權、礦山開採和販賣食鹽權等（在此之前，這些許可權在皇帝和選侯間不明確），諸侯們需要盡的義務是：禁止結盟反對自己的封君，禁止城市結盟反對諸侯，選帝侯神聖不可侵犯。詔書刻意迴避了教皇和教廷在皇帝選舉時的作用，等於是隱晦聲明了，以後選皇帝，不關教皇的事。

拿到這份詔書，德意志的諸侯們都哭了，激動啊，他們眼淚汪汪拉著查四的手說：「老大，太客氣了，太講究了，太夠意思了，讓兄弟們說什麼好啊！」諸侯們能不高興嗎，原來選帝侯這個事，只不過是德意志自動形成的權宜之計，如果真碰上強勢的君主，隨時可以剝奪諸侯們這項大權，如今查四的詔書一下，諸侯選國王成憲法了！國王或者皇帝在法律上成為諸侯的玩具，諸侯在自己的領地幾乎是自治的，也就是說，國王管不到這些諸侯，諸侯隨時可以收拾國王！

這份「金璽詔書」一下，正式宣告，德意志的王權徹底灰飛煙滅，德意志皇帝和諸侯之間的權勢角力，諸侯完勝，而且這個勝利維持了幾百年。

查四腦子進水了？只聽說皇帝拚命往手裡抓權，哪有把皇權當禮物派送啊，他到底想幹什麼？查四的目的有點精神分裂，他頒布詔書的目的是為了破壞詔書！他給諸侯送禮的重要原因是，他希望自己死後能由兒子承繼王位！他想的也對，只有選帝侯的事確定了，收買選帝侯就可以獲得皇冠了。

為兒子的前程，查四真花了不少銀子。拿人錢財，就要替人辦事，德意志諸侯們這點規矩還是懂的。於是，查四的兒子文策爾就真成了德意志下一任的君主，一三七八年，查理四世死於中風，在布拉格的聖維特教堂下葬，死得心滿意足，因為寶貝兒子的前程已經鋪就了。

德意志諸侯算是很給老大面子了，要說查四留下這娃，比咱家劉備那個娃還不上路呢，諸侯們隱忍了二十二年，一四〇〇年，才將其罷黜，這個德國阿斗被揪下台時，選帝侯們給他的肄業評語是：體弱多病，學識疏淺，有失體統！

查四是個自私小商人，因一己之私，誤國誤民。因為他的金璽詔書，神聖羅馬帝國淪為一個諸侯的鬆散聯邦，德意志沒有按時形成像英法那樣的民族國家，後來的法國哲學家伏爾泰比較刻薄，他說：神聖羅馬帝國既不神聖，也不羅馬，更不帝國。

十四～十五世紀，歐洲的經濟發展迅速，沿海地區資本主義已經開始萌芽。就因為德意志這個四分五裂的局面，各地區之間各自為政，缺乏經濟、資源上的交流和聯繫，導致學習成績嚴重下降，在很長的一個時間裡，德意志這個同學淪為歐洲地區的劣等生。

15 美男子的宗教暴行

一看到美男子就以為有緋聞豔史看，這就是廣告的效果。美男子沒出場，先請老校長。

上篇說到布拉格查理大學，這個學校出的第一個歷史名人叫胡斯，一四〇二年，胡先生成為查理大學文學院院長。大學校長，就應該以引領思想進步為己任，校長更容易成為新思潮的旗手。

胡斯就是一個旗手校長，宗教改革派，他一上任就抨擊當時的天主教制度。認為教會還是要純潔一點，乾淨一點，銷售火爆的贖罪券不能再賣了，普通教徒也有在領聖餐時，同時領取酒和餅的權力。

又說到贖罪券了，英國篇已經簡單介紹過了。基督教認為人生下來就帶著原罪，耶穌被釘上十字架就是幫所有人贖罪。耶穌的血，還有先前大量殉道的聖徒的血，可以免掉所有人的罪。而這些個寶血怎麼用怎麼分配，什麼人能用，什麼人不能用，當然是天主教廷決定的。

贖罪券最早應該是起源於第一次十字軍東征，算是教皇發放的參軍補貼，參加十字軍，領一張贖罪券，這輩子什麼罪都沒了，死後肯定上天堂享福。後來教皇感覺，贖罪券要是隨便發放，就是廢紙了，於是就開始出售。教廷有市場服務的意識啊，歐洲這麼大，所有的教徒去羅馬買贖罪券，不方便消費者，怎麼辦呢？大規模鋪貨，要保證：凡有人之所在必有基督徒，有基督徒之所在必能買到贖罪券。贖罪券肯定是中世紀歐洲最暢銷的產品，教廷因此財源滾滾，富得流油。

胡斯對天主教發難，他引導的宗教改革派跟當時代表舊勢力的天主教傳統派展開激烈辯論，扯皮、打嘴仗。鬧到最後，兩邊都覺得道不同不相為謀，如果捷克的信教標準和德意志或者教廷都不一樣，就不要一塊混，以後不管是教皇還是德意志那些主教，都不要插手波西米亞的宗教事務，查理大學內部，胡斯派的繼續跟胡斯混，不認可胡斯的換個地方混。

於是，查理大學內部的傳統天主教派退出了大學，他們搬到德意志的萊比錫，成立了新的萊比錫大學，布拉格查理大學分裂。

鬧這麼凶，教皇能不管嗎？管啊，開除胡斯的教籍，不過胡斯本來只是個有改革思想的知識份子代表，被教廷一擠兌，又給鍍金了，捷克人再看胡斯，那整個一個民族英雄啊！

捷克民情洶湧，蠢蠢欲動，眼看局勢不能彈壓，這時，美男子出場了。

美男子大名西吉斯蒙德，我們就叫他西吉吧。西吉是查理四世的小兒子，跟阿斗——文策爾是同父異母的兄弟。這娃從小就是個帥哥，容顏絕美，氣質高貴，身材挺拔，玉樹臨風，性格還爽朗可愛，能言善道。所以，他先是被叫做「美男子」，後來又被稱為「美君王」。

美男子一輩子工作職位不少，他本來是勃蘭登堡的選帝侯，娶了匈牙利國王的女兒，這個匈牙利國王還兼有波蘭的王位，所以十四歲時，西吉繼承岳父的波蘭王位，波蘭人嫌他長太帥，不幾天就趕他下課了。十九歲時，又繼承了匈牙利王位，這才正式變成了「美君王」。

德意志諸侯罷免了文策爾的德意志國王職務，沒剝奪他波西米亞的王位，回到波西米亞的文策爾日子也不好過，因為西吉也喜歡波西米亞的王位，所以長期跟自己哥哥找麻煩。

文策爾之後，德意志王位傳回維特爾斯巴哈家族的魯佩特。在位十年，死掉了，美男子被選為德意志國王。

西吉在位，天主教廷又開牌局了，同時有三個教皇上班！法國的阿維尼翁有個教皇吧，羅馬又選了一個教皇，不過因為誰也不服誰，所以兩地教廷開會，又選了一個教皇出來！

三個教皇太呱噪，胡斯派鬧得太危險，宗教世界需要有人整飭紀律。西吉上台，最牛的一件事就是在德意志的南部門戶康斯坦茨召開了一次盛況空前的宗教大會，英俊的德王，迷人的王后，各國來賓……

宗教大會的結果，來自德意志的西吉國王，罷免了法國教皇，義大利教皇，比薩的教皇，然後，自己扶持了一個新教皇。

這個會議讓德意志國王的形象很高大，向全歐洲釋放的信息是，雖然德王管不了自己治下的諸侯，但是管教廷是足夠了。

就是在這屆宗教大會上，西吉邀請了胡斯，來當眾宣講他的主張。宗教大會嘛，總要允許宗教專業人士說話啊。胡斯說了，說的不好聽，沒讓所有人舒爽，聽眾的反應也比較偏激，架了個火堆，直接把胡校長燒死了！據說行刑前給了胡校長選擇，只要他放棄自己的「歪理邪說」，就可以饒他不死，胡校長淡定自若地接受了自己的結局。現場有目擊者動情地說：「撇開信仰，他也是個偉人！」

西吉以為一把火燒死了一個宗教異端，沒想到，他燒掉的是胡斯派最後的克制。胡斯的死訊沸騰了波西米亞，布拉格每天都有騷亂。胡斯死後，布拉格市政廳基本是天主教傳統派把持了，他們鎮壓胡斯派忙得焦頭爛額。

一四一九年七月三十日那天，胡斯派又上街遊行了，經過市政廳樓下，居然有人從樓上往街上丟石頭，胡斯派信徒被打得頭破血流。示威群眾衝上樓去，也不查問真凶，隨便抓起幾個市議員，就順著窗口丟出去了！

有機會去布拉格旅遊，大家注意一下市政廳的大樓，那個樓啊，丟石頭沒問題，石頭摔不死，丟活人就危險了。

市議員摔死了，直接導致的結果是，波西米亞國王，文策爾，也就是被罷黜的阿斗，當場嚇死了，西吉接手了波西米亞的王位。

既然正式撕破臉，胡斯派教徒就開始動手，神聖羅馬帝國以聖戰的名義發動鎮壓，持續了十五年的胡斯戰爭爆發。而上述那個事件，歷史上被稱為「第一次丟出窗外事件」，大家注意，既然叫第一次，肯定還有第二次。

前後五次十字軍鎮壓胡斯派，成員被殺了不少，可胡斯派運動不可遏制。在戰場上，西吉真沒佔到便宜，幸虧後來胡斯派內部分裂，跟西吉達成了協議，戰爭才勉強結束。西吉自持有功，趕緊跑去羅馬要了一頂皇冠帶上。美男子現在名片上印的是：羅馬帝國皇帝、德意志國王、匈牙利國王、波西米亞國王，怎麼看都像是批發帽子的。

不對，美男子不僅四頂帽子，有五頂，皇后還送了他一頂純綠的。話說美男子的晚年遭遇家變，他的皇后預備跟一個波蘭年輕人結婚，然後圖謀波西米亞、匈牙利甚至是波蘭的王位。這個政變計畫不知怎麼就敗露了，美男子將老婆囚禁，粉碎了一起重大陰謀。

西吉在位，有一件他認為的小事，卻是對德意志歷史有重大影響的大事。西吉原本不是勃蘭登堡的選帝侯嗎，現在他帽子太多，忙不過來，而且，他需要他的手下真心給他幫忙，所以，他就將勃蘭登堡邊區的封地和選帝侯的職稱送給了自己手下的武將，霍亨索倫家族的腓特烈。不，當時說的不是送，是借，皇帝有錢的時候，可以贖回來。請大家認真記住這件事。

美男子七十高齡（當時就算高齡了）死於風濕，而且是自己穿好喪服死在王位上。一個美男子要瀟灑地登台，也需要體面地退場。

美男子的女婿隨後被選為德王，他來自哈布斯堡家族，由這時起，哈布斯堡家族就佔據德國王位，一直到神聖羅馬帝國的終結。

16 最後的財迷騎士

從《貨幣戰爭》這本書中，很多人知道了，歐洲十九世紀出現的賊牛的羅斯柴爾德家族，這家人幾乎掌握著全歐洲的錢，進而影響了世界歷史的進程。其實羅斯柴爾德家族冒起前，十六世紀的歐洲，已經出現過一個這樣的財閥家族了，他們就是富格爾家族。

富格爾家族原是德國南部奧格斯堡的鄉下人，靠著紡織亞麻布起家。十五世紀，以地中海沿岸為中心的歐洲貿易中心開始北移，德國南部城市奧格斯堡，因為背靠主要礦產區，居民又比較開化，所以在很短的時間就累積了大量的財富，逐漸發展成為一個有錢人集中的地方，有錢人有了錢，除了擴大實業，就是發展金融，奧格斯堡配套出現了很多銀行家，當時的中歐人都知道，想融資，去奧格斯堡。

自從選帝侯的事成了法律，德意志的選王形勢就跟早年選秀一樣了，只要你有大把錢，就可以買通一群人，幫著場外發短信投票。而德意志的王，也跟買官來的一樣，花錢買通選帝侯，登基，然後利用德王之便，到處找人打架搶劫擴張地盤，把自己買官的錢賺回來。反正下一任還不知道是誰呢，不用考慮萬世基業的事，最主要是賺快錢。

最會賺錢的是腓特烈三世，一四四〇年被選為德王，也是哈布斯堡家族的。他的前任，也就是美男子西吉的女婿，幹了一年，得痢疾掛了。

腓特烈三世在位五十三年，沒什麼特別政績，他也做不出什麼政績，各路諸侯都職位責任制了，自己負責自己的事，不勞老闆操心。所以德王只剩一件事，那就是擴大家族的勢力連帶搞錢，搞多多的錢。

貪財的人一般都摳門，老腓摳門都名留青史了。他給他兒子舉辦婚禮，要求場面奢華，來賓衣著光鮮，這錢他自己不肯出，他到奧格斯堡去找富格爾家族出，靠貸款給兒子辦婚禮。老腓在奧格斯堡下榻，欠了廚子、屠夫、漁民各種人的錢，打白條子，不給人家，所以他後來離開的時候，被這些債主押著不准走，幫他打馬掌的工匠抓住皇帝的韁繩，說是不給錢，就把御馬留下抵債！

場面相當難看，後來是奧格斯堡的市政府，覺得實在太丟人了，就幫著皇帝還了債，但是也沒饒他，把他順身攜帶使用的各種金銀器皿扣下了。

有錢人都是摳門出來的，老腓死的時候，給兒子馬克西米利安留下了六十三箱金銀珠寶！大家會問了，他跟富格爾家族貸款不用還啊，當然要還，人家富格爾家族又不是慈善機構，腓特烈三世用他家哈布斯堡封地內的各種礦山資源做抵押，就因為給皇帝放債，富格爾家族很容易就控制了大部分的資源產地，越來越富了。

馬克西米利安是老腓還在位的時候就被選為德王了，不知道諸侯們是怎麼想的。馬克西米利安一世（簡稱馬克）完全繼承了他老爸的守財奴特點，他一接受老爸的遺產，就把這六十三箱金銀財寶藏匿，然後，繼續跟富格爾家族借錢用。到底，這傢伙要這麼多錢幹嘛呢？因為他要花錢的地方太多了。

第一件，馬克到歲數要結婚啊。有對象嗎？有，勃艮第的公主。

勃艮第也是當年查理曼帝國被粉碎後的產物，屬於法蘭西（勃艮第的故事詳見法國篇）。此時勃艮第公國，其版圖大約包括現在的荷蘭、比利時、盧森堡及法國的東北部地區。大家看出來了吧，正好是法德兩國的中間地帶，所以勃艮第地區歷史上就喜歡在兩國之間玩蹺蹺板。

勃艮第公國經濟發達貿易便利，一直是歐洲最富庶的地區，勃艮第公爵號稱是法王的封臣，從來不把法王放在眼裡，勃艮第地區基本是自由自治的，法王一直想把這塊地方收回來。當然，德國那邊也是這樣想的。回憶一下英國篇，一三三七年～一四五三年的英法百年戰爭，英國就是靠著勃艮第公爵的幫助，在戰爭前半段掌握主動。後來聖女貞德死後，勃艮第公爵才幡然悔悟，停止賣國行動，讓法國取得了百年戰爭的最後勝利。

都知道勃艮第公爵大膽查理只有一個女兒，誰娶了勃艮第的瑪麗公主，誰就等於收編了富裕的勃艮第公國。歐洲的貴族子弟們，哪個不是想盡辦法獲得美人的芳心啊。求婚禮物花樣繁多，馬克在徵集眾謀士的意見後，給瑪麗公主送去了一枚鑽石戒指！「地主」們說，切！誰不知道求婚要送鑽石戒指啊！告訴大家，求婚送鑽石戒指這個風俗，就是這一次由馬克一手開創的，之前還沒人想過要給女人送鑽石戒指呢！鑽石恆久遠，一顆永流傳，瑪麗公主就是被這顆鑽石打動，嫁給了馬克。馬克這個創造發明搞壞了女人的審美，後來的女人看到這些透明石頭就兩眼放光。

馬克成為勃艮第之主，讓法王在家急得直拍大腿，不能眼睜睜看著自己家的這塊寶地被德國人吃掉了啊，怎麼辦？搶回來唄。打了一架，打完後，勃艮第地區正式歸入了哈布斯堡家族，而這個歐洲最富裕的地區成為哈布斯堡發展壯大的重要基礎。

一四五三年，奧斯曼土耳其幹掉了拜占庭，並開始向西騷擾匈牙利一帶。馬克帶兵驅逐了土耳其人。

馬克一天到晚張羅打仗，德意志的諸侯是很排斥的，因為馬克的行為怎麼看，都不像是替德意志考慮，他更多地是替哈布斯堡家族爭取利益。所以不管是跟法王爭奪勃艮第，還是對匈牙利的熱心腸，德意志各路諸侯都不願意陪國王玩，馬克只好不斷找富格爾貸款，徵召雇傭兵跟他出征。他家的那些銅礦銀礦也就陸陸續續都抵押給富格爾家了。

一四九九年，馬克非要攻打瑞士。為什麼打人家呢，不聽話唄。哈布斯堡家族是起源於瑞士的吧，瑞士還不聽國王的。瑞士境內結成聯邦，不受德皇的轄制。馬克被手下忽悠，就覺得清理門戶，責無旁貸，就打過去了。前後打了六次，最後，德意志承認瑞士獨立！

沒有比打仗更花錢的事了，馬克就好這口，怎麼辦呢？當時義大利南部的那不勒斯的國王死了，法王認為他有權繼位，於是殺進了義大利，引發了持續半個世紀的義大利戰爭。馬克自然毫不猶豫一頭紮進去，玩得不亦樂乎，讓自己負債累累。

我們在羅馬篇說過，自從神聖羅馬帝國不太執著於南義西西里島歸屬後，這個地區的主要爭奪者就是法國和西班牙。馬克這時候還不是皇帝呢，他還需要去羅馬加冕呢，而且他勃艮第老婆沒了，他在米蘭找了個續弦，預備再婚，所以他可不能由著法國在義大利這麼囂張。為了將法國驅逐出義大利，馬克需要跟西班牙聯手，在歐洲，拉同夥最好的辦法就是結親家。

這是歐洲歷史上最重要的婚事之一，馬克那個出名英俊的兒子，美男子菲力浦迎娶了西班牙的公主胡安娜。胡安娜外號瘋女，我們在英國篇曾經提到過她，她是英王亨利八世第一個皇后凱薩琳的大姐。菲力浦和胡安娜的婚事對歐洲歷史的影響是巨大的，我們後面再說。

馬克和西班牙同盟，暫時將法國人趕出了義大利。馬克一直沒機會進入羅馬加冕，不過，教皇給了個方便，讓馬克在德意志加冕，從此以後，所有神聖羅馬帝國皇帝都把去羅馬這趟旅費省了。

雖然沒有在羅馬加冕，馬克卻比歷史上他之前所有的神聖羅馬帝國皇帝都牛，因為他加冕的時候，拜占庭已經不存在了，東羅馬帝國的皇帝消失了。拜占庭皇帝只要還在，神聖羅馬帝國皇帝怎麼看都有點像A貨，如今正貨沒了，A貨就是正版了唄。馬克做皇帝的時候，他是歐洲唯一的皇帝。

帶上皇冠不久，馬克又找到新樂子了。他看中教皇那頂帽子了。當時的教皇突發重病，眼看沒幾天了。馬克突然奇想，他應該將宗教和世俗的最高權力集於一身，也就是說，馬克想當教皇玩。選教皇跟選德皇一樣，主要動作就是砸錢。馬克在義大利上下打點，花錢如流水，沒想到，教皇不久恢復了，又上班了，德皇這一輪砸錢全砸水裡了，連水花都沒看見一朵。

馬克這人毫無理財的概念，除了打仗、擴張，還到處養小蜜，生了十四個非婚子女。愛好廣泛，特別是喜歡贊助文化藝術，他自己學識不錯，寫了一部自傳體的小說《白色國王》。反正都是些花錢的事，一天到晚追著富格爾借錢，像個叫花子。這傢伙後來債務纏身，混得極狼狽，晚年時，他不管走到那裡都帶著一口棺材，防止自己隨時會死，後來就真的死在路上了。

馬克西米利安一世被稱為「最後一個騎士」，會玩會鬧會打架，很過癮很精彩。他喜歡打架可不是玩家，是專家。一手開闢了德意志雇傭兵這種徵兵辦法，創立了德意志炮兵，還發明了風靡一時的一種鎧甲。

不過，老楊會專門開篇記錄他的原因倒不在於他「生命在於折騰」，而是，他奠定了一個偉大的基礎，日不落帝國的基礎。馬克之後，哈布斯堡家族成為歐洲第一個日不落帝國的主宰。

17 馬丁路德的世紀精華帖

上篇說到騎士皇帝馬克理財能力很差，是個散財童子，其實有點偏頗，他收入不算少，就是手腳太大。他一直有個很穩定的外財管道，他是當時歐洲一個很牛的股份公司的大股東。這個股份有限公司全稱叫做：神聖羅馬帝國天主教贖罪券銷售有限公司（這名字是老楊自己取的，「地主」們千萬不要到德國的工商局去百度）。

公司的主營業務就是銷售贖罪券，有四大股東，第一個就是教皇，第二個是富格爾家族，第三個是勃蘭登堡的選帝侯，第四個就是馬克西米利安一世。

公司的組織機構是這樣的，勃蘭登堡的選帝侯跟富格爾家族貸款，貸來的錢交給教皇，教皇拿了這筆錢去修建全世界最大的聖彼得教堂；教皇扶持勃蘭登堡的選帝侯成為幾個重要地區的主教，然後授予他在該地區銷售贖罪券的專賣權；勃蘭登堡的選帝侯賣來的錢，連本帶利清償富格爾家的貸款。德皇幹嘛呢？在神聖羅馬帝國境內賣東西，還不是需要主人家同意嗎，給皇帝一份，他高興了，大家都方便。

十六世紀，德意志的大街小巷都能看到不辭勞苦到處奔波的贖罪券銷售人員，穿白襯衣黑西褲，打領帶，拎個公事包，碰上誰都套近乎，大哥大姐地亂叫，一打一打發名片！（賣保險的?!）

賣保險的你還能拒絕，賣贖罪券不好拒絕啊，銷售人員說了，如果不買，死去的親人在煉獄的

火裡、水裡、油鍋裡煎熬，將來自己也有可能跟著一起煎熬啊。所以，當時很多百姓，賣房子賣地購買贖罪券，教會發這種昧心財，日子越來越奢侈，也更加驕橫無禮，欺壓百姓尤其是底層信徒。

一五一七年十月三十一日，有個叫馬丁路德的神父發了個帖子，當時沒有網路嘛，所以這篇名字叫《九十五條綱領》的帖子被置頂貼在維滕貝格教堂的大門上。帖子引發的轟動效果太驚人了，雖然沒有網路，口耳相傳的覆蓋率一點不低。

路德自己也沒想到他一個帖子激起這麼大反應，本來這個帖子的中心思想就是對贖罪券的批駁，還沒上升到對現有宗教制度乃至社會制度，甚至是關於德國民族統一這個問題的要求。路德睡一覺起來，發現自己儼然已經是德意志民族的代言人了！混到這個份上，想低調是不可能了，教皇派出了神學專家跟路德展開公開辯論，想當眾拍死他。

一五一九年，是馬丁路德職業生涯一個質的飛躍，在萊比錫的宗教辯論大會上，教皇派出的神學專家沒頂住路德的三寸肉舌，節節敗退，最後狼狽離開。馬丁路德的聲望一時達到了頂點。

一五二〇年是路德最火的一年，發表了宗教改革史上最著名的三篇大論，《致德意志貴族公開書》、《教會被囚於巴比倫》、《基督徒的自由》。在這些著作中，路德的攻擊方向拓展了，他不再單找某一教皇或教廷的麻煩，也不限於說教會奢侈腐敗，他批判了整個封建神權政治。從根本上否定了中世紀的教階組織，否定了奴役人們的聖禮制度和教會法規，提出建立與資本主義發展相適應的資產階級廉儉教會。

教皇反應也很快，跟著就下詔書，勒令路德在六十天之內悔過自新，否則將開除他的教籍。此時的路德擁躉甚眾，已經回不了頭，只能跟教皇死硬到底了。收到教皇的詔書，在所有粉絲的歡呼讚美聲中，路德把詔書當眾燒掉。這一把火不僅燒掉了詔書，更燒向了全德意志。這就是我們常說的，可以燎原的革命之火。

學術上拍不死他，開除教籍又沒用，教皇再次技窮了，怎麼辦?!路德不還是德意志的人嗎，教皇管不了，皇帝難道也不能管？德意志的老闆呢，出來，管管這幫子作亂不懂事的！

18 日不落帝國之王

不管查理五世在整個哈布斯堡王朝的地位多麼高級多麼尊崇，必須承認，世界歷史這套戲裡，他肯定不如馬丁路德出名，所以查理五世要藉著路德炒作一下才敢登台。

查理五世是馬克西米利安一世的孫子。爸爸就是美男子菲力浦，媽媽是瘋女胡安娜。胡安娜的父母結合正好統一了西班牙，獨子身亡，胡安娜成了統一的西班牙的王位繼承人。

馬克一世的勃艮第皇后死後，兒子菲力浦接手了他母親的勃艮第領地，當時的菲力浦是王子，是奧地利和勃艮第的公爵，最重要是，他也是歷史上出名的美男子。胡安娜對老公的愛情，那真是日月可鑑，她是恨不得一天到晚把菲力浦放在口袋裡揣著。根據我們讀過的歐洲言情小說，菲力浦這種絕對是眾星捧月的男主角類型的，所以，從某種意義上說，他屬於共同資源，人人都有機會享用，菲力浦深知作為一個公共資源的社會責任，沒讓社會失望，每天過著花紅柳綠、偎紅倚翠的愜意生活。

胡安娜就是這點看不開，她就想獨佔菲力浦，不對外開放，而她又沒有辦法可以控制菲力浦和他身邊的女人，時間長了，就為愛癡狂，真狂了，神經病了！

到底是西班牙王儲啊，她對付不忠的老公有最有效的辦法，她揚言要發兵攻打勃艮第，用武力約束菲力浦的風流。菲力浦也不是吃素的，他先提出控告，說是老婆瘋了，而後，將其禁閉在瘋人院。

菲力浦而後跟岳父爭奪胡安娜留下的王權，兩邊差點打起來，結果菲力浦因為斑疹傷害中途死了。這下胡安娜更瘋了，她接過了丈夫的屍骸，遲遲不願意下葬，她把菲力浦的棺槨留在自己的城堡裡，沒事就打開深情相擁一陣，或者失聲痛哭一場。而即使已經是一具逐漸腐爛的屍體，她也不准其他的女人靠近，據說時不常的，她還和這具屍體同眠！胡安娜太瘋了，所以西班牙人只好把這個女王關進城堡裡。

查理六歲時接下他父親在尼德蘭的領地，十六歲時，他又進入西班牙領了西班牙的王位，在歷史上，他被稱為西班牙國王卡洛斯一世的時候更多，因為在他自己看來，他更願意把西班牙當做根基和大本營。

十九歲時，查理的爺爺，也就是馬克一世死了。馬克運氣好啊，他沒遭遇馬丁路德鬧得最凶的時候，所以他晚年的生活，除了躲債，就是教孫子查理如何有效行賄，以獲得德意志的皇位。

查理拿到西班牙王位是鎮壓了當地叛亂的，他還因此遷怒於他可憐的瘋媽，因為西班牙造反是打著胡安娜旗號。取得德意志的王位，查理也不輕鬆，因為這一輪，比的不是武力，是財力。

馬克一世駕崩，德意志的大位有四個候選人，分別是：查理，法國國王法蘭西斯一世，英國國王亨利八世、薩克森選帝侯。怎麼法王英王都冒出來了，是啊，這不都知道，羅馬皇帝的大位已經市場化了，價高者得啊。

亨利八世早早出局，專心離婚去了。薩克森選帝侯好像更願意做一方諸侯，所以最後就剩了查理和法王的爭奪。查理很糾結啊，他要求西班牙王位的時候，西班牙人說他是德國人，不接受他；

等他做了西班牙國王，還在結結巴巴學西班牙語呢，德國人又不要他了，說他是西班牙人！好在哈布斯堡家族過去幾年，除了勢力越來越大，就是融資能力越來越強了，又是在富格爾家族的鼎力贊助下，查理總算繼承了爺爺的王位。法王法蘭西斯一世輸得很沒有風度，一輩子懷恨在心，於是，這兩位爺在位最主要的工作就是互相掐。

查理一登基，第一個要面對的就是馬丁路德。一五二一年，查理五世召開宗教會議，其實就是一個馬丁路德的批判會，想用王權壓制讓他認罪伏法、改邪歸正。結果馬丁路德在會上一派慷慨陳詞鐵骨錚錚，讓查理五世啞口無言，為自己招募了更多的粉絲。查理五世是真想下旨把這小子推出午門斬首，可是不行啊。馬丁路德是薩克森選帝侯轄下的神父，而薩克森的選帝侯，曾經的德王候選人，是人稱智者的腓特烈，他幾乎是個公開的新教支持者，馬丁路德的言論可以這樣恣意地蔓延，跟他的默許是有很大關係的。況且，馬丁路德的前任，胡斯神父被燒死的事還過去不久呢，布拉格市政廳的窗戶還不敢打開呢，查理實在不敢想像，對馬丁路德下殺手，會面臨什麼樣的一個局面。算了，在他的職權之內，他只能宣布，馬丁路德不受德意志的法律保護，有人殺他也不犯法，讓他自生自滅去吧。

馬丁路德知道自己仇家不少，所以選擇了隱居鄉間，暫時離開了他一手掀起的風雨飄搖。他還是挺懂事的，他這樣消失，讓查理五世狠狠鬆了一口氣，因為，他可以專心跟法國幹仗了！

查理五世統轄西班牙和德意志以及尼德蘭的低地地區，成為歐洲權勢最大的君主，其他人不敢惹他了，但還是有讓他不爽的，西邊當然是宿敵法蘭西，而東邊，就是步步西進的奧斯曼土耳其。

德意志和法國的這一場恩怨，從一五二一年連綿到一五五三年，前後大戰了五次！戰爭的起因，還是兩家的義大利情結，還關係到歐洲的霸主地位。

馬克一世時期開始的義大利戰爭，以法國對義大利南部要求主權開始，法國人打得太順手了，將義大利南北貫通，佔領了義大利北部的地區，導致了德意志、教皇國、西班牙、瑞士等組成聯盟驅逐法國。

查理五世一上任，殺進義大利北部驅逐法國人當然就是頭等大事。初戰告捷，一五二六年，帕維亞戰役，法王法蘭西斯一世被查理五世俘虜。這段歐洲歷史上最不安分的兩個角色，在西班牙馬德里簽署了《馬德里條約》，法王敗軍之將，只好簽字放棄對義大利北部的所有要求。不過這傢伙說話不算數，查理五世一放他回去，他立即翻供。說是自己在馬德里被上了老虎凳辣椒水美人計才簽的字，所以協約無效。查理五世氣得跳腳，揚言要找法蘭西斯一世決鬥，此時已經十六世紀了，決鬥這件事太落伍了，人家法王才不這麼土鼈呢，當時就拒絕了。

要賴後的法王獲得了當時的教皇克萊芒七世的支持，都知道德意志的國王只要在義大利取得優勢，一定會控制教皇國，所以克萊芒趕緊和法王同盟。

感覺被擺了一道的查理五世大怒之下發動西班牙雇傭軍殺進了義大利，雇傭軍工作都比較徹底，一五二七年五月，西班牙人殺進了羅馬。大家馬上預感到了，羅馬這個城市風水不好，招人犯罪，進入羅馬的軍隊，稍微軍紀差點的就淪為嚴重的刑事犯。因為當時帶兵的波旁公爵戰死在城下，無人約束的西班牙雇傭軍再次洗劫了羅馬，搶了多少錢沒法統計了，反正是教皇被監禁，這支搶劫犯軍隊管理羅馬長達九個月，離開後，羅馬再次爆發瘟疫和饑荒。

這次羅馬「大劫」在歷史上意義重大，往大的方面看，羅馬這次被荼毒，直接導致了由十三世紀開始的文藝復興的凋零，被很多歷史學家認為是文藝復興的結束；從小的方面看，影響了歐洲諸國的形勢，而其中我們最熟悉的就是，教皇被查理五世收拾怕了，所以英國的亨利八世要拋棄查理五世的姨媽，教皇堅決不答應，最終導致了英國的宗教改革。

查理五世在義大利找足了面子，教皇不得不給他加冕為皇帝，這一次，是世界歷史上，教皇最後一次為皇帝加冕。

西班牙和法國的戰爭逐漸對西班牙有利，查理五世逐漸確立了在義大利的統治，從這時起，義大利在西班牙心不在焉的黑暗統治下長達一百五十年，這個陽光明媚文化繁榮的半島地區，經歷了漫長的發展停滯毫無生機的時代。

法王法蘭西斯一世打不過查理五世，他不得不做了一件歐洲人最不希望發生的事，那就是，勾結奧斯曼土耳其兩頭夾擊德意志，將土耳其的野心，引入了西歐。

幹掉了拜占庭「帝國」後，奧斯曼土耳其帝國沒有安於現有的成就，躺在功勞薄上吃老本，他們積極進取，保持旺盛的鬥志，到處搶地盤。既然巴爾幹半島那幾塊料都被收拾了，塞爾維亞、匈牙利這一線自然就變成歐洲防禦土耳其人的前線了。

查理五世這一段歷史，跟他打過交道的都是歷史上赫赫有名的人物，不管是朋友還是仇敵，素質都挺高，絕對不讓查理五世感覺掉價。一五二一年，土耳其帝國史上強人蘇萊曼大帝接班成為新蘇丹。當年就以十萬大軍佔領了貝爾格勒，隨後，又以十萬人馬加三百門大炮進攻匈牙利，佔領其首都布達佩斯，匈牙利國王戰死。拿下匈牙利，哈布斯堡家族的核心領地奧地利就在眼前了。

查理五世大部分時間在西班牙，或者在義大利打架，對哈布斯堡家族在德意志的地盤，他真有點顧不上。他只能將奧地利交給弟弟斐迪南大公。一五二九年九月，奧地利首府維也納被土耳其圍困，斐迪南大公領導英勇抵抗，土耳其久攻不克被迫撤軍；一五三二年，蘇萊曼再次進軍維也納。這次，斐迪南實在扛不住了，他跟土耳其簽訂條約，對他們稱臣納貢，而且承認他們對匈牙利的佔有。

查理五世是虔誠的天主教徒，前半輩子除了打仗，就是想把新教徒趕盡殺絕。不過新教的發展速度顯然超出了查理五世的控制能力，歐洲的基督教世界已經明顯分裂成幾個派系，而在德意志本土，支持新教的諸侯們居然結成了一個反皇帝的施馬爾卡爾登聯盟。如今土耳其人步步緊逼，查理五世能調動的不過是西班牙和義大利的雇傭軍，德意志本土那些剽悍的日耳曼軍隊，能指揮得動的非常少。而且查理五世也看出來了，如果不能集合基督教世界所有的力量，他這個神聖羅馬帝國搞不好就要步東羅馬的後塵了。而更可氣的是，法王因為總是搶不過查理五世，氣急敗壞中，跟土耳其同盟了！

不管查理五世心裡有多恨，此時他需要所有的基督徒出戰。萬般無奈之下，查理五世勉強答應給予新教徒平等的地位，大家信仰自由，不會再有人因為宗教信仰非主流被刑罰或者整死。

施馬爾卡爾登聯盟見皇帝低頭，也知道土耳其人的進攻茲事體大，生死存亡，由不得大家再使性子，於是基督教世界團結一致對土耳其人作戰。好在土耳其全世界範圍內打地盤，壓力也比較大，時間長了也撐不住，打到最後，兩邊都決定抽身停戰，停止這種兩敗俱傷的消耗。土耳其撤退，之前佔領的匈牙利和波西米亞，被奧地利大公順勢收編，此後的很長時間，這兩個地區就在奧地利哈布斯堡家族控制下。

查理五世一輩子都沒消停，總是處於打架的狀態。雖然被施馬爾卡爾登聯盟要脅，不得不承認新教合法，可讓新教和天主教享受同樣的地位卻是做不到的，所以，查理五世一稍微有空，就決定向聯盟宣戰。

戰爭前半段皇帝還是挺順的，後來薩克森的公爵將梅斯、圖爾、凡爾登三個地區割讓給法國，換得他家的大力支持，戰局逆轉，同盟佔領了哈布斯堡家族在奧地利的首府因斯布魯克，幸虧皇帝跑得快，否則就被叛軍活捉了。一五五五年，回天乏術的查理五世不得不再次向聯盟低頭，簽署了《奧格斯堡和約》，答應無條件結束宗教戰爭，給與新教與天主教相同的地位，之前沒收佔有的新教教會的資產，如果沒花光用盡，趕緊還給人家。新教徒終於迎來了屬於自己的解放區。

這個屈辱的合約查理五世並沒有親自簽字，他委託他的弟弟出面辦理的。因斯布魯克戰敗，查理五世失去了所有的精氣神，就在這一年，這位擁有小半個地球領地的皇帝崩潰了，他不想幹了，他撂挑子走人了，留下一個支離破碎的帝國，他將他轄下的領土一分為二，皇帝斐迪南大公成為新的德意志國王，而查理五世的兒子菲力浦成為西班牙國王。

也許結局有些落魄，這樣混戰了一輩子也挺勞碌的，但是，查理五世的的確確是地球上第一個日不落帝國之主。

查理五世是大航海世界的君主，他的外婆，也就是瘋女的老媽，掏出自己的私房錢，資助了一位生於義大利的航海家，在一四九二年，帶著呈給中國皇帝的國書跑到了美洲巴哈馬群島，還硬說是發現了印度，這個方向感不好還喜歡胡說八道的航海家，就是我們都認識的哥倫布。此後，西班牙就擁有了這片來路不明非常神奇的美洲殖民地。

到查理五世這輩，對美洲大陸的收編就更順手了。西班牙資助了兩大絕頂高手，一位叫科爾蒂斯，一位叫皮薩羅。

科爾蒂斯帶領著一支不到一千人的隊伍，從墨西哥東海岸登陸登陸，用了不到五年的時間，摧毀了印第安人在墨西哥的阿茲特克帝國。將墨西哥一帶收入西班牙的囊中，隨後，瓜地馬拉、洪都拉斯、薩爾瓦多紛紛淪為西班牙的別院，一五三四年，科爾蒂斯去北美洲轉了一圈，看到一片地方感覺不錯，西班牙也收下了，並起個名字叫加利福尼亞。

皮薩羅就更猛了。這夥計帶著一百八十人在祕魯上岸，開了一席著名的鴻門宴，請印加帝國的國王來吃飯並偷襲成功，然後就用這一百八十人滅掉了人口超過六百萬的偉大而神祕的印加帝國，將南美祕魯一帶拉進西班牙龐大的殖民序列。

查理五世也不總是指使手下欺負美洲深山裡的老實人，他還學習他外婆，贊助航海事業。他資助的這位同志就是麥哲倫，一個瘸腿的葡萄牙人，在自己國家不招人待見，查理五世挺喜歡，而麥哲倫也不辜負皇帝陛下的信任，非常準確沒有跑偏地繞了地球一圈，雖然把自己的性命丟在了菲律賓，但他的船隊繼續幫著皇帝完成了這次驚天動地的環球航行，再次確定了地球是滾圓的。

查理五世在位，向他俯首稱臣的領地包括：德意志、西班牙、奧地利、瑞士、法國東部、荷蘭、比利時、盧森堡、整個捷克、匈牙利西部、義大利的大部分地區、西班牙在南北美洲的殖民地、還包括波蘭部分地區，應該還有，不列了，怕大家頭暈，而如果再列出查理五世的各種職稱職位頭銜，就真是暴暈了。總而言之，言而總之，這大片的領地是真正的日不落帝國，查理五世是地球上第一個日不落帝國的君主。

查理五世娶的是葡萄牙公主，算起來是他表妹。兩口子情深意篤，還約好到時間一起進修道院終老。不幸的是，皇后沒有等到這一天，結婚十三年，死於難產。此後的十餘年，查理五世一直沒有續弦，而且還到修道院住了一陣，以完成對愛妻的承諾。四十六歲的時候，查理五世看中了一位市民少女，灰小姐大名叫芭芭拉，皇帝沒有給她名份，她一直陪伴查五終老，還給他生了一個非常威猛會打戰的兒子。

19 一隻鞋引發的「餐具」

「地主」們也許責怪老楊在這個時段駐足太久，已經好幾篇了，怎麼還不去下一個景點？想帶遊客去買紀念品吧？老楊雖然是不著調派的歷史作者，但是內心深處，對學院派還是頗為敬仰，遇上主流歷史學者都認為是重點的歷史問題，老楊也不敢迴避，在英國，就是議會改革，在德國，就是宗教改革。

插播了一段查理五世的事蹟介紹，馬丁路德在鄉下隱居也夠久的了，這夥計忙什麼呢？他將聖經翻譯成德文了！大家不要小看聖經的翻譯工作，老楊在英國篇寫到，英國成為全球通用語言，跟一六一一年英國的詹姆士國王欽定版聖經的出版發行是很有關係的。路德將沒有修改過的希伯來原文聖經翻譯成德文，讓普通的德國的民眾都能親身接觸理解聖經的要義，不需要經過教會的斷章取義。而最重要的是，統一了聖經等於統一了德文，對分裂割據，支離破碎的德意志來說，一種通用的語言無疑是日後民族統一的重要基礎，所以有人說，路德的德文版聖經相當於「創造了德語」。

路德隱居了，他的信眾還在運動中，信徒也分溫和的和激進的，尤其是下層民眾，路德的宗教改革為他們打開了一小片天空，這些新鮮的空氣鼓舞他們要摧毀頭頂所有的屏障，看到更高遠的一切。

一五二四年，有個叫閔采爾的神父領導德意志中部的農民發動了起義，這次起義可不是宗教改革那麼簡單了，這些農民兄弟們要求的是，推翻現有的剝削制度，眾生平等！

咱家的歷史書對農民起義者一般都是高度讚揚的，不過對於閔采爾，老楊只能遺憾地形容他為偏執，或者是少許的心理扭曲。閔采爾父親早年被某個權貴害死，讓他的童年不幸，所以對統治階級帶有私心雜念的深仇大恨。他組織的這場運動不好叫起義，應該是叫暴動，因為殺人無數，破壞公物也無數。雖說槍桿子出政權，出手狠辣無可厚非，可他宣揚的那些鬥爭思想和鬥爭目標聽著比摩天大樓還高，用腳趾頭想都知道，當時當地，不管殺了多少貴族都不可能實現的。

整個農民暴動，最醒目的一支隊伍是來自阿爾薩斯的農民，他們打出的旗幟是一隻鞋子，綁帶皮涼鞋，很時尚，有點羅馬款。因為當時這種鞋是窮人穿的，貴族地主們都穿長靴。「鞋旗」所到之處，從者甚眾，一時佔領了不少地區城鎮。

應該說引發這場農民運動的燃點是馬丁路德的宗教新思想，而很多諸侯跟這個新思想也有共鳴。不過諸侯和農民各有各的解讀，諸侯喜歡新教是可以抵制教會教廷對自己的諸多束縛，想到的是自己的實惠，絕對沒有考慮要讓底層百姓獲取福利，所以，起義一開動，諸侯們立即鎮壓。

始作俑者馬丁路德怎麼想的呢？他離聖人就差這一步，他投靠了統治階級。一開始，還是調停者的角色，號召他的各階層粉絲克制，發展到最後，他失控了，面目變得很猙獰，他建議諸侯們對付暴民「都應該把他們戳死、扼死、刺殺，就像必須打死瘋狗一樣！」。

一五二五年，閔采爾率領八千人跟諸侯的幾萬大軍決戰，當時很多人都勸說閔采爾撤退保存實力，扭曲的意識導致扭曲的行為，他採取的辦法是跟諸侯大軍同歸於盡。不過這個理想也沒有實現，閔采爾被活捉，受盡酷刑而死，就義時只有三十五歲。

農民起義失敗的結果讓諸侯對德意志底層百姓的剝削壓迫更加嚴苛，而有可能最終引發的民族統一鬥爭也遙遙無期，德意志繼續分裂、繼續落伍，繼續做歐洲劣等生。

因為馬丁路德的強硬態度，讓諸侯貴族在鎮壓農民起義時感覺特別光明正大，名正言順，馬丁路德被當作非正義事業的工具，這不是第一次。進入第二次世界大戰後，希特勒一直說是秉承馬丁路德的精神對待猶太人，他的意思就是說，殺光猶太人這個事，是馬丁路德教唆的。

跟對農民起義的態度一樣，對於猶太人的宗教信仰，馬丁路德剛開始還是挺溫和的。他認為應該將猶太人納入他的宗教改革大業。最開始，他的主張是釋放善意，對猶太人好一點，感化他們，最後將他們拉回基督教的懷抱。對猶太人的感化工作進行了十幾年，路德發現，猶太人根本不賣帳，他們堅持自己的信仰和生活習慣、行為準則，最氣人的是，抵死不相信耶穌。路德的耐心用完了，他又建議要狠狠教訓猶太人了，而且還給處理猶太人提出了七條綱領，相當惡毒，內容是：

第一，燃燒猶太教堂和學校，所有無法燒的東西都埋到地裡，這樣無人可以再看到它的一磚一瓦。我們應該這樣做，奉獻給我們的主和整個基督社會，讓神看到，我們是基督徒。

第二，同樣破壞和摧毀他們的住房，因為他們在他們的住房裡做與在他們的學校裡同樣的事。然後像吉普賽人一樣將他們圈在一個大廳或畜欄裡，好讓他們知道在我們的國土內他們不是主人。

第三，沒收所有他們的書和經書，因為在這些書裡他們傳播偶像崇拜、謊言、詛咒和對神的誹謗。

第四，禁止他們的拉比（猶太人中的一個特別階層，主要為學者，是老師，也是智者的象徵。）教書。

第五，不向猶太人提供保護，不許他們使用街道。

第六，禁止他們放高利貸，沒收他們的錢幣和金銀。

第七，給年輕和健壯的猶太人鐮刀、斧頭、鏟子、紡織機，讓他們用自己的汗水賺他們的麵包。

這七條讓後來的很多納粹奉為行動指南，當然，還是比較人道的納粹。對大部分納粹來說，他們對路德老師最深刻的記憶是，路德說了，猶太人是魔鬼，是歐洲所有基督徒不幸的根源，所以最好是滅絕掉。

路德脾氣火爆，還是個酒鬼，歷史上，對他的評價一直比較糾結，尤其是對待猶太人這段，讓基督教的路德教派直到現在都經常遭遇尷尬。歷史學家不能評論的人和事，我們也就不費工夫了，這麼詳細地記述他的事蹟，不過是因為他對德國的歷史影響的確很大而已。

20 混戰三十年

1. 戰前諸王

本來德意志就一盤散沙，幾百個大小諸侯各自為政，文化和生活習慣上都有差異，也就是宗教信仰還能勉強算一家。宗教改革後，基督徒又分成了兩派，傳統天主教和新教，可憐的德意志更碎了。

查理五世想扶持兒子即位為帝，德意志的諸侯們不幹，他們願意支持查理五世的弟弟斐迪南一世。好在查五地盤大，親戚們都能有份。於是查五的兒子成為西班牙國王腓力二世，他後來追求英國女王伊麗莎白被人家擺了一道；而斐迪南一世就坐領了神聖羅馬帝國的皇位，並哈布斯堡家族在德意志的領地。如此一來，哈布斯堡家族就被分成了西班牙和德意志兩支。

斐迪南一世因為娶了波西米亞、匈牙利兩國國王的路易二世的妹妹，所以路易二世對抗奧斯曼土耳其戰死後，斐迪南一世成為波西米亞和匈牙利的國王，不過匈牙利大部分還被土耳其霸著呢，匈牙利國王沒什麼派頭，而波西米亞就是由此時正是併入了哈布斯堡家族。

自從宗教分派了，此後的德意志皇帝也要站隊了。斐迪南一世剛開始忠於天主教，後來發現新教的發展是不可遏制的，他也就非常聰明地選擇了妥協，後來查理五世願意跟新教諸侯簽訂和解協議，跟斐迪南一世的努力是分不開的。

斐一成為皇帝後，在對待兩教衝突上非常謹慎，一直致力於平衡兩派的情緒，由此時起，判斷一個德意志皇帝是不是合格有沒有政治智慧的標準就是：在他任內，兩派會不會幹仗。斐一公認很公平，所以他合格了。

斐一可能感覺讓皇帝位在哈布斯堡家族中傳遞有點難度，所以他牢牢地控制了波西米亞和匈牙利的王位，基本做到了世襲。而實際上，德意志的選帝侯感覺到，選皇帝太費事了，讓哈布斯堡家族能者多勞，德意志國王和神聖羅馬帝國皇帝都讓他家繼續幹吧。

於是，斐一之後，兒子孫子相繼成為皇帝。兒子馬克西米利安二世和孫子魯道夫二世都是知識份子類型的皇帝，都喜歡贊助藝術家和科學家。

在宗教立場上，馬克二世從小就跟新教有共鳴，不過，為了順利繼皇帝位，教廷和教皇是不能得罪的，馬克二世一直冒充傳統天主教徒，給自己騙了許多天主教支持者，臨死時，宣告了自己新教徒的身分，受騙上當的信徒也不好找他算帳了。

魯道夫二世則雖然不認可新教的，不過對新教也算是寬容。魯二算是哈布斯堡家族比較沒用的皇帝，他異想天開地想透過一場聖戰將土耳其徹底趕出匈牙利，稀裡糊塗跟土耳其打了好幾年，土耳其人沒趕走，把匈牙利人打惱了，暴動反對這個沒用的國王。魯道夫二世的弟弟出面跟匈牙利和土耳其求和，解決了這一場莫名的麻煩，魯二的弟弟隨便自己取了匈牙利的王位。

皇帝沒用，手下人就敢叫板，波西米亞看魯二混得很狼狽，就乘機要求更多的宗教自由，魯二竟然答應了他們的要求，一看皇帝這麼好說話，波西米亞人覺得要求得太少，開出了更高的條件。魯二決定不再滋長這些人的囂張氣焰，不答應。波西米亞人現在可由不得皇帝了，魯道夫的弟弟解決匈牙利問題挺能耐的，叫他出來一併解決波西米亞的問題吧。

魯二的弟弟叫馬蒂亞斯，一看就比大哥有種，他來到波西米亞就把魯道夫關監禁，又把波西米亞的王冠也拿來戴上了。

德意志諸侯一看，這娃辦事果斷有前途啊，行了，魯二，把德意志國王和神聖羅馬帝國皇帝兩頂帽子一併轉讓給你弟弟吧。

馬蒂亞斯跟前兩任皇帝不一樣，對待新教，他像秋風掃落葉一般的俐落，他一登基，就恢復了哈布斯堡家族領地內天主教的最高地位。

不過，不管以上的四位君主什麼樣的宗教立場，至少在他們任內，國內所有勢力雖然虎視眈眈偶爾還罵街，卻沒有真動手幹仗。此時的德意志眾諸侯已經按新教和天主教各自站隊組成聯盟，空氣悶熱非常乾燥，稍有不安定因素就會引發大型群毆。

2.再次高空擲物

斐迪南二世是馬蒂亞斯的堂弟，斐迪南一世的孫子，他依靠西班牙哈布斯堡家族的支持取得王位，所以他將義大利和阿爾薩斯的封地送給西班牙人當作傭金。

斐二當選，讓新教聯盟特別鬱悶，因為都知道這個夥計是個虔誠天主教徒，對宗教改革深惡痛絕。一聽說他將是下屆老大的人選，所有新教份子都在揣測他會採取什麼樣的行動。斐二不負眾望，首先進入波西米亞，聲稱要將之前魯二給與的宗教寬鬆政策收回，驅逐新教官員，拆除新教教堂，當然還迫害新教徒。

嚴格地說，波西米亞的新教和德意志的新教還有點不同，他們是糅合了胡斯教義和路德教義的更新流派，被稱為波西米亞教派。斐二之前哈布斯堡家族皇帝，在做波西米亞國王之前，都會鄭重承諾尊重波西米亞的宗教。斐二當選之前態度也挺友善，一旦上位，立即暴露了仇視新教的真面目。

一六一八年，斐二派兩個欽差駐在布拉格鎮壓新教徒，五月二十三日，一群操著鐵棒長矛或者還有糞叉的群眾衝進了王宮，欽差大人正發懵，就被英雄的布拉格人民抓起來從窗戶丟出去了！

畫面太熟悉了吧，這就是第二次擲出窗外事件了。

布拉格王宮這個窗戶比市政廳矮一點，外面正好有道壕溝，估計溝裡還有些稻草之類的防護物品，所以這兩個欽差空降落地居然沒受傷，拍拍屁股上的灰塵，以最快的速度逃離現場。這兩位欽差大人後來逢人便說，以後去布拉格出差，一定要選低矮樓層辦公，最好是窗外還預先備好棉被稻草等物。

聽說自己的欽差「被跳樓」，斐二震怒，決定集合哈布斯堡家族的所有力量對波西米亞一戰，徹底清理門戶。只是，如今打仗不是他個人的門戶這麼簡單了，波西米亞是新教聯盟的成員，人家不會找幫手幫忙啊？

布拉格人第一次把政府官員丟出窗戶，引發了十五年的胡斯戰爭，這一次把皇帝欽差丟出窗戶，規格更高了，引發了牽動大半個歐洲的三十年戰爭。

3. 第一階段：窩裡鬥

三十年的戰爭，肯定是要分階段打的，剛開始這段，主要對手還是波西米亞和斐迪南二世。

波西米亞圍攻奧地利首府維也納，斐二這個羅馬皇帝當的，是沒有兵又沒錢，只好到處找幫手。

因為新教的衝擊，天主教內部也在醞釀改革，出現了一個叫耶穌會的組織，強化傳統天主教的教育和傳教。當時很多名人都是這個組織的成員，比如斐迪南二世。

斐二在耶穌會有個同學，是巴伐利亞的公爵馬克西米利安，前面說過，德意志的諸侯已經分化成新教同盟和天主教同盟兩大派系，這個馬克西米利安就是天主教同盟的帶頭大哥。

雖然是同學，找人家幫忙也不白幫，斐二答應，將普法爾茨地區轉讓給馬克西米利安。可是這個普法爾茨地區不是斐二的地盤啊，人家有自己的公爵，也就是英國國王詹姆斯一世的女婿，腓特烈（在英國篇翻譯成弗雷德里西）。

腓特烈是個新教徒，現在跟波西米亞的人民一樣，是斐二暴政的直接受害者，於是，波西米亞人推舉腓特烈為新的國王，波西米亞和普法爾茨成了聯軍。

斐二那邊，馬克西米利安拿出兩萬五千人馬就打退了圍困維也納的波西米亞人，然後，斐二再叫上他的西班牙親戚一起，攻入波西米亞。在布拉格附近的白山地區，兩支大軍展開決戰，天主教的人馬顯然在裝備和戰法上更佔優勢，大獲全勝。腓特烈被迫流亡荷蘭，斐二重新收復了波西米亞。

這是三十年戰爭的第一場，哈布斯堡家族天主教同盟獲勝。

4.第二階段：丹麥人來了

哈布斯堡家族的勝利不僅讓德意志的新教同盟很怨念，更讓歐洲新教國家很惆悵。其實除了宗教方面的原因，還有更多的政治考量。現下的歐洲，看哈布斯堡家族不順眼的有以下幾家：英國、荷蘭、丹麥、瑞典、法國。看不順眼的原因各有不同。

斐二收復波西米亞，讓英國的駙馬爺流亡，所以英國人想收拾他家，加上英國人本來就不爽西班牙人。

荷蘭的矛盾比較複雜，原來的尼德蘭地區不是西班牙哈布斯堡的屬地嗎，尼德蘭瀕臨北海，資本主義經濟發展迅速，十六世紀成了歐洲的商貿中心。西班牙發黴的封建制度一直限制尼德蘭的發展，鑑於西班牙人太土鼈了，進化得過快的尼德蘭人發動了一場戰爭跟西班牙決裂。經過半個世紀的鬥爭，人類歷史上第一個資產階級共和國荷蘭誕生了。一六〇九年，西班牙勉強承認荷蘭共和國，雙方簽訂了一份十二年的停戰協議，大家注意，只有十二年啊，兩邊都知道時間一到，還要再打，所以荷蘭肯定是哈布斯堡家族的超級仇家。

而丹麥、瑞典、法國這三家想法一樣，都擔心哈布斯堡家族坐大，看斐二這勢力，他肯定是想恢復大哈布斯堡王朝的權勢，說不定他運氣好，就把一盤散沙的德意志統一了，本來德意志就跟丹麥、瑞典在波羅的海的某些權益上有仇，一旦德意志成了氣候，丹麥和瑞典都沒好，正好這兩派都是新教國家，正好可以打著保護新教的名義出兵。而法國呢，他家沒有出兵的藉口，因為他家也是天主教的，可法蘭西一直想稱霸歐洲，當然也視哈布斯堡家族為對手敵人。

法國人開始挑唆這些新教鄰居們聯手並肩，這幾家商量的結果是，法國在背後出主意，英國荷蘭在背後出錢出兵，由丹麥領頭跟斐二正面械鬥。丹麥人不願意在自家院子裡開打，所以在一六二五年，這支「新教」聯軍殺進了德意志西北部。這就是三十年戰爭的第二階段，又叫丹麥階段。

像三十年戰爭這麼大的活動，肯定有明星表演的。三十年戰爭名將如雲，但是不管怎麼排位，德意志方面的華倫斯坦都是當之無愧的頭號巨星。

華倫斯坦是波西米亞人，一個新教國家的傳統天主教徒，也是耶穌會的。華倫斯坦算是波西米亞中等貴族，雖然不窮，也並不顯赫。他翻身得益於一樁婚姻，迎娶了比他大好幾歲的富有寡婦，幾年後，老婆死去，華倫斯坦就發達了。

作為波西米亞的天主教徒，新教起義的時候，華倫斯坦家的領地和莊園被沒收了不少，他當時已經開始招募軍隊幫著天主教同盟軍隊作戰，所以，波西米亞的新教徒失敗後，華倫不僅收回了之前失去的土地和莊子，還接受了不少新教的財產，更加有錢了。

丹麥入侵時，斐二感覺，總是求爺爺告奶奶找人幫忙不是長久之計，他需要自己的軍隊。這時，華倫和他的雇傭軍出現在皇帝面前，華倫跟皇帝表決心，他會幫著組建一支五萬人的大軍，還不用皇帝出錢。怎麼會有這種好事呢？這五萬人難道喝西北風就能打仗？華倫高深莫測地說了四個字：「以戰養戰」。這四個字可以翻譯為：允許軍隊隨便搶！

華倫的號召力不錯，他真按自己的要求組建了一支龐大的軍隊，迎戰丹麥人。三年的奮戰，華倫的軍隊果然在鬥爭中不斷發展壯大，到一六二八年時，華倫麾下的雇傭兵多達十萬人，他本人成了神聖羅馬帝國參加三十年戰爭的絕對主帥，不僅將丹麥趕出了德意志，還一路追擊，取得了丹麥北部的奧爾堡，等於佔領了丹麥全境。丹麥人不得不簽署協定，答應再不插手德意志的內部事務。

也就是說，第二局，哈布斯堡家族又贏了。華倫當然也是大贏家，不僅手握重兵，還擁有兩個公爵領地，已經成為德意志最顯赫的諸侯之一。打退了丹麥，華倫開始清理德意志內部的新教徒，既然是以戰養戰，大軍所到之處，自然是形同蝗蟲過境。而其他的德意志諸侯，也感覺到了某種危機。

大家想，回憶之前的歷史，德意志這幫大爺們最怕什麼？最怕皇帝擁有強悍的王權，如今斐二擁有華倫和他的軍隊，所有的諸侯都無法與之爭鋒，將來斐二真想滅掉這些諸侯，也不是不可能的。如此一來，諸侯們開始想辦法了。

華倫戰績彪炳，皇帝封賞也很豐厚，可是斐二從沒真心信任過華倫，因為華倫組建軍隊時開出的條件是，他對軍隊有絕對的控制權。這件事，對任何一位皇帝都是危險的，眼看著華倫越來越強，斐二此時真跟諸侯想到一起去了，那就是必須繳了華倫的兵權。

這陣子德意志難得地上下一心，皇帝和諸侯想裁撤華倫，人家華倫也敏感到自己受擠兌，根本不等皇帝下旨，先辭職不幹了！德意志這幾百年的歷史啊，沉浮的封疆大吏無數，這麼懂事聽話的鳳毛麟角。

5. 第三階段：雄獅殞命

丹麥被打跑，幕後主使法國在家裡捶足頓胸，大罵丹麥是幫不長進的貨。哈布斯堡家族眼看又成長了一分，法國人不能什麼都不做啊。怎麼辦，再找一家，不是還有瑞典嗎，這家子最近不簡單，當家的是個獅子王！

十六世紀，法國出了一位大名鼎鼎的預言家，諾查丹瑪斯。寫了一本天書一樣的《諸世紀》，那些隱晦深奧的句子被各種高人一翻譯，諾查丹瑪斯就成大仙了。諾查丹瑪斯對於北歐有個預言，據高人翻譯後是這樣說的：十六世紀末、十七世紀初，北歐將出現一頭獅王，攪動歐洲風雲，可惜英年早逝，將命斷德意志。

一六一一年，十七歲的古斯塔夫成為瑞典國王，按瑞典的規矩，二十歲才算成年，才能繼位，可是瑞典人寧可把這規矩改了，就為讓古斯塔夫提前成為瑞典當家。

九世紀以後，北歐三國挪威、瑞典、丹麥相繼成為國家。這三個鄰居的關係太密切了，一邊征戰不休，一邊聯姻結親，到最後剪不斷理還亂。

十四世紀初，丹麥的王后瑪格麗特先是繼承了丹麥王位，隨後又繼承了挪威王位，接著又靠戰爭取得了瑞典王位，將三國的王權集於一身。為了達到統一的最終目的，瑪格麗特安排這三家先桃園結義，組織了一個叫卡爾瑪的聯盟，丹麥是老大。

丹麥這個大哥沒有劉皇叔講義氣，對待挪威和瑞典兩個小弟，基本就是抱著剝削壓迫兼揩油的態度，瑞典的貴族一直不服，堅持跟丹麥鬥爭。一五二三年，在瑞典貴族古斯塔夫．瓦薩領導下，瑞典終於脫離丹麥獨立。古斯塔夫．瓦薩就是我們要講到的古斯塔夫二世的爺爺。

獨立後的瑞典，周圍都是敵人，丹麥的恩怨沒有了斷，還要面臨俄國和波蘭的威脅。在這樣一個環境下，將國家交給一個十七歲的小孩，如果瑞典人不是腦子被凍壞了，就是這小孩是個赤裸裸的天才。古斯塔夫聰明早慧到什麼程度就不介紹了，他在歷史上，除了被叫做「北歐雄獅」，還有一個更學院的稱號，叫「現代戰爭之父」！

古斯塔夫一上台，就招商引資，吸引荷蘭人到瑞典投資開工廠，經濟發展一稍有成效，他便啟動軍事改革。

當時的歐洲軍隊，基本都是雇傭軍，這種合約工能有忠誠度嗎，能遵規守紀嗎？小古同學實現了瑞典軍人的職業化。瑞典的軍人是徵召的，有薪酬保障和升職前景；瑞典在歐洲第一個實現了軍裝統一，小古帶出去的軍隊，軍容風紀嚴整，一看就是正規軍，這算是實現了正規化；改良了武器。尤其是炮兵，不僅建立了獨立的炮兵團，還改良了火炮的重量，讓炮兵更適應靈活機動，等等，這算是軍隊建設現代化。職業化、正規化、現代化，小古的軍改，不僅涉及技術還涉及制度，覆蓋了各個軍種，瑞典不知不覺擁有了歐洲最精良的武裝，軍隊這東西，是好是壞一定要拉出去溜溜才知道。

法國慫恿丹麥進攻德意志時，不是不想找瑞典幫忙，當時瑞典太忙了，小古上台，先打丹麥，再打俄國，後來又收拾了波蘭，丹麥敗退回家時，小古正好有空。

德意志都打到丹麥北部了，以後波羅的海誰家說了算啊，別說法國給贊助，就是沒人贊助，瑞典也需要收拾哈布斯堡家族。

一六三〇年，瑞典一萬三千大軍在德國登陸。這些國家都有這個智慧，打架一定要去別人家院子裡打，打壞別人家的東西不心痛。

小古和新型瑞軍的第一仗，發生在萊比錫附近，也就是世界戰爭史上著名的布萊登菲爾德會戰。這一戰到底有多著名呢，後來美國的西點軍校形容這一戰是：中世紀的結束和現代的開端。

大家還記得，德意志最強的統帥華倫斯坦已經辭職了，抵抗小古的也是三十年戰爭的名將，來自巴伐利亞的紅衣主教提利，這位老人家一手主持了白山大戰，幫助皇帝收復了波西米亞，現在，他是天主教盟軍的總司令。

瑞軍進入德意志，打的是幫助新教同盟的旗號，德意志的新教諸侯並不賣帳，對他們來說，不管宗教上有什麼分拗，總不見得會支持外國人侵略自己的國家。對於瑞典和天主教盟軍幹仗，新教聯盟預備坐山觀虎鬥，德意志新教聯盟的兩大諸侯，薩克森選帝侯和勃蘭登堡的選帝侯都提前買了最靠前的戲票。

我們的提利老爺子沒猜對這兩大諸侯的心思，他擔心看台上這兩位爺不知道什麼時候就意興高昂跳下場親自上陣，加入瑞軍跟自己搗亂，所以他趁著小古還沒到眼前，先出手攻擊了薩克森選帝侯的地盤。昏招！逼得薩克森倒向瑞典，兩家合兵作戰。

布萊登菲爾德會戰是非常有戲劇性的，老提利和小古都是比猴還精的老闆，但是不可避免都有些豬一樣的員工。佈下戰陣後，先是老提利的左路貿然出擊，暴露出自己防線的缺口，老提利急得跳腳罵娘呢；誰知小古的左路，薩克森兵團一跟對手接觸就四散潰逃。也就是說，還沒開打，兩邊的左路都崩潰了。這時，兩家比的就是修正錯誤的能力。小古很快向德意志人展現了他的軍事改革成果，瑞軍靈活機動，反應迅速，很快就查漏補缺調整了陣法。軍事素質上勝一籌，會戰的結果也就可想而知了，老提利大敗潰逃，南下休整。

提利這一走，整個德意志大地向小古敞開了懷抱，現在的小古，基本可以自由行，想去哪去哪。小古看了一圈，選擇進攻天主教同盟的大本營——巴伐利亞地區。

後世的軍事專家對這個進軍一直有爭議，大部分人都認為小古犯了錯誤，他如果順著波西米亞殺進奧地利的維亞納，抓住斐二皇帝，說不定北歐獅王就統一了德意志了。後世評論前世，站著說話不腰痛的情況很多，我相信小古進軍巴伐利亞是有自己考慮的，真要聽「磚家」的，小古哪都不用去了。

為了保護巴伐利亞，提利在列克河畔陳兵抵抗，重傷戰死，小古殺進了慕尼黑。瑞軍在德意志大陸打了個南北通透，斐二皇帝急得是氣血不暢。國亂才記起忠良，華倫斯坦愛卿，假期結束了，回來上班吧。

華倫賦閒在家，沒有放鬆學習進步，每天看書，緊密關注瑞軍在德意志的動向，分析他們每一步的軍事行動，解構他們的戰法和組織。華倫再次上崗時，應該說，他是最了解小古的人，是小古的知音兼粉絲。他知道小古的長處，也知道他的短處，所以還沒跟偶像對陣，他就先抄瑞軍的後路，切斷了對方的補給線，用的是小古的作戰手法。

既生瑜何生亮，絕代雙驕總有碰頭的時候。

那一天，呂岑，大霧，一條壕溝兩邊，北歐小夥一臉冷峻，德意志雇傭軍也神色嚴肅，因為看不真切對方，雙方都有些緊張。華倫元帥痛風發作，被抬在擔架上指揮，小古肩傷發作，所以他沒戴頭盔和胸甲。

因為知道華倫的援軍已在路上，自家的薩克森援軍不知道有沒有起床，小古先下手，希望在對方增援之前結束戰鬥。

這一年，小古三十八歲，正當盛年，家裡有個如花似玉的老婆和一個絕頂聰明的女兒，不知道在一六三二年這一場大霧裡，小古有沒有想到這些。他呼喚著上帝的名字，身先士卒殺進了德意志皇軍的戰陣，瑞典人最後記得的是，霧氣中快速隱去的國王那一頭柔軟的金髮。

過了不久，一匹白色戰馬滿身鮮血穿越了兩軍的戰場，回到了瑞軍的大營，所有人都認識，這是國王的坐騎，它帶回了國王的消息，英明神武天縱英才的瑞典戰神古斯塔夫二世陣亡了！

如果是德意志雇傭兵，主帥身亡，隊伍肯定就潰散了，小古治下的軍隊不一樣，這些北歐戰士的血性和忠誠都被戰馬上的這片鮮血激發了，他們拚命搶出了小古的遺體，而後帶著復仇的怒火向華倫的軍隊進攻，雖然華倫的援軍也進入了戰場，然而瑞典軍隊竟在這種沒有統帥，以少打多的不利狀態下，贏得了戰鬥！戰鬥結束，華倫軍隊損失了近萬人，瑞典損失了六千人左右，如果算上國王的犧牲，瑞典一方損失要大多了，所以眼看著華倫軍隊撤退，瑞軍也不敢追擊，而且，他們也必須撤出去給國王安排後事。

因為古斯塔夫和華倫這兩顆巨星碰撞出的光芒，三十年戰爭的第三階段是世界歷史上很好看的一幕大戲。但最後既然瑞典撤兵，我們不得不遺憾地宣布，這一局，哈布斯堡家族又贏了，迄今為止，他們取得了三比零的戰績。

呂岑戰役讓小古終結了他的輝煌，華倫沒想到，這一戰也是他自己的謝幕表演。其實，華倫跟其他的德意志藩王諸侯真不一樣，他沒想過趁掌握軍權壯大自己，繼續削弱皇帝，華倫想的是，幫助皇帝建立強大的中央集權，最終統一德意志。只是，鳥盡弓藏、兔死狗烹這八個字，在哪個國家都適用，華倫對軍隊事務的獨斷專行總是讓皇帝心存猜測。

一六三四年，幾個雇傭兵的軍官突然衝進了華倫斯坦的臥房，華倫當時重病在身，他很坦然地從床上爬起來，淡定地接受了插進心口的一劍，沒有反抗，沒有哀求。華倫斯坦在德意志是個家喻戶曉的人物，因為德意志文化史上地位僅此於歌德的大文豪席勒曾經寫了一部歷史劇叫《華倫斯坦三部曲》，講述了這位名將的故事，是席勒最著名的作品之一。

6. 第四階段：帝國的死亡證書

兩支勁旅都被哈布斯堡家族淘汰，一直躲在幕後的法國人坐不住了。他們知道，如果不親自出手，哈布斯堡家族就越來越不容易控制了。

法國人正要出兵，哈布斯堡家族先動手了，德意志和西班牙兩邊同時動手，兩頭夾擊，向巴黎進逼。事實證明，還是老大最強悍，法國先了結西班牙這邊的危險，而後發兵德意志，與留在那裡的瑞典軍隊會合，跟哈布斯堡家族的軍隊決戰。

一六三五～一六四八，法軍帶著自己的小弟們在德意志土地上征伐，失去西班牙援助的德意志皇帝抵抗得越來越吃力，法軍幹掉西班牙後也有點體力透支，耗在德意志持久拉鋸戰更是疲憊不堪，兩邊都打不動了，算了，談判議和吧。雖然和談是兩邊都同意的，但是既然哈布斯堡先求饒，我們就算他們輸了，不管之前三局贏得多漂亮，最後一場輸了，就算輸掉了整個戰爭。

一六四八年，《威斯特伐利亞和約》簽訂，宣告持續三十年的這場浩劫總算是結束了。這個合約講了些什麼呢？基本上，大家都有些好處，首先，荷蘭和瑞士的獨立被再次確認了；瑞典獲得巨額戰爭賠款，成為波羅的海霸主，而且在其後的一個世紀成為歐洲軍事強國；德意志割地，瑞典獲得了不來梅的部分地區，瑞典國王正式成為德意志的諸侯，以後，只要皇帝不老實，瑞典國王收拾他名正言順；法國不用說了，絕對的戰勝國代表，獲得了他家一直想要的阿爾薩斯和洛林地區，並順便坐定了歐洲霸主的位置。至於宗教信仰方面，各大小國家一律平等，根據自家的情況愛信什麼就信什麼，誰也不能橫加干涉。

戰敗國方面，西班牙本來是地球霸主，先是被英國在海上打頹了，陸上又被法國收拾得狠了，由此時起，西班牙過氣衰敗，離大國強國霸主這些名字越來越遠。

而本書的主人翁神聖羅馬帝國呢？他家最慘，歷史上《威斯特伐利亞和約》有個別名，叫做「德意志帝國的死亡證書」，在法國的主導下，德意志皇帝和諸侯再次擬定了一份憲法，這部法律說，不論是選侯、諸侯、帝國城市在自己的地盤上都有自己的完整主權，內政外交全都自己說了算，跟其他國家簽訂條約之類的，自己簽字就行了，不用找皇帝蓋御璽。這部憲法說白了就是保障德意志這個四分五裂的狀態，而哈布斯堡家族的皇帝，最多就是相當於奧地利的大領主，除了名字響亮點，跟其他的諸侯沒有什麼不同。

這三十年打下來，雖然參加的國家挺多，不過幾乎所有的戰爭都發生在德國的土地上。這個本來就貧窮落後的國家飽受荼毒和破壞，如今變得更加殘敗不堪，在歐洲那條日益繁華昌盛的大街上，德意志這家門戶顯得如此寒愴……

三十年戰爭算是人類歷史上第一次大規模戰爭，有點像小型世界大戰了，但是咱家對這場戰爭都不是很在意，因為三十年戰爭這個階段，華夏大地比歐洲更激烈，他們預備開打的時候，努爾哈赤建立了後金，隨後李自成起義稱王。法國從幕後走到台前親自動手的時候，吳三桂將多爾袞的大軍放進了山海關，從此中華民族就多了一個少數民族——滿族。可惜我們們被這些個內亂的瑣事纏住了，沒時間抬頭看看歐洲那片混亂，這些我們沒放在眼裡的歐洲蠻夷，已經拋棄了冷兵器戰鬥，開始了多種槍械配合，各兵種配合作戰的的準現代化戰爭了。

21 西班牙王位爭奪戰

華倫斯坦死後，接替他成為神聖羅馬帝國天主教盟軍司令的，是斐迪南二世的兒子斐迪南（「地主」們必須習慣洋人這種父子祖孫同名的狀況）。最後戰爭幾方能順利和談並簽約，跟斐迪南的主和態度很有關係。

斐迪南在三十年戰爭沒有功勞也有苦勞，所以當選為新皇帝斐三。這個皇帝做得威風啊，統轄三百多個擁有獨立主權的大小諸侯、地區和城市，哪個部分願意把轄區的土地割一塊送給敵對國，皇帝不能干涉，哪個諸侯願意加入敵對國跟皇帝打架，皇帝也只能應戰，做老大混到這個程度，還真是挺享福的。

不管有多大許可權，皇帝這頂帽子還是有吸引力的，所以哈布斯堡家族處心積慮要把神聖羅馬帝國的皇冠當家族遺產傳遞。斐三死後，他的次子利奧波德一世繼續做這個空心皇帝，奧地利大公、波西米亞和匈牙利國王。

哈布斯堡家族輸掉了三十年戰爭，讓他家的皇帝身分顯得有些潦倒，不過利奧波德一世在別的地方把丟掉的面子找回來了。從一六六三開始，哈布斯堡家族的領地又遭到了來自土耳其的大舉進犯。經過兩次重大戰役，利奧波德一世不僅抵抗了土耳其的進攻，甚至反攻巴爾幹半島，逼土耳其簽下合約，以後的日子，這個帝國東部的大敵算是被壓在五指山下了。

話說，對一個神聖羅馬帝國的哈布斯堡皇帝來說，有個美好夢想就是再次跟西班牙的哈布斯堡合併，恢復一個哈布斯堡的大帝國。三十年戰爭後，西班牙真是衰得不能再衰，因為長期近親結婚，王室成員品種越來越差。

一六六一年，西班牙的國王是卡洛斯二世。說起這位小同志，眼淚嘩嘩地。他本來有四個哥哥可以繼位，全死了。他帶著全西班牙人的期許出世的，四歲就登基了。這娃從小就罹患各種遺傳疾病，哈布斯堡家族著名的就是下顎比較大，到卡洛斯這輩，登峰造極了，不僅是個標準鞋拔子臉，而且這巨大的下顎已經嚴重影響他進食！三十多歲，卡洛斯二世就已經頭髮掉光、牙齒脫落、眼盲耳聾、頻發癲癇。這些還都不算大問題，最要命的大問題是：這娃陽痿！就這樣，西班牙的哈布斯堡家族絕嗣了，也終結了。

現在全歐洲最大的謎題就是：誰來做西班牙國王？卡洛斯二世的幾個姐姐都嫁入歐洲王室，也意味著，卡洛斯二世有好幾個外甥或者外孫，他們都有競選國王的資格。比較有實力做西班牙國王的，第一個是法王路易十四的孫子，另一個是神聖羅馬帝國皇帝利奧波德一世的兒子。

西班牙在戰後淪為二流國家，可他家在全世界還有巨大的殖民地盤呢，依然是一塊好肉，所以法王和德皇都不願放棄，一七〇一年，名為「西班牙王位爭奪戰」的戰爭開打。

利奧波德一世雖然是皇帝，不過他想打架，能輕鬆調動的，也不過是他奧地利地盤上的勢力，說是神聖羅馬帝國跟法王幹仗，其實就是奧地利和法國的戰爭。

歐洲戰場不興單挑，一看見有人打架，就有起鬨架秧子或者擼起袖子幫忙的。奧地利最大的幫手是英國和荷蘭。大家回顧英國篇，此時英國的國王是荷蘭執政官威廉，他跟法國有仇，所以他一成為英王，就求著英議會幫他出兵報仇。而此時英國正在大步邁向歐洲盟主的坦途上，如果未來的法王成了西班牙國王，兩國合併，英國還有機會稱霸嗎，所以英國荷蘭聯手加入奧地利戰團。

這一戰打了十二年，英國篇說過，不列顛是最大的贏家，法國王子順利成為西班牙國王，開啟了在西班牙統治至今的波旁王朝。奧地利又費工夫又費人，他搗鼓這場戰爭純粹為了成就兩個未來霸主，一個當然是英國，而另一個，就是我們下篇故事的主人翁，普魯士。

22 普魯士崛起江湖

1. 波羅的海的湖南人

這篇先介紹一個歐洲重要的組織，條頓騎士團。

條頓，大家都熟悉了。騎士團，顧名思義就是騎士團夥嘛。對，是個團夥，不過首先是個僧侶的團夥。第一次十字軍東征後，歐洲貴族在地中海東岸耶路撒冷附近建立了許多拉丁國家（參看羅馬篇），這些拉丁國家孤立在穆斯林的汪洋大海裡，非常不安全。教皇為了保住這些留在異教世界的基督火苗，號召成立了一支常備軍隊，成員都是些沒落的貴族騎士，出家成為修士，而後成為騎士團成員，向教皇效忠，只服從教皇的指令，是教廷的嫡系部隊。

歐洲歷史上出現過很多騎士團，有三個非常出名，一個是聖殿騎士團，一個是醫院騎士團，一個就是條頓騎士團。聖殿騎士團是法國人發起組織的，巔峰期很輝煌，毀滅時很慘烈，我們到法國篇再說；醫院騎士團，聽這名字就知道是做後勤保障的，保護朝聖者，給去聖地的信徒們提供一些醫療方面的保障；而條頓騎士團，當然就是以德國人為主的騎士團。

進入正題，先說普魯士人。咱家形容湖南人有句話，叫吃得苦，耐得煩，霸得蠻。說的是湖南人吃苦耐勞，做事堅持，倔強不服輸。還有一種說法，說湖南人是中國的普魯士人。

看地圖，古代普魯士人跟立陶宛人應該是一個族群，原來在波羅的海沿岸過著自由的生活。十二世紀開始，德意志人開始侵略他們的領地。除了軍事，還夾帶著強行推廣宗教，普魯士人倔強，就是打不服。波蘭有個公爵封地正好是普魯士人的鄰居，他策劃著向北挺進擴大地盤，結果整個念頭剛形成，人家普魯士人先下手為強，攻佔了該公爵的領地，還把波蘭人打得很狼狽。波蘭同胞們沒人願意無故得罪一些悍匪，沒辦法，公爵只好藉著打擊異教徒的名義，請條頓騎士團過來幫忙。

話說三大騎士團在小亞細亞活動，條頓騎士團是最後成立生意最差的，要打架，有聖殿騎士團，做善事，有醫院騎士團，條頓騎士團兩頭不到岸，地位尷尬。後來他們只好回歐洲拓展業務，幫著中歐各國鎮壓異教徒。

波蘭公爵絕對是犯了引狼入室的錯誤，條頓騎士團過來不是幫忙打架的，他們是來找地盤的。這些人跟普魯士浴血奮戰兩百年，收復並佔領了普魯士，沒給波蘭介紹費，直接建立了騎士團國，沒事還對波蘭虎視眈眈。有了地盤，條頓騎士團在德意志發了很多小廣告，號召所有人移民過去大生產，強行推廣基督教，漸漸地，這個地區被德意志化，純普魯士人也慢慢不見了。

2. 普魯士建國

一三七〇年，波蘭王室絕嗣，波蘭的公主嫁給了立陶宛的大公，駙馬爺順勢就兼領了波蘭王位，這兩國合併了。波蘭立陶宛合體，騎士團國就是眼中釘，肯定找茬收拾他們。兩邊鬥了快一個世紀，騎士團國越打越衰，最後不得不割讓一半的普魯士土地給波蘭，騎士團擠在剩下的地盤裡向波蘭俯首稱臣。

騎士團的董事長是教皇，總經理是騎士團團長，教皇天高水遠，有什麼最高指示趁熱傳到波羅的海沿岸也都涼透了，是以騎士團的事務，基本還是團長自決。

大家回憶一下德意志之十二的內容，當時的皇帝美男子西吉斯蒙德將自己勃蘭登堡的封地和選帝侯的位置「借給」了他手下的武將霍亨索倫家，說是等有錢贖回來。霍亨索倫家是等了一百多年啊，皇帝換了幾任，沒人來贖，算了，自己留著吧，霍亨索倫家就正式成為勃蘭登堡的選帝侯了。

這家子是叫索倫的，後來覺得自己地位尊貴了，所以加了「霍亨」兩個字，跟霍亨斯陶芬家一樣，自己給自己貼金的意思。

一五一二年，霍亨索倫家族的一個近親，阿爾布雷希特被選為條頓騎士團的團長，因為霍亨索倫家族是信仰新教的，新團長一上任就宣布，以後騎士團不跟教皇玩了。條頓騎士團是教皇一手建立的，你說分開就分開啊，教皇不是你想賣就能賣的！只聽說開除總經理，沒聽說開除董事長的。阿爾布雷希特一不做二不休，索性連騎士團都解散不要了，改組成為公國，以後就叫普魯士公國。雖然不用看教皇臉色了，波蘭依然是宗主國，波蘭國王封阿爾布雷希特為普魯士公爵。

阿爾布雷希特死後，他兒子成為新的普魯士公爵，新公爵是個精神病患者，只有一個女兒，最後只好女婿過來接受遺產。女婿叫約翰，正好是勃蘭登堡家族的下任選帝侯，他一接班，順手就合併了普魯士和勃蘭登堡，成為勃蘭登堡—普魯士公國，勃蘭登堡那邊是神聖羅馬皇帝的封國，而普魯士那邊聽波蘭的，要面對兩個老闆。

不管有幾個老闆，勃蘭登堡—普魯士有一套自己的經濟發展辦法，那就是優渥的移民招商政策，吸引了不少人才和資金。而更出色的就是軍隊建設，三十年戰爭，最讓德意志諸侯受教的就是瑞典的軍政，普魯士離得近學得快，他家以最快的速度按瑞典模式建設軍隊，並且很快在局部戰爭中戰勝了瑞典老師。因為勢力發展太快，本來勃蘭登堡就不鳥皇帝，很快，普魯士也不鳥波蘭國王了，這兩個老闆對霍亨索倫家族來說，猶如兩個神龕。

神聖羅馬帝國的選帝侯政策經過多年發展，選侯數量也增加了，利奧波德一世期間，他提拔德國漢諾威的公爵成為第九個選侯，還引起一場政治風波。漢諾威公爵也是我們的熟人，後來他家去英國接掌了英王位，開闢了大英的漢諾威王朝。

現在德意志的九大選侯，勢力最大的肯定是哈布斯堡家族，而緊隨其後排名第二的，就是勃蘭登堡—普魯士公國的霍亨索倫家族。誰有勢力誰稱王或者稱帝，可是，不管索倫家族如何發展壯大，想坐皇帝位還是不可能，為什麼呢，大家還記得吧，選帝侯中有三個是教會諸侯，天主教的大佬，索倫家是信新教的，所以，索倫家暫時沒有機會。

霍亨索倫家覺得，我家不能做皇帝，總可以做王啊，爵爺哪有王爺聽著神氣啊。神聖羅馬帝國這會兒有個規矩，只有哈布斯堡家族的波西米亞可以稱國王，其他的就老老實實做公爵吧。霍亨索倫心想，我家的普魯士領地不屬於神聖羅馬帝國的嘛，不用跟德意志的規矩，為什麼不能做普魯士國王呢？霍亨索倫家族是德意志的封侯，幾乎所有事都可以自治，不過要給自己戴個王冠，還是需要皇帝稍微同意一下子。這個事困擾了霍亨索倫家好幾任爵爺，終於等到機會了。

機會就是西班牙的王位爭奪戰，利奧波德一世知道，這會是一場鏖戰，此時德意志軍事力量最強大的就是索倫家，如果拉他家幫忙，皇帝的兒子就有機會取得西班牙王位了。

這段時間，霍亨索倫家族的大當家是腓特烈（提醒一下「地主」，以後很長一段時間的普魯士歷史，男主角都是這個名字，注意不要暈）。聽說皇帝要找幫手，腓特烈馬上表示願意出八千精銳與聖上組成聯軍作戰。皇帝不會讓他白幫忙的，答應給補助一筆巨款算是雇傭費，這還不夠，給一個王位吧。普魯士一半的國土還在波蘭版圖裡呢，叫普魯士國王有點名不符實，就叫普魯士國裡的國王吧。真繞，德國人嚴謹唄。

名字難聽點，腓特烈不介意，在柏林的王宮裡，組織不同種類的慶祝會持續了半年，然後隆重加冕，自稱腓特烈一世，算是正式建立了勃蘭登堡－普魯士王國，我們就簡稱普魯士國吧。伴隨腓特烈一世鶯歌燕舞大肆慶祝的，是送給皇帝的八千普魯士子弟兵在戰場上灰飛煙滅。普魯士的王冠從一開始就濺滿戰士的熱血。

腓特烈一世終於稱王，很得瑟，講排場。那時候的歐洲，法國文化被認為是主流和潮流，腓特烈一世對於法國的宮廷排場很神往，所以也學著經常在柏林組織舞會狩獵什麼的，還招呼些文人騷客進宮座談，以示風雅。

柏林皇宮最著名的座上嘉賓就是萊布尼茲，哲學家、思想家，外交家，其多才多藝在專出全科天才的歐洲人文領域都算罕見的，其作品覆蓋歷史、語言、生物、地質、物理等各個方面。不過，他最讓人稱道的事就是發明了微積分。在學術界一直存在爭議，就是誰是微積分真正的奠基人，萊布尼茲還是英國的牛頓，微積分老楊是不懂，但老楊知道牛頓被稱為物理學家，萊布尼茲可一直被稱為數學家呢，就算老楊也分不清數學和物理學的區別，在老楊的地盤上，微積分是萊布尼茲對世界的貢獻，牛頓就是一個種蘋果的。

腓特烈一世在柏林過得窮奢極欲的日子，有人很有微詞，而這位看著不滿的，就是普魯士國的首位太子，大名叫腓特烈．威廉，「地主」們注意啊，這個腓特烈後面帶著一個威廉的尾碼，以示跟父親和兒子的區別。

3.軍曹國王 OR 乞丐國王

腓特烈．威廉這個娃呢，怎麼看都不像出身大戶人家的，從小不愛學習不好風雅，舉止粗魯，脾氣暴躁，從小就摳門，吝嗇出名。一七一三年，他繼位為王，一上班，普魯士王國就增加了大量的苛捐雜稅，到處斂財，搞錢的嘴臉有點窮凶極惡。國王搞錢一般都是為了自己生活得紙醉金迷酒池肉林，這哥們真沒有，腓特烈．威廉一世的生活非常節儉，自從他入主普魯士王宮，貴族們生活水準直線下降，舞會、宴會都取消了，連普通的宮廷聚會，吟詩唱賦所有的娛樂活動一概不准。

怪了，您老要這麼多錢又不花，到底幹嘛用呢？這些錢全用了，全用於軍隊了。腓特烈．威廉一世最大的功績就是集舉國之力，打造了一支剽悍的普魯士軍隊。

剛接班的時候，普魯士有三萬八千人的常備軍，在腓威一（簡稱）手裡，擴展到八萬三千人。國王在徵兵方面的動作比搞錢還難看，傳說，他在全德意志範圍內招兵，亂貼小廣告亂發廣告貼就不說了，他居然上街綁人！比如他想組建一個高個子的擲彈團，於是下令，看到身材高大的年輕人，直接綁到軍隊去，強制服役，甚至連高個子的女人都不放過，也綁走，跟高個子男人強行配對，指望他們生出下一代巨人擲彈手。幸好姚明兩口子沒讓他碰上。

徵兵由國王親自安排，訓練也是國王親自過問，腓威一這種脾氣，別指望他愛兵如子了，他提著棍棒親自上訓練場，碰上智商特別低，學得特別慢的，國王親自下死手打。因為一天到晚扎在軍營裡混，腓威一給自己贏得了一個「軍曹國王」的稱號。

被國王這個暴脾氣的訓練出來的普魯士軍隊作風硬朗，當然還裝備精良。在腓威一統治後期，普魯士國庫一年收入七百萬塔勒（該時期的德國貨幣名），國王將其中的六百萬用於軍隊！一分耕耘一分收穫，腓威一任內，普魯士軍隊軍事素質的排名可以穩居全歐洲的前三甲。

腓威一是個標準軍國主義分子的形象，本來應該是挺酷挺威猛的，不過在歷史上，他的名聲總是有點猥瑣。最重要的原因還是他那個娘胎裡帶來的毛病，摳門、吝嗇。

大小是個國王，總要整點精神文明建設吧，沒有！文化娛樂活動？不許！玩物喪志知道不？甚至某些關乎民生的投入，他也能省就省了，野史傳聞，他拜會一位寡婦，寡婦向國王哭訴了自己的貧寒，希望能得到國王的救濟，國王說：「我可沒錢給你，我還有軍隊要養活呢，我又沒本事拉出金疙瘩來！」一個粗魯的守財奴形象躍然紙上，所以，他還有個綽號叫「乞丐國王」。

上面說腓威一建設軍隊是斯巴達流派的，絕對不會愛兵如子。其實，他對待自己的兒女就跟對待士兵一樣，看不順眼就一頓棍棒或者是不給吃飯。腓威一身高近兩米，暴飲暴食，身子骨挺硬朗。可是女兒健康非常糟糕，兒子也是身材瘦小，面色蒼白，科學研究已經證明，家庭暴力是會影響青春期小孩的發育的。

腓威一的兒子叫腓特烈（注意，沒有威廉），這個腓特烈跟老爸可不一樣，雖然身子骨不太健壯，但是人品風流清雋，愛好文藝，身邊總圍著一群文人，有點曹植的作派。

不知道從什麼時候開始，腓威一怎麼看這個兒子都不順眼，一個男孩子，一天到晚打扮得油頭粉面的，梳個法國捲髮，衣裳光鮮，噴著香水，怎麼看怎麼娘娘腔。最讓腓威一生氣的是，這個兒子不僅舉止有點脂粉氣，好像跟身邊那幾個小白臉的關係還非常曖昧。

之前老楊說過，對出自希臘的歐洲文明來說，同性之愛挺健康的，進入基督教時代，這個事恐怕有點犯禁。所以關於腓特烈王子的性向，沒有特別明確的文獻資料，老楊也不好亂說。腓特烈王子一直有個非常親密的朋友，衛隊的軍官，漢斯．赫爾曼．馮．卡特。

腓威一安排兒子迎娶哈布斯堡家族的一個遠親，腓特烈不幹，他母親是英國公主，一直想安排兒女跟英國娘家聯姻，腓特烈自己也傾向於英國的表妹。為了躲避老爸和婚事，腓特烈前後三次離家出走，想逃到英國去。第三次，他聯繫到了英國大使，拉上馮．卡特一起走。什麼事能瞞住一個軍曹老爸呢，被抓了個正著。

軍曹看來，兒子這不是因為家庭氣氛壓抑導致的離家出走，這就是逃跑！懲罰逃兵，腓威一不會手下留情的，一頓暴揍是免不了的，而最殘酷的是，他安排兒子在現場參觀對他最好朋友的處決！

處決卡特的故事野史有各種版本，瓊瑤那個版本說，馮．卡特臨刑前，一臉深情看著王子，說自己無怨無悔。而腓特烈王子哭得肝腸寸斷，他求父王，願意放棄未來的王位，甚至願意用自己的性命換卡特的性命。隨著手起刀落卡特的頭顱飛上天，腓特烈王子暈了過去。根據腓特烈的姐姐記載，甦醒後的王子高燒不退，不吃不喝，差點就跟著卡特去了。

幸好他沒死，如果腓特烈王子死了，歐洲好多人就找不到偶像了，比如，拿破崙同學。大家可能納悶，小拿同學怎麼會崇拜這麼個娘娘腔的沒用小男人呢？人不可貌相啊，「地主」看了這麼久歷史，知道在歐洲，絕頂的君王才會被稱為大帝，而腓特烈王子繼位登基後，歷史書叫他腓特烈大帝！

23 美泉宮皇后和無憂宮主之一

去奧地利旅遊，維也納西南的美泉宮是第一重要的景點，十七世紀初，三十年戰爭開打前最後一個和平時期的羅馬皇帝馬蒂亞斯，狩獵到此，喝了點當地泉水，甘洌清甜，於是命名為美泉，後來這個地區就成為美泉地區。十八世紀中期，華美壯麗的宮殿在這裡拔地而起，成為哈布斯堡家族的重要皇宮之一。

美泉宮是巴洛克風格的建築。巴洛克風格的鼎盛時期就是十七世紀，源於義大利。不管藝術界對這種藝術如何評價，老楊看來，這就是天主教社會的一種賭氣。對誰賭氣呢，宗教改革唄。

新教不是說要教會浮華奢侈墮落嗎？教廷心想，我還就浮華奢侈墮落了！蓋房子，極盡華麗，極盡隆重，極盡張揚，金碧輝煌，晃得人睜不開眼。「地主」們去歐洲旅遊，看到那種華麗張揚色彩濃豔的建築，一般就是巴洛克風格了。巴洛克風格發展到後期衍生出一種洛可可的風格，更宮廷，更細膩，更精緻，此時的很多建築和藝術作品，都糅合了巴洛克和洛可可兩種風格。

巴洛克加洛可可的傑出代表很多，法國的凡爾賽宮就是其一。西班牙隕落後，法國成了歐洲老大，不僅各方面實力成為老大，法國文化巴黎時尚也成為歐洲潮流的風向標，周邊各國尤其是德意志諸侯們，都以模仿法國宮廷生活為時髦。美泉宮就是模仿凡爾賽宮而建，從現在的規模來看，顯然是哈布斯堡的財力稍遜一籌。

奧地利是天主教國家，他家喜歡巴洛克風格可以理解，普魯士雖然是新教那邊的，但是這樣一個邊境窮省成為暴發戶，沒有相應的文化傳統和自己獨特的品味，所以也追求法國時髦，他家也山寨凡爾賽宮建了一座皇宮，也就是位於波茨坦北郊的大名鼎鼎的無憂宮。

美泉宮和無憂宮有點古怪的緣分，他們的建造者是同年登基的，一男一女，早年間甚至有人想拉扯他倆相親，最好是共偕連理，讓神聖羅馬帝國的兩大諸侯奧地利和普魯士合二為一，這事要是發生了，歐洲的歷史就真不知道演變成什麼樣了。雖然沒有最後成親，他們對彼此的態度肯定比夫妻還銘心刻骨，因為他們互相糾纏了一輩子。

要說這段恩怨，又要花開兩朵，各表一枝了。

1. 奧地利女王

最近光關注普魯士老子打兒子的事了，奧地利哈布斯堡這邊誰當家了？

接前篇，西班牙的哈布斯堡家族絕嗣，奧地利忙著搗鼓了一場大戰。宿命的不幸輪到自己家了，奧地利發現，自己家也面臨絕嗣！

一七一七年五月十三日，一位公主出生在奧地利的霍夫堡皇宮，公主的父親，神聖羅馬帝國皇帝查理六世看上去比霜打的茄子還頹廢。他當時不知道，這種打擊才剛剛開始，隨後的幾年，他的皇后非常爭氣地又生了兩個閨女！查理六世那個鬱悶啊。

查理六世的一生，還真是挺鬱悶的。他是利奧波德一世的二兒子，利奧波德一世發動聲勢浩大的戰爭，就是想支持查理成為西班牙國王。西班牙王位戰還沒打完，利奧波德一世就駕崩了，長子約瑟夫一世繼位時，奧地利一邊陷在自己一手導演的戰爭中不能自拔，一邊國內經濟形勢如同一塘爛泥。約瑟夫一世非常能幹，以最快的速度穩定了國內外形勢。不幸的是，這個能幹的大哥在位六年就死了，查理六世接他的班成為皇帝，而且眼巴巴地看著法國人戴上了原本屬於自己的西班牙王冠。

約瑟夫一世留下兩閨女，查理六世本來生了個兒子，夭折了，於是乎，整個奧地利哈布斯堡家族沒有男丁，就剩五個丫頭片子了！

查理六世其實很有先見之明的，西班牙的哈布斯堡家族絕嗣，曾經的歐洲霸主西班牙就算廢了，查理知道，如果奧地利也絕嗣，下場幾乎是一樣的，所以，一定要保證哈布斯堡家族的屬地：奧地利、波西米亞、匈牙利還是掌握在一個君主手裡，絕對不能分割。

一七一三年，查理六世頒布了一個《國本詔書》，詔書的重要內容就是一句話，如果他生不出兒子來，閨女也能即位。根據墨洛溫王朝開始使用的法典，雖然英國丹麥等地都有女王出現了，對於中歐的老爺們來說，女老闆還是有點難接受。查理六世突然給奧地利婦女這麼大的解放和提升，歐洲的其他國家怎麼可能答應呢。

查理六世在後來的很長一個時間就是出讓各種利益讓教皇、其他諸侯、鄰居各國同意他這份詔書，請客送禮行賄都少不了的，卓有成效，大部分諸侯都簽字同意了。查理六世不知道，在他的詔書上簽字同意和以後不找他閨女的麻煩是完全沒有關係的兩件事情。

一七一七年出生在霍夫堡的長公主，大名叫瑪麗亞．泰瑞莎，因為總懷著能生出兒子的美好夢想，查理六世並沒有按繼承人的標準培養大女兒，早年還想將她遠嫁俄國聯姻北極熊。泰瑞莎六歲時，維也納的皇宮來了一位表哥，英俊瀟灑的洛林公爵法蘭茲。青梅竹馬，法蘭茲表哥是泰瑞莎從情竇初開就想嫁的男人。好在查理六世為女兒選的俄國老公很識時務地死掉了，在女兒的懇求下，皇帝格外開恩，准了神聖羅馬帝國公主這段自由戀愛的婚姻。查理六世真是個好父親，在那個時代，一個王室的公主可以以愛情為基礎結婚是很不容易的。

好父親在一七四〇年駕崩，死因是吃了夏季新上市的蘑菇。作為一個皇帝，如果不是出於某個宮廷陰謀，吃毒蘑菇死掉顯得特別沒面子。

這一年泰瑞莎二十三歲，四年前，她如願和法蘭茲結婚，婚後的生活就是接連不斷地生孩子。成為奧地利女大公、波西米亞和匈牙利女王時，她正大著肚子呢。她雖然接下了哈布斯堡家族的所有領地，但是想做神聖羅馬帝國皇帝肯定是不行的，她可以做皇后，讓上門女婿法蘭茲成為皇帝。

儘管查六之前已經皇帝詔書跟所有人打過招呼，他死後肯定是女兒接班的，可其他諸侯看到一個孕婦真成了德意志最大的諸侯，而且她的小白臉老公即將帶上帝冠，這事還是讓他們不太平衡。

歐洲地區的大小王室都是亂聯姻的，親戚關係異常混亂，所以千萬不要說國家內政與外人無關之類的話，因為很多人都可以插手多嘴。

不同意女王兩口子接位的有法國和西班牙兩家，德意志諸侯中，薩克森、普魯士、巴伐利亞都不幹，義大利的那不勒斯王國也堅決不同意。

有反對的就有支持的，支持女王的有英國、荷蘭和俄國，還有就是她自己的兩個屬國，匈牙利和波西米亞。

大家一看，又分邊站好隊了，每次一組團站隊，下一個動作肯定是對打，於是，西班牙王位爭奪戰硝煙還沒散盡，奧地利的王位爭奪戰又開打了，哈布斯堡家族每次生不出男孩，歐洲就是一場大亂。

2. 腓特烈大王

一七四〇年，登基的不光泰瑞莎一個。這一年，普魯士王子腓特烈也終於熬出頭了，不用總擔心挨揍了，因為那個暴躁的老爸死了。

家暴環境下長大的小孩，千萬別指望他有愛心，腓特烈二世一登基，他就帶頭欺負孕婦。整個奧地利王位戰爭，從頭到尾的中心內容，就是腓特烈二世對西里西亞的爭奪。

西里西亞也就是現在的波蘭西南加捷克東北一帶。真是一塊寶地，土地肥美，種什麼都瘋長，而更值錢的是，這裡的煤、鐵、銅、鉛、鋅儲量豐富。

西里西亞原來也是一個公國，十七世紀晚期，絕嗣了，一個聚寶盆成了無主財富，全德意志的諸侯都流口水。誰搶到算誰的，哈布斯堡家族動作比較快，先霸住了。搶來的是贓物，不受保護。泰瑞莎繼位，腓特烈就提出對西里西亞的要求，收到對方的拒絕後，普魯士就打起了反對女人當家的大旗，軍隊開進西里西亞。

在腓特烈二世登基之前的那幾年，他已經不太怨恨老爸了，因為他見識到了他老爸一手訓練的驍勇軍隊，他知道，這是他收到的最有價值的遺產。

一七四〇年底，二萬五千名普魯士軍隊突襲西里西亞，奧地利守軍防不勝防，立時亂了陣腳，節節敗退。第二年，泰瑞莎就不得不答應腓特烈的條件議和，將西里西亞割讓給普魯士。

泰瑞莎並不是被打怕了，面對內憂外患的嚴峻局勢，這位年輕的女王一直鎮定而智慧。對女王來說，當時面對最緊要的問題是自己的繼位權，和老公法蘭茲的皇位。反對她的德意志諸侯聯盟薩克森、巴伐利亞、普魯士聯手推舉了新的神聖羅馬帝國皇帝，也就是巴伐利亞的選侯查理七世。這傢伙最壞，早先查理六世為自己的女兒賄選的時候，這廝早早就簽字同意泰瑞莎繼位。等查六一死，他馬上夥同團夥殺進了波西米亞自說自話登基成為波西米亞國王，隨後被德意志諸侯選舉成為神聖羅馬帝國皇帝。

泰瑞莎對西里西亞的放棄，是一種壯士斷腕的割捨，她要全力對付佔據了屬於她家皇位的查理七世。

奧地利軍隊採取了圍魏救趙的戰術，沒有正面進攻佔領了波西米亞的敵人，而是直接入侵查理七世的巴伐利亞大本營，逼他回家救援。奧軍打不過普魯士，打其他諸侯還是夠的。泰瑞莎這一輪反擊，不僅佔領了查理七世的巴伐利亞老家，還把波西米亞收復了。

腓特烈二世發現這個女人不簡單，猜測她只要一恢復元氣站穩腳跟，肯定會將西里西亞收回去。趁著奧地利和巴伐利亞還沒最終了斷，普魯士軍隊又加入戰團，這一次，腓特烈二世野心更大，他出擊剛剛被奧地利收回的波西米亞。

我估計泰瑞莎女王對兵法的學習就學會了「圍魏救趙」這一計，上次對巴伐利亞奏效，女王決定對普魯士也來一輪。奧軍直接撲向了普魯士王國的勃蘭登堡。

從一七四〇年開戰到一七四五年，普奧已經正面較量了五次，奧軍幾乎全敗，包括這一輪圍魏救趙。女王沒有普魯士人的強脾氣，打不贏就和唄。只要普魯士承認女王，並同意王夫法蘭茲成為神聖羅馬帝國皇帝，西里西亞就當謝禮送給普魯士，天打雷劈不得索要。

腓特烈二世達到目的了，也就不再欺負女人了，笑呵呵地撤軍回家。經過這一輪戰爭，普魯士國土增加了一半，國家還發了一筆小財。此時的普魯士是騾子是馬已經非常清楚了，奧地利方面不得不承認，這夥北方人已經足夠和哈布斯堡家族分庭抗禮了。其實，不僅奧地利不敢小覷普魯士，其他的歐洲國家都感覺到，普魯士王國絕對不僅僅是一個普通的德意志諸侯了，他幾乎可以說是進入了歐洲強國的序列。

凱旋回家的腓特烈二世收到了普魯士人山呼海嘯般的喝采，他們開始稱呼國王為腓特烈大帝。叫他大帝的確不符合歐洲規矩，腓特烈二世還不是皇帝，連普魯士還沒全罩住呢。所以嚴謹的歷史書叫他大王。

奧地利那邊，法蘭茲成功登基，開創了神聖羅馬帝國的哈布斯堡—洛林王朝，要說這位皇帝一生的最大貢獻，就是幫著泰瑞莎女大公生了十六個孩子。這個事一定要高度評價，能生一堆孩子絕對是了不起的貢獻，想想，之前因為生不出孩子引發了多少禍端？況且，除了生孩子這一項，其他的事，他也幫不上忙，老婆太能幹了。

3.腓特烈大王的內政

進入十八世紀，封建王權遭到了前所未有的挑戰，歐洲的王權統治流行一個新詞彙，叫做「開明專制」，這裡要特別請出一位客串嘉賓，這一段歷史中，歐洲最紅的紅人，法國的伏爾泰。

伏爾泰年輕時遊歷英國，對英國由資產階級主導的君主立憲制的國體印象深刻。回到法國後，總看自己家不順眼。陳舊的封建專制主義顯然千瘡百孔，這傢伙非常明確地預見，一場翻天覆地的革命即將席捲法國大地。

伏爾泰最重要的思想就是：法律面前人人平等，捍衛公民自由、信仰自由，主張開明的民主制度。

大家現在知道，伏爾泰的這些個想法，後來被稱為「啟蒙主義」，啟蒙這東西猶如洩洪，一定要控制流量，比如在法國，沒控制好就洪水氾濫發展成大革命，直接害死了法王兩口子。

不過，在中東歐地區，因為資本主義還沒發展到可以鬧事的程度，啟蒙思想如涓涓細流滋潤這片大陸，帶給了這個地區新的氣象。而所謂的「開明專制」的王權，就是這個新氣象。

這場君王的思想解放秀中，腓特烈二世顯然是表演最好的。繼位不久，他就對全體臣民宣布，他是「國家第一公僕」，強調普魯士「人人平等」的原則。不論是公僕還是平等，對普魯士來說都有點遠，這裡的主流還是農奴制的農莊經濟呢。腓特烈二世想過要廢除農奴制，可是，面對普魯士內部強大的地主階層，他最後只能在屬於王室自己的土地上緩慢推行。

雖然對基本的政治制度沒有大的變革，腓特烈二世在經濟、教育、軍事等方面的改革多少都還是有點效果。比如強制性義務教育，規定五～十三歲兒童必須上學讀書，普魯士是世界上第一個建立了比較規範的強制性義務教育制度的國家；腓特烈第一次在普魯士國家頒布了憲法草案，這項草案最了不起的是，規定國王必須完全放棄對司法的干預，保持司法的獨立性，還號召讓所有百姓討論商議法律條文，很符合古羅馬法律中，「眾人之事，應由眾人決定」的精神；興修水利，重點發展商業，而他對普魯士農業發展的重要成就就是，大力推廣馬鈴薯種植。

馬鈴薯進入歐洲，有個小典故，話說馬鈴薯最早起源於南美，十六世紀被西班牙探險家帶回歐洲。不管這幫美洲回來的海盜怎麼推薦，怎麼做廣告，說這東西賊好吃，賊充饑，歐洲人堅決抵制不待見。因為《聖經》這部指導文獻裡沒說可以吃，而且吃植物的根莖不健康，它要真是個好東西，上帝怎麼會安排它長在地下見不得光呢？小馬鈴薯就因為這些愚昧的見識，進入歐洲後，有兩百年都沒沒無聞。

腓特烈二世在位時期，國家戰亂頻發，維持龐大的軍隊，保障軍人們的口糧是第一個要解決的問題。為了解決軍地的糧食補給，腓特烈二世下令在普魯士大面積種植馬鈴薯。後來因為歐洲年景不好，穀物欠收，普魯士人靠吃馬鈴薯依然兵強馬壯，而馬鈴薯那些高澱粉，也讓普魯士的子弟更加健壯高大，能征善戰。

後來馬鈴薯在全歐推廣，幫助長期兵荒馬亂的歐洲度過了一次次的饑荒，自從有了馬鈴薯，歐洲人結實多了，馬鈴薯是近代歐洲發展不可忽略的重要角色。

GDP發展迅速，人口不斷增加，國庫儲備充裕，腓特烈在波茨坦附近仿照凡爾賽宮建起了如詩如畫的無憂宮，此後他大部分的時光就消磨在這裡。德意志歷史上最經典的一個畫面是，在無憂宮華美的壁紙前，普魯士國王身穿綴有金銀絲線的華服，向來賓們演奏長笛。而在無憂宮跟王上討論藝術的，不是著名文人，就是知名藝術家，也許還有些附庸風雅的三教九流，唯獨有一個品種看不見，就是女人，甚至包括王后，國王的性向再次引起大家的高度關注。

4. 奧地利女王的家務

啟蒙思想也同樣進入了奧地利，泰瑞莎女王不甘落後，她也主導了一場重要的改革。只是，比起新教的普魯士，奧地利代表著更加保守固執的封建勢力，女王的開明程度也比不上有點藝術家秉性的腓特烈二世。

女王改革的重點內容是，取消了大地主的某些稅務特權，減低農民的地租，限制上層貴族對地方事務的干預，改革行政部門等。女王在位期間，奧地利的政府收入也是不斷增加，而最有成效的是對軍隊的建設，她繼位時奧地利軍隊不到十人，到統治後期，奧地利軍隊已經超過二十萬，也是訓練有素裝備精良。

一七四三年，泰瑞莎在維也納西南修建了美侖美奐的美泉宮，成為哈布斯堡家族的避暑山莊。跟無憂宮一樣，這樣的大房子顯然是盛世的紀念。

泰瑞莎太忙了，奧地利、波西米亞、匈牙利，幾乎所有的事務她都親自過問，早出晚歸。即使有點閒置時間，她也用來生孩子坐月子了，如果再有點空，她都用來捉姦了。

話說，這個時段的歐洲，日子最安逸的就是神聖羅馬帝國皇帝，泰瑞莎的老公法蘭茲一世。法蘭茲皇帝的主要工作是開國務會議時坐在老婆身邊，號稱是攝政，他完全可以打瞌睡，因為很少有人注意到他的存在。每天錦衣玉食無所事事，飽暖思淫欲，法蘭茲俊俏多金，地位尊崇，又加上是個多情有點濫情的男人，整個維也納成了他的樂園。

此時的維也納，巴哈這顆耀眼的明星剛剛閃過天際，是以貴族們最流行的娛樂就是泡歌劇院。法蘭茲皇帝是歌劇院的常客，不是緣於他的某種音樂愛好，他的主要目地是泡娛樂圈女明星。皇帝的私生活混亂，在維也納是公開的新聞。歌劇包廂、皇家獵苑、各種行宮都留下皇帝獵豔的痕跡。

上樑不正下樑歪，皇帝以風流出軌為榮，維也納整個城市也變成了「浪漫」之都，當時有外地人稱維也納為「偷情之城」。

法蘭茲是泰瑞莎一輩子的愛人，看著他到處尋花問柳，皇后豈能不傷心呢。於是，泰瑞莎實施了她任內最著名的一項改革，那就是約束風化，建設精神文明。中心思想就是一條：不准偷情！

泰瑞莎組建了一個「貞潔委員會」，一個旨在查處姦情的祕密員警組織。這個維亞納東廠太神了，捉姦錦衣衛便裝潛入森林、劇院、小酒館、私人住宅，犄角旮旯等地，看到有談戀愛的、找對象的、接客的立即拷走，毫不留情。

為了展現自己對這項風化整飭運動的重視，泰瑞莎經常化妝易容，親自率領小分隊深入維也納大街小巷，緝拿皇帝。跟普魯士國王在無憂宮吹長笛對應的畫面是，奧地利女大公包著頭巾，打扮得像個偷地雷的，躡手躡腳趴著各種牆頭窺伺。以泰瑞莎神聖羅馬帝國皇后、奧地利女大公、波西米亞女王、匈牙利女王之尊，淪落至此，豈不令人唏噓。同時也說明，一個淪落的女人身後，肯定站著一個不長進的男人。

好在泰瑞莎不是一般的受氣黃臉婆，她的錦衣衛抓住姦夫淫婦，一概用鐵鍊鎖在城門邊示眾，不給吃喝。當然皇帝不在此列。這些被鎖住的男女並沒有被圍觀群眾投擲番茄或者雞蛋，浪漫的維亞納百姓同情他們，還送來食物，讓女王很尷尬，最尷尬的是，這一場王室家務，娛樂了整個維也納，老百姓聚在小酒館咖啡屋閒聊時，經常說的一句話是：「法蘭茲太太，請先管好自己的丈夫！」

24 世界大戰的七年預演

腓特烈大帝在吹長笛，泰瑞莎女王在跟蹤老公，感覺上德意志兩大諸侯日子過得很愜意嘛。實際上，對這兩個王來說，在位期間，平靜的日子屈指可數。

奧地利王位爭奪戰結束十年後，一七五六年，人類歷史上第一次世界規模的大戰——七年戰爭爆發了。

七年戰爭的矛盾格局是這樣形成的，首先是英法矛盾，這兩家宿仇，英國預備稱霸武林，已經幹掉了西班牙和荷蘭，現在就剩下歐洲大陸的老大法國擋路了；第二個就是普奧恩仇，前兩次戰爭，泰瑞莎捂著胸口割讓了西里西亞，女王曾經說：上帝的憐憫使我得以堅強，使我能夠在他為我安排的布滿荊棘、痛苦和淚水的道路上徘徊前進；就算戰鬥到最後，我寧可賣掉最後一條裙子，也絕不放棄西里西亞！第三個矛盾，不斷崛起的沙皇俄國，打敗了死敵瑞典，向西向南擴張的道路上，普魯士成為障礙。

老規矩，群架嘛，先找幫手。英國和普魯士先勾搭上了，簽訂了一個合夥協議，說是要聯手維護德意志境內的和平。英王是漢諾威家族的，插手德意志的事務不算干涉內政。

英普一勾結，法國肯定馬上就牽手奧地利了，回憶之前的打架史，這兩家也算宿敵，就這樣冰釋前嫌了。之前俄國人和英國人還有同夥協議呢，但為了對付普魯士，沙皇俄國也加入了法奧陣營。

戰爭以普魯士軍團奇襲薩克森開始，大家注意，這家人喜歡這種打法，帶壞了後面好多小孩。薩克森正好處於西里西亞和普魯士本土之間，戰略位置極重要，薩克森公爵也是個搖擺不定的，早先跟普魯士結盟，後來又倒向奧地利，所以普魯士先佔領了這裡。

英國篇說過，整個戰爭期間，英國人一直負責在海上工作，絕對不登陸作戰，除了時不常的給普魯士盟軍一點軍費補助，大部分時間是在戰艦上幫著普魯士人喊加油。整個歐洲戰場，剽悍的普魯士一人單挑一群，被沙俄、法國、奧地利圍在中間打。

腓特烈二世想用閃電戰在法、俄沒有動手前打敗奧地利，沒想到奧軍這幾年也功力激增，沒讓普魯士人得手，一七五八年，法國和俄國加入了戰鬥，此時，普魯士西有法軍，東有俄軍，南部還有奧地利軍隊，背腹受敵，陷入絕境。雖然是絕境，頑強普魯士軍隊依然苦苦支撐。這一次對普魯士的夾擊成功漂亮，讓歐洲人印象深刻，所有人都學會了，以後對付普魯士就要逼他家東西兩線作戰。

一七六〇年，腓特烈二世堅持到了最後，他知道，真玩完了，他都不敢設想戰爭的結局和普魯士未來的命運，他當時想到的竟然是自殺。腓特烈二世不知道有沒有祈求上帝，因為他一直是個無神論者，此時此刻，誰能救他?!

自己才能救自己！轉機發生在沙俄，女沙皇伊麗莎白一世駕崩了！這位歷史上著名放浪的女沙皇一生情人面首無數，就是沒生出孩子來，只好把在普魯士長大的外甥彼得召回來繼位。彼得六世在治國安邦等事務上毫無建樹，可不妨礙他在世界歷史上擁有很高知名度，他第一出名的是因為他是葉卡特琳娜沙皇的老公，第二出名的，他是腓特烈二世最忠實的粉絲。

跟腓特烈大帝後來的粉絲相比，彼得六世簡直不值一提，可對自己偶像的幫助，彼得六世肯定是最大的，他幾乎幫著腓特烈二世重生了一次。彼得六世一繼位，他就宣布沙俄絕對不會對普魯士作戰，退還之前佔領的全部普魯士國土，沙俄軍隊將加入普魯士一方對法國和奧地利作戰。為了表彰彼得六世，腓特烈二世封他為普魯士陸軍中將，俄國沙皇穿著普魯士的制服美滋滋地在克里姆林宮到處得瑟。

法國和奧地利當時都傻了，如此觸手可及的勝利，如此離奇地消散，而普魯士的這一場絕地翻身，歷史上稱為：勃蘭登堡王室的奇蹟。

英國人在海上大獲全勝，普魯士又拿回了西里西亞，所有參戰國都筋疲力竭，算了，這次先到這裡吧。

七年戰爭，英國是最大的贏家，獲益無數。普魯士差點被打成廢墟，但畢竟守住並留住了西里西亞，而且跟沙皇俄國建立了同盟關係。經此一役，普魯士的江湖地位又成長了，一七八五年，德意志北部十五個邦組成諸侯聯盟，認腓特烈為大哥，公開跟神聖羅馬帝國對抗，德意志非常明顯地被一分為二，歐洲人也認識了該地區五魁首的格局：英國、法國、俄國、普魯士、奧地利。

25 美泉宮皇后和無憂宮主之二

這段歷史太亂了，老楊要一邊寫戰爭一邊寫逸事，就是為了讓「地主」們調劑閱讀。七年戰爭不是打完了嘛，又到調劑時間了。

1.腓特烈二世的藝術人生

之前說過，腓特烈二世是很多大明星的偶像，著名的有拿破崙、希特勒、華盛頓等等。

腓二一直以開明君主自居。一個農奴制國家的君主開明的程度肯定是有限的。不過，腓二最可貴的地方是，他的改革包括讓普魯士言論自由，出版自由。

腓二喜歡文學、音樂、繪畫，會說好幾種外語，尤其是一口順溜的法語，還經常用法文寫詩（古代歐洲人只要識字就敢寫詩），最擅長吹長笛，還組織長笛獨奏音樂會，給他伴奏的，就是我們開篇提到的「西方音樂之父」巴哈的二兒子。巴哈這位二公子一輩子的工作就是腓二的宮廷樂師。

腓二治國有術，打架有為，頗有才藝，有點小自戀。他長期自詡是個哲學家皇帝，潛台詞是自己跟羅馬皇帝馬可理略一樣，是「比帝國還完美的君王」。哲學家只能跟哲學家溝通，哲學家說話，一般人聽不懂，於是腓二請哲學家陪自己玩，首選的自然是伏爾泰。當時的歐洲很多君主，似乎以跟伏爾泰結交為某種風尚。

在無憂宮裡，最好的房間是給伏爾泰預備的，因為伏爾泰迷戀中國，所以腓二非常細心地按中國風裝飾這個房間，到處是中國瓷器和梅蘭竹菊的浮雕。

伏爾泰盛情難卻入住了無憂宮，每天陪國王談天說地開玩笑。說到開玩笑，腓二自以為是個很幽默的人，不過公認，他的幽默一般人難以接受，他以調侃刻薄別人為樂。這種說話方式，如果辦個脫口秀節目針砭時弊批評現實還是可以的，但如果用這種方式對待朋友，那估計朋友都鳥獸散了。只不過腓二是國王，他說話難聽，誰也不敢拂袖而去，更何況無憂宮好吃好住還有薪水拿，很多門客也就忍了。

腓二接近伏爾泰，不過是為了更加表現自己可以認同他的觀點，是個開明君主，大家想一下，如果伏爾泰說的腓二都能接受，普魯士的改革那可真是翻天覆地脫胎換骨了。腓二感覺到，伏爾泰有的時候腦子太簡單了，想的東西太天真了，所以有意無意的，腓二就經常刻薄伏爾泰，以腓二脫口秀的水準，估計能讓伏爾泰很難堪。

伏爾泰出名的也是會諷刺人，有的時候急眼了，他也反擊。腓二經常寫寫法文詩，交給大文豪伏爾泰請他斧正，伏爾泰抓住這個機會出氣，到處跟人介紹國王的大作，當然，還加上自己尖酸甚至有點惡毒的評價。漸漸地，腓二那些歪詩就像黃段子一樣，一念出來就有人笑。

發展到最後，兩人越來越話不投機，甚至經常發生口角，伏爾泰不願意寄人籬下受此鳥氣，三年後，離開了普魯士和腓二。都說腓二和伏爾泰雖然不見面了，還是一直保持友誼到死，通信是一直有的，不過伏爾泰老爺子此後就經常說普魯士國王是個專制的獨裁鬼，還將無憂宮描述成一個同性戀的淫亂場所。

腓二死於一七八六年，他奉他父親的命令娶了皇帝的一位遠親的公主，還發誓不會背叛老婆。無憂宮建好後，腓二讓王后留在柏林孤獨終老，自己帶著一些老爺們在無憂宮過著豐富多彩的生活。唯一遺憾的是，老爺們生不出孩子來。根據《鹿鼎記》韋小寶的說法，所有雄才大略的皇帝都應該有一堆孩子，從這一點上看，腓二顯然不合格，最合格的是奧地利的女王。

2.泰瑞莎女王的兒孫福

之前說過，法蘭茲一世皇帝雖然每天在外招蜂引蝶，家裡的事真沒懈怠，讓老婆一口氣生了十六個娃。牆上掛滿王室成員尤其是這十六個兒女的畫像，一看見就覺得王室家庭美滿，天倫之樂。

一七六五年，法蘭茲一世皇帝死了，老婆孩子悲痛欲絕，法蘭茲不管是做王夫還是父親都是成功的，從不插手政務，惹是生非，即使私生活遭人非議，他的子女們還是認為他是完美的父親。泰瑞莎更是傷心難抑，以後少了盯梢跟蹤這個生活調劑，日子也是蠻蒼白的，後來的歲月，一直到女王死去，她都穿著黑衣並要求周圍的侍女也都穿得像參加追悼會。法蘭茲一世獵豔之餘就是喜歡收集古董藝術品，現在奧地利各大博物館裡很多寶貝都是當年這位皇帝的私人珍藏。

女王的長子約瑟夫被推舉為繼位皇帝，並成為泰瑞莎的共同執政。因為江山早晚是兒子的，女王就不能讓兒子像老公那樣無所事事了。

約瑟夫二世的外貌遺傳了父母的優點，從現存的雕像上看，頗為英俊瀟灑，據說有一雙寶藍色的眼睛，魅惑了維也納無數名媛。

外型上雖然遺傳了，性格和思想則是完全變異了。作為繼承人，他從小受的是最正統保守的教育，正常的教育對他的影響有限，反而那些激進的啟蒙思想讓他產生了共鳴，所以一繼位，他就想改革，不是泰瑞莎那種蜻蜓點水式的姿態，他想的是廢除農奴制，建立一個開放民主的哈布斯堡王國。

激進的兒子讓泰瑞莎很憂慮，她知道，對於現在的奧地利，那樣翻天覆地的變化是難以控制甚至會引發潰亂的，她只能盡力控制兒子的動作，女王後來的執政歲月，約束兒子成了重要內容，母子倆鬧得很不愉快。

之前說過，生孩子是一個帝王的雄才偉略，對泰瑞莎非常適用。泰瑞莎自己是自由戀愛結婚的，可對自己的兒女，她就沒有自己的父親那樣寬容了。在她的包辦下，兒女們大部分都成了她實現某種政治目的的工具，泰瑞莎有個外號叫「歐洲岳母」，可以想像她的女兒嫁得都比較風光，這個岳母不客氣，跟每個女婿都索要巨額彩禮，幾乎每個閨女都為了她帶來了不同規模的土地和利益，所以奧地利人開玩笑說：「你們的土地需要打仗爭取，我們奧地利不用，我們用公主換。」

泰瑞莎的女兒中，最幸福的應該是老五瑪麗亞．克莉絲蒂娜，她在父親的支持下，嫁給了自己心愛的人，雖然對方沒有王位爵位土地和巨額家產。五小姐的婚姻讓女王很鬧心，好在有另一個閨女很讓她長臉。

這位公主排行第十五，從小就美麗動人，不愛學習，沒什麼文化，不食人間煙火有點缺心眼，最善長的事就是花錢。這些缺點我們能看到，泰瑞莎看不到，這麼漂亮的公主，要給她找全歐洲最顯赫的婆家，所以她嫁給了法國太子，隨後，成為法國王后，她的芳名叫做瑪麗．安托瓦內特（奧地利的公主大部分都叫瑪麗），法國國王路易十六的老婆。

一七八〇年，奧地利歷史上最受愛戴的女王因為肺氣腫去世了，活了六十三歲，算是高齡了。兒子陪伴他走完最後一程，死的時候，好像沒有什麼遺憾，她真應該慶幸，如果再高壽一點兒，她將看到一個慘烈無比的畫面。

26 巴士底獄的華麗勝利

如果還有「地主」提問，瑪麗．安托瓦內特是誰啊？老楊又無語了。在歐洲歷史上，這個名字代表著放縱、奢靡、墮落，野史最著名的段子，有人告訴瑪麗王后，法國人民窮困潦倒，已經連麵包都吃不起了，瑪麗閃爍著美麗的大眼睛，純真地說：「既然吃不起麵包，為什麼不吃蛋糕？」這女人從進入法國就剩了一個娛樂，花錢購物。法國那地方多少錢都能花光，這位王后很快就債台高築，被叫做「赤字夫人」（如果在中國，就可以稱為敗家老娘們），她的故事我們到法國篇再詳細說。

女主角出場了，大家敏感到，整個歐洲歷史最高潮的一場戲要開始了。

一七八九年，法王路易十六因為財政危機召開三級會議，可以理解啊，娶那樣一個老婆，不破產才怪呢。當時的法蘭西社會分三個等級，天主教的僧侶是第一等級，貴族是第二等級，市民為第三等級。十八世紀，法國的資本主義經濟高速發展，資產階級已經形成了氣候，而落後的法國封建制度嚴重阻礙了資本主義的發展。

法國的三級會議，一般的宗旨都是國王缺錢，想徵收新稅，這次，路易十六也是這個意思。第三等級裡的資產階級代表有的是錢，只要願意，他們可以幫國王支付一部分帳單，但是，錢不能白給吧。那些有錢的老闆們捏著一把鈔票要脅老闆，只要陛下改革制度，限制王權，臣等萬事好商量。沒想到路易十六平時挺慫的，這時候會耍態度了，竟然不受威脅，還反威脅要解散議會，更加獨裁。

看來法國人氣質都挺硬朗的，兩邊互相威脅了兩個月沒有結果，法國人民就直接起義了，七月十四日，巴黎市民攻陷了巴士底獄。

老楊小時候學歷史，經常很困惑，巴士底獄不過是個監獄或者勞改農場，為什麼要說「攻陷」，直接說佔領不就完了嗎，而且咱家的起義一般都佔領皇宮，法國佔領了一個勞改農場怎麼這麼得意，還吵吵著全世界都知道了呢。後來經過學習才知道，巴士底獄最早是被當作軍事設施修建的，相當於一座防禦堡壘，高牆深澗，戒備森嚴，厚實的外牆上，幾門大炮居高臨下，想佔領這裡，跟攻佔一座城池也差不多了，據說當時的巴黎市民除了浴血奮戰，死傷無數，也調來了大炮跟巴士底獄的守軍對攻，而後取得勝利。啟蒙思想盛行後，這裡經常關押一些宣揚自由思想比較激進的政治犯，可以說，這裡是法國封建專制的某種象徵。

攻佔巴士底獄成為法蘭西起義的發令槍，各地都開始武裝奪權，並建立了正規的起義軍隊，制憲會議掌握了國家權力，透過了人類歷史上最振奮人心的文件——《人權宣言》。

聽說老百姓真翻臉，瑪麗王后和幕僚們建議路易十六逃跑。堅信君權神授上帝與他同在的法王不相信這些暴民會翻天，所以堅持留在凡爾賽宮不離開。起義民眾後來要求他遷移到巴黎市區的皇宮，在革命群眾的監督下生活。

在巴黎期間，路易十六同意了推行由資本主義主導的君主立憲制的政體，態度順服地簽署了許多制憲會議要求的法令。全世界的老百姓都很單純，只要國王肯讓步，所有人都很感動，巴黎人民一致同意國王還是國王。老百姓不知道，路易十六一邊笑瞇瞇地支持制憲會議，一邊跟周圍的國家傳小紙條，請他們派兵過來幫著平亂剿匪。

路易十六被軟禁在巴黎兩年後，他終於決定要逃跑，此時的法國，已經是革命的汪洋大海，國王這隻不識風浪的小船能去哪裡呢？路易十六被抓回來後關入城堡，逼得法國人下決心廢止了王權，成立了法蘭西第一共和國，隨後，因為裡通外國鎮壓革命之類的祕密檔案被發現，法國人民對國王的耐心到了盡頭，一七九三年一月十三日，路易十六和瑪麗王后在巴黎革命廣場被「龍頭鍘」砍掉了腦袋。大家算一下，這是泰瑞莎女王死去的第十三年，也許，老太太不死，這個事是另一個發展方向。

法國的資產階級革命讓全歐洲都傻眼了，不僅是專制獨裁的王權國家感到恐慌，就連英國也不願意局勢失控，於是這些歐洲大佬難得地一次次攜起手來，非常執著地打擊法國革命。為了應對國內外的復辟勢力，法國的革命黨內部也在不斷地分裂、更新、升級。一七九九年，法國人升到最高級了，這一年，拿破崙透過霧月政變取得了法國政權，解散議會，成立了以他為第一執政的獨裁政府。一場反專制反獨裁反帝制的起義，最後就是為法國換了一個更狠的皇帝。

27 波蘭大西瓜

回到德意志，七年戰爭，再喜歡打架的歐洲人都疲倦了，但是休假期間，這幾個大哥也不願意閒著。俄國不是跟普魯士建立友好關係了嗎，兩家就商量著，乾脆把夾在兩國之間的波蘭分掉，讓兩家挨得更近，更親密點，而且啊，大家記得嗎，普魯士王國還有一部分領土在波蘭人手裡呢。

原來說過，普魯士曾經是波蘭的屬國，很久之前，波蘭就不敢以老闆自居了。一五六九年，當時的立陶宛大公國和波蘭王國合併，成立了波蘭—立陶宛聯邦，疆域接近一百多平方公里，人口超過一千一百萬，本來應該是個挺興盛的大國。

遺憾的是，他的北方鄰居沙皇俄國也在發展並擴張。大家都知道，北極熊向東向北已經沒有什麼聯想空間了，他家要發展必須向南向西，跟俄國這樣的人家比鄰而居，你千萬別指望他家能善待鄰居。兩邊打了幾次架，波蘭老老實實承認是俄國保護國，自認小弟。

啟蒙運動的發展，波蘭也深受影響，內部的資本主義革命思潮也在蠢蠢欲動。波蘭的一圈鄰居，俄國、普魯士、奧地利，三個君主都號稱自己是開明君主，最大的特點就是葉公好龍**（說一套，做一套，口是心非之意）**。最喜歡跟別人談論自由新思想，最喜歡假裝能接受新事物，而其中的沙皇葉卡特琳娜和普魯士的腓特烈更是以結交伏爾泰等人士為樂，但是真要面對一場旨在限制或者消除王權的革命運動，他們三家是一個比一個不爽。

沙俄對波蘭的企圖，那真是司馬光之心，就想砸缸（老楊新發明的）。一感覺這家有革命小火苗，馬上就找到藉口了。俄國拉上普魯士，兩家一商量，要是不算上奧地利，多有不便。正好當時的奧地利約瑟夫二世跟泰瑞莎共同執政，約瑟夫二世一上台就認為應該利益當先，至於跟普魯士的矛盾，不用太執著，特別是對沙俄，約瑟夫一直是示好的。聽說兩家要分豬肉，約瑟夫背著泰瑞莎趕著過來入夥。

一七七二年，波蘭第一次被瓜分，三十%以上的國土歸入了這三家的版圖。對於兒子的強盜行徑，泰瑞莎女王在約瑟夫二世屁股上踢了兩腳說：「死孩子，你膽忒大了吧！」據說還在維也納為波蘭流下了同情之淚，流淚歸流淚，她也沒說要把拿來土地還給波蘭。腓特烈大帝不是喜歡刻薄人嗎，陰陽怪氣地說：「奧地利那個女人啊，哭得越多，拿得越多。我享受波蘭如同享受聖餐，不知道女王陛下如何拉攏了她的告解神父呢？」腓二這人是太陰損了，他的意思是，泰瑞莎一邊向自己的告解神父懺悔，一邊昧了波蘭的土地，有點兒裝，比不上他自己真小人坦坦蕩蕩耍無賴。

一七九三年，因為法國大革命的聲勢和影響，波蘭剩下的領土裡，開始出現愛國運動，波蘭人開始號召要驅除韃虜，收復河山。唉，這傻哥們，又給了壞蛋機會了，沙俄再次以鎮壓革命進入波蘭，聽說又發福利，普魯士趕緊端著盆過來排隊，這次沒預備奧利地那份。這是第二次瓜分波蘭，這以後，波蘭就剩二十萬平方公里的土地了。

分到這個地步，俄國人看波蘭，就像豬八戒偷吃西瓜，已經把猴哥和沙師弟那塊都吃了，師傅那份就肯定也保不住了。正好，眼看著國家淪亡，不屈的波蘭人再次起義，偷襲波蘭境內的俄軍。一七九四年，師傅那份終於被吃掉了，三個惡鄰居再次出手，分淨吃光，還把手上的汁水舔乾淨，波蘭這個大西瓜就這樣消失在地球上了。直到第一次世界大戰，這個國家才得以恢復，不過第二次世界大戰……太可憐了，我們擦乾同情的淚水，以後再說吧。

28 末代皇朝的反法同盟

1. 帝國的暮色

第一次瓜分波蘭，腓特烈大帝和泰瑞莎女王都還在位，第二次分西瓜，這兩位大佬都沒趕上。而最幸運的是，這兩位死硬派也沒趕上看法國大革命這場好戲，對他們來說，這絕對是可以氣得頭痛的大悲劇。

約瑟夫二世總算等到老媽走了，他可以自由行事了，於是，這個奧地利歷史上最激進最前衛的帝王開始銳意改革。一七八一年皇帝下令廢除農奴制，隨後又下旨，雇傭楊白勞這樣的農民工作必須支付工錢不能讓我們白幹！那些壞地主一聽，當然是跳著腳的強烈反對。

保護關稅，獎勵商業，取消了死刑，還仿效普魯士推廣義務教育，為天才的窮學生提供獎學金供他們接受高等教育，並且允許為猶太人和其他宗教信仰的人創立特殊學校。

在神聖羅馬帝國的諸位皇帝中，說開明真開明的，約二算是頭一號了，他將維也納皇宮附近的森林和草地開放為公園，供普通市民流覽參觀野餐。還規定，任何人見到皇帝都不許屈膝和吻手，不用畢恭畢敬小心謹慎。

約瑟夫二世有個著名笑話，他將維也納皇宮公園對普通民眾開放，讓貴族很不滿，貴族們問：「如果連普通市民都能進入皇家公園，那我們這種人以後去哪裡散步啊？」約二笑著回答他：「那要照你們這麼說，朕就只能去皇陵散步了！」

約瑟夫二世也是個藝術發燒友，贊助了不少藝術家，而其中最著名的，就是神童莫札特。

法國大革命發生時，約二已經罹患嚴重的肺病，在一七九〇年去世。如果他不是這麼早就死去，以約二這種開明的心態，奧地利對法國大革命的態度會不會有不同，會不會讓歷史換一個走向呢？

不管革命有沒有錯，兄妹之情總是不會改變的。法國王后是約瑟夫二世的妹妹，他不見得會由著法國人欺負自己的妹子。隨後登基的利奧波德二世是約瑟夫的三弟，瑪麗王后的三哥，他一上台就號召歐洲各國團結起來，以武力保護法國的君主體制。利奧波德二世在皇位上幹了兩年就歇菜了，他也沒機會看見自己的妹子被砍頭，謝天謝地。

利奧波德二世的兒子法蘭茲繼位，繼承父親的遺志，上班第一件事就是組織同夥，到法國去給自己的姑姑出頭。

2. 反法同盟

不等法蘭茲二世拉同夥了，法國人一聽說奧地利想行動，先對普魯士和奧地利發動攻擊。一七九二年，法國軍隊佔領了奧屬尼德蘭（現比利時）和萊茵河東岸。看到法國革命黨這麼驍悍，法蘭茲二世趕緊到處結盟，荷蘭、英國、西班牙、義大利西北的撒丁王國因為自己的考慮都加入這個同盟，而俄國普魯士不是太熱心，因為這兩家正忙著第二次瓜分波蘭呢，這次分西瓜奧地利為什麼沒參加？正被法國的事整得焦頭爛額呢，而且他家覺得當務之急是對付法國，而不是吃西瓜。

一七九三年，第一次反法同盟成立，英國、荷蘭、撒丁王國、西班牙還加上一個不算太配合的普魯士。

大家都知道，反法同盟是世界歷史上著名的烏合之眾，盟友都是離心離德，普魯士剛吃了波蘭，忙著消化，不願意動，看著法國人挺兇的，竟然背著盟友跟法國簽訂了和約，普魯士答應，退出反法同盟，保持中立，同意法國佔領萊茵河東岸地區，但要求法國在萊茵河西岸給普魯士一點好處或者說是回扣。

一七九六年，正在法國政界冉冉升起的拿破崙榮任法蘭西共和國義大利方面軍總司令，就是在義大利，拿破崙多次打敗奧地利軍隊，最後迫使皇帝答應簽訂屈辱的割地條款，將奧屬尼德蘭地區（比利時）和義大利北部的倫巴底割讓給法國，這是公開的割地條款，私下裡，皇帝連萊茵河東岸一起割給法國了！第一次反法同盟散夥，這些歐洲大佬知道了，誰是他們真正的對手。

一七九九年，拿破崙被當時法國執政的督政府派到埃及去出差，遭遇了英國的拚命三郎納爾遜（見英國篇），一時不得脫身。法蘭茲二世趁這機會，又拉上俄國、土耳其、英國組成第二次反法同盟。拿破崙知道這些人忌憚自己，急急忙忙趕回法國，為了防止自己再被政府派出去出差，索性就政變將自己升級為政府了。大權在握的拿破崙調度資源更容易，揍人更順手，第二年，奧地利又認輸了。第二次反法同盟表演結束。

從神聖羅馬帝國的角度寫反法同盟的事，很容易寫得垂頭喪氣，絕對是屢敗屢戰孜孜不倦的絕佳注解。

一八〇四年，不願偽共和的拿破崙一不做二不休，讓法蘭西共和國又變回法蘭西帝國，自己做了皇帝。大家注意啊，拿破崙做的是皇帝，之前的法國君主都只是法國國王。以拿破崙的脾氣他也不用任何人同意加冕，他自己戴上皇冠就是皇帝了。

全歐洲只有一個皇帝，神聖羅馬帝國哈布斯堡家族的君主，現在又冒出來一個皇帝，搞得我們法蘭茲二世像假冒的，更氣人的是，拿破崙還跑去義大利，自己給自己加冕為義大利國王。於是，一八〇五年，法蘭茲二世加入了由俄國英國發起組織的第三次反法同盟。這第三次反法同盟成員包括，奧地利、英國、俄國、那不勒斯、瑞典，從南到北，從東到西，覆蓋全西歐，很隆重。

第三次反法同盟有看點了，因為其中有一場著名的戰役，大腕雲集，非常精彩。一八〇五年，在今天捷克境內的奧斯特里茨村，法國軍隊遭遇了俄奧聯軍，法軍七萬三千人，俄奧聯軍八萬三千人，不管多少人，都比不上軍團司令醒目亮眼。法國那邊，帶兵的是拿破崙，新鮮出爐的法蘭西帝國皇帝，俄國這邊領軍的是沙皇亞歷山大一世，奧地利法蘭茲二世御駕親征，所以歷史上，這次大戰被稱為「三皇會戰」。

面對人數上的劣勢，拿破崙天才的戰術和戰略思路發揮到了極致，讓我們忽略戰鬥過程，清點一下戰鬥的結果吧，俄奧聯軍一萬五千人戰死，至少一萬人被俘，損失了一百八十多門大炮；法軍大概死亡一千三百五十人，傷六千九百四十人。從資料上看，拿破崙顯然是又贏了，贏得比較徹底，直接攻進了維也納。據說拿破崙進城時，受到維也納人熱情的歡呼，因為這時的拿破崙是歐洲第一號大明星，維也納的老百姓很高興終於看到活的了。

3.帝國的終結

法蘭茲二世是神聖羅馬帝國的末代皇帝，跟拿破崙生存在同一地區同一時代，他是不幸的。在維也納，二皇碰面，看到拿破崙神采飛揚跨馬進城的風度，法蘭茲二世必須承認，這個科西嘉小個子，比自己更有皇帝的氣場。

拿破崙和法蘭茲二世簽訂了著名的《普雷斯堡和約》，根據這個協定，哈布斯堡家族讓出了現在德國境內和義大利的全部領土。這些土地讓給誰呢，其他的德意志諸侯，順服了拿破崙的聽話的諸侯。德國西部、南部、中部的十六個諸侯組成萊茵聯邦，脫離神聖羅馬帝國，在法蘭克福成立兩院制議會。承認拿破崙為保護人，他如果要出去打架，萊茵聯邦必須出兵幫忙。接下來的一段時間，越來越多的德意志諸侯加入萊茵聯邦，最後成為有三十九個邦國的同盟。

隨著土地的割讓和萊茵聯邦的成立，法蘭茲二世一算，自己能控制的地盤也就剩下奧地利了，這個神聖羅馬帝國的皇帝成了笑話。正好在一八〇四年，也就是拿破崙成為法蘭西皇帝那一年，法蘭茲二世大約是預計到了自己的前途，所以提前給自己整了個奧地利皇帝的頭銜，老楊懷疑這個夥計的目的就是讓歐洲皇帝氾濫，讓皇帝稱號嚴重貶值來報復拿破崙

一八〇六年八月六日，法蘭茲二世宣布，解散德意志民族神聖羅馬帝國。彈指一算，八百四十四年的壽數，這是老楊寫死的第三個羅馬。

4.唇亡齒寒

神聖羅馬帝國解體後，德意志變成了三個部分，哈布斯堡家族的奧地利，拿破崙控制的萊茵聯邦，北部以普魯士為首的諸侯聯邦。

第一次反法同盟，普魯士背信棄義保持中立，坐視神聖羅馬帝國消失，德意志徹底分裂。看著拿破崙在歐洲大地摧枯拉朽，普魯士人暗自慶幸，幸虧沒參加反法同盟那種傻團體。只是，拿破崙當時讓普魯士中立就是為了專心對付奧地利，如今奧地利已定，普魯士還能安全嗎？

簽訂中立保證書的，是腓特烈．威廉二世（有威廉的），腓特烈大帝的侄子。在普魯士所有君主中，對他的定語就是意志薄弱，缺乏主見，很丟霍亨索倫家族的臉。任內唯一的成就就是參與瓜分波蘭，讓普魯士的土地增加了近三倍。不過國內財政混亂，負債累累。最致命的是，普魯士賴以安身立命的剽悍軍隊嚴重老化，腓特烈大帝當年創立的新型戰法，已經嚴重落伍過時，以腓威二的能力，他也開發不出新的戰法。

跟法國私下苟合，讓普魯士的形象嚴重受損，歐洲各國攜手共同抵禦法軍，同仇敵愾，普魯士人為了一己私利，偏安一隅，獨善其身，讓歐洲人很看不起他們家。

普魯士不計較周圍鄰居的臉色，北方十五個諸侯都願意與他聯盟，看到奧地利不行了，腓特烈．威廉二世的兒子腓特烈．威廉三世就感覺到，拿破崙要對自己下手了。不行了，找人幫忙吧。

這個時段的歐洲，只要是號召跟法國打架，不愁找不到盟友。

一八〇六年，普魯士、英國、俄國組成了第四次反法同盟。

拿破崙沒想到，他的偶像腓特烈大帝一手打造的軍團如此不堪一擊，十月的戰事中，一天之內，拿破崙取得了兩大戰役的勝利，普魯士軍隊幾乎全軍覆沒，法國軍隊長驅直入，進入了柏林。普魯士國王混得也挺失敗的，拿破崙進入柏林，跟進入維也納一樣，街上又站滿了追星的老百姓，神聖羅馬帝國的百姓分裂習慣了，沒有基本的民族感和榮辱觀，沒感覺這是被滅國了，他們對偶像將自家軍隊殺得片甲不留這個事，大為讚賞，並為之歡呼。

一進入柏林，拿破崙就瞻仰了腓特烈大帝的陵墓，在墓前，這位百戰不殆的神人用馬鞭指著陵墓對手下說：要是他還活著，我們不可能站在這裡。後來拿破崙得到了腓特烈大帝曾經的佩劍，拿破崙說，這柄佩劍他會珍藏，即使用一座城池跟他換，他都不換。這話有道理，腓特烈大帝的佩劍可能只有一把，被拿破崙征服的城池不知道有多少。

拿破崙幾乎可以全取普魯士，但是他沒有，他將易北河以西的小邦國捏合成一個新的國家——威斯特伐利亞王國，交給自己的弟弟管理。普魯士在瓜分波蘭時分的不義之財也被分出來，成立華沙大公國，由薩克森公爵管理，薩克森很早就對拿破崙表示臣服，拿破崙很喜歡他家。霍亨索倫家族最後保留的，只有自家原來的屬地勃蘭登堡以及東普魯士加西里西亞。普魯士的人口縮減了一半，留在普魯士的法國軍隊超過普魯士軍隊四倍。

最後還給霍亨索倫家族留下立足之地，並不是拿破崙手下留情，因為他和沙俄都有共同的想法，法軍和俄軍之間，最好還是留一個緩衝帶。

29 屈服於魔頭的兄弟倆

1. 普魯士的浴火重生

普魯士淪陷，成為被異族佔領的可憐小邦國，拿破崙不僅要求普魯士跟法軍一起對付英國，還要求普魯士支付巨額的軍費。普魯士一直坐視奧地利的遭遇，沒想到自己的下場比奧地利更慘。面對即將崩潰的國家，普魯士內部很多肯動腦經的人分析原因了。到底是什麼讓法國軍隊如此神勇，到底又是什麼讓曾經強悍的普魯士如此羸弱？

普魯士一直有明白人，比如首相施泰因。在普魯士中立的時候，他就一再提醒國王要小心法國人來襲，第四次反法同盟時，他也力諫不要跟法國軍隊硬碰。法軍佔領了柏林，也多虧了施泰因，為普王保留了不少財產。普魯士大敗後，腓特烈．威廉三世再次啟用施泰因為首相，希望他開出挽救普魯士性命的藥方。

有趣的是，因為之前施泰因的思路跟普王不對譜，一直不被老闆待見，遭到罷免。如今再次啟用他，是拿破崙指定的。可以想像，如今不論大小事，拿破崙皇帝不答應，普王沒有許可權。拿破崙支持施泰因，是因為對他有信心，為什麼拿破崙對普王這麼好呢，很簡單，他需要普魯士快點恢復經濟，讓他取得他索要的那筆戰爭賠款。拿破崙此時一念之間就可以改變普魯士的命運，但是他絕對沒想到，他將施泰因扶上相位，給自己埋下了多大的禍端。

在同胞和敵人共同的殷切期望下，施泰因開啟了改變普魯士乃至後來德意志的重大改革。

問題其實很明顯，法國大革命，讓農民獲得了自由，資本主義高速發展，從根源上說，就是普魯士得要命的農奴制經濟制約了國家的發展。

上任第二天，施泰因就宣布，廢止普魯士的農奴制度，土地可以自由買賣。

在普魯士，貴族和大地主這個階層有個特別稱呼叫容克。施泰因的改革讓發展中的資產階級可以購買容克的土地，並獲得自由民成為雇傭工人，資本主義經濟自然進入了順溜的發展軌道。

施泰因改革了政府機構，建立了內閣制度和現代化的官僚體系，應該說，如今德國政府部門的高效和務實正是源於施泰因這次改革打下的基礎。

改革直接觸犯了容克階層的利益，他們肯定是恨死了施泰因。施泰因是個愛國者，一邊忙著給法軍籌措軍費，一邊算計著如何才能驅逐這些入侵者。

一八〇七年，趁西班牙內亂，拿破崙入侵了該地，扶持自己的哥哥做了西班牙國王，引發了西班牙人的強烈不滿，西班牙、葡萄牙、英國攜手跟法軍開戰。後人常說，西班牙戰爭是勒死拿破崙的第一條繩索。法軍被拖在西班牙苦戰，不能自拔。看到這個情況，奧地利趕緊又發起組織了第五次反法同盟。

聽說拿破崙在西班牙失利，施泰因興奮不已，給朋友寫信也就不避諱地講述了自己的想法，他認為，普魯士應該趁這個機會起義，而且要堅決加入奧地利跟法軍再打一場。

全世界哪裡都不缺奸佞和小人，容克一直派人監視施泰因，想找他麻煩趕他下台，這封「反動」信件自然就落到了他們手裡。這些容克是標準的「普奸」，他們將信件轉給了拿破崙，讓皇帝陛下大怒，立即下令要求將施泰因逮捕，並下令，如果施泰因被法軍擒獲，就地正法！好在施泰因反應快，逃到了波西米亞，後來又到了俄國，成為沙皇的外交顧問。

施泰因對德國的貢獻並沒有因為下台而中止，後來沙皇亞歷山大一世跟拿破崙翻臉，法軍兵敗俄國，跟施泰因對沙皇的進言是分不開的。

施泰因離開後，哈登貝格男爵繼任首相，在前任的基礎上，深化改革。哈登貝格在對待容克的問題上比較緩和，改變了施泰因過於激進的做法，獲得了容克們的認可。

除了施泰因和哈登貝格在政治經濟上的改革，在這個普魯士偉大的變革時代，還湧現了很多的軍事改革家。普魯士國家傳統延續的對軍事化的重視和在打架方面的天賦異稟都被再次激發，基本可以說，就是這個偉大的改革時代，讓普魯士完成了從一個守舊落後的封建國家向資本主義現代國家的過渡，為最後實現德意志的統一打下了基礎。

2. 奧地利的平衡外交

被拿破崙控制的這段日子，普魯士選擇了改革沉痾，讓國家重生。奧地利則選擇了，使用外交智慧保全自己。

聽說拿破崙被困西班牙，奧地利又發起組織了第五次反法聯盟，對拿破崙在德意志的土地發動攻擊，逼得拿破崙強行從西班牙撤軍東征。

雖然在西班牙元氣大傷，奧地利依然不是對手。拿破崙再次佔領了維也納，奧地利又要割地賠款。

相對於普魯士人窮則思變，奧地利是極端保守的，面對一次次被法國蹂躪，他們想的到，不是將自己強大起來，而是如何使用外交手段，保證自己的安全。所以，這段時間奧地利最鋒頭的人物是外交大臣梅特涅。

在英國篇裡說過，拿破崙在歐洲大陸混得霸道，最讓他搞不定的就是英格蘭。後來拿破崙啟動經濟武器，搞了個「大陸封鎖令」。

歐洲大陸對英國產品和市場的依賴太強了，拿破崙的大陸封鎖令把很多歐洲人逼紅眼，其中最不信邪的就是俄國沙皇。拿破崙發現他忙著封閉歐洲大陸，沙皇卻在私下走私，大為光火。從西班牙抽身出來，拿破崙最重要的工作計畫是殺進莫斯科教訓叛徒。

根據奧地利以往的表現，拿破崙知道，只要自己有大型軍事活動，奧地利一定會明著暗著耍花招，禍害法國，想來想去，一勞永逸的辦法就是，化干戈為玉帛，化敵人為盟友。你說結盟就結盟啊，哈布斯堡王室看拿破崙就是個大魔頭。

正好，拿破崙也有自己的需要，我們的約瑟芬皇后不是一直沒生出孩子嗎，為了法蘭西帝國的萬世偉業，拿破崙必須離婚再娶，生出兒子來啊。哈布斯堡王室有個公主，叫瑪麗．路易絲，美麗可人，之前拿破崙見過幾次，頗為動心。

拿破崙透過梅特涅傳達了自己求婚的要求。法蘭茲二世肯定是絕對不答應的，瑪麗公主自己更是不從，大家想啊，從瑪麗懂事，她就知道這個世界上有個叫拿破崙的大壞蛋，把自己的家國搞得一塌糊塗，整個王室經常被他欺負，是哈布斯堡家族的頭號仇家。

梅特涅找到奧皇，曉之以理動之以情，講述了此次聯姻對奧地利的種種好處。其中最重要的說法是，只要奧地利和法國成為親戚，法國就會放手全力攻打俄國，根據梅特涅的分析，這一仗打下來，法國人縱然贏了，估計也會傷筋動骨，削弱不少，到時候，要不要報仇還不是看奧皇自己的心情嗎？

奧皇被說動了，瑪麗公主萬般無奈嫁入法國，成為皇后，法蘭茲二世稀里糊塗成了自己最大仇家的岳父。好在拿破崙婚後對瑪麗寵愛有加，還給拿破崙生了個金寶蛋一樣的兒子。

正如梅特涅所料，拿破崙真就調集五十萬大軍去找沙皇的麻煩了，臨行前要求岳父發三萬軍隊協同作戰。根據梅特涅的計策，這三萬奧軍雖然陪著上了戰場，基本是去打醬油的，完全不工作。所以，俄國一戰，拿破崙幾乎全軍覆沒，三萬奧軍到俄國旅遊一趟回家了。

戰爭中，梅特涅一邊給駙馬爺加油助威，一邊暗地裡跟英國、普魯士私通，告訴大家，奧地利是玩無間道的，只要有機會，一定跟兄弟們再次並肩子上。

30 一個魔頭的倒掉

1.縱馬進巴黎

拿破崙在冰天雪地裡大敗而歸，是個痛打落水狗的好機會，第六次反法同盟順勢而起，成員包括：英國、俄國、普魯士、匈牙利、瑞典等。

知道了拿破崙是可以失敗的，真不是戰神投胎的，這次反法同盟的氣焰非常高漲。幾場戰役打下來，雖然拿破崙還是取得勝利，但是發現局勢對自己越來越不利了。這時候，奧地利的梅特涅跑出來了，梅特涅笑瞇瞇地告訴拿破崙，只要他放棄佔領的德意志領土，反法同盟馬上可以解散，但如果不同意，奧地利就不給駙馬爺面子，馬上加入反法同盟一起找他麻煩。作為一個外交官，控制說話的態度第一等功夫，梅特涅威脅拿破崙的時候跟當年拍他馬屁替他做媒時的態度一樣熱誠。

拿破崙是不受威脅的，所以奧地利加入第六次反法同盟。

第六次反法同盟最著名的戰役就是萊比錫會戰，號稱是整個對拿破崙的戰爭的決定性戰役。原來對於拿破崙的進攻，不論是普魯士還是奧地利都沒有民族存亡的意識，歷史發展到現在，德意志人的民族國家意識一直很薄弱。俄國人民使用焦土政策打贏了一場衛國戰爭，讓普奧深受教育。兩國上下都感覺到，這場打架不是原來那種歐洲經常發生的鄰里糾紛了，而是關乎自己的民族、家園、文化的存亡之爭，所以這次戰事，吸引了很多民族參加。因為參加的各種族群種類較多，萊比錫會戰又叫做民族會戰。

一八一三年十月，德意志萊比錫附近，拿破崙的二十萬大軍應對來自三個方向的三十萬聯軍。大戰歷時四天，拿破崙軍隊死亡八萬多人，盟軍損失五萬多人，成為拿破崙戰爭中規模最大也最激烈的戰役，盟軍取得了最後勝利。萊比錫戰役的失利導致拿破崙控制的萊茵聯邦解體，而皇帝在德意志的統治也宣布被瓦解。可以說，萊比錫戰役是德意志的一場民族解放戰爭，民族會戰這個名字也有這個意思。

現在的德國萊比錫城內，還樹立著一座雄偉的民族大會戰紀念碑，九十一米高，號稱是歐洲最高的紀念碑。

第二年挾萊比錫大勝之威，反法同盟的聯軍主力開進了法國，陽春三月，沙皇亞歷山大一世帶領聯軍縱馬進入了巴黎。四月，拿破崙宣布退位並無條件投降。隨後被流放到地中海的一個小島上，頂著皇帝的頭銜享受島主的待遇。

2. 群架後的總結大會

根據歐洲人的習慣，打了一場痛快淋漓的仗後，最好的放鬆方式就是開表彰或者是分贓會。對拿破崙的戰爭一口氣打了二十年，歐洲眾街坊被打得七零八落，更有些丟了雞走了豬的街坊要把丟失的財物找回來，所以需要開個會整理一下街道次序。

哈布斯堡家族已經不是皇帝了，不過他們的皇帝責任心還在，所以他家的梅特涅跳出來用大喇叭通知開會，於是與會代表都公費到維也納旅遊，史上稱為「維也納會議」。

此次會議是奧地利主持的，但他們家最心虛，雖然他家也提供了五十多萬人的軍隊參戰，但畢竟是後來參加的，而且重點的戰役明顯都是俄國和普魯士在英國人資助下完成的，是以英國、俄國、普魯士的理直氣壯提要求，奧地利就算底氣不足，肯定也要最大限度要求自己的利益。

維也納會議像聚會多過像開會，因為都是贏家，都抱著一個輕鬆的心態，白天吵翻臉，晚上維也納方面就組織舞會調節氣氛。

就在一邊跳舞一邊扯皮的時候，開會這幾家突然聽說，島主潛回巴黎了，而且推翻了剛被聯軍扶持的路易十八，重登了帝位！

在維也納開會的各路人馬驚出一身冷汗，大敵還未除，我們們哥幾個還有空在這磨嘴皮子？趕緊地，第七次反法同盟又來了！

第七次反法同盟中英國和普魯士功勞最大，因為這兩家聯手完成了滑鐵盧戰役，徹底摧毀了拿破崙最後的希望，讓這個漫長的拿破崙戰爭終於以盟軍的勝利結束了。

維也納會議在滑鐵盧戰役九天前取得了成果，英國人獲得了最大的海外利益，俄國和普魯士獲得在歐洲的土地最多，而奧地利雖然實際收穫不算大，可是因為梅特涅高超的談判智慧，讓他成功完成了幾次領土置換，最後，哈布斯堡家族轄下的土地連成一片，戰略上更加有力，而最要緊的是，保障了哈布斯堡家族繼續控制義大利。

德意志內部，神聖羅馬帝國顯然已經不能恢復了，德意志諸侯還是一家人，組成德意志聯邦吧，主席還是奧地利，普魯士是副主席。

經過法國大革命引發的這一輪折騰，俄國、普魯士、奧地利都心有餘悸，他們很擔心，萬一哪國又冒出來一場革命，又從天而降一位神仙，那歐洲人還過不過了，這些皇帝國王不能總過這種朝不保夕的生活吧。防患於未然，下次有那個國家出了革命黨，三家聯手一巴掌就撲滅，不能再讓他成氣候。在共同的憂慮下，俄普奧三國重新組建一個同盟，也就是神聖同盟，主營業務是在歐洲範圍內鎮壓革命黨。這個同盟還是很有吸引力的，後來好多有需要的國家都加入了。

維也納會議基本是在梅特涅的主持下完成的，後來神聖同盟的許多活動他也是主要策劃人。法蘭茲二世死後，梅特涅作為首相輔佐斐迪南二世，在歐洲影響很大，所以維也納會議後的三十年，歐洲的格局被稱為「梅特涅時代」。

31 牛人輩出的時代

寫到這個位置，德意志的歷史可以休息一下了。經過被法國軍隊的一輪教育，德意志人發現，他們忍受了千多年的割據分裂的日子，不能再忍受了，這樣的一盤散沙隨時被動挨打受欺負的命運一定要改變。眼下對德意志來說，最重要的三件大事：第一是統一！第二是統一！第三還是統一！

形勢很明顯，不管從哪個方面說，最後有實力統一德意志的，不是奧地利就是普魯士，最後誰能修成正果，讓歐洲人拭目以待去吧。

本書開篇就介紹了來自德意志的音樂家和哲學家，老楊早就說過，德意志的歷史，他家那些輩出的各色牛人是不能迴避的，尤其是文藝復興到啟蒙運動的時期。這一篇，讓我們離開德意志那些打架鬥毆的俗事，跟他們家的文化人聊一聊。

1.祈禱之手

從杜勒開始吧，這是個畫家。老楊發現。大部分德國歷史書籍上會引用杜勒的作品，說他是德國歷史上最偉大的畫家，應該毫不過分，在他的時代，能跟他同列爭鋒的，恐怕只有義大利的達文西。

十五世紀，文藝復興幾乎燃燒了義大利，而德意志依然黑暗冰冷，杜勒的出現，也許是這個時代德意志罕見的藝術之光。

杜勒出生在紐倫堡一個冶金匠的家庭，十三歲時，就因為一副逼真生動的自畫像表現出絕頂的天賦。後來，杜勒就變著法子為自己畫像，畫了各種各樣的杜勒，終於為自己贏得了一個「自畫像之父」的美名，這種稱號怎麼聽都有點自戀。

杜勒擅長畫自己、畫別人，還出入宮廷為皇帝畫像。他在版畫和素描方面的成就非常高，作品精細嚴謹，名作很多，不過那些作品的名字，就算老楊一一列出，不懂繪畫的「地主」估計也都沒什麼感覺。但是，杜勒有一副作品是出現在很多場合的，比如教堂、比如高檔會所、有的時候，還被很多品味獨特的人掛在家裡，有一次，老楊在一個吵雜餐館薰著香的小廁所裡看到了這幅畫，讓上廁所這種庸俗行為突然變得很神聖！這幅畫最大的特點是，你只要看過一遍，你就肯定忘不掉，這幅畫就是著名的《祈禱之手》。

這是一幅簡單的素描作品，畫面正中是一雙嚴重變形的打手，雙手合十。長繭的指節、變形的手指、暴起的筋絡，細膩逼真，有攝影作品一般的真實震撼。而這幅繪畫史上著名的素描作品是有一個感人故事的。

杜勒年幼時，家裡有兄弟姊妹十八個，家境困難。杜勒和哥哥亞伯特都被發現有藝術天賦，杜勒的父親找到一個機會，可以送一個兒子跟紐倫堡的著名畫家學習。可是家庭只能負擔一個孩子學畫的費用，兄弟倆最後決定，拋硬幣決定誰去學畫，誰留在家裡做工。

硬幣的結果是杜勒去上學，哥哥亞伯特無怨無悔地去附近的礦場做工，賺來的錢資助弟弟的學習。就這樣，四年之後，杜勒成功地超越了自己的老師，聲名鵲起，也賺了不少錢。畢業後，衣錦還鄉的杜勒回到家鄉，對哥哥說，現在，他可以幫助哥哥實現理想了，他願意出錢讓哥哥去學畫。

亞伯特將自己的雙手送到杜勒面前，告訴弟弟，太遲了，這輩子，他都與畫筆無緣了。四年的礦場勞作，亞伯特的雙手已經嚴重變形，指節粗大，布滿老繭，顯然不可能再學畫了。這雙手當時讓杜勒淚流滿面。

為了這一份不可名狀的遺憾和愧疚之情，杜勒當晚決定將亞伯特這雙手畫下來。所有的藝術作品都是作者情緒的展現，杜勒帶著最真摯的感動畫下了這雙手，讓這份偉大的愛和奉獻永遠留在了藝術史上。

不管過了幾個世紀，人類的思想和價值觀如何變化，這雙《祈禱之手》要表達的慈悲和感恩，每個人都能體會到。因為這幅畫裡傳到的情感跟某些基督教的精神暗合，本來杜勒只是將其命名為《手》，後來被改成了《祈禱之手》。

這幅畫現藏於紐倫堡的陳列室中，去到那裡的「地主」請駐足仔細感受。

跟其他的歐洲藝術家一樣，杜勒也是個全科人才，他在畫作上表現出來的完美的布局和結構，來源於他對數學和幾何學的研究。

2. 自由職業不自由

開篇已經寫了一眾音樂家，寫德意志的音樂家，特別容易騙稿費，隨便可以寫一本書。可是，如果不寫寫莫札特，是不是這段歷史感覺像缺了一塊呢。

一七五六年，莫札特生於奧地利的薩爾斯堡，父親是當時薩爾斯堡的宮廷作曲家。莫札特本來應該有姊妹七個，他是最小的，其中五個都死了，只留下莫札特和姐姐娜奈爾。這兩個孩子能存活證明了優勝劣汰的理論，姐弟兩都是不世出的天才。

最開始，老莫是把女兒娜奈爾當作重點培養對象的，五歲的娜奈爾就開始玩鍵盤了。莫札特三歲的時候，聽姐姐彈琴，隨後自己就能完整地把剛聽到的樂曲彈奏下來。老莫發現兒子更加天才，欣喜萬分，於是馬上著手培養。

四歲那年，莫札特就寫出了一首可以拿上台演奏的協奏曲！每次說到莫札特的故事，老楊都深深懷疑這個孩子上輩子死後過奈何橋時沒有喝孟婆湯，還帶著前世的記憶，而且他前世就是音樂天才，因為莫札特的才華，怎麼看不像一輩子能修練出來的。

老莫發現自己中了大獎，趕緊安排對兒女的炒作。莫札特六歲開始，就跟著十一歲的姐姐組成一個童星組合，跑場走穴，一直走進了泰瑞莎女王的宮廷。

經過泰瑞莎女王夫婦的讚賞，姐弟倆名動歐洲，老莫帶著這兩個明星演員，進行了歐洲巡迴演出，每到一地都大獲成功，英國女王、俄國沙皇、所有的達官貴人、皇親國戚都對這個小男孩恩寵有加，巴黎甚至為七歲的莫札特出版了創作專輯。這一次巡遊中，莫札特接觸到了對他一生啟發最大的作品，來自巴哈。

十三歲時，莫札特去了義大利，羅馬教皇授予他金馬刺騎士勛章，並且輕鬆考入了當時最富盛名的波隆納愛樂學院，這個學院的入學年齡被要求為不得低於二十一歲。

到莫札特十六歲時，這個神童一直是蒙天地眷顧，一帆風順的，不過，這一年發生的一件事，改變了這個天才的後半生。

遊歷十年的莫札特回到了故鄉薩爾斯堡，那個時代，音樂家要想吃飽肚子，總是要掛靠一個單位，以奴僕的身分為王室或者貴族服務。所以，天才如莫札特，他到時也必須回到薩爾斯堡，在大主教的宮廷樂隊成為首席樂師。

這一年一直很照顧喜愛莫札特的薩爾斯堡的大主教死了，接任他的是跋扈專橫的柯羅雷多親王。新主教對音樂沒有什麼特別情結，即使是莫札特，不過也就是個打工仔而已，莫札特感覺他根本得不到最起碼的重視甚至是尊重。

莫札特從懂事起就知道自己是個天才、神童，因為前半生鮮有挫折，這樣的小孩大都傲慢衝動，而且還頭腦簡單，尤其是人際關係方面，不懂通融。

既然是給人打工，就別指望張揚個性了，柯羅雷多要求莫札特按自己的要求作曲，這對莫札特來說，絕對是一種凌辱，加上主教說話也比較難聽，經常當面叫他「廢物、白癡」之類的。

熬了八年，莫札特實在忍不下去了，他竟然辭職不幹了！大家感覺，不就是炒老闆魷魚嗎，什麼大不了的。在當時那個時代可不是小事，大家要知道，在那個時代，放棄公職做自由音樂人的，是個石破天驚不知死活的事。整個歐洲這麼多同行，莫札特是第一個擺脫了宮廷和教會，成為個體戶的音樂家！

事實證明，還真有點不知死活。自由音樂人的生涯一直讓莫札特陷入貧困，從小吃慣用慣，不知道節省，也沒有理財的概念，雖然收入一直是不錯的，可總是不夠花，稍微一受挫就負債累累，尤其是，後來又娶了老婆生了孩子，需要養活一家老小。

好在生活上的困難並不影響創作，這段時間莫札特進入了真正的成熟期。一七八六年，莫札特最最出名的歌劇《費加羅婚禮》上演，引起了轟動。有趣的是，這部名作最先感動的不是維也納，而是波西米亞的布拉格。莫札特在波西米亞收到了鋪天蓋地的掌聲和歡迎，帶著這種被認可的喜悅，莫札特完成了《唐璜》。這部作品剛問世的時候，維也納有諸多批評和詆毀，莫札特很淡定地說，給他們時間，他們會懂的。後來維也納人終於懂了，到現在為止，《唐璜》被認為是世界上最完美的一部歌劇，長盛不衰，幾乎是全世界所有歌劇院的保留曲目。

沒有固定單位固定收益，以莫札特毫無計畫的生活方式，依然沒有改善自己的貧窮狀況。莫札特臨終前幾年一直健康不佳，延醫用藥也是很沉重的開支。

一七九一年，世界藝術史上最天才的音樂家在他三十五歲的盛年溘然辭世，就在臨終病入膏肓的那段時間，他完成了歌劇《魔笛》。《費加羅婚禮》、《唐璜》、《魔笛》成為莫札特最著名的三部歌劇。

3. 煩惱維特的少年

老楊一直說，對某些東西，要敬畏一點。比如《紅樓夢》，沒什麼事最好不要惡做更不能翻拍成《聊齋》。不過對於外國的藝術，老楊長期無知無畏，缺乏敬畏。可能是翻譯的原因，感覺從來沒有一部外國名著讓老楊讀出了《紅樓夢》或者是《三國演義》或者是《金瓶梅》那樣的快感。

只是，不讀外國名著，不好意思說自己是文化人啊，為了冒充知識份子，附庸風雅，作張作勢，老楊咬著牙讀了不少。

曾經有個小朋友問老楊，到底《少年維特的煩惱》是不是講早戀的，老楊本著誨（毀）人不倦的宗旨，言簡意賅地告訴他：《少年維特的煩惱》講的就是一個沒出息的小男人愛上別人的老婆不能自拔，在工作單位又不受待見，最後自殺了的故事！

這一篇，德意志的文化人，我們講歌德。

歌德生於一七四九年的法蘭克福。他成年後的時代，是德國文化史上一個很明星的年代，叫做「狂飆突進時代」。

這是法國大革命爆發之前，歐洲的文化思想界正要經歷一場大變革，也可以說，是黎明前最黑暗的時刻。德意志的資產階級還沒具備法國那樣的反抗能量，但是封建壓抑的舊制度帶給年輕人的窒息和鬱悶卻是一樣的。德意志的文藝青年們，受到啟蒙思想的啟迪，想要在窮鄉僻壤的德意志開展一場暴風驟雨般的大躍進行動，一舉打碎頭頂所有的烏雲，掙脫身旁所有的束縛，進入一個自由民主的豔陽天。

「狂飆運動」的參與者主要是知識份子，也沒有明確的政治目標和企圖，怎麼看都像是愣頭憤青，所以這場運動，如同流星，雖然耀眼的閃過天空，可這束光芒未免太短暫了。

《少年維特的煩惱》（以下簡稱《維特》）算是這個時代的代表作品。按照大腕恩格斯的說法，《維特》之功，全在於批判。少年維特是個挺墨跡（形容一個人囉嗦，不乾脆。）的小男人，代表著那個時代德意志資產階級的無力和脆弱。維特的經歷，應該是當時資產階級充滿渴望而又無能為力的寫照。所有偉大的文學作品，有一個共性就是：透過單一個體的經歷、思想、情感映射整個時代精神和內涵。

批判現實的作品總是能引起廣泛共鳴，《維特》一發表就震動了整個歐洲，連印了十六版，並翻譯成各種文字，據說拿破崙也是讀者，而且讀過七遍。「維特」成為全歐洲年輕人的偶像，學他打扮，學他的談吐，甚至，學他自殺。要知道，就是以自殺結尾這一點，這部書就足夠離經叛道了，因為在基督教世界裡，自殺是不能被原諒的行為。

《維特》出版之前，德意志這個窮鄉下還真沒有能拿得出手的文人，就是這部短短的言情小說，讓歌德從一個德意志作家升級到了世界級的作家，而他後來的作品《浮士德》則一舉將落後的德意志文學送上了世界文學殿堂的前幾位。

《浮士德》寫作，幾乎花費了歌德六十年的時間，據說歌德大學時就在構思這部作品，寫成後的第二年，他就去世了。

浮士德是十六世紀傳說中的人物，一個江湖術士，將自己的靈魂出賣給魔鬼，然後享盡人間極樂。歐洲好多國家都有關於浮士德的故事。老楊以為，當時民間會流傳這種故事，源於基督徒在現實艱難的生活中產生的某些信仰上的搖擺。這個問題到今天依然有現實意義，如果給你完美無缺的生活，你願不願意出賣靈魂來交換？

浮士德是個老博士，一輩子飽讀詩書，滿腹經綸，活得很努力，卻總覺得有些欲望得不到滿足，一輩子書白讀了，人白活了。看著老年浮士德的煩惱，魔鬼跟上帝打賭，說人都是這德行，「既想索取天上最美麗的星辰，又要求地上極端的放浪，不管是在人間或天上，總不能滿足他深深激動的心腸。」上帝認為，人雖然大部分很迷茫，不知道自己要的到底是什麼，但是最終會明白所有真諦。於是魔鬼跟上帝打賭，他能將浮士德引上魔路。

魔鬼找到浮士德，跟浮士德說，他可以讓他重活一次，體會所有的快樂，條件是，只要浮士德獲得了真正的滿足，說到：「太美了，可以停止了」，魔鬼就收走浮士德的靈魂。浮士德根本不信死後有靈這碼事，所以很痛快地簽了合約。

成交後，魔鬼讓浮士德喝魔湯，換老還童，青春年少。魔鬼開始滿足浮士德的所有欲望，第一個欲望當然是女人，浮士德經歷了一場跌宕的愛情，以他妻子被處死告終；隨後浮士德穿越回到古羅馬，發明紙幣幫助皇帝化解了經濟危機，實現了權力欲望；皇帝希望看到古希臘的美女海倫，魔鬼又施法讓海倫出現，結果浮士德自己愛上了海倫，還生了孩子，孩子會飛不會降落，飛起來後摔死了，海倫也消失了，根據文學專業的說法，這個孩子映射的是詩人拜倫，海倫代表的是古典主義，對海倫的追求，代表著歌德古典主義的夢想，也是一種欲望；後來浮士德幫助皇帝戰勝了敵國，獲得了一片海灘，浮士德決定圍海造田打造一方樂土。此時的浮士德已經百歲了，雙目失明。魔鬼召來惡靈為浮士德掘墓，浮士德聽到鋤地的聲音，還以為是工作人民大生產，浮士德想像著，他會建一個自由平等的家園，終於，他體會到滿足了，他說：「太美了，可以停止了！」然後死去。這一刻，魔鬼贏了，他可以收走浮士德的靈魂。不過，上帝認為，在不斷追求實現所有欲望的過程中，浮士德的靈魂得到了淨化昇華，沒有墮入魔道，所以他將浮士德的靈魂帶上了天堂。

浮士德一生，經歷了讀書、愛情、政治、古典主義和建立功業五個階段，不斷探索，不斷追求，還自強不息，代表著幾百年歐洲知識份子上下求索的形象。主張人類應該不斷克服自己的缺點，完善自己，讓人性更美好。文章的最後，浮士德發現能真正滿足自己的是改造自然，建設和諧家園，終於讓歐洲的知識份子從個人享樂和狹隘欲望昇華到了為萬民謀福祉的高度。

《浮士德》是對話形式的長詩，所以叫做詩劇，全詩一共一萬二千一百一十一行，結構宏偉龐大，天上地下，庸人神仙，浪漫主義現實主義共冶一爐，是文學史上最恢宏的作品之一。《浮士德》、《神曲》、《哈姆雷特》、《荷馬史詩》被認為是歐洲的四大名著。

老楊根據自己的喜好，選出這三個人物大致介紹德意志的文化，德意志的文化名人還有很多很多，比如之前說到的微積分的發明者萊布尼茨、行星運動定律的創立者開普勒、德國國歌的作者海頓、德國歷史上僅次於歌德的作家，《歡樂頌》的作者席勒等等。

32 神祕年份

1. 暗流湧動

老楊原來說過，歐洲歷史上一直有個神祕年份，彷彿是來自某種神祕力量煽動，整個歐洲各地都燃起了熊熊火焰，差點燒成一片火海，這個年份就是一八四八年。

維也納會議，歐洲建立了所謂的梅特涅次序。這個次序應該是說很不合時宜的，法國大革命已經讓資產階級和市民階層看到了一片不一樣的天空，那些王室貴族們還想把國家帶回過去的生活幾乎是不可能了，所以，從一八一五年維也納會議到一八四八這幾年，歐洲大地到處都有些對政府不滿的小行動。

上篇講了最近這百多年德意志的文人，淵博的「地主」會提醒老楊，漏掉了一個重要人物啊，大詩人海涅。

他還真是大詩人，因為有一首他的作品是大部分中國人都會背的，這詩老楊不諳世事的時候讀到，心裡直突突，當時就想啊，這詩人受什麼刺激了，詩寫得這麼咬牙切齒的：

憂鬱的眼裡沒有眼淚，
他們坐在織機旁，咬牙切齒：
「德意志，我們在織你的屍布，
我們織進去三重的詛咒——
我們織，我們織！

「一重詛咒給那個上帝，
饑寒交迫時我們向他求祈；
我們希望和期待都是徒然，
他對我們只是愚弄和欺騙——
我們織，我們織！

「一重詛咒給闊人們的國王，
我們的苦難不能感動他的心腸，
他榨取我們的最後一個錢幣，
還把我們像狗一樣槍斃——
我們織，我們織！

「一重詛咒給虛假的國家，
這裡只繁榮著恥辱和罪惡，
這裡花朵未開就遭到摧折，
腐屍和糞土養著蛆蟲生活——
我們織，我們織！

「梭子在飛，織機在響，
我們織布，日夜匆忙——
老德意志，我們在織你的屍布，
我們織進去三重的詛咒
我們織，我們織！」

熟悉吧，大名鼎鼎的《西里西亞紡織工人》，這首詩放在咱家歷史，可以稱之為「反詩」。看了這麼久的德國歷史，「地主」們應該和老楊一樣知道海涅為什麼咬牙切齒了。其實剛出道的時候，海涅跟他之前所有的詩人一樣，走浪漫主義情詩路線的，歐洲各國的文字只要一創作成詩歌，多半用來泡妞，而且赤裸裸地肉麻無比，海涅也沒有脫離這個俗套。

隨著革命意識的覺醒，或者是出於對廣大受苦人民的同情，海涅的詩歌開始批判和披露現實，很快成為了普魯士乃至整個德意志的反動文人，甚至還遭到通緝。連情詩詩人都開始批判社會政府了，就說明某種意識真正在民間覺醒了。

初級革命者只要一被迫害升級為革命家，如果找到正確的方向，批判詩就升級為有明確政治意圖的政治詩。什麼是明確的政治意圖？通俗地說，詩歌產生號角的作用，有鼓動鬥爭激勵鬥爭的意思了（就是煽動造反）。所以，老楊沒有將海涅放在文人或者藝術家之列，他是一個革命家、政治鬥士。

海涅這些策動革命意圖的詩歌多半寫於十九世紀四〇年代，這段時間，海涅碰上了兩個同志，一個叫馬克思，一個叫恩格斯。

從咱家的角度寫世界歷史，馬恩兩位大爺肯定是主角，老楊從小就感覺，這兩位大爺跟咱們自家人一樣，賊親切。但是寫德意志歷史，兩位大爺就委屈龍套一下了。馬大爺說了，人類歷史上的發展矛盾就是不同階級之間的利益對立和利益攫取。到最後，社會最底層的無產階級必然會取代所有的階級成為主宰，共產主義必將取代資本主義。馬大爺的理論，對當時的德意志來說，恐怕還有點高遠，算是給了底層工作者一個鬥爭的希望。在馬克思實際生活的年代，馬克思主義對他自己國家產生的影響遠遠不及對後來法國、俄國的影響。所以關於馬恩大爺的故事，老楊申請到其他國家再詳細說。

除了這幾位大腕攪動江湖風雨，一八一七年，德意志的大學生還組織集會、遊行，並出版各種報刊，號召抵抗國內外所有的反動派（學生運動常用詞），組建統一民主的德意志。「發動派」頭子俄國沙皇派出特使過來調查研究，這個倒楣的特使被大學生殺了。

出了這麼大的事，奧地利首相梅特涅趕緊跳出來恢復次序，在捷克的一個小城，德意志各邦代表開會，宣布取締大學生協會、取締他們的出版物，取締新聞言論自由，鎮壓所有的起義暴動等等。我們都有歷史經驗，洪峰就要來到，不疏導排洪，光是強行封堵，後果是不堪設想的。

2. 革命洪流——組團造反

十九世紀初，你要是問歐洲那些國王皇帝封建領主：會不會有一天，老百姓都成了氣候，讓你們統統下崗啊？這些人肯定回答：等到猴年吧！

一八四八年，道光二十八年，正好是戊申猴年，這一年，咱家的李蓮英公公出生了，印證一句話：國之將亡，必降妖孽。

法國是當時的革命聖地，風吹草動都是他家先開始。拿破崙失敗後，波旁王朝復辟，隨後七月革命，又推翻了波旁王朝，建立了所謂「七月王朝」。法國這一次「七月革命」的輻射影響是，比利時獨立了，第一任國王是英國女王維多利亞的舅舅。

法國的大金融資本家主導了七月王朝的建立，所以他們自然成為國家的真正領導者，資本主義工業快速發展，大銀行家、大商人、大地主財富不斷增加。而中小企業主和百姓則被這些寡頭盤剝，生活日趨貧困。各地經常發生饑民暴動，資產階級準備開個宴會請大家吃個便飯，隨便討論一下是不是改改選舉制度，讓寡頭們放一點權力給其他人。

被革命怕了，聚眾即使是吃飯，也有點危險，所以法王下令取締飯局。資產階級心想，國王不准請客，那就不請了，大家回家自己吃自己的，結果廣大群眾市民不幹了，法國人已經造反成習慣了，於是又行動了。因為是自己打自己，都在自家院子裡幹仗，所以都是巷戰，大街上築起工事，關上院門在裡面打得不亦樂乎。

這是一八四八年二月，歷史上被稱為法國的「二月革命」。法國人民取得了重大勝利，趕走了法王，建立了法蘭西第二共和國。

法國人一啟動，德意志人就跟上了。先是離法國比較近的西南地區起事，三月，普魯士的柏林和奧地利的維也納幾乎同時爆發了革命。

奧地利人的訴求比較明白，第一要實現的目標就是讓首相梅特涅下台。梅特涅眼看形勢不對，男扮女裝逃到了英國。梅特涅一走，之前一直聯手鎮壓各國革命的神聖同盟也就土崩瓦解了。奧地利皇帝斐迪南一世是神聖羅馬帝國末代皇帝的兒子，大腦袋小短腿，據說是個半弱智，一直靠梅特涅幫著理事，梅特涅逃跑了，斐迪南一世就容易控制了。

斐迪南一世答應組建內閣，頒布新憲法，召開國民大會，不過新組建的內閣思想不夠解放，離革命黨的要求頗有距離，維也納又發動第二輪戰鬥，斐迪南一世也逃跑了。

斐迪南一世在奧地利歷史上可能不值得記錄，不過老婆還不錯，皇后是來自撒丁王國的公主。眼看著皇帝這工作，殘疾老公實在幹不了，王后跟自己的妯娌商量，讓小叔子的兒子，也就是斐迪南一世的侄子接班對付亂黨。斐迪南一世的侄子就是弗朗茨．約瑟夫一世，對大部分「女地主」來說，老楊寫整部的德意志史，弗朗茨．約瑟夫一世才是正牌男主角，因為他的女主角是萬眾期待的茜茜公主。

宮廷緋聞後面再說，這會子都打翻天了，兒女私情先放放啊。奧地利革命的成功，讓普魯士深受鼓舞。普魯士當值的國王是腓特烈．威廉四世。

普魯士的問題比較複雜，腓特烈．威廉四世是個偽革命，一開始就亮出了合作的面孔，不就是立憲和召開議會嘛，大家先散了，一切好商量。正當革命群眾預備撤軍，國王的弟弟，威廉親王就組織軍隊向人群開槍，親王這一行動，讓自己光榮地贏得了「散彈親王」的美譽。

起義民眾被激怒，學習法國人的先進經驗，跟軍隊展開街戰並取得了勝利，腓威四只好再次答應組建由資產階級主導的內閣，召開國民大會。

全德意志在法蘭克福召開大會，第一個要談的，自然是如何統一的問題。在這次會議上，關於德意志統一有兩個方案，大德意志，把奧地利、波西米亞全算上，奧地利皇帝過來做帝國元首；小德意志，將奧地利排除在外，成立德意志帝國，普王成為帝國皇帝。

不管開會的中產階級代表如何興奮，奧地利和普魯士對這件事都有自己的想法。奧地利的代表先離開了大會，還帶走了南部德國不少邦國的代表。而腓威四恥於接受國民議會授予他的皇冠，甚至拒絕會議討論出來的憲法。奧地利和普魯士都這麼強硬，顯然已經找到了更好的解決辦法，只是這些開會的中產階級革命黨不知道革命遠沒有成功，還在囉囉嗦嗦為一些沒要緊的事扯皮，浪費了大好機會，貽誤了寶貴的戰機。

哈布斯堡家族這一年是忙死了，一八四八年除了維也納的人民起義，他家治下的匈牙利、義大利、捷克都發生了規模不等的各種起義。

匈牙利的起義比較引人注目，因為起義的領導者中有個大明星，詩人裴多菲。生命誠可貴，愛情價更高，若為自由故，兩者皆可拋。基本上，匈牙利人就是在裴多菲《民族之歌》的鼓舞下，發動起義，一舉佔領了首都布達佩斯，並馬上在全國範圍內廢除了農奴制。匈牙利起義成為整個一八四八年所有革命中最大的亮點，並且持續的時間最長。

一八四八年的革命，最大的特點就是看上去成功得太容易，好像很快就達到了起義的目的。以至於這些革命黨腦子有點暈，要辦的事太多了，不知道先做哪一件啊！相比之下，他們的敵人腦子清楚得多，要做的事也簡單得多，那就是組織鎮壓。

大家注意，之前的神聖同盟雖然解體，成員都還在呢，尤其是老大沙俄，他家沒人鬧事，他有大把時間充當歐洲員警，維持各國治安。

先是法國革命失敗，隨後，沙皇尼古拉一世出人出錢加入了奧普的鎮壓行動。一八四八年，捷克、義大利的起義被鎮壓，第二年三月，奧軍強攻維也納取得了勝利，奧皇回家上班，恢復了封建專制統治。普魯士軍隊進入柏林，佔領國會大廈，議會被驅散，普魯士各地的起義被鎮壓。

在匈牙利，奧軍受挫，匈牙利人宣布脫離哈布斯堡家族統治，國家獨立。沙皇趕忙發出了十四萬大軍過去幫忙，充分顯示了誠意。俄普聯軍合夥絞殺了壯烈的匈牙利民族解放運動，裴多菲戰死沙場。

匈牙利失敗，標誌著，一八四八年，歐洲大地如火如荼的革命熱情被澆滅。雖然失敗了，意義是重大的，老楊記得中學歷史考試時，有關一八四八年歐洲革命意義的標準答案是：為資本主義的發展掃清了道路；鍛鍊了法、德等國的無產階級以及革命群眾，對後來歐洲工人運動以及社會主義運動的發展有著深遠的影響。

33 第二帝國誕生

看到這個標題，「地主」們很失望，不是寫茜茜嗎？有美女看的時候，誰關心老男人啊？鑑於本書的標題是「德意志是鐵打的」，到現在為止，還沒看出這個四分五裂的國家哪裡像鐵打的，所以從扣題方面考慮，俾斯麥才是大主角，先請他出來亮個相吧。

1. 俾斯麥的年少輕狂

一八一五年四月一日，俾斯麥出生在普魯士勃蘭登堡一個大容克貴族世家，全名叫奧托・馮・俾斯麥。老楊小時候，以為德國人姓「馮」的特別多，後來才知道，是個貴族的標誌，如同荷蘭姓「范」的，西班牙姓「唐」的。愚人節最早起源於十六世紀的法國，俾斯麥同學應該是知道自己是愚人節的小孩，所以一生都很嚴肅認真生怕自己變成一個笑話。

貴族子弟肯定是進入首都柏林讀小學，俾斯麥從上學老師們就評價這娃脾氣暴躁，喜歡打架。以俾斯麥的出身，大學肯定是進入名校，所以他進入了哥廷根大學學習法律。

哥廷根大學位於哈茨山的南麓的一個小城。當時的神聖羅馬帝國皇帝查理六世批准漢諾威選帝侯在該地建立一所新大學。漢諾威的選帝侯肯定是沒空的，因為他還兼任著英國國王喬治二世，所以這工作就交給了手下的重臣。一七三一年，大學成立，重金從全歐洲招募最優秀的學者。

要說出自哥廷根大學的一流人物就多不勝數了，我們最熟悉的是咱家的朱德爺爺，他老人家是當年哥廷根大學的中國學生會主席。大數學家高斯曾在這裡求學和任教，當時哥廷根大學被稱為「數學界的麥加」。一八三七年，有七個教授聯名抗議當時的漢諾威國王廢除憲法，結果這七個教授被解除聘用，還被趕出公國。這七位好漢，就是德意志歷史上聲名赫赫的「哥廷根七君子」，這七位爺中間有兩位是兄弟倆，後來寫童話寫出名了，都叫他們格林兄弟。

這樣詳細介紹哥廷根大學的背景，是告訴大家，俾斯麥同學是誠實守信的，的確是出自名校。

俾斯麥的大學生涯是個富二代的格局，奇裝異服造型古怪在校園招搖，花天酒地，放浪形骸，估計是要麼從不給家裡打電話，只要打電話肯定是要錢用。除了花錢，就是打架，俾斯麥的大學時光，最出名的事件就是決鬥，跟人一言不合就亮劍，大小戰役二十七場。老楊懷疑哥廷根大學的校規是雙重標準，據說海涅當年也在哥廷根大學，因為決鬥被開除了，俾斯麥打了這麼多次架，為什麼不開除他呢？難怪人家海涅淪為革命黨，就是被迫害的。

在哥大讀了兩年，俾斯麥又跑去柏林大學了，據說是因為好朋友轉學過去了，他為朋友義氣，也跟過去了。柏林大學創立於一八一〇年，第二次世界大戰前，這裡幾乎是世界學術的中心。咱家那兩位大爺，馬克思恩格斯就是這裡混出來的。柏林大學從創立伊始就是一所現代綜合大學，後來他的辦學模式成為典範向全世界推廣，被稱為是「現代大學之母」。

畢業後俾斯麥必須服兵役。據說為了逃避兵役，家裡給他走了不少後門，不過此時的俾斯麥是個標準的紈綺子弟，是幹什麼什麼不行。家裡搭了不少錢，讓他當了律師，他不好好幹，空閒泡妞，揮金如土，最後實在看不到前程，二十三歲那年，還是只能去當兵了。

退伍後的俾斯麥回到了家裡的農莊，這個放蕩不羈的浪子居然在田居生活中找到了樂趣，仔細研究農業科技，取得了可觀的成績，即使是他還是保持著泡妞賭博這兩個生活習慣。喜歡跟女人現殷情，到該結婚的時候，俾斯麥還是透過朋友介紹，娶了一位很平凡的小姐。到現在為止，俾斯麥還是普魯士容克家庭的普通公子哥，雖然有的時候做事出格，還沒看出會有什麼特別大的出息。

2. 時事造人才

一八四八年，柏林人民起義，「散彈親王」槍擊起義人民，而隨後起義的群眾又打退了鎮壓的軍隊。他們迫使普王腓特烈．威廉四世向之前死難的百姓致哀，普王只好脫下王冠，低下了高貴的頭，讓容克階層感覺到，國王混得太慘，普魯士需要鐵腕的重臣。

聽說國王被亂黨挾制，剛結婚度完蜜月的俾斯麥在自己的屬地上組織人馬，進京勤王，後來普魯士的革命被鎮壓，俾斯麥也因為參加鎮壓有功留在了柏林，競選成功，成為議員。

這裡先插播介紹一下一八四八年後德意志的狀況。其實，從十九世紀上半期開始，普魯士就進入了一個經濟發展高速期，資本主義經濟形勢一片大好。尤其是三〇年代，德意志也經行了一輪工業革命，煤鐵產量、鐵路建設都有跳躍式的發展。英國篇時老楊說過，一八五一年的世界博覽會，美國的工業展品獲得了世界的驚歎，到一八六二年，倫敦再次舉辦世博會時，德意志的及其產品成了明星，儼然已經超越了大英帝國。德意志成為一個機械設備的出口國。

一八一五年的維也納會議，德意志三十四個邦國，四個自由市組成了邦聯，基本上還是四分五裂，各自為政。隨著經濟的快速發展，這種散亂的格局就弊端甚多了。第一，沒有強大的國家做靠山，國際市場上，德意志的產品受不到保護；第二，法律、貨幣、甚至度量衡都沒有統一，邦聯內部都無法形成龐大的市場，工作力也很難實現流通；第三，所有的邦國都不願意放棄自己的稅收政策和商業利益，所以商品在德意志內部流通，關卡重重，稅目繁多，嚴重制約商業發展。

以上三個問題只要德意志統一，基本都能改變，但是如果暫時不能統一，就可以先挑容易的解決。一八一八年，由普魯士發起，在自家境內取消了所有關卡，統一了稅制，並發起組織關稅同盟。就跟現在的歐盟一樣，只要加入成為成員，同盟內取消一切關稅。到十九世紀五〇年代，除了奧地利，幾乎德意志所有的邦國都加入了這個以普魯士為中心的德意志關稅同盟。

而十九世紀整個德意志的經濟發展中，又是普魯士的發展最為強勁突出，他家已經成為德意志的工業中心。感覺到自己有了實力，普魯士又一直憋著一統德意志江山的偉大理想，所以，他家就開始有些動作。

其實，之前諸邦搞的那個德意志邦聯，在一八四八年大革命的衝擊下，已經基本散夥了。一八四九年，普魯士國王腓威四就想搞一個新的邦聯，由普魯士做老大，還真是忽悠了不少邦國加入。結果這個事不僅引發奧地利嚴重不滿，俄國沙皇尼古拉一世也非常不爽。據說他老人家親自趕到華沙，用訓兒子一樣的態度將普王斥責了一頓，而後告訴奧地利，普魯士這小子以後再不老實，直接揍他，俄國給幫忙。別說北極熊發飆，就是單挑奧地利，當時的普魯士心裡也沒底，所以只好屈辱地簽訂了一個協定，臣服奧地利，放棄統一德意志的計畫，再不許自封大哥。

普魯士又吃癟了，為什麼總吃癟，就是因為打不過別人，如果不怕打架，誰敢不服？抱有這個想法的是普魯士的新國王威廉一世，也就是之前的「散彈親王」。他的哥哥腓威四死於精神錯亂，威廉一世在一八六一年繼位成為新普王，從他敢向起義人群開槍這點看，這夥計是個狠手。

威廉一世上任第一項工作就是軍事改革，增加軍費投入，擴充軍隊數量。當時的德國資產階級明的暗的總是要跟國王以及他代表的容克階層搶權，資產階級擔心國王有了更強的軍隊，勢力更大，資產階級就沒有出頭的機會了，所以對於國王要增加軍費，下院遲遲不給通過。國王跟議會產生了矛盾，普王再次感覺到，自己需要一個鐵腕果決的幫手，來幫自己實現理想。於是，經歷了駐德意志邦聯代表和駐俄公使、駐法公使的俾斯麥回到柏林，成為威廉一世的首相兼外交大臣，時年四十七歲。

3. 鐵血的統一大戰

剛上任的首相發表了著名的演說，「當代的重大政治問題不是用說空話和多數派決議所能決定的，而必須用鐵和血來解決。德國所指望的不是普魯士的自由主義，而是他的武力！」就是這篇經典名言，後來的俾斯麥一直被叫做「鐵血首相」。

其實關於德意志的統一，普魯士的想法一直是很明白的，按照俾斯麥的說法，德意志必須由普魯士來統一，而且要用武力，不過奧地利太大了，普魯士吃不下去，所以德意志應該將奧地利踢出去實現統一。

說到做到，俾斯麥果然是最佳首相，看著德意志議會嘰嘰歪歪總是想限制國王，俾斯麥預備無視議會，直接對周圍動武，他知道，只要他統一了德意志，資產階級獲得實質的好處，他們自然就閉嘴安靜不再啟釁了，就這樣，俾斯麥開啟了他鐵血的統一大戰。

德意志的統一大戰有三場，第一場，普魯士對丹麥。

為什麼要對丹麥動手呢？歷史遺留問題。德國的頭頂有個叫石勒蘇益格－荷爾斯泰因州的地方，北部與丹麥接壤。這個地區的歸屬，一直是丹麥和德意志的主要矛盾。

石勒蘇益格、荷爾斯泰因、勞恩堡是三個易北河地區的公國，石勒蘇益格地區跟丹麥比較緊密，是德意志人和丹麥人混居的，荷爾斯泰因和勞恩堡則純粹是德意志人了。

根據一八五一年的《倫敦議定書》這三個公國在行政上接受丹麥國王的領導，但是荷爾斯泰因和勞恩堡兩個公國又屬於德意志邦聯的成員，這麼變態的規定，純粹就是找事。一八六三年，新上任的丹麥國王索性一咬牙一跺腳宣布，這三個公國都屬於丹麥的。

丹麥一舉得罪了所有德意志人，俾斯麥正好要找地方打架呢，丹麥就撞在槍口上了。如今德意志民族意識覺醒並高漲，鄰居公然搶自家的自留地，全德意志人要團結一致將他打出去。俾斯麥在家眼珠子一轉，想了個好辦法，他拉上奧地利組成聯軍一起對付丹麥。

歷史上這場所謂的普丹戰爭根本不能算是戰爭，打了一年不到，幾乎沒有值得一提的重要戰役，丹麥就老老實實答應，三個公國交出來，以後再不敢隨便佔鄰居便宜了。

拿回這三個公國，一切才剛剛開始。對俾斯麥的統一大戰來說，頭號要幹掉的敵人是奧地利，普丹戰爭不過是俾斯麥給奧地利精心編織的一個套。

普奧聯軍坐地分贓，普魯士拿了石勒蘇益格，將荷爾斯泰因劃給了奧地利，奧地利還挺高興，殊不知，這小塊地方正好被普魯士的國土包在中間，已經成為了是非之地。

正如俾斯麥預料的，因為荷爾斯泰因的問題，普奧兩邊摩擦不斷。這段時間，普奧會不會開打，怎麼打，誰會勝都成為全歐的焦點話題。

從普魯士崛起，神聖羅馬帝國解散以來，歐洲的大哥們都在預防讓德意志順利合體，看普魯士摩拳擦掌的狀態，都感覺德意志的態勢恐怕不受控制了。而普魯士和奧地利的一戰，就能決定德意志的前途。很明顯，普魯士勝，奧地利被排斥在外，德意志統一，以普魯士現有的工業實力，德意志必將在歐洲中部稱霸；奧地利勝，以哈布斯堡境內民族混雜的狀況，他要統一和穩定這麼大的德意志是很艱難的，縱然強行統一了，內部也亂哄哄的，估計跟分裂狀態也差不多。

當時的歐洲幾個大哥，沙俄、法國、英國都不願意看到德意志統一，但俾斯麥絕對不是一個只知道決鬥的愣頭青，作為一個卓越的政治家，大戰之前，他一定在外交上做好了相應的準備。

第一個是沙俄，大家還記得，普魯士剛想跟奧地利動手的時候，奧地利就是請出了老毛子大哥將普魯士一頓臭罵。很明顯，奧地利是老毛子罩的，不過最近，情況發生了變化。

沙俄剛剛打輸了克里木戰爭，輸得很丟人，克里木戰爭中，普魯士一直保持中立，私底下巴結俄國，可奧地利居然跟英法一起跟俄國作對。知人知面不知心啊，戰爭一結束，沙俄就表示，以後不跟奧地利玩了，不罩他了，以後普魯士想揍他，只管揍。

至於英國呢，他家真顧不上。這段時間對他家最重要的事是老山姆那邊，南北戰爭開打了。雖然美國獨立了，英國人還是覺得，老山姆家的事還是自家的事，自家打得熱鬧呢，還有空管別人家打架？

剩下最大的麻煩就是法國了。法國是站在奧地利一邊的，此時的法國是法蘭西第二帝國，皇帝是拿破崙三世（這段時間的法蘭西在共和國與帝國之間迷茫呢，一會兒皇帝、一會兒總統，搞不清楚）。俾斯麥想了個小花招，他暗示拿破崙三世，普魯士可以承認法國對盧森堡、比利時和萊茵河西岸一帶的佔有，而且普魯士要跟奧地利幹仗，是預備打一場長期戰爭的。拿破崙三世在家一算，他在家坐山觀虎鬥，自己有不少好處，這兩家打架，肯定兩敗俱傷，而且根據拿破崙三世的分析，普魯士根本不是奧地利的對手，最大的可能是在戰爭中消耗乾淨了，於是，法國也就放手讓他們打了。

普魯士還有一個很重要的幫手，那就是義大利。義大利一直被哈布斯堡家族控制，也是分裂的，他們也有統一的要求，他們願意幫助普魯士打贏這一仗，削弱哈布斯堡家族。

外交準備完畢，其實國內的壓力更大。對奧地利作戰，在普魯士人看來凶多吉少，很多普魯士人都認為他們會被俾斯麥葬送。為了不讓這個狂人將普魯士拖向毀滅，反對派甚至組織了對俾斯麥的謀殺。像俾斯麥這樣的人，認定了的事，做了鬼也不會放棄的。

戰爭怎麼開始呢？鑑於奧地利家對荷爾斯泰因管理不善，普魯士宣布，將之收回來自己管。奧地利當然不幹，還說要交給德意志聯盟的議會來討論，根據兩家之前分贓的協議，這兩個公國的歸屬，是兩家自己的事，不能麻煩德意志聯盟，既然奧地利要把它交出來公決，顯然是違反協議的，這就是戰爭藉口。

一八六六年六月，普魯士對奧地利宣戰，兩邊各自調動了超過二十萬的大軍，義大利緊隨著加入戰團。

應該說整個普奧戰爭，最耀眼的明星是普魯士的陸軍參謀總長毛奇。他一開始就制定了快速向奧地利大軍的集結地開進，而後直接決戰，速戰速決這種打法。這個打法很冒險，二十多萬人向奧地利方向集結，萬一幾路大軍不能按時到達指定地點，容易被各個擊破。這個過程中，不管是普王還是俾斯麥都睡不著覺。據說當毛奇知道，高效的普魯士軍隊在規定時間規定地點完成集結時，毛奇非常淡定地通知國王和首相：「陛下，您不僅贏得了這場戰役，還贏得了整個戰爭！」

七月三日，薩多瓦會戰，普軍大勝，奧地利軍隊遭到了難以想像的巨大傷亡，停戰求饒，請法國出面調停。

面對勝利，俾斯麥再次表現了一個政治家長遠的眼光。普魯士人被這個唾手而得的勝利欣喜若狂，舉國上下一致認為，普軍應該乘勝進入維也納，抓住奧地利皇帝，讓他好看。俾斯麥壓住了國內的這些想法，他明白，凡事要留後路，奧地利一時是不能完全打死的，法國人還在虎視眈眈，早晚普法必有一戰，如果把奧地利逼得太狠，人家破釜沉舟，加入法國報仇，普魯士將難以應付。

薩多瓦大勝三周後，俾斯麥以一個非常寬容的態度跟奧地利簽訂了《布拉格和約》，奧地利退出德意志邦聯，普魯士為首成立北德意志邦聯。

法國人真沒想到奧地利說輸就輸了。好在普魯士僅僅拿下了北方，靠近法國的南德地區，在法國的影響下不肯加入北德意志邦聯。拿破崙三世當時說了：「德意志應該分成三塊，永遠不能統一。如果普魯士要對南德下手，法國的大炮就自動發射！」

在俾斯麥的斡旋下，南德幾個邦表面上承諾法國不跟普魯士合夥，私底下早就跟被德意志聯邦建立了同盟關係。而且北德意志聯盟的市場、經濟發展等優勢，也由不得南德不低頭。

兩邊都知道戰爭不可迴避，可誰都不會先動手。對俾斯麥來說，他在等待一個機會，最好是讓普魯士人感覺到被法國人欺負了，就像當年被拿破崙佔領一樣，為了國家民族，上下一心，同仇敵愾對法國作戰，而出於國家民族的目的，南德幾個邦也就自動與法國為敵了。

普奧戰爭時，俾斯麥不是暗示可以將比利時、盧森堡和萊茵西岸一帶出讓給法國嗎，所以拿破崙三世就一直索要。俾斯麥跟法皇說：「跟我們要這麼大片地方，不能空口白牙的要吧，寫給文字性的東西過來，我拿給我們領導去批。」拿破崙三世不知是計，還真寫了封「勒索信」給了俾斯麥，俾斯麥拿了這封信複印給了沙皇、英王等大哥，還添油加醋地表示，法國人就是想稱霸歐洲，看，都窮凶極惡成什麼樣了。沙皇和英王看了「勒索信」，都覺得法皇不是東西，真要打起來，絕對譴責他。

存心想找人打架，是肯定能找到機會的。西班牙女王被罷黜了！此時的西班牙女王伊莎貝拉二世也是個妖女，荒淫無度，私生活飽受詬病。她親政二十五年，換了三十四屆政府班子，西班牙人都快瘋了。

一八六八年伊莎貝拉二世被西班牙的軍隊推翻，流亡巴黎，宣布退位。西班牙王位懸空，歐洲各國又開始忙了，當然最忙的是法國。伊莎貝拉二世是波旁王朝的女王，她倒台了，法國人感覺應該自家人過去接班。

這時俾斯麥也動念頭了，他派了不少人到西班牙跟當時執政的軍政府辦交涉，業務跑得很成功，西班牙人真的考慮讓霍亨索倫家族的利奧波德親王過來登基的事了，而利奧波德親王是普魯士國王威廉一世的堂兄。

這個消息讓法國人火了，如果霍亨索倫家入主西班牙，等於是哈布斯堡家族最巔峰時的狀態，法國被兩個敵人夾在中間，這件事法國人絕對不能允許。

這件事俾斯麥跑得來勁，威廉一世並不配合，他感覺這樣太得罪法國了，所以不答應。俾斯麥為了說服國王，把自己都累病了。

法國人也要跑業務，他家專門派特使到普魯士國王的療養地，埃姆斯溫泉去堵普王，要求普王一定要指天誓日，白紙黑字地表示，霍亨索倫家永遠不會染指西班牙的王位。普王被他糾纏的沒辦法，加上威廉一世本來就是個不禁嚇的人，只能唯唯諾諾地同意了。

俾斯麥收到這個消息，幾乎絕望了，心想，自己英明神武，天縱英才，可惜攤上這麼個沒用的國王，他當時就決定辭職了。為了緩解鬱悶之情，他約了幾個同僚朋友在家喝悶酒，正喝著，收到了普王發給他的電報。普王的電報大意就是說，朕在療養，法國特使出來跳出來，逼得我沒辦法，朕已經答應並承諾，永遠不會讓利奧波德去西班牙繼位了。

拿到這封密電，俾斯麥看到了新的希望。當時總參謀長毛奇也在坐，俾斯麥問他，如果跟法國開打，有沒有把握。毛奇不僅說有把握，而且說，早打比遲打對普魯士更有利。

於是，俾斯麥開始篡改國王的電文，大意並沒有改變，只不過，措詞態度傲慢多了，大意變成：普王已經說了，他堂兄不稀罕西班牙王位，法國人沒完沒了的還是糾纏，普王再不願意見到法國大使，並透過值日副官告訴大使，普王已經沒什麼好說的了。改完後，交給媒體，發表在各種小報上。

這封電文後來被稱為調戲了高盧公牛的紅布。法國人太小心眼了，就這麼一句，法皇就感覺被羞辱了，法國政府叫囂著，打進柏林去！七月十九日，法國對普魯士宣戰，這麼突然打起來，好多人不知道發生了什麼事。

拿破崙三世對進攻普魯士心態很放鬆，他說，他不過是組織人馬「去柏林散個步」。他後來才知道，散步一定要慎重選地方，不能想去哪就去哪。

德意志人已經被拿破崙欺辱過一次了，不會再容忍有人打進院子裡來了。南德的邦國也主動要求參戰，普魯士集結了五十萬大軍，開到法國邊境。

法軍一進入德意志境內就遭到迎頭痛擊，本來是法國的侵略戰爭，頃刻間戰場就轉移到了法國。節節敗退的法軍退守色當，跟普軍決戰。九月一日色當會戰開始，九月二日，普王收到了拿破崙三世的投降信，拿三這個人能屈能伸啊，張狂的時候比誰都得瑟，一旦失敗，態度極其卑微：「哥啊，弟既然沒死，只好交出佩劍投降，只希望哥能一直拿我當兄弟！」九月三日，三十九名法國將領、十萬法軍、幾百門大炮一起向普魯士投降。法國舉國譁然，再次革命，推翻了法蘭西第二帝國，成立了臨時政府。

普魯士乘勝進軍，包圍了巴黎。法國政府被迫投降，簽訂了和約，賠款，割地。法國人割讓了之前從德國人手裡拿走的阿爾薩斯和洛林省的一部分。前面說過，這段歷史，反應在都德的小說《最後一課》裡。

4.德意志帝國成立

三戰皆勝，德意志的統一已成定局。一八七一年，一月十八日，一個「要發」的日子，在法國凡爾賽宮的鏡廳，普王威廉一世加冕為皇帝，統一的德意志帝國正式成立。距第一位普魯士國王加冕，正好過去了一百七十年。一個神聖羅馬帝國的邊疆小窮省，用了不到兩百年的時間，就將分裂了幾百年的德意志統一了。

跟法國的革命不同，普魯士的革命是自上而下的，被稱為是「白色革命」。

雖然當時的歐洲，民主自由已經是潮流，巴黎甚至已經建立了無產階級的政權，但是，新成立的德意志帝國依然是一個君主專制的國家。帝國元首是皇帝，是軍隊的最高統帥，有任命宰相和高級官吏、召集和解散議會、打架或者是和談的權力，首相只對皇帝負責。

因為對外還是君主立憲制國家，所以還是要將立法權交給議會。不過議會基本還是由容克階層掌控，大小事還都是皇帝首相說了算。

德意志的統一是靠戰爭成就的，所以德意志帝國從成立的那一天開始，就帶著他家首相賴以成功的「鐵血」軍國氣質。

德意志統一，為資本主義發展掃清了障礙，德國工業獲得了更為迅速的發展，到十九世紀末期，普魯士的重工業已經超過英國，成為歐洲第一。

34 永遠的茜茜

德意志帝國已經成立了，以後就不用花開兩朵了。可如果別人家的花比自己家的漂亮，茶餘飯後還是有空過去參觀一下。德意志這家人，一屋子狂妄老男人，書名為什麼叫「德意志是鐵打的」一呢，就是太硬朗了，還冷光四射的。欠缺春光旖旎，鶯歌燕舞這種畫面，後面的歷史，這種畫面也約等於無。為了保證德國歷史的收視率，只好到奧地利去請外援。所以，在未來的時間裡，還是會隔三差五地捎帶上奧地利的故事，鑑於老楊的歷史書本來就不著調，不能以常理度之，書名就不用改成「德奧歷史」了。

1. 意外的皇后

大家還記得神聖羅馬帝國正式開始選帝侯政策後，有一陣子，哈布斯堡家族、盧森堡家族、維特斯巴哈家族輪流成為皇帝的事吧。

維特斯巴哈家族一直把持著德意志的巴伐利亞公國，選帝侯之一，家族中有兩人做過帝國皇帝，屬於德意志的顯貴。茜茜公主的家就出在這一支。

巴伐利亞國王生了九個女兒，這些女兒派了大用場了。

四公主嫁進了普魯士，成為普魯士王后。六公主蘇菲嫁給了奧地利皇帝斐迪南一世的弟弟，弗朗茨．卡爾大公。前面說過，斐迪南一世腦袋大，腦仁小，是個弱智皇帝，一八四八年的革命讓他更加犯病。他的老婆和蘇菲商量，算了，別讓他幹了，看把哈布斯堡家族折騰散了。蘇菲的兒子是皇帝的親侄子，皇帝沒兒子，侄子的血緣最近，讓他繼位吧。一八四八年，十八歲的弗朗茨．約瑟夫一世成了奧地利的皇帝，六小姐就成了著名的蘇菲皇太后。

巴伐利亞的八公主路德維德嫁給家族的一本旁支，巴伐利亞的約瑟夫公爵。約瑟夫公爵是個隨性開朗的貴族子弟，守著阿爾卑斯山下，家族留下古老的土地的莊園，過著與世無爭的山居生活，他自己日子過得安逸，別人看他就有些沒落，對於八公主來說，算是下嫁。

約瑟夫公爵喜歡騎馬、打獵、喝酒、看滑稽戲，雖然號稱是王室宗親，可家裡也從沒有什麼規矩體統。公爵自己有時候還扮上親自演滑稽劇，將上下人等逗得哈哈大笑。這樣的的父親，一般對孩子也都沒什麼約束。約瑟夫夫婦生了八個子女，沒一個喜歡讀書學規矩的，這八個孩子在美麗清新的湖光山色中，自由自在地生長，如同山谷中那些快樂的飛鳥，毫無束縛。

一八三七年十二月二十四日，約瑟夫公爵收到的耶誕節禮物是另一個漂亮小姑娘，之前他已經有一個美麗精緻的女兒了，海倫公主小名叫奈奈，這第二個漂亮的女兒，公爵叫她茜茜，大名叫伊麗莎白。

茜茜美麗活潑，深得公爵寵愛，公爵騎馬打獵到處跑，喜歡帶著這個女兒，養成了茜茜公主開朗大方同時也有點我行我素的性格。

約瑟夫公爵沒什麼政治野心，小日子過得很愜意，可公爵夫人不能不操心，她做夢都想著，要振興家族呢。如果老公沒出息，野心就只能指望兒女了。尤其是生個美女，聯姻到好人家，是個提升自己的捷徑。隨著奈奈公主一天天長大，鮮花一樣越開越美，公爵夫人知道這是她的機會。公爵夫人的目標是，將女兒嫁入皇室，所以茜茜公主在草地上縱馬瘋跑的時候，姐姐奈奈正在接受各種皇室課程，訓練繁文縟節。

眼前就有個皇室，外甥奧皇沒有婚配，蘇菲皇太后正在歐洲忙著物色兒媳婦。妹妹家的閨女芳名遠播，聽說最近還被訓練的高雅嫻靜，可堪母儀天下。於是姐妹兩商量，安排一場相親，讓奈奈和弗朗茨·約瑟夫一世見個面，如果皇帝陛下沒有意見，蘇菲皇太后也認可這個兒媳婦，兩邊就親上加親了。

相親的地點選在因斯布魯克。哈布斯堡皇族遷到維也納之前，這裡是家族的中心。這個坐落在阿爾卑斯山山谷的美麗小城是奧地利旅遊的首選之地，除了絕美的自然景觀，還有哈布斯堡家族留下的大量人文景觀，最大特產是施華洛世奇的水晶。

跟現在所有父母安排的相親一樣，即使是奧皇，也不願意這樣找對象。可他是皇帝，已經二十二歲了，找老婆是第一等的國家大事，況且他的身分也不准他隨便結交，所以雖然鬱悶，他也只能接受。

相親當天，弗朗茨手持紅玫瑰愁眉苦臉站在皇太后身邊，他的八姨帶著表妹海倫公主奈奈站在他對面，表妹亭亭玉立，儀態裝扮一絲不苟，優雅而淡定，蘇菲皇太后在一旁默默地點頭，並暗示妹妹，這閨女調教得不錯。

不過，弗朗茨皇帝的注意力沒在奈奈身上，奈奈身後站著的姑娘吸引了皇帝所有的目光，那樣清澈無邪無憂無慮的笑容，不會出現在任何一個貴族女子的臉上。這個看上去還很稚嫩的小姑娘，讓皇帝感覺到，是阿爾卑斯山冰雪初融的時一道暖陽和繁花似錦的山谷裡吹過的陣陣清風。皇帝就這樣被他從來沒見過的自然清新之美牽引，走過了奈奈，將手中的紅玫瑰交給了茜茜。

野史關於皇帝與茜茜的初見版本甚多，有人說是相親到中間時，茜茜闖進了房間，小臉跑得通紅，讓弗朗茨眼前一亮；還有說是弗朗茨剛到因斯布魯克就注意到了茜茜。茜茜活潑好動，喜歡騎著馬到處亂跑，給皇帝撞見的機率很高。不管怎麼遇見，總之是一見鍾情的，大家可以想像，弗朗茨從小到大見過的女孩子，都是一副模具造出來標準貴族淑女類型，茜茜除了是個美女，身上幾乎沒有宮廷教育留下的矯揉造作，是非主流公主，一下子打中皇帝的心坎也不奇怪。

皇帝將紅玫瑰交給茜茜，相親現場幾乎凝固了。在蘇菲皇太后看來，茜茜是個十五歲的野丫頭，不論是年齡還是受過的教育都讓人對她不放心。可是皇帝認定了，堅決不改，大家問茜茜，願不願意結婚，她居然說：「願意啊，他要不是皇帝就好了！」

一八五四年四月二十四日，茜茜公主乘坐豪華的遊輪從家鄉巴伐利亞順多瑙河而下，進入維也納。這個美麗天真的小姑娘受收到了全維也納的歡迎，沿途都是鮮花和人群的歡呼。不過大家再看不到茜茜無拘無束的笑容了，因為茜茜的牙齒不夠白，皇太后規定，要笑不露齒，所以後來，茜茜只能抿嘴微笑了。

皇室的喜宴舉行了三天三夜，奧皇夫婦收到了來自全歐洲的祝福。歐洲大革命剛剛過去，老百姓對專制統治和皇室都帶著深切的敵意，維也納的天空一直陰霾壓抑，這個巴伐利亞小公主的到來，讓百姓人感到了久違的放鬆和歡樂，維也納上下難得地喜悅和諧。

2.迷茫的皇后

整個維亞納的歡樂氣氛中，最不和諧的就是皇太后那張苦瓜臉。從相親到兒媳進門，蘇菲皇后愁得吃不香睡不著，最後決定，不怕麻煩不怕難，將這個野ㄚ頭從頭開始調教。

於是，茜茜公主一進入美泉宮，在崗培訓就開始了。舉手抬足、吃飯睡覺、見人說話，每一件事都有規矩和守則，好像茜茜每一件事都沒做對，因為婆婆的目光中總是責備。

婆媳關係不好，一般都是兒子沒用。剛結婚這段，弗朗茨是深愛茜茜的，但他更怕母親。這個可憐的皇帝在位夠忙的了，此起彼伏的革命黨在行動，普魯士新上台的首相詭計百出，對奧地利虎視眈眈，匈牙利天天鬧著要獨立，轄下各種不同民族完全不能融合。

上班時，大臣幕僚們給他通報的，都是關於國家國際形勢的不利消息，下班回家，老媽要跟他歷數老婆的種種不堪，回到臥室，老婆要眼淚汪汪地訴說婆婆對自己的挑剔和嚴厲。這皇帝幹的，「鴨梨」很大。

蘇菲皇太后出名的是嚴肅端莊，而且她一手扶持兒子登基成為皇帝，弗朗茨從小就對母親心存敬畏。所以，老媽批評老婆，弗朗茨也勸說茜茜，讓她順著太后的意思，收斂點，不要太放肆。茜茜感覺到自己在皇宮中的漸漸孤立無依，想起巴伐利亞那些恣意的日子，蔚藍色高遠的天空，十六歲的皇后每日以淚洗面，日漸憂鬱。

弗朗茨應該可以感覺到，他明明娶回來一道陽光，可這道陽光一進入奧地利的皇宮就被冰封了。一屋不掃何以掃天下，弗朗茨在後宮都沒辦法處理一家三口人的關係，怎麼能指望他處理這麼複雜的國家大事呢。

茜茜懷孕了。不管日子多麼難過，她是奧地利皇后，傳宗接代頭等工作。皇后懷孕有皇后的規矩，不能大著肚子跟皇帝黏在一起，需要到自己的領地修養。哈布斯堡家族治下，茜茜為自己選擇了匈牙利。她喜歡這個國家，雖然離維也納不遠，總算可以離開宮廷中令人窒息的空氣。

離匈牙利首都布達佩斯不遠有個叫格德勒的小鎮，鎮上有一處美麗的莊園，據說當年泰瑞莎女王駐蹕於此。弗朗茨用國家的名義買下送給茜茜，後來這裡就成為匈牙利旅遊最著名的景點之一，茜茜公主莊園。而從這裡開始，茜茜公主和匈牙利奇妙的緣分也慢慢展開。

搬到匈牙利的茜茜再次呼吸到了自由的空氣，按她的要求，居所內部都漆成紫羅蘭色，淡雅而神祕，像一個永遠不會醒的美夢。白天，茜茜就在這團紫氣中閱讀海涅的詩歌，下午，她會在豪華的馬廄裡尋找一匹好馬，騎上後走遍附近的匈牙利鄉村山間。

茜茜自己酷愛自由，她也希望別人是自由的，她既然喜歡讀海涅的詩，說明她內心對自由民主的共鳴。對於匈牙利人日漸高漲的獨立熱情，茜茜頗為同情，而為了安撫匈牙利的情緒，她學習了匈牙利語，主動跟匈牙利各階層聊天，溝通，緩解匈牙利與哈布斯堡家族的對立。這個在維也納一直不受待見的野丫頭，在匈牙利受到了很多很多的尊崇和愛戴。

一八五五年，茜茜第一女兒出生了，可想而知，她肯定使用祖母的名字叫蘇菲。本以為女兒的出生可以讓自己在維也納宮廷有個慰藉，誰知，孩子一出生，就被蘇菲太后抱走了。理由是，茜茜自己還是個小孩呢，怎麼會養孩子教孩子呢？跟所有的惡婆婆一樣，對於生了女兒的媳婦，根本不用考慮她的感受。

茜茜哀求丈夫，希望弗朗茨能從中調和，讓她跟孩子在一起，可是弗朗茨也感覺，孩子由媽媽帶著應該比年輕的老婆帶著靠譜。幾次爭取沒有結果，茜茜帶著對孩子的思念再次回到匈牙利，現在對她來說，匈牙利是她生活中唯一溫暖的地方了。

第二年，茜茜又生了一個女兒，吉塞拉。還是一樣，太后再次抱走了孩子，沒給茜茜任何交代。不需要交代，太后的意思很明顯，你的任務就是生孩子，生完了你就可以閃了。茜茜再次回到匈牙利。

對兩個女兒的思念折磨著茜茜，巴伐利亞草原上那個快樂的女孩日漸枯萎。茜茜沒有想到，由此時開始，她生命中的打擊和折磨才剛剛開始。

蘇菲公主病了。茜茜終於見到了已經三歲的女兒。誰都不懷疑小公主長大會跟媽媽一樣的美麗，可惜大家都看不到了，她在茜茜懷裡永遠閉上了眼睛。痛徹心扉的茜茜再次回到了匈牙利。她不得不承認，無論是維也納皇宮還是丈夫弗朗茨都不能帶給她任何希望了，她要努力改變自己的境遇。

所幸，過了一年，茜茜終於生下了哈布斯堡皇室的繼承人，王子魯道夫。舉國歡慶，不包括茜茜，她知道，依舊跟自己不相干，公主自己都不能撫養，太子就更輪不到她了。透過太后的努力，王子的教育非常到位，據說魯道夫會說很多話了，都還不會叫媽媽，成年後，跟茜茜非常生分。

憂鬱無法開解的茜茜開始組織舞會，用一場場的舞會打發自己的時間，只是，這樣的連場熱鬧，彷彿讓她更空虛了。

3. 抗爭的皇后

大革命之後，哈布斯堡家族轄下的各種族都在為獨立而鬥爭。根據前面的歷史我們知道，因為神聖羅馬帝國對義大利的染指，義大利也一直處於分崩離析的狀態。對哈布斯堡家族來說，分裂的義大利更容易管理。

在義大利所有的邦國中，只有薩丁島為中心的撒丁王國算是獨立的，撒丁王國的領土包括現在的都靈一帶，正好夾在法國和奧地利之間，成為兩家之間的緩衝，撒丁王國對哈布斯堡家族的鬥爭一直得到法國的支持。十九世紀，撒丁王國完成了改革，積極插手國際事務，爭取自家的國際地位，他們的目的很明顯，要以撒丁王國為中心，統一義大利，所以，跟奧地利也是難免一戰。

一八五九年，撒丁王國對奧地利開戰，戰爭打了兩年，撒丁王國取得了勝利，收復了倫巴底和威尼斯，為後來的統一奠定了基礎。而作為戰敗國，奧地利顯然更加低迷。戰爭開始後，茜茜公主投入了對傷病的醫療救援工作，也許，只有幫助別人，才能緩解自己的傷痛。實際情況是，皇后一點也沒有緩解，剛見過女兒的死，又見大批士兵的死亡，讓茜茜的心情越來越糟，身體也越來越差。奧地利輸掉了戰爭，皇后罹患了重病。

茜茜的病，叫「奔馬癆」，老楊原來一直以為是騎馬騎太久，累出癆病來了。後來查過資料才知道，機體免疫力極端低下，造成肺部乾酪性壞死，肺泡周圍還會滲出大量黏液！

以那個時代的醫學水準，這病估計就算不治了，御醫唯一能開出的藥方是，找個清淨的地方慢慢調養吧。奧地利皇室隱瞞了茜茜的病情，將她送回娘家。隨後的兩年，是茜茜的求醫問藥之旅，她走遍了南德、匈牙利、希臘、地中海，在陽光溫泉中徹底放鬆休息自己，也可能就是這兩年的行走，讓茜茜愛上了旅遊，後來的日子，遊歷成了她生活的關鍵字。

她不在的這兩年，維也納人經常問：皇后哪去了？在輿論壓力下，剛剛戰勝病魔恢復健康的茜茜就回到了維也納。廣場上迎接皇后的排場可以媲美她婚禮那天，有十個管弦樂隊在現場表演，還是壓不住周圍群眾的歡呼聲。奧地利人發現，久違的皇后長大了！

剛嫁入皇室時，茜茜身量未足，身高才一百六十多一點，現在她已經超過一百七十公分了，亭亭玉立，美麗雍容，經過了這麼多離喪和生死，看過了這麼多人情冷暖，茜茜公主不再稚嫩了，現在她的表情裡帶著一種堅定成熟的自信，她需要改變，她不想再像以前那樣生活。

茜茜向皇帝要求，她自己挑選自己身邊的宮廷命婦，而且要親自撫養教導孩子。此時的蘇菲皇太后也老了，這婆婆幫媳婦帶孩子還帶夭折了，實在說不過去，所以這一次，皇帝同意了茜茜的要求。可是茜茜又說要把孩子帶到匈牙利去撫養，皇帝就不幹了，公主可以帶走，王子是儲君，一定要留在維也納。最後茜茜帶走了女兒。寧可放棄兒子也要離開維也納，可見茜茜此時對皇宮厭惡到了什麼程度，也可以感覺到，弗朗茨和茜茜曾經美好的愛情幾乎已經蕩然無存。

4. 戀愛的皇后

茜茜總是往匈牙利跑，除了她喜歡這裡的文化和人民，還有一個重要原因。

因為茜茜對革命派的同情，她的莊園成為一些匈牙利革命黨喜歡拜訪的地方，而匈牙利有些民間的呼聲，他們也希望透過茜茜皇后轉達給弗朗茨皇帝。進出茜茜公主莊園的進步份子中，最引人注目的，應該是安德拉希伯爵。

伯爵在匈牙利算是風雲人物，有點紅花會總舵主陳近南的意思。一八四八年，匈牙利鬧革命，安德拉希是上層幹部之一。革命失敗後，他逃亡法國。後來哈布斯堡家族審判這些亂黨，在安德拉希缺席的情況下，判他死刑，然後不知道用什麼東西做了個模擬像絞死算數。安德拉希模樣英俊，是個美男子，他被假裝絞死後，得了個外號叫「英俊的絞刑犯」，這些女人居然調戲一個死囚。

安德拉希被吊銷了戶口，只好在各地流亡，還去了一趟美國，受了新思想啟迪後，他的意識也發生了點變化。之前那種認死理非要民族獨立的想法肯定是不容易實現的，那就不如跟哈布斯堡家族妥協，接受他家的統治，但是逐步地要求自治。一八五七年，哈布斯堡家族大赦政治犯，安德拉希回到了布達佩斯，開始組織運作新的行動。

一八六六年，安德拉希在茜茜公主莊園見到了這位傳說中的皇后。白色長裙，翩若驚鴻。比見到美女更讓伯爵高興的是，皇后是同情匈牙利民族運動的，而且願意作為中間人，在奧皇和匈牙利人之間溝通協調。也就是因為茜茜的努力和她在匈牙利的受歡迎程度，這幾年雖然匈牙利和皇帝經常話不投機，但基本還能相安無事。

茜茜一生都在嚮往自由，安德拉希一生都在為自由而戰，茜茜是心底裡的叛逆，安德拉希是明明白白的叛逆，這樣兩個人，只要一見面就肯定會碰撞出炫目的火花。不管在心裡開出了多大的花，茜茜還要維持她奧地利皇后的端莊，安德拉希要遵守他臣子的操守，隱祕的愛情如同一縷暗香在兩人之間若隱若現地流動。

一八六六年俾斯麥終於對奧地利動手了，幫忙他的，還有身後的義大利。戰敗後的皇帝看到了哈布斯堡家族的沒落，弗朗茨知道，奧地利要安全生存，必須取得匈牙利的支持，可如果不答應他們獨立自治的條件，他們肯定繼續與哈布斯堡家族為敵，則奧地利四面八方都是敵人。

一八六七年奧地利和匈牙利終於透過了一個折衷的共榮方案，那就是，匈牙利還是接受弗朗茨繼續做匈牙利國王，對外的外交、軍事、經濟等政策由帝國統一協調，但是匈牙利成立自己的議會法庭等，內部的事務自己解決，並使用自己的語言，跟奧地利平等，成立一個所謂的二元帝國，正式定名奧匈帝國。

弗朗茨專門到匈牙利再次加冕為國王，安德拉希伯爵成為匈牙利首相兼總理大臣。匈牙利人都知道，奧匈帝國最後的成立，離不開皇后在中間的穿針引線，安德拉希伯爵將王冠戴在了茜茜頭上，尊她為匈牙利的女王。

既然是匈牙利女王了，茜茜更有理由一直待在匈牙利。她開始投入建設布達佩斯，這座她奉為精神避難所的城市。比如現在布達佩斯的匈牙利國家大劇院，被公認是世界上最美的歌劇院之一，開始因為設計規模過大，工程中斷，差點成了爛尾樓，後來是國王和王后掏自己的腰包才將它建成。

歌劇院是茜茜很喜歡光臨的地方，奧匈帝國成立後，總理大臣安德拉希的業餘生活就用來安排女王看演出了，有時甚至親自接送陪伴。安德拉希伯爵經常出現在女王的莊園，陪她散步、騎馬、打獵。這君臣倆的關係，讓很多人猜測遐想。老楊查了不少書，沒有證據證明茜茜跟安德拉希的關係有超越禮數的發展，雖然匈牙利人好像都樂見總理大臣和女王的這點曖昧，但兩人基本還是維持了純潔的柏拉圖式的愛情。

5.糾結的王子

奧匈帝國成立的第二年，茜茜生下了第三個女兒，瑪麗公主。這個小公主是很忙的，因為她經常要維也納和布達佩斯兩頭跑，幫助她幾乎不說話不見面的父母傳遞消息。

弗朗茨長期見不到老婆，他大小還是個皇帝，工作之餘不能坐在宮裡發呆吧。茜茜在匈牙利收到的消息，皇帝在維也納有些私生活不檢點的小道消息。茜茜公主很生氣，不管她對弗朗茨還有多少感情，咋聽見老公找小三，還是有點不平衡。弗朗茨算不錯了，他老婆長期不理他，他在維也納的緋聞並不是很過分，偶爾發生幾起，皇室也想辦法掩蓋了，沒有演變成巨大的醜聞，但最讓茜茜鬧心的，還是兒子魯道夫。

要說最近這段在維也納宮廷裡生活得不自在的人，第一個是茜茜，第二個就是魯道夫王子了。奧匈帝國的這位王儲，在萬眾矚目中出生，兼有父母的美貌，也擁有父母是近親結婚導致的身體虛弱與心理脆弱。

奧地利是個死硬派的保守國家，讓奧皇接受民主自由的意識幾乎不可能。糟糕的是，生長在維也納保守宮廷的王儲，居然是個新派的自由份子！

魯道夫成年後，喜歡跟有進步思想的文人們混，受他們的影響，魯道夫希望國家更開明，更民主。他甚至說過，他更願意做一個君主立憲制國家的總統，而不是一個皇帝。他還用筆名在報紙上發表各種批評時政犯上作亂的文章。因為王子有些宮廷第一手內部資料，他的文章一發表，皇帝就看出來是他幹的了，弗朗茨氣得拍桌子的時候，偶爾會說要取消這個兒子的繼位權。

王子身邊的革命損友們給王子出主意，說現在是你死我活的時候，殿下你要是不自己想辦法提前繼位，搞不好就永遠別想繼位了，革命同事們都等著您登基上位，給我們自由民主新生活的那一天呢。魯道夫腦子一熱，大義凜然地同意革命黨組織一場對皇帝的暗殺。魯道夫做了二十多年皇儲，弗朗茨一點權力也沒分給他，他想搞政變沒有資源，所以只有殺掉老爸這一種選擇了。

這娃太慫了，弒君弒父這件事，要麼不要想，既然已經動了念頭，下了決心，就由不得你退縮了。結果行動要開始，他又給整黃了。還跟革命同事們說，算了，順其自然吧。

就這樣，兩頭不到岸，不僅皇帝對這個兒子看不上，連他之前的革命朋友們也開始鄙視他了。

事業不遂，理想破滅，婚姻也不順。皇帝和皇后給兒子安排了一場政治聯姻，魯道夫娶了比利時的公主史蒂芬妮。雖然兩人生了女兒，可魯道夫對這個老婆一點感情都沒有。而最糟的是，此時的茜茜，媳婦熬成婆，她忘了她當年如何被婆婆欺負了，她自己做了婆婆，她也欺負媳婦，而且辦法都是跟蘇菲太后學的，那就是，一看見兒子就說媳婦壞話。

魯道夫鬱悶啊，這女人不是你們選的嗎，我也不喜歡，你也不喜歡，幹嘛讓她來呢？鬱悶歸鬱悶，也不能離婚啊，怎麼辦，外頭找樂子去。王子開始酗酒，夜夜歡歌，流連於歡場女子身邊，當然還有些貴族女子也願意為王儲獻身。

一八八九年一月二十七日，在維也納西南的一個度假山莊梅耶林，魯道夫帶著自己的十七歲的小情婦瑪麗男爵跟朋友喝酒到半夜，他帶著瑪麗回到房間時，告訴所有人，不准打擾，就算皇帝來了都不要騷擾他。第二天，僕人在無奈下打開房門，看到魯道夫王儲和瑪麗已經用手槍自盡。

梅耶林事件是歐洲歷史上一件謎案。眾說紛紜的。王儲離開維也納時曾經給老婆留下了遺書，所以說他是自殺應該沒有疑點。根據當時的屍檢，太子爺先打爆了瑪麗的頭，在屍體邊坐了幾個小時後，打死了自己。

野史的說法一，太子爺深墜入瑪麗的情網，甚至想到要跟老婆離婚，這個意思一表達出來，就被弗朗茨皇帝一頓臭罵。魯道夫不是慫嗎，發現自己偉大的愛情無望，就索性殉情了；野史說法二，茜茜的威斯特巴哈家族，有隱性自殺傾向，魯道夫流連花叢那陣子，跟好幾個女朋友提出過殉情的要求；野史說法三，太子爺是被普魯士安排謀殺的，就為讓弗朗茨皇帝這一支絕嗣；野史說法四，太子爺是被皇帝安排謀殺的，因為他曾經想過弒君弒父……

要是研究野史，歷史書怎麼寫都寫不完了。魯道夫是自殺的，天主教的規矩，自殺死的不能正常下葬。弗朗茨和茜茜找教皇開了個後門批了個條子，才讓兒子的靈柩進入皇陵。

茜茜被兒子的突然死亡震懵了，她簡直不敢相信這種厄運再次發生在自己身上。還沒從喪子之痛中恢復過來，第二年，茜茜又收到了安德拉希伯爵死訊。茜茜收起了所有的華裳，換上了一身黑衣，帶了幾個僕從，離開了維也納，開始在歐洲漫無目的的遊歷，不管走了多少地方，看過多少風光，直到死去，茜茜都沒再笑過了。

6. 最後的皇后

一八九八年初秋，六十一歲的茜茜到了瑞士。她一身黑衣神情肅瑟，非常低調。不管她如何低調掩藏行蹤，茜茜就是茜茜，她在瑞士的行程，早就被報紙報導過了。

九月十日這天，茜茜結束了瑞士的旅程，預備從水路回到維也納。下午一點多鐘，茜茜和隨從來到了勃朗峰碼頭，正要上船時，突然衝過來一個年輕人，在茜茜胸口上打了一拳跑掉了。茜茜倒在地上，好在因為髮髻比較厚，沒摔傷頭部。手下人扶起茜茜上了船。

茜茜一直以為那個襲擊他的年輕人只是想搶她的手錶，所以沒當回事。胸口劇烈的疼痛居然也沒讓她感覺不妥，直到暈倒在地。當時的船長船員還不知道茜茜的身分，光知道一個老年貴婦被搶匪襲擊後身體不適，用常規方法搶救了半天，茜茜的隨從才發現，皇后的胸口有一點傷口，微微有些流血。隨從慌了，她表示了茜茜的身分，船長也慌了，趕緊掉頭尋找醫院。在醫院裡，醫生一切開茜茜的傷口，鮮血噴射出來，隨後因流血過多而死，大家知道十九世紀歐洲貴婦的大裙子和緊身胸衣，正好壓住了傷口。

後來知道，襲擊茜茜的年輕人不是劫匪，他是一個義大利的無政府主義者，盧切尼，夙願就是謀殺權貴，沒什麼政治目的，就為出名。本來他的目標是奧爾良公爵，結果公爵突然改了行程，他在報紙上正好看到茜茜皇后，於是隨手就修改了謀殺目標。謀殺使用的兇器是一把極細的錐子，所以茜茜在被刺中時，幾乎沒有感覺到。

絕代的皇后就這樣死了，死在異鄉，沒有回到維也納。也許，這符合她的願望，整個一生，茜茜對維也納都毫無留戀。

葬禮上，弗朗茨皇帝剪下了茜茜的一綹頭髮，表示對亡妻的愛戀。不知道此時的弗朗茨有沒有想起他初見茜茜的時刻，是不是可以說，那束紅玫瑰帶著邪門毒咒，就這樣葬送了本該快樂自由的女孩子的一生。

35 新帝國的氣象

歷史上雖然叫普魯士統一德國的行動為「白色革命」，不過說他們革命有點貶低革命的意思。一般來說，革命是帶著先進性的，最好的結果是新的東西革掉了舊的東西。前面講過，普魯士是個封建專制的國家，統一後的德意志號稱君主立憲制，其實內裡還是封建專制的國家，基本算是原地合體，沒有明顯的功力升級。而面對蓬勃發展的資本主義經濟，從小國首相升職為帝國首相的俾斯麥如何管理，運作這個國家呢？

德意志帝國統一，周圍有很多人不爽，不過最不爽的是羅馬教廷。普魯士是新教國家，一統德意志江山，羅馬教廷肯定意識到，新教的勢力會越來越強。地球就這麼大，信眾就這麼多，新教和天主教一直在爭奪市場。德意志南部的不少邦國是信天主教的，所以有些分離份子聚集在天主教的大旗下，他們組成了德意志議會中的中央黨，跟俾斯麥過不去。

消滅分離份子、深化德意志統一，羅馬教廷的保護者是法國，打擊羅馬教廷還有給法國好看的意思，所以，俾斯麥對內鬥爭的第一個矛頭，就指向中央黨和天主教會。

這場德意志議會內的黨派鬥爭後來被稱為「文化鬥爭」，認為是意識型態領域的爭鬥，俾斯麥出於他容克階層的統治要求想壓制中央黨，而其他的進步黨派則是想透過對羅馬教廷的鬥爭，徹底洗滌德意志中世紀留下的陳腐空氣，讓新的思想新的文化盡快充滿德意志帝國的每一個角落。

俾斯麥和自由民主派一起打擊中央黨。這中央黨是以宗教為基礎建立的，特點就是不能被迫害，把他們整死了，信眾們覺得他們為信仰而死，是為殉道，這種悲情牌是非常有用的。後來議會選舉的結果讓老俾鬱悶得在家撞牆，本來中央黨只有六十三個席位，老俾做了一通惡人，中央黨獲得了九十一個席位！

中央黨是整不死了，再鬧下去，自己樹敵太多了，和解吧。好在此時羅馬教廷也沒那麼倔了，握手言和。教皇還給俾斯麥頒發一枚勛章，獎勵他知錯就改，浪子回頭。

好在老俾找到其他東西發洩了，那就是工人運動，社會主義份子。德意志的社會主義份子組成了社會民主黨。其實老俾在對付中央黨的時候，就已經說過，社會民主黨也是一群危險份子，找到機會要收拾他們。現在，機會就來了。

一八七八年，五月的一天，有個白鐵工人在柏林的菩提樹大街槍擊德皇威廉一世，未遂。這個白鐵工人曾經加入過社會民主黨，老俾就以此大作文章，要求議會透過嚴厲鎮壓社會民主黨的法案。德意志議會感覺老俾脾氣太大，下手太狠，否決了他的法案。九天以後，威廉一世又被襲擊，這一次殺手準頭很好，德皇身受重傷。殺手被抓後自盡了，沒有任何證據證明是社會民主黨人，不過按老俾的意思，第一次是社民黨幹的，第二次肯定也是，因為第一次失手，所以第二次追加。

德皇傷重，差點要了老命，不能理政，老俾說什麼就是什麼，這次他下定決心要把社民黨往死裡整，議會既然不配合，解散，重新成立一個配合的議會。在老俾的議會中，後來臭名昭著的《反對社會民主黨企圖危害治安的法令》也就是俗稱的《非常法》頒布了。

執行這個法令的過程我們都挺眼熟的，鎮壓工人運動、查封報紙、報刊、緝拿「赤色份子」，等等，咱家有個詞，這個畫面被稱為「白色恐怖」。在老俾的私家議會配合下，這個法令一口氣實行了十二年，德國社民黨遭受重創。

老俾絕對不是頭腦簡單一根筋的粗暴政客，一邊鎮壓社民黨，他一邊還分析，為什麼工人運動有市場，有擁躉呢？很簡單，資本主義快速發展，工人階級不斷壯大，他們的各種權益如果得不到保障，當然要反。而對大部分工人來說，政治上的權力不能吃的，能影響他們的還是基本的生活保障。於是，老俾左手繼續高舉大棒，右手掏出了一把糖果。

這些糖果包括：六天工作制，每天不多於十小時，用貨幣支付薪資。雇主要給員工購買疾病保險、工傷事故保險，養老保險等等，到二十世紀初，德意志帝國各類社會保險的費用操過五億馬克，有五百萬人受益。俾斯麥的這些法令，讓周圍的資本主義國家看著新鮮，都說他是玩「俾斯麥先生的社會主義」。事實證明，老俾的這些糖衣炮彈是比大棒管用，既然日子還能過，工人老大哥按時上下班，回家陪老婆孩子，沒事就不上街跟政府發難了。

俾斯麥在國內跟宗教和主義較勁，可他對國外，卻是一臉笑容非常和平的。三場統一戰爭打完，俾斯麥就跟威廉皇帝說，以後德意志要以和為貴，周圍這些鄰居，友好相處，不要隨便動手。

德意志帝國的外交政策，應該說是非常輕巧有型左右逢源。老俾在歐洲紛亂複雜的各種形勢中，不慌不忙地編織了一張德意志的關係網。

對老俾來說，他第一個要防備的就是法國報仇。普法戰爭後，德意志和法國就正式為敵了，德國人拿走了阿爾薩斯－洛林的部分地區，法國人天天吵著要拿回去，德法恩仇成為後來歐洲歷史的主要不安定因素。老俾知道，法國絕對不會善罷甘休，所以他一邊壓制仇家，一邊拉攏同盟使法國孤立。

歐洲大陸五個大哥，英、法、俄、德、奧匈，英國人此時奉行「光榮孤立政策」，也就是說，如果跟他家直接利益無關，歐洲大陸的事他們一般不摻和。這樣一來，俾斯麥的結夥策略只要搞定沙俄和奧匈，法國人就基本沒脾氣了。

德意志、沙俄、奧匈都屬於守舊固執的君主國家，歷史上還一起瓜分過波蘭，有些事還是可以商量。俾斯麥運氣好，他需要這兩家時，這兩家也需要他。

當時的情況是這樣，奧匈帝國在德意志沒有地盤了，也沒意思了，所以他家將工作重心轉向巴爾幹地區，希望得到德意志的支持和協助。而奧匈在巴爾幹遭遇的對手是沙俄，沙俄一邊跟英國爭奪中亞，一邊要抑制奧匈在巴爾幹半島的擴張，很怕德意志在自家西線有小動作，所以也希望跟德意志搞好關係。既然奧匈和沙俄都想跟德意志好，那就一起玩吧，沙皇、德皇、奧皇簽訂一個三皇同盟，中歐地區先穩定住了。

俾斯麥一邊組織三皇開Party，一邊偷著樂，他等著看法國還能怎麼蹦躂。人家法國人還真能蹦躂，法國此時已經經歷過巴黎公社，成立了第三共和國，重整軍備，號召國民收復河山。俾斯麥仗著自己人多，就預備嚇唬法國，他做出一副要對法國開戰的架勢。

嚇唬沒成功，不管是俄國和英國，歐洲所有的國家都不願意德意志繼續欺負法國，也不是什麼正義愛心，完全是歐洲各國勢力均衡的考慮。

嚇唬人這碼事，最怕對方說：你放馬過來吧！俾斯麥進退兩難了，好在巴爾幹的局勢給他幫了大忙。俄國和奧匈帝國在巴爾幹的矛盾升級了，沙俄不僅插手巴爾幹，還想藉此南下印度，所以同時得罪了英國和奧匈兩家。這三家起矛盾，德意志的態度又非常重要了。

因為巴爾幹這攤事，牽連了很多國家，連法國也在其中，唯一牽連不深基本還算置身事外的就是德意志，所以幾家一商量，讓俾斯麥組織一個會議，大家開個碰頭會，看看到底怎麼解決。於是一八七八年，俾斯麥召開了柏林會議，老俾儼然一副歐洲調解辦主任的模樣，人五人六的，非常神氣，按新聞稿的話說，凸顯了德意志在國際政治經濟格局中的重要作用。

調解辦主任就是和事佬，而且他肯定是維持各國平衡的，明顯俄國強奧匈弱，所以德意志的意思，大家聯手擠兌老毛子不合適，但是老毛子欺負奧匈更不合適。會一開完，老毛子就不跟德意志玩了三皇同盟玩完。

老毛子對德意志有情緒，當然不會是擺擺臭臉就算了，他家馬上跟法國人聯繫上了。對俾斯麥來說，東西兩線聯手對德意志是致命的，你會東西聯手，我也會東西聯手啊，俾斯麥趕緊向英格蘭丟去一個荷包，兩邊開始對歌。如此一來，歐洲形成兩個派系，俄國＋法國vs英國＋德意志＋奧匈帝國，而在老毛子最鬧心的巴爾幹問題上，法國人也幫不上他什麼忙，迫於無奈，俄國只好又提著兩串紅腸兩瓶伏特加，敲開德意志的門，要求兩家和好。在俾斯麥的安排下，沙皇、奧皇、德皇又被拉在一起，成為新三皇同盟。

俾斯麥不光玩這四家，他還鼓動義大利跟法國為難，成功得手後，義大利也加入了德意志的同盟。就這樣，俾斯麥圍繞著法國編織了一道大網，仇家法國就這樣陷在網中央，越陷越深越迷茫，路越走越遠越漫長……

老俾看重歐洲大陸，對海外殖民地比較保守，他把人家法國欺負得夠嗆，總擔心這家人報復，所以根本不敢往海外想。況且如果要爭奪殖民地，必將得罪海上霸主不列顛，德意志的艦隊又不是對手，算了，就在中歐一帶玩唄。

可是德意志的資本主義經濟發展由不得光在大陸玩啊，德意志的資本家們也需要海外原料和市場，後來，老俾在大陸結盟成功，看著法國也翻不了天了，於是，德意志也開始躡手躡腳往海上跑了。不久，西非、東非、南太平洋的一些地區，可以看到德意志人的旗號了，不過跟不列顛相比，這些小地盤就太可憐了。

上面這一篇歐洲亂麻，可能又有地主看鬱悶了，這不僅僅為了表現俾斯麥精明老成的政治智慧，和德意志成為了歐洲穩定的主要力量，還是後面要發生的故事的重要基礎。

36 俾斯麥下課

出來混，總是會下課的。老俾也到退休年齡了。跟所有老同事一樣，他多希望在工作職位上終老，永遠不用退休。沒辦法，他也有胳膊擰不過大腿的時候，不，他沒輸給大腿，他輸給了一條殘疾的胳膊。

殘疾的胳膊屬於威廉二世，因為出生時難產，使他患上了爾勃氏麻痺症，左臂萎縮。威廉二世是世界上著名的皇帝之一，我們現在可見他所有的照片畫像中，他都非常聰明地右手蓋住左手，或者左手戴手套，或者拄著劍，反正是看不見左手的。這麼小心的掩飾，說明威廉二世對自己的殘疾是非常忌諱的，而所有人都說，威廉二世的性格和人格形成，都跟他的殘疾引發的某種自怨自艾有關。

鑑於後來威廉二世整翻了大半個地球，我們不得不把那個難產的媽媽找出來問責一下。威廉二世的媽媽來頭老大了，她是大英帝國的長公主，維多利亞女王的長女，也就維多利亞，暱稱是維姬（參見英國篇）。

威廉二世的爸爸是腓特烈三世，威廉一世的長子。威廉一世不地道，一口氣活了九十一歲。被刺客襲擊重傷那年就八十一了，又活了十年！活這麼久對太子不公平啊，很多研究歐洲歷史的人都喜歡假設一個命題，如果威廉一世少活幾年，世界格局會怎麼樣？

為什麼會研究這個命題呢，因為腓特烈三世是自由民主派的，維姬公主更是一個有思想有遠見的女政治家，腓特烈三世做了英女王的女婿後，經常到英國串門子探望丈母娘，對英國的國家制度頗為受用。維姬嫁入德意志，是帶著改革婆家的理想而來的。腓特烈三世性格溫和，不喜歡霸權，而維姬更是一直警惕著德意志國內日盛的軍國主義和排斥猶太人這些負面情緒，而最大的變數將是，如果腓特烈三世早早掌權，德意志和英國會成為親密的盟友，整個歐洲的格局自然也就不同了。

假設是沒有意義的，腓特烈維姬夫婦沒機會實現他們的理想。一八八八年，威廉一世高齡去世，腓特烈三世五十七歲登基，做了九十九天皇帝就死了，那九十九也沒時間幹別的，都用來醫治喉癌了。威廉二世就這樣繼位了。一八八八年這一年，德意志換了三個皇帝，歷史上稱為「三皇之年」。

維姬的難產，讓威廉二世吃了不少苦頭，除了手臂殘疾，腦子還受過損傷，據說從小他被左腦、左耳、左腿疼痛折磨，看來是左邊的神經受損。而對於這個天生殘疾的兒子，維姬沒有做一個慈愛媽媽，她知道這個兒子將來是要繼承大統的，不能嬌氣，從小就逼著他進行各種鍛鍊。威廉二世從懂事起就感覺，這個媽媽一點也不溫暖，母子關係非常糟糕。

可能是因為殘疾，威廉二世很在意別人的看法。維姬自己都說，很多時候，她兒子做事是出於虛榮。跟民主派的父母不同的是，威廉將皇位看得很神聖，他認為，皇帝就應該掌控一切，只有皇帝才是帝國唯一的主人。威二很小就進入軍營受訓，所有人都不敢置信，一個天生殘疾，身體極差的少年，居然能成為一個優秀的騎兵軍官。而普魯士式的軍營鍛鍊，也培養他一種信仰，那就是，軍隊有實力，萬事可成功。

威廉一世的晚年，俾斯麥大權獨攬，權傾天下。小時候，威廉二世對這個爺爺是心存敬仰的，可到自己登基，威廉二世感覺到，俾斯麥還想做爺爺，關鍵問題是，威廉二世不是孫子了。

威廉二世登基時，俾斯麥已經七十三歲了。對於一個脾氣偏執急躁的年輕皇帝，俾斯麥也不知道怎麼辦。君臣兩明爭暗鬥了兩年，俾斯麥終於累了。一八九〇年，俾斯麥被迫引咎辭職，交出他幹了二十八年的首相之位。有趣的是，俾斯麥離開後，威廉二世在德皇的位置上，也正好幹了二十八年。

老俾下課，老心幽怨，後來就一直在報紙上發表文章，披露一些政府祕聞，讓威廉二世難看。而歐洲各國，對老俾的離去都捏把汗，因為誰都看出來，威廉二世這個小同志辦事不牢靠，闖禍的可能性很大，老俾在，還能穩住這匹暴躁的野獸，老俾走了，德意志還能控制嗎？

一八九八年，俾斯麥八十三歲在家鄉逝世，徹底結束了歐洲歷史的俾斯麥時代，而他以非凡的手腕在歐洲大陸建立的平衡也開始出現裂紋。

俾斯麥不能見容於威廉二世，也是歷史學者研究的課題之一。最近德國人爆出來一種說法，說有證據顯示，威廉二世早年嫖妓被勒索，妓女給俾斯麥家寫信揭露此事，並要求封口費，而俾斯麥和他的兒子在處理上不妥當，沒有將事情掩蓋周全，讓威廉二世丟了人，以他狹隘敏感的性格，從此就暗自對俾斯麥家心存不滿甚至仇恨。

不管什麼原因了，能伺候三屆主子還能混個好死已經殊為不易了，老俾除了是個玩政治的高手，還是理財好手，玩股票債券之類的發了大財，看著一點都不清廉。

俾斯麥有個跟咱家相關的故事，老楊一直當笑話看，話說一八九六年，我們家的李鴻章組織一個代表團代表大清帝國出席俄國沙皇的加冕典禮，隨後這個考察團就在歐洲做了一個巡迴訪問。李鴻章洋務運動失利，對德意志蒸蒸日上的工業尤其是軍事工業發展非常仰慕，在德意志期間，中堂大人感慨良多，邀請德意志為大清培訓軍隊，製造大炮、船艦。

李鴻章專門拜會了退休在家的俾斯麥，席間李鴻章得意地說，他被人稱為「東方的俾斯麥」，老俾淡淡一笑，答道：「你是東方的俾斯麥，看來老夫是沒機會做西方的李鴻章了。」根據中國人的禮貌，中堂大人很可能認為這是某種德國恭維，其實，老俾的意思是，一八九四－一八九五，甲午戰爭，中國慘敗，李鴻章作為代表簽訂了喪權辱國的《馬關條約》，在老俾看來，這麼丟人現眼的事情，自己是打死都不會幹的！

37 大戰前夕

1.戰爭之路

這一篇講講德意志帝國是如何一步步將自己帶入第一次世界大戰的。

第一步，威廉二世獨自當家了。上篇說到，維姬評價兒子虛榮得病態。這種虛榮反應在個人生活上，他喜歡舉辦舞會，喜歡華服和排場，喜歡聽人阿諛奉承。這個特點極其膨脹的時候，他需要全地球的人關注他讚揚他崇拜他，所以，他想打造一個世界帝國，讓自己成為世界帝國的皇帝。

這個可以想，十九世紀晚期，德意志完成了工業革命，打造了一個舉世矚目的工業帝國，到二十世紀早期，德意志的工業生產在全世界工業中所佔的比例為歐洲第一，世界第二，僅次於美國。

政治上，德意志大步躍進的資本主義工業發展，對原料和市場的要求越來越大，可是德意志的海外殖民地卻少得可憐。國內那些大資本家也有向外擴張的要求。應該說，俾斯麥那種四平八穩誰也不得罪的大陸政策讓威廉二世最不滿，威廉二世想的是，德意志是時候而且很應該建立全球霸權了。

稱霸全球，有成功案例，也就是大英帝國。大英帝國靠什麼，靠的是強大的艦隊，而德意志一直打不出去的原因就是，艦隊不夠實力。於是威二的頭等大事就是發展海軍。

皇帝滿腔熱情，雄心勃勃，還曾經親自畫圖設計並參與製造了一艘軍艦，據說這艘艦艇是皇帝陛下多年鑽研精心考慮的結果，他感覺，絕對是世界一流水準，接近完美。威二很得意地將自己的設計方案圖紙什麼的交給專家審議。

德意志的專家們非常仔細地研究了皇帝的工作成果，最後措詞小心地給皇帝發了一封書面意見：「陛下，您設計的這艘軍艦，造型華麗、堅固無比、威力巨大，它將擁有世界上所有艦艇都追不上的速度，最強大的火力配置，大炮的射程也會是世界上最遠的，而艦內的設備會讓艦上每一個人都感覺舒適平穩。要說缺點嘛，只有一個、小問題，您老設計的這艘船啊，它是個旱鴨子，一下水就會沉到底！」

雖然威二自己設計的軍艦沉到底，人家德意志的專家可不是唬人的，老楊在英國篇介紹過，這一陣子，歐洲最熱鬧的事就是英德兩國的海上軍備競賽，比數量，比噸位，比火力，讓英王很上火。這，就是啟動戰爭的第二步，跟英國叫板，以最快的速度與英國成為敵人。

一邊發展軍隊，一邊找殖民地。眼看全世界好地方都有主了，德國人辦事乾脆，索性，把最大最好的那塊地方分掉，一八九七年，德意志搶佔中國的膠州灣。

事情的起因是山東的大刀會搶劫天主教堂，殺了兩個神父。咱家的大刀會是一身橫練的功夫，號稱刀槍不入，後來的事證明，德意志的槍械是可以打穿的。

拿下膠州灣後，德國又在山東取得膠州灣九十九年的租期、鐵路修築權以及採礦權，德意志進入中國帶給咱們的見面禮是給我們們建了一個叫青島啤酒的工廠。德意志這個事辦得漂亮，俄國、英國、法國、日本全跟著來了。其後的歷史我們都很熟悉，鎮壓義和團，八國聯軍，德意志都是積極份子。

除了中國，還有非洲。因為非洲被殖民的比較早，德意志屬於來晚了的，所以他家預備搶。德意志看中的是摩洛哥，在直布羅陀海峽的南面，夾在地中海和大西洋之間，地理位置非常重要。摩洛哥國家長期內亂，法國、西班牙、英國的勢力很早就進入這裡，德意志也擠進來想分一杯羹。

之前法國和英國已經商量好，法國認可英國在埃及的利益，則英國將摩洛哥放給法國。眼看這法國已將摩洛哥放進嘴裡，正預備吞下去，德意志趕緊讓他吐出來。德意志說是要幫助摩洛哥獨立，甚至還對法國發出了戰爭威脅。因為還不到打的時候，所以法國人先讓步，讓摩洛哥保持獨立，這是歷史上第一次摩洛哥危機。

幾年後，摩洛哥人民發動起義，反對自己的政府和法國侵略者。法國以保護僑民為理由，佔領了不少地盤。德意志又跳出來，讓法國讓幾塊出來，你有我有大家有，為了表示自己不是隨便要的，德意志將一艘名叫「豹號」的炮艦開到了摩洛哥的港口阿加迪爾。

這個動作把英國人給刺激了，把軍艦開到別人家門口威脅，這個行為是英國獨門武功啊，這種事誰都能偷學的嗎？英國國會馬上通知德意志，趕緊開走，回頭把英國艦隊招來大家不好看。德意志盤算了一下，估計不是對手，撤吧。法國人將剛果讓一部分給德國，以後摩洛哥的事，德意志就不要插手了。這是歷史上第二次摩洛哥危機。

兩次到摩洛哥去露臉，威廉二世完成了進入第一次世界大戰的第三步，讓英國人願意幫忙法國對付德國，而法國更恨德國了。

第四步，當然是俄國。柏林會議，德國偏袒奧匈帝國，已經讓俄國不爽，但是俾斯麥憑藉高超的外交手段，讓俄國與德國簽訂了《再保險條約》，聽名字就知道意思，重要內容就是，俄國不能跟法國聯手。俾斯麥非常清楚，對德意志來說，如果東西兩線同時作戰，肯定死得快，所以不惜任何手段，都不能讓俄國和法國聯手，最麻煩的是，俄法之間沒有什麼不得了的冤仇啊。俾斯麥的意思，《再保險條約》是一直要簽的，每次一到期，就要想辦法續簽。威廉二世沒有這個緊迫感，而且最近土耳其的事也跟德意志密切相關了。

不知道從什麼時候開始，土耳其成了德意志的重要市場了。德意志的銀行業和工業界都看好中近東，預備大筆投資，重點培養。最核心的計畫，就是修建一條從柏林到巴格達的鐵路，柏林（Berlin）—拜占庭（Byzanzs）—巴格達（Bagdad），所以這個計畫被叫做3B計畫。基本可以說，這條鐵路一修成，土耳其及周圍的國家都在德意志控制下了。

這不是給老毛子添堵嘛。一八九〇年，條約到期，德意志人跟土耳其人眉來眼去打得火熱，肯定不會再跟俄國人簽約了。俄國人不介意，不久，他們就跟法國人聯手了。

就這樣，俾斯麥的心血化為污水，被威廉二世潑進了水溝。德意志如此咄咄逼人，逼得自家孤立，逼得仇家結夥對付他。一九〇四年到一九〇七年，英國、法國、俄國透過一系列的協議成為協約國。

敵人都抱團了，戰爭還會遠嗎？好在，德意志也不孤獨，他們也有自己的盟友，比如老親戚奧匈帝國。

2. 巴爾幹亂麻

說到奧匈帝國，不得不先說到他家一個老仇家。大家還記得吧，前面的歷史多次提到，哈布斯堡家族的東部長期受到奧斯曼土耳其帝國的騷擾。進入十九－二十世紀，奧斯曼帝國也垂垂老矣。這樣一個幅員遼闊，種族眾多，卡在戰略要道的大國，一旦頹萎，下場是可以想像的。這一節，我們不可避免要遭遇亂麻般的巴爾幹局勢。老楊小時候學歷史，這段事情差點把自己整崩潰，「地主」們自帶藥片，防止暈倒。

大家回憶一下拜占庭的歷史，應該還記得，整個拜占庭歷史的主旋律之一就是對巴爾幹半島諸國的戰爭。奧斯曼帝國取代了拜占庭，他家也要面臨一樣的問題，那就是巴爾幹半島上那些桀驁不馴的小國和脾氣暴躁的斯拉夫人。

隨著沙俄帝國的崛起，土耳其面臨的狀況比拜占庭還慘，因為人家斯拉夫人找到老大了。對老毛子來說，控制黑海，打通地中海，南下印度，巴爾幹地區都是勢在必得的頭號要地。

從十七世紀到十九世紀，俄國人打著解放斯拉夫人的旗號，跟土耳其打了十次架。除了正面幹仗，俄國最有成效的工作就是幫助巴爾幹各國鬧獨立。保加利亞、塞爾維亞都在老毛子幫助下脫離了土耳其。老毛子間接幫忙的希臘也獲得了自由。

眼看著土耳其焦頭爛額的，義大利也湊熱鬧，爭奪土耳其在北非的的黎波里。土耳其只好應戰。

土耳其一和義大利搭上火，保加利亞、塞爾維亞、希臘等獨立國家立刻組成聯盟，跟土耳其幹仗，這是第一次巴爾幹戰爭，這一次大戰的結果就是，阿爾巴尼亞獨立，土耳其失去了他家在歐洲的所有領土，徹底退出了歐洲，巴爾幹半島解放了。

這幾個小弟制服了老大，分老大的家，還分贓不均，互相傾軋。保加利亞拿得比較多，引發其他小弟不滿，於是塞爾維亞、希臘等又聯手跟保加利亞幹了一仗，這是第二次巴爾幹戰爭。這次的結果是，保加利亞被迫吐出了多佔的土地，心中不滿，埋下冤仇。

之前都是土耳其欺負奧地利，現在土耳其這個熊樣，所有人都撲上去分而食之，老仇家哈布斯堡家族肯定不會慈悲的。上篇說到，俾斯麥主持的柏林會議，直接得罪了老毛子，起因就是德意志承認了奧匈帝國對波士尼亞和黑塞哥維納（波黑）的控制。

巴爾幹半島的局勢這麼亂，歐洲那幾個大佬看著一點都不亂。首先，核心矛盾，俄國人和奧匈帝國。大家想啊，在某種程度上說，奧匈帝國的處境和奧斯曼土耳其是非常像的，那就是，治下的種族太複雜。老毛子挑唆斯拉夫人獨立，還吵吵著要建立一個大斯拉夫國家，這是直接讓奧匈帝國難看啊。奧匈帝國南部有大量的斯拉夫人，老毛子挑唆他們獨立，奧匈帝國不悶燥嗎。雖然奧匈帝國佔了土耳其一點地，但是他家更希望土耳其能控制住巴爾幹局勢。這樣一來，在對待老毛子的問題上，奧匈帝國跟土耳其是一夥的。

德意志已經和奧匈帝國建立了同盟關係，而且他家已經將土耳其視為主要的市場和原料供應地，還預備去大張旗鼓地投資修路，當然也不希望該地區成為老毛子的地盤，所以，德意志也支持土耳其。

戰敗割地心懷怨恨的保加利亞也想加入德奧找回自己失去的面子，於是，德意志、奧匈、土耳其、保加利亞結夥，成為所謂的同盟國。

之前還說過，俾斯麥的大陸政策將義大利拉入了自己的陣營，不過從後來的發展來看，義大利顯然是感覺協約國對自己更有利，況且，奧匈帝國還佔有一部分義大利的土地，一直不肯還呢。所以在歐洲這一輪聲勢浩大的結盟結夥行動中，雖然義大利號稱是同盟國一邊的，群架開始的時候，他家非常糾結地暫時保持了中立。

本來英國也是忌憚俄國在巴爾幹半島的動作，因為知道這家人控制了巴爾幹，肯定是打印度的主意。不過此時德意志的嘴臉更兇悍，事有輕重緩急，英國人只好跟老毛子先聯手收拾了這幫日耳曼狂人再說。

巴爾幹地區其他國家，塞爾維亞、阿爾及利亞、希臘等也加入了協約國。

不管「地主」們有沒有看明白，以上這一團混亂，就是當年的巴爾幹局勢，所以這地方被稱為「歐洲火藥桶」，大家注意，火藥桶出現了，說明第一次世界大戰，即將開打！

38 第一次街坊群架

1. 奧地利王子和捷克灰小姐

一八八九年，魯道夫太子帶著情婦飲槍自盡。奧匈帝國皇帝法蘭茲．約瑟夫一世只好將自己弟弟的兒子斐迪南立為太子。

斐迪南王儲是個妙人，頗有生活情趣。最出名的是喜歡打獵。這夥計對打獵的狂熱如果放在現在，絕對會遭到動物保護組織的抗議。有人計算他獵取的大型動物超過三十萬隻，而且說他差掉造成歐洲野牛的滅絕。

喜歡打獵的人肯定也喜歡打仗，都是玩槍，都是剝奪其他生物的生命。骨子裡就崇尚武力，再到軍隊裡浸泡幾年，斐迪南不出意外地成長為一個軍國主義份子。

在德意志說明下，奧匈控制了波黑地區。塞爾維亞獨立後，又打贏了兩場巴爾幹戰爭，讓波黑的斯拉夫人很振奮。他們期望著能加入塞爾維亞的版圖，成立一個強大的大塞爾維亞王國。而斐迪南王儲認為，奧匈帝國不能僅僅是控制波黑地區，而應該是整個兼併，最好是連塞爾維亞一起吃掉。奧匈帝國可以由二元帝國升為三元帝國，也就是日耳曼人（奧地利）＋馬札爾人（匈牙利）＋

斯拉夫人（波黑和塞爾維亞）的大家庭。

斐迪南王儲一八九五年在捷克認識了一位姑娘，一個波西米亞的小貴族家庭姑娘—索菲亞。根據歐洲貴族的風俗，索菲亞被送到布拉迪斯拉法大公夫人那裡做侍女，布拉迪斯拉法是現在斯洛伐克的首都，當時的大公應該是斐迪南王儲的一個堂兄。

抬頭不見低頭見，索菲亞不知道什麼時候就入了斐迪南王儲的青眼，走不出來了。王儲跟皇帝提出，要娶索菲亞為妻。

哈布斯堡皇室雖然日漸沒落，可曾經保持著歐洲唯一的皇帝位，再怎麼落魄，身段不能放下。皇室子弟，要麼娶別國的皇室王室公主，要麼也是根據政治需要聯姻大貴族，索菲亞的家族門第太低了，怎麼能讓她嫁進來呢。

無論哈布斯堡家族怎麼批評責罵，斐迪南王儲死活不鬆口，除了索菲亞，他誰也不要。法蘭茲皇帝也不敢做事太絕，因為親生兒子的死狀還在眼前呢，他不就是想離婚和瑪麗結婚不遂才自盡的嗎。難不成哈布斯堡家族再逼死一個？算了，認了，結婚去吧。

結婚歸結婚，斐迪南需要立誓，也就是所謂的「貴賤通婚誓言」，王儲要保證，將來登基，不能立索菲亞為后，索菲亞生的孩子，沒有奧匈帝國的王位繼承權，在皇宮，索菲亞不能和太子並排就坐，看歌劇不能進入皇室包廂，不能跟太子同車出行等等。

太子爺的婚禮冷清，哈布斯堡家族無人出席，婚後索菲亞為王儲生了三個孩子，既然不能繼位，皇室就直接無視了。太子妃在維也納的地位，還不如一個普通的公爵夫人。索菲亞是個捷克版的灰小姐，她的經歷告訴我們，所謂「灰小姐和王子幸福地生活在一起」這句話，就是騙小孩的。

索菲亞有職稱沒待遇，斐迪南王儲也是挺痛苦的，好在，他的誓言只是侷限在奧地利，在奧地利之外的地區，索菲亞享受太子妃的禮遇是沒有問題的，所以，斐迪南出國喜歡帶著老婆，讓她享受一下維也納享受不到的東西。

2.導火線和宣戰

奧匈帝國迫切想要吃掉波黑和塞爾維亞，在歐洲兩大派系分邊站好後，最焦點的矛盾就是奧匈對塞爾維亞的眼露凶光。

一九一四年六月二十八日，奧軍在波黑靠近塞爾維亞的邊境上做軍事演習，假想敵就是塞爾維亞。斐迪南成為王儲後，還被提升為奧軍副總司令，所以派他到演習地點視察情況，並檢閱軍隊。斐迪南喜歡幹這事，因為可以帶著老婆拋頭露臉。

在人家邊境演習就已經是挑釁了，還選了很缺德的日子。一三九八年六月二十八日，塞爾維亞軍隊在科索沃浴血奮戰，終於不敵土耳其鐵騎亡國，從此塞族淪陷在阿拉伯人手裡五百年。六月二十八日是人家的國恥日，選那天去挑釁，跟某些導演翻拍經典名著的目的一樣，純粹找拍。

在塞拉耶佛的大街上，王儲夫婦遇襲，雙雙死去（詳細過程參見英國篇）。這個事究竟是誰策劃誰實施誰是幕後黑手都不重要了，王儲死了，一定要有人負責，一定會有人報仇，也一定會有人以此大作文章。

法蘭茲皇帝聽到消息，當時就暈倒了，總算調整了心情後，奧匈帝國向塞爾維亞發出了一張包括十個條件的最後通牒，十條的內容大概就是要求塞爾維亞查封反奧刊物、取締反奧組織、革除反奧官員之類的。雖然這十條被英國人稱為是「有史以來一個國家對他國發出之最可怕的文件」，可是對塞爾維亞來說，奧匈帝國實在不能惹也不好惹，所以他家忍辱負重，答應了其中的八條。奧匈帝國根本就沒指望對方能全答應，七月二十八日，就以對方不配合為名宣戰。

德皇威廉二世早在幾年前就說了：「火藥是乾的，劍是磨過的，目標是明確的！」意思是，德意志早就做好了戰爭準備。聽說斐迪南王儲遇刺，威廉二世毫不掩飾地表示，「這是千載難逢的機會」，在奧匈方面發來的關於戰爭要不要開打的信件上，德皇批覆：「要麼現在就幹，要麼永遠不幹！」

從威廉二世這個急不可耐興奮莫名的態度，再加上之前介紹的他辦的那些事，要說第一次世界大戰是奧匈帝國和塞爾維亞挑起的，這兩家是不是有點冤啊。

3.施里芬計畫

一九一四年的夏天真是忙碌啊，七月二十八日，奧匈帝國對塞爾維亞宣戰，七月三十日，俄國全國動員援助塞爾維亞，八月一日德國對俄國宣戰，八月三日德國對法國宣戰。

看到沒有，驍悍的德意志軍隊在三天內同時向自家的東西兩線宣戰，難道他家忘了，歷史上，他們最怕的就是被仇家東西夾擊嗎？

現在請個高人出來給大家認識一下啊，有請德意志帝國總參謀長、後來的陸軍元帥，阿爾弗雷德．馮．施里芬伯爵。

話說普魯士擊敗法國統一德意志，法國想報仇，德國怕報復，都將對方看成了死敵。法國人更是沿著法德邊境築起工事無數。估計威廉二世既然預備一次將鄰居全得罪，他一定會下令，逼著德意志這些軍事天才們想出一個同時跟左鄰右捨較勁的辦法。

施里芬接了毛奇的班成為德意志軍隊的大腦，所以這個計畫他責無旁貸。施里芬是上古名將漢尼拔的頭號粉絲，對坎尼會戰無限敬仰，一直視為重要教程。

一九〇五年，施里芬計畫基本成型。說是兩線作戰，並不是同時在兩邊開打，這個計畫的關鍵字就是時間差。施里芬的分析，沙俄裝備落後，老舊，行軍路線很長，而且他家的鐵路建設落後，將軍隊送到東線德軍面前時，最少需要一個月以上的時間，而那些大型輜重，更不知道要走多久。一九〇四—一九〇五年，俄國和日本為爭奪中國的東北和朝鮮幹了一仗，俄國人居然輸了，在施里芬看來，這個北極熊真的很熊。所以先派少部分兵力牽制東線。而西線的法國，如果閃電戰作戰順利，四—六周就能解決。法德邊境防備森嚴，攻不破，閃電戰的要點就是不能被拖住，德意志軍隊繞道比利時，而比利時和法國的邊境幾乎不設防，從比利時進入法國，入侵巴黎，以最快的速度結束西線，而後大軍東進，應戰沙俄。

施里芬在一九一三年去世，接替施里芬成為新參謀總長的，是他的前任，毛奇的侄子小毛奇。小毛奇跟威廉二世私交甚篤，又加上家族背景，在德意志軍界上升極快。

小毛奇絕對不是個紙上談兵的人，拿到施里芬計畫，他也不會生搬硬套，他根據自己的想法進行天才的修改。

既然是閃電戰，就由不得喊預備開始了，德意志一邊對法國宣戰，一邊就發兵比利時，執行施里芬計畫了。

4. 一九一四年的戰鬥

一九一四年，小毛奇六十八歲，病秧子，整天愁眉苦臉的，怎麼看都不像個能指揮百萬雄獅的。不過這夥計說了，他一輩子都在等一場世界大戰。這是個官二代，雖然在軍界走勢亨通，可他既沒受過專業的軍事訓練，也沒參加過正式的戰鬥，他就這麼自信地當上了德意志軍隊統帥。

德意志憋著打這一仗，他家的戰前準備是很充分的。小毛奇是技術派，也深知速度是德意志戰車取勝的關鍵，所以他最大的心血用於鐵路建設。根據施里芬的計畫，西線戰鬥一結束，德意志軍團就要火速調往東線，這個火速不是吹牛的，第一次世界大戰開打前，德意志就可以做到，由西線向東線調兵，只需要二十四個小時。

為了配合進入比利時的計畫，德意志在八月二日就佔領了盧森堡，隨後對比利時要求借道，八月四日，德意志不管人家答不答應，強行開進了當時是中立國的比利時。

比利時和法國的邊境不設防，對德意志方向也是陳以重兵的，早年施里芬還非常委屈地質疑：比利時這幫龜兒子對法國人那麼客氣，咋個對老子德國人這麼凶呢。這事德意志人自己怎麼想也不明白。

德國戰車遭遇的第一個阻滯就是比利時的列日要塞。誰能想到這麼一個一直中立的小國給自己裝備了這麼隆重的防禦呢，三天三夜的攻城，德意志軍團死傷無數，列日要塞紋絲不動。

在比利時被拖住了三天，這還是閃電戰嗎？小毛奇感覺事情不妙，趕緊找了個高手過去增援。德意志第一次世界大戰時的頭牌名將魯登道夫登場了，他接班主持對列日的進攻。

列日要塞最難對付的，就是周圍的十二座炮台，魯登道夫使用飛艇造成列日平民的傷亡，使列日城不得不投降，可是這十二座炮台還是不屈不饒地攻擊著德國人。聽著這十二門大炮的轟鳴，魯登道夫給小毛奇發了短信：老大，把我們家的法寶開出來吧！

又有明星上場，鏡頭閃回一下。在普魯士統一德意志那三場大戰中，除了精銳善戰的普魯士軍隊，運籌帷幄的俾斯麥首相，果決清醒的毛奇將軍，德意志還有一個致勝的法寶就是大炮，來自克虜伯家族的大炮。

克虜伯家族起源於德國埃森，最早是個打鐵鋪子，因為創造出好鋼，進而開發出性能優越的鋼炮，這個軍火家族因而發家致富，甚至名揚四海。克虜伯大炮跟咱家頗有淵源，李鴻章大人對這個東西非常有興趣，後來成為大清重要進口商品之一，此後中國半個世紀的各種戰爭，幾乎都能看到克虜伯大炮的身影。

克虜伯家族在德意志地位尊崇，飽受皇恩，德意志帝國乃至以後的德國最高當局都將其視為國家柱石。

德意志計畫打群架，兵器準備肯定是第一重要的。二十世紀初，德軍總參謀部就要求設計一種用於攻克堡壘的能在陸上運輸的最重型大炮。這種重型火炮能以高角度發射，使炮彈落在堡壘的頂部，準確地擊中特定目標。

這種重型火炮就是著名的「大貝爾塔炮」。這可真是個大傢伙，炮身連炮車重一百二十噸，運輸時分解，需要一個火車頭才能拉動，還要鋪設專門的軌道。因為發射後座力太強，安放炮位時，需要先用混凝土澆灌一個幾米深的底座，把這門炮安好就需要幾個小時。

費這麼大勁是值得的，這門炮可以發射一噸重的炮彈，公里外穿透鋼筋混泥土建築，威力驚人。

克虜伯公司到一九一四年初才研製出來，到開戰時的八月才生產了五門。列日要塞受挫，小毛奇大筆一揮就將其中的四門批給了魯登道夫。

當時世界上的炮，口徑超過三百毫米就已經是巨炮了，「大貝爾塔炮」口徑是四百二十毫米。這四個超級大怪獸一字排開，列日城的守軍真有點目瞪口呆。

即使是面對這樣的武力，英勇的比利時軍隊還是守了四天。攻克列日要塞，德國軍隊損失了四萬人，至於給德軍攻擊了十一天的列日城是個什麼狀況，大家可以大膽想像了。

小毛奇事先肯定沒想過會在比利時受挫，浪費了這麼多時間，而更讓他沒想到的是，英國軍隊真的登陸參戰了！

施里芬計畫施行有個大前提，那就是不要刺激英國人，而如果已經刺激了，就要動作快，可以趕在英國人上岸之前先制服法國。可是，比利時的行動讓最壞的狀況發生了，在法國邊界，德意志軍團遭遇了英國軍隊。

此時可以說，施里芬計畫失敗了一半。不過德意志軍隊面對英法聯軍還是頗有優勢，在法國境內步步推進，然而，這已經不是輕靈閃騰的閃電戰了，德意志陷入了他們最不願意發生的陣地戰，而且非常膠著。

一九一四年九月初，德軍挺進到巴黎城下，好像德軍還是將他們的行動控制在計畫內。九月六日，巴黎東南面的馬恩河，德意志與英法聯軍共兩百人會聚於此，打響了第一次世界大戰中最重要的馬恩河戰役。

馬恩河戰役如果獲勝，德軍一口吃掉巴黎，西線基本可以宣布勝利。然而，德軍沒贏，因為兵力不夠。這個事必須找小毛奇問責。這個夥計沒吃透施里芬計畫的精神，他自作聰明了。

德意志的西線，分左右兩翼，繞道比利時進攻法國的，是德軍右翼，是一支奇兵。而德意志的左翼，在阿爾薩斯和洛林一帶牽制法軍的主力。既然是牽制，就是最少的人辦最多的事。小毛奇膽子小，他害怕法軍主力吃掉德意志好不容易弄到手的洛林地區，所以他從右翼抽了兩個軍團補充左翼。軍事史上，每說起這件事，很多人都想把小毛奇拖出來痛打一頓。要知道，施里芬老爺子的臨終遺言是：千萬不要削弱右翼！

馬恩河戰役結束後，小毛奇對威廉二世說：陛下，我們輸掉了戰爭。而後勸皇帝此時停手，中止所有的戰事。威廉二世顯然沒有小毛奇看得遙遠，他將小毛奇撤職，繼續打。不就是剛開場的戰役失敗嗎，怎麼就說整個戰爭失敗了呢？對，幾乎可以說，馬恩河的失敗直接導致德意志最後的慘敗。因為馬恩河不勝，施里芬計畫徹底破產。此後的幾年，德意志的西線陷入了與英法聯軍的塹壕戰，膠著了四年直到戰爭結束，而東線戰事按時開球，還要應付驍悍的俄國人，兩線同時開打，這不就是德國必死無疑的狀態嗎？

馬恩河戰役是歷史上著名的改變了歷史的戰役之一，如果德意志取勝，整個世界的歷史將不知道怎樣發展。

德意志進入比利時，東線的戰鬥就已經開始了。列日要塞一戰成名的魯登道夫被派往東線，應該說這裡的戰事非常順利，俄軍敗退，德意志一直開進了俄屬波蘭。鑑於歷史上對俄國作戰的教訓，魯登道夫也不敢深入，這樣一來，東線的戰鬥也不能徹底了解，德意志在戰爭開打的頭一年就淪為被兩頭拉扯的態勢，糟糕的開局預示著悲慘的結局。

5. 一九一五年

這一年，德意志繼續兩頭不到岸，獨立戰役似乎都打得不錯，可是戰略意圖總不能實現。西線，德意志氣急敗壞，不注意吃相，開始動用毒氣。

一九一八年，第一次世界大戰結束那一年的諾貝爾化學獎被頒發給了德國的化學家弗里茨·哈伯，以表彰他發明了工業合成氨，此後人類種地就不用單純依賴天然氮肥了，極大提高了種糧食的效率和產量，應該說對人類吃飽肚子居功至偉。哈伯一獲獎，英法等國就表示了強烈抗議，都質疑瑞典皇家科學院腦子壞了。這些人腦子沒壞，他們又沒有呼吸過氯氣，腦子怎麼會壞掉呢。

哈伯是個激進的愛國者，戰爭一開打，他就全心全意地投入其中了。他最早提出對敵軍使用氯氣進攻，即使是好戰的德國人，大多數也不同意這種玩法，認為太不人道了。最後哈伯還是找到了知音，一九一五年四月，在比利時西南部的伊普雷小鎮，某個德意志公爵大膽啟用了這種武器，黃綠色雲團飄向英法聯軍的陣地，帶著刺鼻的氣味。英法聯軍很多人口腔、鼻腔、咽喉都被灼傷，隨後窒息，然後死去。這一輪氯氣進攻，舉手之間就讓英法聯軍五千多人沒了性命，就算活著的，也頗感不適，不能再戰。

使用毒氣，德國人佔了些小便宜，對戰爭的勝負影響不大，不過，這些氯氣一用上，德意志軍人的形象就徹底完犢子了。日耳曼千百年來一手打造的鐵血勇士形象長出了角和獠牙，變成魔鬼了。

哈伯的妻子曾力勸他放棄這種陰損的殺人辦法，無效，後來用哈伯的手槍自盡了。然而這也沒有停止哈伯的工作熱情，他繼續研究快速殺人的辦法。不管哈伯出手多麼陰損，他的愛國心是不假的，戰後，他頂著戰犯的帽子，懷著隨時被審判的忐忑心情，還致力於研究如何從海水中分離出黃金，用於幫助他的國家償還戰爭賠款。

東線的戰鬥好像順利得多，可是，不管將俄國人打得多麼鬼哭神嚎，既然不敢開進莫斯科，逼老毛子投降，終結東線的戰鬥，再多的勝仗，意義也不是很大。

這一年還有一件大事，那就是義大利終於買定離手了，之前他家握著一把小錢，在協約國和同盟國之間徘徊，不知道如何下注。義大利投向了協約國，對奧地利宣戰。

6. 一九一六年

這是第一次世界大戰最關鍵的一年，也是第一次世界大戰最慘烈最精彩的一年。

鑑於東線的德意志軍隊不敢深入俄國廣袤的國土作戰，則必須傾盡全力取得西線，要不然這樣沒完沒了地膠著，德意志人力物力財力都吃不消了。

巴黎以東兩百公里，現在的法國墨茲省內，有個叫凡爾登的小城市。從查理曼大帝被分割時開始，這個小城就歸屬不明，只要是德法打仗，就要對該地爭個你死我活。凡爾登幾乎可以說是進入巴黎的便道，所以號稱是巴黎鑰匙。

接替小毛奇的德意志參謀總長提出一個新思路，選一個法國人堅決不肯放棄的地方，德國發重兵猛打，讓法國人為了死守這一地而流盡鮮血。而這個地方，被德意志參謀總部稱為對法國的「處決地」。在地圖上看了一圈，德國人確信，凡爾登這個要塞，法國人死都不會放棄，於是，德意志選擇這個位置給法國放血。

這一次戰役從一九一六年二月打到一九一六年十二月，十二公里長的戰線上，德國人布置了千門大炮，狂轟亂炸。正如德國人預料的，法軍死守不退，不斷增援。估計是德意志低估了高盧人的驍勇，他們在給法國放血的同時，自己也鮮血淋漓。最後凡爾登戰役以德國失敗告終。雙方投入一百萬兵力作戰，七十多萬人傷亡，歷史上，這一戰被稱為「凡爾登絞肉機」。

凡爾登絞肉機雖然慘，卻不是第一次世界大戰最慘烈的戰鬥。為了緩和凡爾登的壓力，英軍主導在索姆河開闢一個新的戰場大戰德軍。

我們在英國篇裡介紹過這場戰爭，英國人首次使用了坦克。德意志第一次碰上坦克時被嚇了一跳，後來發現這大傢伙也不過如此。不久後，他家就使用了雛形的反坦克炮。戰後，正式的反坦克炮被瑞士人發明出來。

索姆河戰役是第一次世界大戰投入人力和軍械規模最大的戰役，打了五個月，就為爭奪中間幾公里的陣地。這一仗，傷亡人數超過一百萬，雖然英法聯軍先停手了，可是德國人也接近極限了。

凡爾登加上索姆河兩場屠殺，西線的拉鋸戰又回到了起點。對德意志來說，沒有進展就是失敗。參謀總長又被威廉二世免了。

本來德國人以為，一九一四年八月開打，當年的耶誕節就會結束，他們壓根不敢想要打持久戰。可現在，兩年過去了，還在打，而仗打到這個程度，誰能最後取勝，就看誰財雄勢大了。協約國資源豐富，財力雄厚，尤其是大英帝國掌握大洋，可以在全球範圍內調配資源。不管陸上戰役，德意志如何驍勇善戰，之前花巨資建設的海軍一直沒用，被英國的艦隊堵在港灣，不能出海。

所以這一年，德意志是硬著頭皮，挑戰了海上霸主。英國篇也介紹過這一場日德蘭海戰，結果是「德國艦隊攻擊了它的監獄看守，但是仍然被關在牢裡。」

7. 一九一七年

第一次世界大戰的玩具很多，以前說過坦克、飛艇、超級大炮，還有一個很好玩的，那就是潛艇。

世界上最早提出潛入水底航行的船隻這個概念的，可能是達文西，這夥計什麼都敢想。最後讓水下船隻真正成型，有文字記錄也是個義大利人。有個荷蘭人在英國設計建造了第一艘潛艇，在泰晤士河水下四米處航行了很長一段路。

潛艇第一次用於戰爭，是美國獨立戰爭時發明的「海龜」。美國人想用這東西襲擊英國軍艦，不過當時的技術達不到，不了了之。十九世紀晚期，美國發明家約翰·霍蘭經過多次試驗、改造，最終發明了現代潛艇的老祖宗——霍蘭六號。它能迅速下潛，展開攻擊，水面上用汽油動力，水下使用電動機動力，基本可以用於戰爭了。約翰．霍蘭被稱為「現代潛艇之父」。

水面上打不過英國艦隊，德意志只好在水底下下黑手。戰爭一開始，德意志就宣布，將會襲擊所有進入英國海域的商船。這個戰法效果還是很明顯的，英國的商隊遭受重創。不過，英國的海域不光只有英國的船啊。

話說第一次世界大戰開打，最忙的就是美國人了。一會要賣軍火，一會要發放貸款，跟協約國打得火熱。要說美國人跟協約國套近乎，也不完全出於跟不列顛的親戚關係。大家看地圖啊，整個歐洲戰場，同盟國在中間，協約國圍在外圈，美國人沒機會跟同盟國聯繫上，業務不好開展啊，所以協約國就成了主要交易夥伴。

美國人很早就說了：「日老曼，麻煩你發魚雷的時候看清楚，別打壞了我家的東西，小心我家入夥一塊收拾你們。」

德意志再悍，他也知道不能再招惹新的敵人了，大戰開始那段時間，德意志的潛艇戰基本還是保持風度。進入一九一七年，德意志有點急眼了，管不了那麼多了，英國海域所有的船隻，只要給看見，痛打不饒。

這個「無限制潛艇戰」的計畫目標是，在六個月內，逼英國人投降。英國有辦法，商船編成船隊，由驅逐艦或巡洋艦護送，護航艦艇安裝有聲納和深水炸彈，可以反擊德國艦艇，大大減少了商船的損失。

「無限制潛艇戰」沒有達到目標，卻找來了麻煩，因為德國潛艇打掉了美國的商船，給了美國很好的藉口，老山姆參戰了！

美國人來的時間剛剛好，因為俄國人不行了。一九一七年初，俄國人發動二月革命，終結了他家延綿三百年的羅曼洛夫王朝，俄國沙皇這個東西徹底消失在地球上。十一月，偉大的列寧同志領導了布爾什維克起義，建立了社會主義國家蘇聯。

俄國沙皇跟著攪合第一次世界大戰還打得不好，是個被趕下台一個很重要的原因，所以蘇共一上台，果斷退出了戰爭。

在德意志人眼中，美國人不遠千里派兵到歐洲打仗，這是什麼精神，這是犯傻的精神。雖然美國人就德意志的潛艇亂打抗議過很多次，德國人真沒想過這家人會發兵，而且一發就是兩百萬，帶著精良的裝備和源源不絕的補給。

足球比賽踢到第八十分鐘，雙方都筋疲力盡，突然有一方換上了從沒上場體力充沛的主力！

8. 一九一八年

所有人都打累了，即使是經常打群架的歐洲人。進入這個年份，誰都看得出，不論德意志還在發動看似勇猛的進攻，他真的是強弩之末了。

在德意志國內，整個國家所有的精力都用來應付戰爭，而德意志軍隊的最高統帥部就成了德國的實際領導者和獨裁者。取代皇帝安排帝國大事小情的人物，就是魯登道夫。

軍國份子當道，別指望他善待百姓。對德意志人來說，記憶中他家參加過的戰爭，都是速戰速決的，從來沒有這麼多年陷在一個戰爭泥潭，又不能勝，又不能撤。越打不贏越氣急敗壞，越是把所有的家產賭上戰場，戰前，因為德意志經濟的高速發展，老百姓生活優裕，福利不錯，很過了幾年好日子，戰爭這幾年，德國人的生活水準跌進了地獄。除了戰場上那些傷亡的子弟，家裡因為糧食匱乏餓死的人也不在少數。國內厭戰反戰的情緒越來越激烈。

自從政府由軍隊首腦說了算，威廉二世就越來越不知道該幹什麼好了。國內大亂，魯登道夫對德皇說，不行，要改革。威廉二世就說，好吧，那改吧。魯登道夫就選了巴登親王做首相，讓他團結各主要政黨，組建一個能平息民怨的新政府。

巴登親王從哪裡冒出來的呢，早先德意志宣布無限制潛艇戰，巴登親王極力反對，在美國人心目中，巴登親王是個好人，可以商量。魯登道夫這個時候把這尊大神請出來，顯然是為了跟參戰的美國人說好話。

自從美國參戰，在協約國那邊儼然就是帶頭大哥了，知道德意志堅持不住了，他家的威爾遜總統拋出「十四點和平綱領」，給日耳曼人一個下場的台階。

新政府真代表民意，說不打就不打了，給美國人一個面子吧。不過，我們可不敢想像德意志的軍國主義份子會給美國人面子。

一九一八年十月下旬，那廂新政府已經跟美國人套近乎了，這廂德意志海軍司令部下令，基爾港內的德國遠洋艦隊全數出海，跟英國艦隊決一死戰，如果不勝，則八萬水兵和所有艦隻「光榮地沉沒」。

海軍司令部是喪心病狂了，八萬水兵還清醒啊，瘋子自殺還拉這麼多陪葬的？水兵們拒絕起錨，軍艦都熄了火。司令部當時就逮捕了百多人。幾天後，水兵走上基爾街頭遊行示威，抗議當局，要求釋放被捕者。隨後示威發展為武裝起義，水兵們迅速佔領了戰略要地，控制了全城。本來德意志的工人同志們這一年也是起義不斷的，一聽說大兵們得手了，馬上回應，很快，基爾及附近郊區均被起義者佔領。

基爾勝利的消息成為德意志起義的發令槍，一場聲勢浩大席捲全國的工人起義爆發了。首相巴登親王看著工人士兵來勢洶洶，知道這次不表示態度是不能平息了，於是找到表哥，也就是威廉二世，讓他主動退位，是給老百姓一個交代。威廉二世堅決不幹，預備跟皇位共存亡。

皇帝死硬態度導致十一月九日柏林的士兵和工人發動更大規模起義，幾乎沒有遭遇反抗，起義軍一天不到就控制了整個柏林。巴登親王由不得威廉二世戀戀不捨了，幫著皇帝寫了個退位詔書，把他從王座上一把扯下來，威廉二世連夜逃亡荷蘭，後來的歲月裡，流亡德皇滿腹惆悵無處發洩，瘋狂地砍樹，據說二十三年砍了六千多棵樹，不知道是燒掉了還是打家具了。

十一月十一日，德意志投降，簽訂停戰協議。而他的那幾個盟友早就投降歇菜了，第一次世界大戰以協約國的勝利落幕。

39 魏瑪共和國是為啥？

1. 終於看到了共和

工人和士兵的起義推翻了霍亨索倫王朝，沒有皇帝了，德意志該往哪裡去？

要先介紹一下第一次世界大戰期間到結束，德意志國內的政治格局。前面說過，俾斯麥成為統一的德意志首相後，先對付國內天主教派的中央黨，結果是中央黨在議會壯大；後來又鎮壓工人運動起家的社會民主黨，表面上有效果，社民黨後來都轉入地下了。政黨這個事，最好玩的就是，只要被鎮壓，就有可能壯大。社民黨在地下迅速蔓延，居然也慢慢壯大了，到第一次世界大戰快結束時，德意志傳統的統治階層——容克階級發現，想讓老百姓安穩不鬧事，必須讓社民黨出來組閣管事。

黨派一發展壯大，內部沒有派系是不可能的。此時的社民黨已經分成了三個部分，第一派就是原來的社民黨，他們的特點就是對容克階層還頗有感情，希望建立容克階層民主和議會制度，不要武鬥，和平過渡；跟他們完全相對的一派就是所謂的斯巴達派，他們的首領就是德意志最著名的革命黨李卜克內西，斯巴達派是列寧的追隨者，他們的想法就是建立無產階級的專政，無產階級透過武裝鬥爭獲得政權，建立一個布爾什維克的國家，這一派後來成為德國共產黨；這兩派之間還有個中間派，被稱為獨立社民黨，他們的要求是全民普選議會。

德意志的起義突如其來，所有的政黨都沒有準備，這個運動會被導向哪裡，就看這三個政黨的本事。

巴登親王把表哥趕下台後，自己也覺得沒意思，就將首相之位交給了社民黨的黨魁亞伯特，亞伯特小心謹慎地叫上共產黨和獨立社民黨一起組閣。李卜克內西堅決不幹，要求將政權交給工兵代表大會（也就是我們常說的蘇維埃）。亞伯特只好和獨立民主黨組閣，共同建立一個被德意志排斥了很久的資本主義共和國。說是共和國，換了個招牌而已，之前那些大容克大貴族、壟斷資本家、軍界頭子之類的，給自己換了個支持民主的嘴臉，又擠進了政府機構，繼續成為主要力量。

起義是工兵們發起的，勝利果實又被資本家容克們攫取了，革命不徹底啊，繼續罷工暴動。只是，社民黨和獨立黨都不是之前那個老朽的君主政府，他們代表著大量中產階級的利益，他們出手鎮壓，威力還是很大的。

一九一九年一月十九日，在德國共產黨缺席的情況下，德意志舉行了各黨派參加的國會選舉，二月六日，新選出來的國民議會到魏瑪開會，透過了憲法，德意志的共和國誕生了。

魏瑪位於德國中部，是歌德和席勒的故鄉，德意志的古典之都，號稱德國的雅典。在這裡正式成立的共和國，歷史上被稱為魏瑪共和國，社民黨黨魁亞伯特被選為首任總統。

2. 把仇家往死裡整

魏瑪共和國成立後的頭等大事，就是面對戰敗懲罰。在德意志工兵起義，各政黨搶班奪權的時候，協約國忙著商議怎麼收拾他們呢，商量的那些事，就是著名的《凡爾賽和約》。

一九一九年一月十八日，戰勝那幾家通知德意志，到巴黎凡爾賽宮開會。為什麼選這個日子呢？還記得嗎，四十八年前的這一天，普法戰爭，普魯士大勝，威廉一世進入巴黎，在凡爾賽的鏡廳加冕成為德意志帝國皇帝。德意志的皇帝在法國的凡爾賽宮加冕，當然是為了羞辱輸家，這次，輪到法國人羞辱輸家了。

整個巴黎和會，最引人注目的是兩夥，咬牙切齒雙眼發紅的法國人和愁眉苦臉垂頭喪氣的德國人。看法國人的樣子，恨不能活剝了德意志，所以協約國商量擬定的《凡爾賽和約》是某種瘋狂的報復，到底，這份世界上最欺負人的合約說了些什麼呢？

根據歷史規矩，戰敗國不外乎就是割地賠款。德國人割得比較慘，首先，阿爾薩斯—洛林地區肯定是還給法國的，西部割一片給比利時，南部，承認奧地利、捷克斯洛伐克獨立，而且德奧永遠不能合併；東部，波蘭獨立，德意志還要割一塊地給他們；北部，石勒蘇益格的北方切一塊給丹麥。

海外的殖民地被協約國分掉，最不要臉的就是將咱家的青島從德國人手裡轉到日本人手裡。

德國的薩爾蘭煤礦交給法國開發，管理權屬於協約國十五年，到期後，由當地人公投決定何去何從。

這一輪又切又割的，德國失去了七萬多平方公里的土地及七百多萬的人口，七十五%的鐵礦和二十六%的煤礦也失去了。

賠款呢，這個更狠。這場大戰，英法都被打成窮鬼，窮凶極惡的要錢。後來算出來，德意志共需要支付戰爭賠償兩千兩百六十億金馬克！德國人看著這個數字，光數後面的零就數了半個時辰，這是個讓人感覺地久天長的數字，世界末日之前能還完嗎？按揭時間不准太長，四十二年必須還完。

好在當時還有沒被窮瘋的，比如美國人，他家就覺得，把德意志逼上絕路，大家雞飛蛋打，誰也拿不到錢了，少要點，讓他家恢復了再說，後來到底跟德國人要多少錢成為協約國討論最激烈的問題，意見總不統一，德意志坐收漁利，這筆賠款逐年減少，沒幾年就不用還了。不過在一九一九年的凡爾賽，這個數字絕對能把德國人嚇哭。

光割地賠款是不夠的，要防止日耳曼這幫戰爭狂捲土重來，限制他家的軍備。陸軍不能超過十萬人，海軍不能超過一點五萬人，不能擁有主力艦和潛艇，允許配幾艘驅逐艦和魚雷艦什麼的。萊茵河西岸給協約國佔領，時間的長短看德國人的表現決定，萊茵河東岸五十公里區域為非軍事區，德國人不得駐軍，不得演習。

夠狠吧？真狠，要是德國人不答應或者中途變卦呢？不怕，第一次世界大戰以後，由美國牽頭成立了一個國際同盟的組織，號稱要預防下一次戰爭。所以整個巴黎和會期間，關於國際同盟成立的事項也是重點討論的內容。跟德國人簽這些條約，要是他家不好好執行怎麼辦呢？國際同盟允許揍他家，可國際同盟這時候手上沒有所謂的維和部隊啊，法國人馬上跳出來，說，「交給我了，這廝不老實，老子往死裡打！」

德國人能不答應嗎？請他家來凡爾賽就是簽字的，沒說請他們來商量條款，也就是說，同意就痛快簽字，不同意要更痛快地簽字。

3.那些還債的日子

魏瑪政府代表出差凡爾賽，簽字回家後，混得裡外不是人。對德意志的大部分軍國份子來說，他們從不承認自己戰敗的事，德意志沒有輸給協約國，是德國老百姓在後院放火，導致了德國戰敗。德國軍界一直有一個說法，說德意志是敗於「背後刺來的匕首」。現在還一副熊樣簽訂這麼窩囊的協議，德國那些視榮譽高於生命的將軍們情何以堪。

而對於德意志的工人和士兵來說，他們的罷工遊行起義推翻了帝制，可勝利成果繼續留在之前那幫容克手裡。《凡爾賽和約》的簽訂，都知道，這些巨額的賠款會轉嫁給老百姓，德國共產黨自然要號召大家將革命進行到底。

魏瑪政府回家，第一件事就是下令裁軍。德意志軍隊除了正規軍，還有最早招募志願兵組成的自由軍團，自由軍團一直認為自己才是真正的戰士，正規軍不可靠。第一次世界大戰結束時，自由軍團人數很多。正規軍是國家招募可以隨便解散，自由軍團是自由的，哪能說散就散呢。因為拒絕解散兵團，而自由兵團的頭腦們還都是君主主義者，想著就是找機會推翻共和政府，恢復帝制。

一九二〇年三月，自由軍團發動政變，推選了一個老公務員卡普做招牌領袖，所以被叫做卡普政變。魏瑪下令國防部派兵鎮壓，當時的國防部長對總統說：「國防軍不打國防軍」。於是，政變軍隊直入柏林，魏瑪的總統總理逃之夭夭，卡普宣布魏瑪議會解散，憲法作廢，全德戒嚴。德意志大部分地區的國防軍都回應政變。

沒有軍隊鎮壓，只能依靠老百姓了，亞伯特總統一邊跑一邊下令工人罷工，上次就是工人運動推翻了皇帝，現在還要依靠這招推翻復辟。沒想到，德意志的工人做的比總統要求的更多。在德國西部魯爾工業區，德國共產黨組織工人，成立了一支「紅軍」。人數超過十五萬，效率極高地解決了當地政變的軍團份子。隨後，其他各地的工人運動都取得了勝利，卡普政府成立了四天就宣告失敗。

國防軍不打國防軍，對付工人運動卻是願意的。魏瑪政府回家後，召集軍隊，鎮壓了幫助他們回家的工人運動。

德國共產黨不能總看著德國工人被欺負啊。一九二一年三月，德國共產黨又組織了大規模的罷工，再次被鎮壓，六千多名工人被捕。

這樣的動盪，這樣的飄搖，德國經濟還能好嗎？經濟不好能有錢嗎？沒錢能還債嗎？所以啊，魏瑪政府就對國際同盟叫苦，各位老大，給寬限一下吧，實在還不出來啊。

法國人一聽說德國人嘰嘰歪歪想賴帳，法國人和比利時人二話不說就佔領了德國的魯爾區。魏瑪政府再次使用了百試百靈的鬥爭法寶，你法國人進來佔領魯爾工業區，不就是想直接拿走工業區的利潤，我們的工人都不幹了，讓工業區成為一座死城，機器不響，車輪不轉，我看你法國人怎麼辦。

法國人無奈，德國人更慘。這一年的德國經濟可以說是完全崩潰。大部分工廠已經不生產了，可還需要錢還債，所有工廠都可以停工，只有印鈔廠不能停，把印手紙的機器都拿來印鈔票也不夠用，德國馬克迅速比廢紙還廢。到一九二三年底的時候，馬克對美元的匯率是一美元對四十二億馬克！有副經典的漫畫是反應當時的情景，幾個德國小孩用一疊疊的德國馬克當積木壘房子玩。

德國經濟整成這樣了，法國人佔著魯爾區有什麼用啊。法國花了十億法郎的佔領費用，國內也怨聲載道的。對於法國人這種窮凶極惡的模樣，英美是很看不上的。對英國來說，整死德意志壯大法國，這個事不好。對美國人來說，第一次世界大戰後，他家已經是老大，有主持國際「正義」的義務，況且德意志疲弱影響整個歐洲市場，美國人也不希望看到。法國在魯爾區丟人現眼，英美兩國罵他：你個沒出息的貨，你把欠債的整死了他家欠的錢你還啊?!

德國人的消極抵抗的賴帳辦法收到了效果，英美都覺得，要考慮換個要帳的辦法了。最後，幾個債主研究出的解決辦法是，先不限定賠款上限，根據德意志當年的經濟情況收帳，每年上浮一點。為了幫助德意志還債，美國人向德國貸款，幫助他家經濟復甦。

這個很客氣很有愛的要債計畫，就是所謂的「道威斯計畫」。計畫中最正義的一段就是要求法國撤軍，而且以後不准單獨對德意志用不禮貌的手段要錢。法國不是窮瘋了才搶嗎，美國人一視同仁，也給法國一筆貸款，鄰居要好好相處。

德意志自小練武，身體底子好，別人被這樣整一次，最好也是武功盡失，隨著美金這劑良藥般源源不絕地流入德意志的身體，這傢伙以驚人的速度恢復並成長。到一九二九年，德國的工業在世界工業總產值中的比重僅次於美國，再次成為世界第二，黃金儲量還超過戰前。一九二四年—一九二九年，德國的發展被稱為是世界經濟史上最壯觀的一次經濟復興。

隨著經濟的振興，國際政治地位也在逐步恢復，一九二六年，德國加入了國際聯盟，成為常任理事國。大家回憶一下啊，當初成立國聯就為了約束德國，如今讓德國加入，等於是重新承認了自家的江湖地位，由這時可以說，德國正逐步走出第一次世界大戰的陰霾，擺脫第一次世界大戰的夢魘，重新走上大國之路。

4. 國亂方顯「忠良」

這篇是閃回，回憶一個法國佔領魯爾區時的故事。

之前說到，道威斯計畫之前，魏瑪國內起義、罷工、政變此起彼伏，非常繁忙，幾乎所有的黨派都跳出來秀了一把，成名英雄無數。到法國出兵時，德意志淒風慘雨幾近崩盤，這時候，這背景，再跳出來鬧事而又沒被整死的，後來都成了超級巨星。

先說一個義大利的巨星，大名叫貝尼托．墨索里尼。第一次世界大戰結束，義大利算是戰勝國之一，不過沒得到什麼好處，戰爭結束，家裡的情況也不比戰敗國好。百業凋零、民不聊生，跟德意志一樣，到處都是運動和造反，所有的黨派各施手段，看誰能奪取義大利的政權。

墨索里尼出身於一個鐵匠家庭，早年還是個社會主義者。經歷第一次世界大戰後，受打擊被洗腦了，認為軍國主義才是王道。看著戰後義大利群雄並起，他也在米蘭拉了一百多號人，成立了一個叫「戰鬥法西斯」的涉黑團夥（法西斯的來歷參見羅馬篇）。

近朱者赤，近墨者黑，跟老墨混，還能不涉黑嗎。老墨是個天生的黑社會大哥，組織社團紀律嚴明指揮有度，最重要的，造型很酷。統一黑襯衫，手提鐵棍，從照片看，這個造型唯一的遺憾是少副墨鏡。

一九二〇年，義大利北部工人大罷工，聲勢很大，政府無力鎮壓。老墨帶著兄弟們出場了，帥呆了，酷斃了，這些黑衫客操著鐵棍一通亂打啊，殺人如麻，心黑手辣，竟然將這場工人運動鎮壓了。老墨一戰成名，吸引了很多大資本家的注意，紛紛願意向他的社團繳納保護費，以換取他們經常幫忙「照看」手下工人。

老墨跟一般的黑社會頭目不一樣，人家有政治上的追求，如今有錢有人有聲望，「戰鬥法西斯」這個團夥聽著不氣派，升級成為「國家法西斯黨」，以後老墨不是社團大哥了，應該叫黨魁。

政黨和社團的區別在於，社團打完了再講道理，政黨一般是先講道理再打。老墨成為黨魁後，就到處演講，主要內容就是，如果他老墨成為義大利之主，義大利農民有地種、工人有工作、大兵加軍餉、資本家會有大量的海外市場。忽悠是政黨生存之道，老墨顯然深諳其道，在他的忽悠下，國家法西斯黨以驚人的速度成為義大利很強勢的一個黨派。

時機成熟了，老墨先講了一通道理，認為最好是將政權和平過渡到他手裡，可既然人家不答應，只好硬搶了。先是奪取了米蘭的政權，老墨將黨徒們組織編制了一下，武裝成正規軍隊了，然後，號召大家，「進軍羅馬」奪取政權。

一九二二年十月二十八日，法西斯黨的軍隊幾乎沒遇到任何抵抗就進入了羅馬。黑鴉鴉的一群人讓整個羅馬城都陰風陣陣。當時的義大利國王嚇得直哆嗦，非常快速配合地宣布老墨成為義大利的新總理。

從米蘭出發，到取得總理之位，老墨用了八天時間，他自己都沒想到成功得如此容易。

老墨總理不用忽悠任何人了，他現在想幹什麼都行。一上台，他就宣布，國家法西斯黨是義大利唯一的政黨，取締其他所有政黨，既然什麼黨派都沒有了，法西斯黨就名正言順地獨裁了。

從此，法西斯這個詞就代表著專制獨裁和暴力。

老墨的成功讓好多人羨慕啊，組建社團—招募人馬—成為政黨—暴力奪取某個城市—向首都進軍—奪取政權。這個應該是老墨的成才祕笈，傳諸江湖後，教壞了不少小孩。

一九二三年十一月九日，在德國巴伐利亞邦的首府慕尼黑，邦首腦和一些政府官員在一家啤酒館裡開會，公布施政綱領。會開到一半，突然有一群人荷槍實彈衝進了會場，一個有濃重奧地利口音蓄一搓小鬍子的中年小個子，跳上講台，嘶啞著聲音喊到：「全國革命開始了！」然後，這些人將巴伐利亞政府的主要官員扣押，還對外宣稱這些政府官員已經同意組建新政府，而這個小個子，將成為新的首腦。

小個子發表了一個激情洋溢的演說，風采令人傾倒，他號召大家以巴伐利亞為根據地，整飭軍隊，「進軍柏林」，奪取全國政權。而幫助小個子領導進軍隊伍的，就是第一次世界大戰時德意志的領導人，魯登道夫。

這次行動顯然是山寨老墨的「進軍羅馬」，不過時機還不成熟，因為巴伐利亞那幾個政府官員不從啊。他們假意配合，趁人不備，跑了出去，然後召集員警部隊，對小個子一些人進行鎮壓。魯登道夫當場被捕，小個子當時雖然溜走了，不過沒幾天就落網了。被判處五年徒刑。

這個被稱為「啤酒館政變」行動雖然是失敗了，但是小個子卻出名了，他的那些想法和論點隨著這個事件被傳揚到德國各地，德國人都在傳說這個叫希特勒的新狂人。

40 狂人土壤上最狂的狂人

本書開篇就說過，德意志的音樂家和哲學家是交相輝映的兩名星空。希特勒都出場了，德意志史上那些哲學家怎麼能一個都不提呢。德國的歷史不管怎麼寫，有一個人物絕對不能迴避，這個人大名叫弗里德里希·尼采。

寫德國史的這段時間，老楊培養了一個和希特勒一樣的習慣，那就是，不管去哪裡，包裡永遠有一本《查拉圖斯特拉如是說》。帶著這本書出門，在星巴克之類的地方裝十三有意想不到的效果。因為不讀尼采，不敢寫德國歷史。讀是讀了，德國歷史也寫了，什麼是哲學不懂，尼采，更是不懂。

尼采家是個牧師世家，父親曾是普魯士王宮的教師，教授過幾位公主。一八四四年，尼采的父親主持一個叫洛肯的鄉村教區，尼采就在這一年出生在這裡。尼采出生後，家裡很快又有了一個弟弟和一個妹妹。尼采後來號稱是世界上罕見的天才，不過他兩歲才學會說話，證明三歲看大這句話靠不住。

四歲時，尼采的父親去世，六歲，弟弟也去世了。這兩件事應該是尼采人生遭遇的第一重打擊。後來，尼采就在一個純女性的環境中長大，祖母、母親、兩個姑媽和妹妹。

尼采最著名的就是反基督，還反對女性，不知道他出生的背景和環境對他造成了什麼樣的影響。

最早在天才尼采身上表現出來的，是音樂天賦。整個求學過程中，音樂和詩歌是最讓他投入的東西。他碰上了兩個改變他一生的人物，一個叫叔本華，一個叫華格納。

一八六五年，尼采在萊比錫大學求學，他在舊書攤上買到一本《作為意志和表象的世界》，叔本華的作品，此時作者已經去世五年了。

叔本華說什麼呢？意志就是一切，所有的事都可以解釋為「要活著」，而所謂生存意志是宇宙萬物的本質。人的意志決定了一切，尤其是欲望，要實現這些欲望就要歷經痛苦，實現了一個欲望還有下一個欲望，所以一直痛苦，而人的生命，不過是被生存意志控制的傀儡，所以是根本看不到希望的。要想不受控制，就不要有意志，沒事要禁欲，要克己，要避世。叔本華被稱為是「悲觀主義」的代表。

叔本華和另一位哲學大腕黑格爾是同一時代的，這兩人是對頭，黑格爾的哲學體系是「客觀唯心主義」，早年間，馬克思大爺也是黑格爾的信徒。黑格爾講的那些東西，老楊就真是讀不懂了。黑格爾在他的時代是很出名的，叔本華一直到臨死才被人認可，所以尼采在舊書攤上買到叔本華的書，就不奇怪了。

尼采讀完叔本華，醍醐灌頂耳目一聰啊。只是，對尼采來說，他雖然認可了叔本華說的那些生存意志之類的事，但是他並不認可那種悲觀的處理辦法，他要提煉提升叔本華的理論。

不久，尼采發現一個同道中人，也就是大音樂家華格納，也是叔本華的鐵桿粉絲。華格納被認為是貝多芬之後格局最開闊，氣象最宏大的音樂家。作為一個準音樂家，尼采從華格納的音樂裡感受到了某種激昂狂放的生命力量，讓他崇拜不已。也就是從華格納的音樂靈感中，尼采創作了他的成名作《悲劇的誕生》。

這是一本美學書，也是尼采哲學的誕生地。一本藉藝術探討人生的著作。尼采用日神阿波羅和酒神狄奧尼索斯的象徵來說明藝術的起源、本質和功用進而推導出人生的意義。

日神阿波羅是宙斯最寵愛的兒子，是奧林匹斯山上最重要的神祇，他主管光明、青春、醫藥、畜牧等。尼采認為，「日神可以統稱美的外觀的無數幻覺」。意思就是說，日神給我們創造了美的幻境，讓我們忘記苦難。

酒神狄奧尼索斯是宙斯與冥后的兒子，幼時受到宙斯的寵愛，天后赫拉出於嫉妒，讓巨人殺死了他，雅典娜救出了他的心臟，宙斯交給大地之母，將心臟吞食，而後重新將他生出來。狄奧尼索斯出生後，天后依然不肯放過他，他在大地上到處流浪，教會了人們釀酒，成為酒神。在羅馬神話中，他還掌握著葡萄種植。

希臘的戲劇最早就是源於對酒神的祭祀，既然是祭祀酒神，難免不喝酒，喝完難免不亂性。所以酒神精神，代表著狂喜、狂歡、縱欲、發洩。

日神精神莊嚴肅穆，高尚正統，酒神代表野性放縱、不受節制。日神精神的代表是雕塑和繪畫那些造型藝術，酒神精神則是音樂和戲劇。

對酒神精神的崇拜，可以引申為人應該解除束縛，回歸生命最原始自然的體驗。而悲劇，正是來源於日神精神和酒神精神的結合。尼采認為，悲劇不是悲觀的，而應該是狂喜的悲壯的，那應該是一種衝破命運打破束縛後的喜悅與歡呼。

簡單地說，日神代表理性，酒神精神就是要將當時主宰人類的理性打破，與現實戰鬥。

寫《悲劇的誕生》時，華格納幾乎是尼采心中的神，本書的前言，他就寫到，這本書奉獻給華格納，「奉獻給走在同一條路上的我的這位高貴的先驅者」。

遺憾的是，這麼癡迷的崇拜沒有持久，尼采一直以為，華格納就是那個會將酒神的精神用音樂發揚光大的人，結果尼采發現，華格納越來越趨近大眾審美，而且媚俗，尤其是屈服於基督世界的規則。大失所望的尼采選擇了跟華格納決裂，一直到華格納死後，尼采都不放棄，不斷地撰文表達自己對華格納的批評和不滿，正如他自己說的，華格納成了他一生都治不好的病。

尼采是個有點孤傲的人，這樣的人，你很難想像他會被一個女人吸引。而他不相信的上帝偏偏就給他安排了一個讓他心服口服的小姐。這位不到二十歲的俄羅斯小姐就是莎樂美。

莎樂美應該說是西方文化史上一朵奇葩。尼采見到她的時候，她還不到二十歲。莎樂美是個絕頂聰明的女孩，有深邃獨立的思想和非凡的悟性，跟尼采一樣，她也反傳統，有點離經叛道。尼采幾乎是第一眼就愛上了這個小姐，在一起度過了一段美好的時光。雖然莎樂美也欣賞尼采，可是對於尼采的求婚，她拒絕了。

尼采不是莎樂美裙下唯一的受害者，有一首著名的情詩是這樣寫的：「弄瞎我的眼睛，我依然會看見你。塞住我的耳朵，我依然會聽見你。即使沒有腳，我也能找到路走向你。即使沒有嘴，我也能苦苦地哀求你。卸下我的手臂，我也會抓住你。」這是號稱最偉大的德語詩人奧地利的里爾克寫給莎樂美的，里爾克比莎樂美小了十五歲。

除了尼采和里爾克，莎樂美在五十高齡時，還吸引了一個男人，名叫佛洛伊德。

被這樣的女人拒絕，尼采是夠痛苦的。很多人說，對莎樂美的求婚不遂是後來尼采敵視女性的主要原因，他跟莎樂美分手後，說了一句名言：「回到女人身邊去，別忘了帶上你的鞭子。」活脫脫就是一個因愛生恨的小男人。

西方文化界都說，莎樂美是非凡的繆斯，很多男人因為跟她交往而「受孕」，並誕生出偉大的作品。莎樂美讓尼采受孕並生產的，就是他一生最頂峰的著作《查拉圖斯特拉如是說》。

查拉圖斯特拉的原型是波斯的一位先知，本書講述了他的出世、遊歷、思考和領悟，尼采借用他的口，宣講了自己全部的哲學思想和人生感悟。整部書最驚人的名句是：上帝已死！

為什麼說上帝已死？上帝不是釘死後又復活了嗎？在這本書裡，上帝並不是指釘在十字架上的那位主宰，而是人內心的主宰。因為基督教世界的信仰，讓人們越來越趨從於某種「奴性」，不敢反抗命運，不敢為自己抗爭，活得卑微而懦弱，上帝已死，沒有依賴了沒有主宰了，人類要把控自己的一切，要敢於打碎一切舊的框架，徹底釋放內心的自由和活力，不斷超越自己，能夠做到這些的人，就不再是普通的地球人，他們是，超人。尼采心目中的超人，肯定不是將內褲穿在外面到處亂飛那個猛男，尼采認為的超人，就是要超越現狀，「人是應該被超越的」，而在超越的過程中，要承受無盡的打擊和毀滅的結果。

「人類是一根繫在動物和超人之間的繩索，——一根懸在深谷上的繩索。往前端去是危險的，停在半途是危險的，向後望也是危險的，戰慄或者不前進，都是危險的。」

「人是一條污水河，你必須是大海，才能接受一條污水河而不自污，超人便是大海。」

這套超人哲學，就是《查拉圖斯特拉如是說》這本書的主題。全書用散文詩寫作而成，即使是看翻譯後的文字，也能感覺到尼采飛揚的文采和張揚的思想。文字很燦爛，寓意很深奧，讓人讀得很迷亂，這，絕對是哲學書的最高境界了。

尼采自己肯定沒有修練成超人，因為他還是要面對人世間的冷嘲熱諷和不理解。雖然他自己說，他的學說一百年後才有人能懂，實際情況是，一百年後也沒幾個人懂。

上帝死了，尼采瘋了。一八八九年，在都靈大街上，一個馬伕趕著一群馬走過，馬伕用鞭子狠狠地抽打著落伍的馬匹。在一旁看到的尼采突然嚎啕大哭，他衝上去抱住那匹被鞭打的馬，哭喊著：「我可憐的兄弟呀，你為什麼這樣的受苦受難！」

尼采人生的後幾年住在他妹妹家裡，應該是受到了無微不至的關懷，天才和瘋子從來只差一線，這個瘋子再沒有恢復為那個狂飆傲世的天才。一九〇〇年，五十五歲的尼采去世。

這麼長篇介紹尼采，當然是因為他的地位重要，後來西方哲學的存在主義、佛洛伊德主義和後現代之類的東西，基本都是尼采思想不同層面的反映。在哲學史上，有一種傳統與現代劃分，是以尼采前和尼采後來區分的。我們家清末的學術鉅子王國維說：「謂今日歐洲之文化藝術，下至人民生活，無不略受於尼氏者」。被尼采影響的人數不勝數了，而咱家那個一樣桀驁不遜特立獨行的魯迅，就是其中之一。

41 元首萬歲

1. 誰妖魔了尼采

上篇說到了尼采，這篇介紹他妹妹。尼采在哲學史和文化史的地位是異常尊崇的，可是在中國，很長一個時間，都不被接受和認可。

尼采原來一直被冠以法西斯分子這頂帽子，不明真相的圍觀群眾都喜歡將尼采和希特勒聯繫，很多人認為是尼采的「權力意志」這個理論讓希特勒這個原本單純的同學學壞了。好在隨著尼采的著作和故事不斷地傳入中國，我們漸漸理解了，這個狂人的狂是深邃的，高遠的，是靈魂的自由和釋放，絕對不應該是希特勒那種病態的權力欲望。如果希特勒真是感覺他在追隨尼采，他顯然是誤讀了尼采，為什麼會誤讀呢，因為有人篡改，而將一個思想家整容成一個沙文主義狂人的幕後黑手，就是尼采的妹妹——伊麗莎白．尼采。

野史一直傳聞，尼采和妹妹有點亂倫的戀情。論據是，尼采牴觸所有他妹妹的追隨者，後來尼采迷戀莎樂美時，伊麗莎白專門寫信給莎樂美破壞這段關係。尼采在都靈發瘋，被送進精神病院，他住院期間寫下的作品就是《妹妹和我》，這是尼采最後的作品，生命的最後一刻想到的是記錄自己和妹妹的故事，不能不懷疑這兄妹倆的關係多少有點曖昧。

在兄妹倆這種奇怪地糾結下，伊麗莎白在一八八五年才嫁人，應該是個大齡剩女了。她的婚事遭到了尼采強烈的反對，伊麗莎白嫁的這位大仙，名叫貝爾哈特．福斯特。這個夥計是個非常出名的排猶份子，沒事就喜歡鼓吹雅利安人種如何高人一等。大家知道，納粹的核心思想之一就是種族優越論，雅利安人種是神族，猶太人要被消滅。

伊麗莎白結婚時，尼采沒有到場。而伊麗莎白嫁雞隨雞，也在老公的排猶圈子裡混。福斯特的終生事業是在巴拉圭的原始森林裡建一個德意志的殖民地，移民最純最正的日耳曼正統，打造一個最完美的最強悍的日耳曼小世界。這計畫聽著比尼采還瘋了，所以不久就失敗了，而他本人自盡。伊麗莎白又破產又守寡，從天堂跌到了人間，日子有點難過，想找一個新業務，東山再起。這時她發現，他哥哥越來越紅了，尼采的書籍被傳播到了大街小巷，伊麗莎白發現了哥哥的商業價值

尼采瘋了後，一直由母親照顧，伊麗莎白非常殷情地接下了照顧哥哥的責任，將他帶到魏瑪，成立了一個尼采的檔案館，自己任館長，將哥哥擺在館裡供人參觀，而她自己開始整理編撰尼采的手稿。伊麗莎白對哥哥的理解，僅限於他哥哥是個思維古怪的天才，到底她哥哥長篇大論講了些什麼，她不見得能理解，但是，這不妨礙她按自己的想法對哥哥進行藝術加工。

現在一般揭祕的資料都說，尼采很多理性平靜的言論都被伊麗莎白遮罩了，留下的，都是一個病態狂人的囈語，這符合炒作學的法則，從商業價值來說，一個有點病態的人絕對比一個正常人有看點，伊麗莎白顯然深諳明星運作之道。

有一陣子，西方認為最能代表尼采的著作，就是《權力意志》這部書，現在經過考證，認為根

本不是尼采所寫，是伊麗莎白找了幾個槍手，在尼采的書稿筆記之類的資料裡斷章取義拼湊的。

伊麗莎白晚年公開支持納粹，希特勒還非常恭敬地拜訪過尼采這間檔案館，對尼采女士表達了崇敬之意，更表達了將尼采作為自己靈魂師長之類的意思。尼采若天上有知，很想問問他，希特勒這樣的人物，算不算他心目中的「超人」。

2. 希特勒的成長

扯了這麼久，終於要進入正題了。開始說希特勒吧。

如果整個地球的歷史算一場大戲，希特勒肯定是可以排進前五名的男主角，戲份難免要多一些。希特勒的故事和傳言很多，根據老楊一貫的不著調的風格，正史野史緋聞傳說放在一起寫。假做真時真亦假無為有處有還無。

說到希特勒的家世，那真是一本亂帳。先說希特勒的爺爺啊，希特勒的爺爺叫做約翰·希特勒，是個磨坊短工，家住在奧地利的小山村。老約翰先娶了個村姑，生了個兒子，沒幾年，兒子老婆相繼死了，那時候，日子不易啊。後來老約翰又娶了個農婦，四十七歲了，還帶了一個五歲的兒子。這個兒子名叫阿洛伊斯，也就是希特勒的親爹。

老約翰續弦，按道理是應該把對方的兒子也過繼了，可他當時沒說，所以阿洛伊斯一直都不姓希特勒。二老婆沒幾年也死了，老約翰就跑了，消失了。直到阿洛伊斯三十多歲，老約翰又冒出來，跟所有人說，阿洛伊斯是他親生兒子，阿洛伊斯這才認祖歸宗。但到底這兩人是不是真有血緣關係，也是查不明白的歷史謎題了。

老媽早死，老爸跑了，阿洛伊斯一直跟著叔叔長大，學了一門皮匠的手藝，也喜歡到處亂跑。十八歲的時候，進城打工，成了德奧邊境上的一個海關員警，後來升為海關職員。

阿洛伊斯有一點很像老約翰，那就是剋妻。他先是娶了一個比自己大十四歲的海關官員的女兒為妻，大約是圖謀別人的嫁妝。這第一任希特勒太太沒有生育，沒幾年死了。第二任太太是個旅館的廚娘，據說廚娘原來是阿洛伊斯包養的小三，成功上位成為正房，還給阿洛伊斯生了一男一女兩個娃，也就是希特勒的大哥大姐。

廚娘嫁過來一年不到，肺癆死了。阿洛伊斯有點高興，因為他可以娶第三房了，這第三任太太，他是惦記很多年了。第三任太太芳名克拉拉．波爾茲爾。阿洛伊斯怎麼惦記她的呢，這個克拉拉啊，是一手將阿洛伊斯養大的叔叔的外孫女！「地主」們算明白啊，也就是說，阿洛伊斯是克拉拉母親的堂兄，克拉拉要叫阿洛伊斯舅舅！

據說是第一任希特勒太太死掉時，阿洛伊斯就想娶外甥女，不過她當時沒成年，又加上跟廚娘鬼混，人家懷孕了，所以等到又混死一任老婆，克拉拉這才進門了。

晚了也不耽誤事，一嫁進來就用力生孩子，先後生了六個，最後活下來的，只有老三阿道夫和妹妹寶拉。顯然這些孩子中最優秀的阿道夫還不算是特別正常。說明近親結婚真是害人啊。

一八八六年，阿道夫出生在德奧邊境上的布勞瑙鎮的一個小旅館裡，跟德意志巴伐利亞邦隔著萊茵河相望。希特勒出生的小旅館現在是布勞瑙鎮一個殘疾人的工廠，也沒有特別開闢出來成為旅遊勝地。

阿道夫共有一個哥哥，一個姐姐和一個妹妹。根據歷史記錄，他跟姐姐安吉拉關係最好。而他跟安吉拉關係好的原因是，安吉拉有個漂亮的女兒。阿道夫遺傳他爸最明顯的基因就是：迷戀外甥女！

阿洛伊斯對兒子的期望是，好好讀書，成為一個公務員。顯然這個理想對阿道夫來說太無聊了。他小學時成績還不錯，進入林茨中學後，個性覺醒了，叛逆的表現就是，抵制讀書，樂於當差等生。

學習成績不好，阿道夫也不是什麼愛好都沒有，他的理想是當畫家。十三歲那年，父親去世了，克拉拉帶著阿道夫和妹妹靠微薄的養老金和儲蓄生活。

克拉拉重男輕女，她對阿道夫這個兒子是非常溺愛的。阿道夫的童年經歷著暴躁的爸爸和慈愛的媽媽冰火兩重天。溺愛出來的孩子都不上路。按說父親死後，阿道夫應該幫助媽媽擔起養家餬口的任務，結果他趁著父親死了，沒人管他這些日子，到處遊蕩，無所事事。

混了幾年後，阿道夫起了個新念頭，他要到維也納去學畫畫。連續兩次參加藝術學院的考試，人家都將他拒之門外了。最近有一批希特勒當年報考維也納藝術學院的畫作在英國被拍賣。要說阿道夫同學的繪畫水準啊，看著還真挺不錯的，老楊經常想，如果維亞納藝術學院的教授們能預知未來，看到這個小個子會造成天下大亂，他們會不會降低標準，收下希特勒，將他培養成一個有點瘋癲的藝術家呢？據權威人士評價，希特勒同學畫的那些東西，就是一個中學美術愛好者的水準，也有人說，畫畫勉強過關了，考不上的原因是文化課太差。江湖傳聞，後來希特勒痛恨猶太人，跟當年拒絕他的藝術學院教授是個猶太人很有關係。

在維也納用母親和妹妹節衣縮食的錢蹉跎歲月，阿道夫也沒覺得有什麼不對。好日子在他十九歲那年結束了，因為他母親乳癌去世了。

阿道夫不能當啃老族了，他跟親戚朋友告別，說是要出去闖一片新天地。以阿道夫之前混混的名聲，他義無反顧地離開，可能親戚們都還挺高興的。

再次回到維也納的阿道夫帶著父親的一小筆遺產，還有一筆孤兒津貼。有傳說他把他妹妹該得的那份孤兒津貼也中飽私囊了。像阿道夫這麼敏感的人，被藝術學院拒絕了兩次，他恐怕不會第三次再去嘗試了，所以這次回到維也納，他靠打零工維生，後來遺產用完，他搬進小廉租房，以給人畫明信片之類餬口。

除了喜歡畫畫，希特勒其實一直很熱中於政治。他從小生長在德、奧、捷克三個地區的交界處，品種流雜，以前我們說過，歐洲一直有很嚴重的排猶情緒。

歐洲人的排猶情緒是很多重的，從表面看，似乎是因為猶太人害死了耶穌。其實深層一點的原因是，猶太人特立獨行的，不管到哪裡都組建自己的圈子，排斥其他人，尤其不接受基督教，讓以基督教當家的歐洲的社會非常痛恨；還有更深層的原因則是：猶太人遭歐洲主流排斥，沒有自己的土地實體，他們只能靠做生意維持生計。多年的磨練，讓猶太人成為天才的商人，迅速致富。他們有錢後，又喜歡放高利貸，這樣一來，又給了歐洲人一個為富不仁的印象。一群異教徒，賺了大把銀子，比原住民的基督徒生活得都安逸，他們能不招人恨嗎。

十九—二十世紀這個過程中，隨著德意志統一稱霸，極端的國家主義、民族主義甚至是沙文主義是很流行的。那時的維也納，有大量的猶太人。而整個日耳曼人的世界裡，總是瀰漫著對猶太人的厭惡和憎恨。在希特勒意識成型的那段日子，經常參加激進份子的政治集會和政治討論，他所接觸的教育和思想，都是告訴他，日耳曼人本來應該是最神氣最純粹的種族，被猶太人壞了風水了。後來的希特勒，一恨猶太人，二恨共產主義，而共產主義也是猶太人發明的，所以還是猶太人的錯。

一九一三年，據說是為了逃避奧地利的義務兵役，阿道夫被林茨警方追捕，跑到了慕尼黑。依然賣畫維生，在慕尼黑的日子裡，阿道夫開始直接參與政治活動，做些政治宣傳之類的。後來他非凡的演講才能，可能是這陣子在街頭培養出來的。既然這夥計有空還能摻和政治，說明他賣畫是可以衣食無憂的。

第一次世界大戰爆發，阿道夫知道這是一個脫離畫畫生涯的機會，於是主動請纓，以一個志願兵的身分加入了德意志巴伐利亞的軍團，成為一個通訊兵。這是一個很詭異的事件，阿道夫是奧地利警方追捕的在逃犯，巴伐利亞本應該是將他驅逐出境，而不是讓他以一個外國人身分加入德意志的軍隊參戰。

阿道夫在第一次世界大戰戰場的表現是非常優異的，他獲得過兩次鐵十字勳章。鐵十字勳章起源於普魯士軍隊抵抗拿破崙的時代，用來獎勵最勇猛的德意志戰士。一個普通的通訊兵能獲得兩次這個勳章，應該說是很了不起的。這兩個勳章源於他兩次受傷，一次傷在大腿，一次是戰爭快結束時，被毒氣薰壞了眼睛。

據說阿道夫在戰場上像個歇斯底里的瘋子，義無反顧地向前衝。經常給戰友們鼓勁，號召大家跟他一起瘋。即使是當所有人都感覺德國即將戰敗而厭戰倦戰，阿道夫也一直保持著異常亢奮的戰場狀態，絕不懈怠。他在病床上聽說德意志戰敗投降，嚎啕大哭，悲憤難抑，而且他認定，德意志是不會戰敗的，是被猶太人和馬克思主義禍害了。

3. 建設自己的政黨

第一次世界大戰中，德意志誕生的各種大小黨派超過七十個。第一次世界大戰結束後，魏瑪政府擔心工人軍隊裡會有些顛覆造反的傾向和思潮，所以培訓了一些類似特務的人，經常到各組織去臥底，而從醫院裡出來的希特勒，就成為這些「特務」之一。

一九一九年，希特勒接到政治部的任務，讓他去調查一個叫德國工人黨的小團體。希特勒到那一看，幾十號人一群烏合之眾。以此時希特勒的政治水準，這種野雞黨派的言論容易讓他嘲笑，他現場沒忍住，發了一通宏論，結果是讓這個小政黨上下人等對他的敬仰如滔滔江水連綿不絕，而後，哭著喊著拉希特勒入夥。

老楊原來說過，玩政治沒有黨派，絕對是秋後的螞蚱，蹦躂不了幾天。希特勒雖然打心眼裡看不上德國工人黨這種路邊攤一樣的組織，可是他又感覺，一張白紙好畫畫，他完全可以根據自己的需要對這個黨派重新裝修。

有了黨派，希特勒就找到事做了，那就是拉客戶，壯大組織。希特勒最天賦的就是口才好，尤其擅長演講，所有的歷史書都說希特勒演講的時候聲嘶力竭有天花亂墜的效果，老楊一直遺憾不能現場圍觀。

希特勒演講主要內容就是德意志戰敗之恥，猶太人禍國之恨。希特勒是鐵十字勳章的獲得者，戰爭的親歷者，他包含深情地痛陳厲害，能讓好多人當時就魔怔。漸漸地，社會各階層，很多人都聚集在希特勒身邊了。

一九二〇年，希特勒轉業，也不用政府安排工作，他全副精力投入了黨派建設。首先，他給德國工人黨改了個名字，叫做德國國家社會主義工人黨，根據德語中「民族社會主義者」這個詞的縮寫，以後這個黨派就成為威震天下的德國納粹黨。

希特勒一手為納粹黨設計了黨徽黨旗等標誌，選用了「卐」作為納粹的LOGO。這個符號跟佛教的「卍」很相似，不過一個是右旋一個是左旋。選擇這個標誌的說法很多，比較靠譜的是，「德國國家社會主義工人黨」國家和社會兩個詞在德語裡都是S開頭，兩個S扭在一起就成這樣了。希特勒應該是借鑑了奧地利一個同名政黨的設計款式。

形象設計很重要，黨章更重要。納粹黨公布了由希特勒親自編撰的二十五條綱領，這二十五條真是太聰明了，簡單地說，就是納粹昭告天下：跟著納粹，所有的人都有福了，社會各階層都可以從納粹黨那裡受益，除了猶太人，他們就等死吧。

一九二一年，希特勒成為納粹黨黨魁。此時的納粹在希特勒的策劃下，發展壯大，氣勢洶洶。而該政黨最大的氣場來自於麾下一個暴力武工隊。一九二一年，恩斯特・羅姆上尉幫助希特勒組建了衝鋒隊，衝鋒隊向希特勒宣誓效忠，成為納粹發跡時最凶猛的武裝。衝鋒隊員身穿褐色制服，又被稱為褐衫隊。雖然有紀律有組織，褐衫隊幹的事是衝擊別的黨派或者是上街打架。

希特勒在巴伐利亞漸漸混出了聲望，而真正讓他揚名立萬紅遍德意志的事蹟，就是前面說過的，一九二三年，慕尼黑啤酒館政變。因為這次行動失敗，希特勒被判入獄五年。老楊說，政治人物一入獄，就跟鍍金了一樣。服刑期間，希特勒沒在江湖，可江湖到處都是他的傳說。他走紅的標誌就是，在獄中，他吃得好住得好，不用工作改造，還口授了《我的奮鬥》一書，講的就是那些陳詞濫調，雅利安人是神族，猶太人和斯拉夫人是劣等種族；德國要報第一次世界大戰的仇等等。這本書迎合了很多德國人的心裡，所以一出版就暢銷，後來就成了納粹黨的聖經了。

說是判五年，希特勒在監獄裡度了八個月的假就出來了，德國人也不說把他驅逐出境，他們完全不了解，這個小個子將發展成為一種什麼樣的生物。

4. 時勢造英雄

希特勒一九二四年底出獄了。納粹因為政府的禁令，有點四分五裂。希特勒出獄就忙於重建納粹黨。因為政府禁止希特勒公開演講，剝奪了他蠱惑群眾最厲害的武器，而希特勒也非常聰明地選擇了跟政府妥協，納粹韜光養晦。

實際上，納粹黨不韜光養晦也不行，前面說過，一九二四年－一九二九年，德國經歷了一輪經濟發展的超高速時期。亂世中反對黨才有機會。經濟發展，安居樂業，老百姓吃飽喝足的時候，誰也不會擠兌政府，納粹那一套理論，縱然還是能吸引不少人，但是願意跟他一起瘋甚至推翻政府的，就很少了。

不過，老天既然安排了希特勒這樣的人物下界，就一定會一步步安排他走到他想去的地方。

一九二五年，魏瑪的第一任總統亞伯特死於闌尾炎，接任的總統，是著名的興登堡老爺子。興登堡在德意志，一直有個國家英雄的名號，第一次世界大戰的時候，他是陸軍元帥，而魯登道夫是他的下屬。那段時間，這兩人搭檔，主導了德意志所有的事，因為他在東線對沙俄的有效壓制，即使德意志最後戰敗，興登堡在德國人心目中的地位一點不受影響。

因為是總指揮，所以興登堡對德國戰敗是最痛心疾首的，而「背後的匕首」這個理論，他也是主要的支持者和宣傳者。說他是個軍國主義份子，一點不辱沒他，德意志人會選他成為共和國的總統，也反映了德意志人骨子裡對軍國思想那種難以割捨的情結。

德意志的好日子並不長久，因為經濟復興基本是靠美元支持的，一九二九年，美國華爾街股票危機造成經濟崩潰後，德國的經濟也跟著一潰千里。

對歐洲的經濟危機我們不陌生了，工廠倒閉，失業驟增，銀行關門。經濟危機之前，德國每年要償還二十五億戰爭賠款，現在還不出來了，要求減免。美國人一直堅持不能逼死欠債的，所以他家趕緊主持修改賠款條列，美國通用公司的經理楊格重新擬定了對德國的要帳計畫，總額確定為一千一百三十九點五億馬克，在五十八年零七個月內償清。取消賠償委員會及有關國家對德國國民經濟與財政的一切形式的監督。而最客氣的是，美國人要求協約國的軍隊撤出萊茵地區。

吃準了美國人不能看著自己破產，德國人有數了，一九三二年，又說還不出來，那幫債主就商量，算了，你家一次還三十億吧，以後就不用還了，結果是，這三十億也沒還，整個戰爭賠款就這樣不了了之，感謝這場經濟危機，要不然這筆錢還不知道要還到什麼時候。

經濟危機的一九二九—一九三三年，德國人又過上了怨天怨地怨政府的日子。而議會的那些個黨派誰也解決不了眼下的危機。這時候，希特勒和納粹那些論調又被提出來了。德國人呢越來越覺得，這個奧地利人說的對啊。而工廠倒閉，產生的大量失業工人，社會盲流，更成了納粹最新鮮的血液。經濟危機壯大了納粹的隊伍，危機前納粹只有十萬人，到一九三二年，有黨員超過一百萬！

希特勒此時換了思路了，他之前是發動群眾，現在他知道，政黨再想發展提升，必須參選進入政府機構，而選舉，就需要大財閥的支持。

到底當年有多少財團支持了希特勒，第二次世界大戰後他們都不願意承認了，不過，希特勒肯定是成功地搞到錢了。一九三二年，他首次出擊總統大位，雖然獲得了很高的支持率，還是沒有撼動興登堡的位置。但是他代表的政黨，納粹黨卻在國會選舉中獲得多數，成為德意志第一大黨。

希特勒竄起的速度太快，還有點囂張跋扈，興登堡感覺不能讓他掌權，所以想說服他跟其他黨派共同組閣。希特勒當然不幹，作為國會第一大黨的領袖，我幹嘛要給你面子呢。現在的情況是，如果希特勒不能當總理，誰當總理也不行了，因為納粹黨勢力太大，別的黨團領袖根本不能控制局面，而面對納粹這樣的大敵，德國的其他黨派還互相傾軋。德意志倒台的皇室，被放逐的霍亨索倫家族也成為納粹的支持者，威廉二世流亡在外，居然還拿出一大筆錢贊助希特勒。希特勒上台已經是眾望所歸。興登堡自己扶持的總理倒台後，他不得不答應，讓希特勒做總理，組閣。

一九三三年一月三十日，希特勒成為德意志總理，一般來說，這一天就算是魏瑪共和國消亡了。

5.總理到元首

都知道希特勒的願望是獨裁，當總理遠遠不夠，而且，納粹雖然是國會第一大黨，但是還沒有達到可以完全控制一切的席位。所以希特勒一上台，他就解散國會，要求在一九三三年三月重新選舉。為了達到納粹一黨獨大，可以修改憲法、政治獨裁的目的，就必須在選舉之前將反對黨全收拾趴下。誰是納粹最眼中釘的反對黨呢，當然是德國共產黨。

老希從慕尼黑街頭混到柏林朝廷，走過了二十年的時光。這一路上，他絕對不是一個人在戰鬥，當了總理，如今在朝廷清除異己，更是需要左臂右膀，老希身邊還真培養了不少高手。

這時，我們要介紹一位納粹的重要人物，也是第二次世界大戰的大明星之一，赫爾曼．戈林。跟羅姆一樣，戈林也是聽了希特勒的演講被蠱惑加入納粹的。戈林經歷顯赫，巴伐利亞外交官家庭出身，軍校畢業，職業軍人。第一次世界大戰中，他看到了空軍的作用和未來戰場上的發展，他離開前線進入了空軍學校學習。學成後，戈林駕駛戰機回到了戰場，獲得了最高勳章，後來成為德國王牌空軍的大隊長。

加入納粹後，希特勒任命他為衝鋒隊長，很快成為老希的左右手。慕尼黑啤酒館事件，戈林自然也是主犯之一，大腿中槍，負傷逃到奧地利。因為不能及時醫治，受傷後戈林靠嗎啡止痛，後來一輩子就離不開嗎啡了。戈林出身高貴，有教養有背景，在納粹剛剛起步，比較土鱉的階段，戈林是很好的招牌，而透過他跟德意志上流社會的交往，疏通上層關係，也在一定程度上提高了納粹的檔次，所以戈林一直是希特勒比較器重的幫手，是納粹黨內的二號人物。

一九二七年，戈林特赦回國，馬上成為成功的政客，進而成為國會議長。

老大希特勒成為總理，戈林當然入閣幫忙，成為不管部長。不管部長這個名字聽著挺搞笑吧，聽著像個沒事幹的閒差。這個職稱應該是來自英國的，適用於內閣制的國家，不管部長沒有特定的主管領域，參加內閣會議，參與政府決策，說是不管，什麼都能管點，還要辦理政府首腦交辦的特別事務，經常做做特使什麼的，大約相當於我們家的國務委員這個位置，肯定是老大的親信。

到底什麼是首腦交代的特別事務呢？比如，下面這一件。

一九三三年二月二十七日晚間，柏林的國會大廈冒出了沖天的火光，大火從國會的食堂開始，議會大廳還發生了爆炸，火勢蔓延得很快。著火沒幾分鐘，總理希特勒和部長戈林都來到了現場，這兩人一到現場就推理出了縱火犯，那就是共產黨。犯罪行為和犯罪動機都很明顯，德國共產黨透過對國會大廈放火，暴動起義，妄圖奪取政權。

火災現場就定了行動基調，那就是不惜一切，剷除共產黨。剩下的事，納粹的衝鋒隊就很專業了，打人、殺人、抓人、審人全套手藝。目的達到了，德國共產黨給整個半死，退出了國會。這就是著名的「國會縱火案」，到底是誰放的火？誰是真凶？後來人們發現戈林的辦公室有條地道可以通往當時的起火地點，這個事是不是他安排的就不用分析了。

搞這麼大的動靜，三月初的大選，納粹還是沒有得到可以修憲的席位，希特勒管不了那麼多了，不用給國會面子，軟硬兼施連打帶罵將其他黨派嚇唬了一通，終於讓他擁有了四年的立法權，一得手，希特勒就透過立法，讓納粹黨成為德意志唯一可以掌握政權的政黨。

一九三四年，興登堡總統病危，他知道，希特勒的上升已經不可阻擋了，臨終他將總統的位置交給了希特勒，希特勒將總理和總統二合一後，讓所有的官員和軍隊向他宣誓效忠，從這時起，希特勒終於走到了他光輝的頂點，也是他更光輝的起點，他成為帝國元首。德國歷史上，神聖羅馬帝國被稱為第一帝國，德意志帝國算第二帝國，眼下希特勒預備打造的，就是威赫的第三帝國。

42 戰爭準備

1. 納粹機構組織

這一篇先介紹納粹的幾個大名鼎鼎的組織。前面講過衝鋒隊。啤酒館事件後，羅姆勞改出來，授命重組了該組織，一直充當納粹的重要打手。衝鋒隊發展壯大，原來保護希特勒的衛隊就獨立出來成為黨衛隊，當時黨衛隊的工作就是保護納粹各級長官的安全。

一九二九年，希特勒將黨衛隊交給了野心勃勃的海因里希·希姆萊，在他手裡，黨衛隊開始擴大發展。對第二次世界大戰稍有研究的「地主」都知道，希姆萊這個夥計，形象是有點瘋狂的。他堅持認為雅利安人是亞特蘭蒂斯神族的後裔。

古希臘的哲學家柏拉圖在他的作品裡描繪了一個仙島，位於大西洋中心附近，叫亞特蘭蒂斯王國，這個王國據說是海神波塞冬創造的，十分富有，非常繁榮，而國人都是神族，後來因為內部腐化，讓宙斯老大不爽了，就一氣之下，將發動地震海嘯之類的，將這片大陸沉入海底。這個事聽上去很扯，好多歐洲人深信不疑，研究亞特蘭蒂斯的文明聽說也是專門的學科，歐洲好多文化都被認為是由亞特蘭蒂斯發源並傳承的。

亞特蘭蒂斯雖然沉了，島上的神族沒有滅絕，跑出來後，流落到西亞印度各地。雅利安人身材高大，鼻樑高挺，金髮碧眼，希姆萊一看，日耳曼人也長這模樣，不用說了，日耳曼就是這個種族的，也就是說，日耳曼是亞特蘭蒂斯的神族之後。為什麼現在不神了呢，找對象的時候不注意，把血統搞混雜了，所以失去神力了。

希姆萊是個農校畢業生，他一動了關於血統之類的念頭，主持的黨衛隊就有點農科院搞研究的感覺了。黨衛隊招募隊員，身高血統外型的要求非常高，婚姻方面也要服從紀律，必須找純種的日耳曼女子交配。為了找到沒被污染的神族基因，希姆萊還主持了幾次「西藏探險」，希望能找到躲在山洞裡的神族人，拿回來做「種馬」之類的用途。

希姆萊的神族搜索隊在西藏的最大收穫是找到一個叫「沙姆巴拉」的洞穴，搜索隊的專家跟希姆萊一通忽悠，希姆萊又去忽悠希特勒，說這個洞穴是地球的軸心，控制了這裡就可以控制時間，所以後來德軍戰事不利，希姆萊又整一些人去西藏，想把地球軸心轉動一下，讓時光倒流，元首重新打一次。

就是這麼個神經質病人，後來一奉旨殺人，肯定能殺得高山流水風采卓絕。他在發展黨衛隊的過程裡，覺得有必要為黨衛隊組建一個專門的情報組織，上天就給他送來天造地設的一個幫手，也就是海德里希，關於他的故事，「地主」們可以自己自己查閱有關書籍，他號稱是「金髮的野獸」，在殺人如麻的納粹陣營中，是最醒目亮眼的劊子手。死在這野獸手裡的猶太人數不勝數，而最奇怪的是，他自己祖上也是猶太人。後來納粹所有的屠殺行動，希姆萊和海德里希兩位是天打雷劈的絕配。

希姆萊主持了納粹第一個集中營，達豪集中營的建立，從此以後，將很多人圈在一起整死，成為一個比較有效率的淨化地球血統的辦法。

黨衛隊本來只是首腦保鑣，後來發展為納粹最精銳的武裝，甚至超越正規軍名震天下，原因就是血洗了衝鋒隊，這是希特勒最著名的一次清理門戶，歷史上叫做「長刀之夜」。

希特勒的奪權之路一帆風順，跟衝鋒隊的工作是分不開的。羅姆雖然一直追隨希特勒，可自持有功，日漸驕縱，對老大的忠誠度明顯不夠。德國經濟危機時，衝鋒隊吸收了很多盲流和失業者，隊員良莠不齊，素質不斷下降。希特勒當上總理時，有些異己還需要處理，衝鋒隊依然衝鋒在前。現在，既然老大已經當家了，這片天下是自己家的了，動作就應該稍微小一點，打壞東西不也是自家的損失嘛。衝鋒隊打慣了，收不住，尤其是，衝鋒隊員大部分都是走投無路的混混，他們天天在街上打架鬥毆兼砍人，指望著有一天能分資本家和貴族的家產，發一筆橫財。誰知希特勒當上總理了，要求對這些有錢人進行保護，衝鋒隊認為，這是革命不徹底的行為，積極要求「二次革命」。

希特勒越來越發現，衝鋒隊已經嚴重阻礙納粹政權的穩定。希姆萊的黨衛隊優秀幹練，而且效忠元首，能打善戰，絕對可以取代衝鋒隊，完成所有的工作，所以，是時候讓衝鋒隊退出舞台了。

一九三四年六月三十日，希特勒親自到慕尼黑主持對衝鋒隊的清洗，幾百名衝鋒隊頭目被捕，羅姆被捕後直接被處決。這次行動讓希特勒在納粹內部來了一次淨化，夯實了自己的地位，固化了自己的權力，從此黨衛軍那些齊整有型百裡挑一的帥哥們取代了衝鋒隊的位置，帝國的武力帶著些優雅的暴力美。

關於「長刀之夜」有個野史的說法，羅姆是個公開的同性戀，而希特勒早年的性傾向也比較遭人懷疑，據說他在維也納期間是同一位青年男子同吃同住的。因為羅姆是同道，所以對於元首的祕密傾向是非常了解的，希特勒幹掉羅姆，有滅口的意思，而後來納粹大力屠殺同性戀，也有希特勒幫自己洗白的感覺。

納粹的另一個著名機構就是蓋世太保。蓋世太保是音譯，原文是「國家祕密員警」，所謂祕密員警，就是政治員警，也就是我們都很熟悉的明朝時的東廠。

蓋世太保的前身最早是普魯士的政治員警，由當時的普魯士總理戈林一手打造。後來希姆萊掌管了整個德意志的員警部門，蓋世太保的領導權也轉到了希姆萊手裡，成為黨衛隊的一部分。蓋世太保最牛的權力就是「預防性逮捕」，看著不爽的人可以懷疑他即將犯罪或者有可能犯罪，所以可以提前逮捕。納粹的軍團負責入侵並佔領其他國家，而蓋世太保則要負責佔領後壓制當地的反抗，控制當地的治安，「提前逮捕」顯然是很有效的工作辦法。

戈林讓出了蓋世太保的控制權，他忙著替帝國組建空軍，隨後成為帝國的空軍司令。

希特勒自己是政治煽動的高手，他深知煽動的能量，身邊除了戈林和希姆萊這樣的武將，當然還有口才一流，善於忽悠的文臣。納粹黨內最出名的秀才就是戈培爾，他是帝國的國民教育部長和宣傳部長。戈培爾擁有海德堡大學哲學博士的學位，文學青年，酷愛寫小說，估計是多次投稿被退，只好加入納粹學壞了。

戈培爾這部宣傳機器的作用絕對不遜於納粹那些作戰機器，希特勒後來擁有神一樣的地位，跟戈培爾的炒作是分不開的。元首的思想，納粹的理念，大多都是透過戈培爾包裝向外傳播，培養了眾多的粉絲。而國會縱火案中，就是戈培爾的鼓譟宣傳，才坐實了德國共產黨的各種罪名，讓後來的鎮壓行動顯得非常之名正言順。

2.要大炮不要牛油

這句口號應該來自戈培爾，戈培爾號召帝國人民，勒緊褲腰帶，少生產生活用品，多生產軍需用品，擴充軍備，預備找仇家報仇。

希特勒不是個頭腦簡單的戰爭狂人，作為元首，也絕對不能算是昏君，雖然他的出發點是為了預備打仗，可他的備戰經濟計畫的確是幫助了帝國在世界經濟危機後的復甦。

全民備戰，所有的企業要為軍備服務，大量的工廠轉型為兵工廠，開足馬力生產。這個熱火朝天的勢力，最有利的就是解決了就業問題，「熟練的工人進兵工廠，不熟練的去修路」，大家都有工作了，有工作就有薪資，有薪資就形成購買，連帶著，其他生活用品的需要也被刺激起來。

已經說了要大炮不要牛油，工廠都造槍炮去了，生活用品奇缺，價格又高，怎麼辦，不是有戈培爾嗎，他不是會鼓動嗎，他告訴大家，國仇家恨啊，日耳曼人要團結一致，拿回失去的一切，這個時候還想到要吃飽喝足，是非常墮落而且不愛國的。

一九三六年，希特勒制定了「四年計畫」，這個計畫就有點衝刺的意思了，也就是說，在這四年裡，做好所有的準備。

希特勒如果要啟動戰爭，各種能源消耗是巨大的。德意志除了煤炭，其他東西都不算富裕，如果一開戰就被人制裁或者禁運，則死得更快，所以在希特勒的計畫裡，解決能源問題是重中之重。解決辦法有兩個，第一是交換，德國精良的工業品是不能抗拒的，尤其是對東歐、蘇聯、中國這些國家，他們生產不出來，也不願意學，寧可用自家的資源去換；第二個是開發替代品，神奇的德國人創造性地發明了許多資源代用品，人造牛油、合成石油、人工橡膠等。

戰前的帝國經濟應該說是又是神速的發展，人民的生活水準卻毫無進步，還要感謝納粹的宣傳機器，老百姓再苦也不怨政府，再累也不罵社會，元首說了，我們現在發展軍備是為了拓展生存空間，爭取了更多的空間我們就更多的資源，德國人的日子會越來越好，所以大家要同心協力配合帝國完成一場偉大的征伐。

四年計畫對戰爭的重要作用是不可估計的，不僅在戰爭的前半段讓帝國的戰爭打得風生水起，在第二次世界大戰之前，這種快速發展的軍事經濟也讓周圍不少人感到了壓力和害怕。

3.團夥作案才有威懾

內部組織完成，經濟準備就緒，希特勒太想出手了，可是，他不敢做獨膽英雄。帝國在中歐被圍在中間，不管有多強，被周圍的鄰居圍毆還是挺恐怖的，帝國需要找幾個幫手。

希特勒第一個注意的，當然是義大利。自從墨索里尼掌握了義大利政權，就把自己當凱撒了。既然是凱撒，就要征服非洲，將地中海變成內湖啊。

墨索里尼選擇下手的目標是埃塞俄比亞，當時該地區還是個古老王國，叫阿比西尼亞。歐洲那些大國到處找殖民地時，義大利就看中了這裡。十九世紀末，義大利曾經入侵過一次，沒成功，還賠了不少錢。墨索里尼一上台，就想實現這個沒完成的計畫。

一九三六年，雖然阿比尼西亞人民進行頑強抵抗，最終還是陷落了。義大利吞併了這個非洲要衝。

對於義大利這個侵略動作，英法美先是縱容綏靖，後來發現老墨真得手了，他們又著急了，又說要聯合制裁義大利。從頭到尾對義大利表示支持友好的，就是希特勒，戰時還為義大利提供了不少煤炭。老墨覺得，希特勒這個小兄弟值得交。

後來發生了一件事，讓老墨和希特勒終於有機會攜手作戰，更加增進了情感。

一九三六年，西班牙爆發內戰。西班牙國民軍和長槍黨等軍團分子聯手想推翻剛選舉出來的共和國政府。西班牙內戰被認為是第二次世界大戰的前奏，因為戰鬥中，德國和義大利聯手支持了叛軍弗朗哥，而蘇聯和墨西哥支持西班牙政府。為了抵抗德意的法西斯軍隊，當時有超過五十個國家的志願者到西班牙參加戰鬥，組成了一個叫國際縱隊的組織，成員包含了各個階層的人士，海明威、畢卡索之類的也是縱隊成員，其中還有不少中國人。

正義沒有獲勝，叛軍頭目弗朗哥上台推翻了共和政府，西班牙再次恢復了獨裁統治。而德國和義大利聯手獲得這場勝利，擊掌歡慶，彼此感覺非常好，不用說，將來再打架，哥倆還是要並肩上的。

拉攏了義大利西班牙就可以牽制英法，西線有保障了；東線呢，誰可以牽制蘇聯？希特勒看到了日本。日俄戰爭，沙俄曾經敗在日本人手裡，讓希特勒覺得這個小島國很有希望。而小島國正好有些勃勃的「雄心」需要實現，有加入犯罪團夥的需要，雙方一見鍾情一拍即合一勾搭就有了姦情。

該做的都做了，劍已鑄成，就看什麼時候出鞘了。

43 摸著石頭過河

1. 萊茵區的冒險

出去打架的渴望讓希特勒熱血激盪，他不斷提醒自己不要莽撞，他要一小步一小步實現目標，而且要根據那些敵人仇家的反應隨時調整自己的動作和計畫。

回顧一下《凡爾賽和約》，最讓希特勒鬱悶的事，就是關於軍隊的限制。軍備生產如火如荼，光有槍支彈藥沒有軍隊怎麼玩啊？如何才能增加軍隊的數量呢？實際上，軍隊數量是希特勒解決的最快的問題。很多「地主」會問，為什麼希特勒這樣大張旗鼓地擴軍備戰，英法美等國不約束他的呢？這要感謝蘇聯。

自從蘇聯這個國家冒出來，整個歐美世界就將他視為頭號大敵，跟德國的那點小矛盾是屬於資本主義國家內部矛盾，跟蘇聯的矛盾絕對是階級矛盾。都知道希特勒是個瘋狂的反共份子，而且他在擴軍備戰時，一直對英法保持笑容，毫無敵意。所以對英法來說，希特勒的壯大可以有效遏制蘇聯。

就是藉著英法美這種友善的態度，希特勒把該做的事一步步都做了，到第二次世界大戰開打的時候，德國軍隊估計至少超過三百萬，《凡爾賽和約》要求的十萬軍隊，顯然是笑話了。國聯禁止他家裝備的潛艇、飛機之類的東西，那更是數不勝數。

《凡爾賽和約》還有一條讓德國委屈，那就是萊茵河以東五十公里的地區禁止德國軍隊進入。明明是德國的國土，德國軍隊不能去。後來為了保險，協約國又做了個《洛伽諾公約》，說是如果德國軍隊敢於進入萊茵區，法國可以興兵驅趕，而英國有義務幫忙，這裡被叫做萊茵非軍事區。

老希越想越憋屈，他決定，就選擇這個所謂的非軍事區開始他的第一步。一九三七年三月七日，德國軍隊三萬人，提著鞋踮著腳小偷一樣渡過了萊茵河。出發之前，希特勒對這三萬小偷下令：「咱們是小偷，不是劫匪，只要看到法國軍隊，掉頭就跑，千萬別還手！」這個指令是聰明的，在萊茵河岸的法德邊境上，為了防範德國人，法國布下了一百師。

「進入萊茵的四十八小時，是我一生中最緊張的時刻」。這是老希當時的心聲。進佔並駐下，剩下的事就是等鄰居們的反應。沒想到鄰居們都很客氣，法國人在家開了幾天會，沒商量出結果，於是大軍按兵不動；而英國人更客氣，他家要求法國人不要干涉人家自己院子裡的行為；國際聯盟覺得有必要做個反應，於是強烈譴責了一下。

鄰居們很友愛，老希很欣慰，元首跟國會宣布了這個好消息時，德國上下都驚呆了，這麼大的事，這麼容易就搞定了?!元首真是神仙！隨後，全德為元首歡呼。

德軍進佔萊茵區，是一場心理戰，猶如賭狠，希特勒舉了一把菜刀亮相，協約國諸位老大都拿著槍，可誰也不敢指著老希的頭，讓他把刀收回去。

「地主」們會問，就算坐視老希壯大是為了抑制蘇聯，如今德軍進駐了法德邊境，英法怎麼能繼續坐視呢？

第一次世界大戰後英法對德國的態度，除了蘇聯方面的考慮，還有他們自己家的原因。這兩個國家經過第一次世界大戰和經濟危機，恢復得特別慢，尤其是法國，大家還記得，他家是第一次世界大戰的主要戰場，損傷最大。法國恢復不過來，英美也不希望法國恢復得太快，德國不僅可以制衡蘇聯，還可以防止法國恢復後成為西歐之霸。況且法國戰後政局一直不穩，家裡都不安生，哪裡敢跟鄰居動武。

第一次世界大戰帶給整個歐洲的創傷是很深刻的，除了德意志的老百姓被納粹的復仇計畫點燃了，其他的歐洲百姓是非常害怕戰爭厭倦戰爭的，他們對政府的基本要求是：安分守己不要打架。這些國家的政府都是民選的，不敢藐視民意，關乎自己的政治前途和政治地位呢，所以都非常配合地擺出一份和平安寧的表情。這，就是此時英法等國綏靖政策的來歷。

2. 先拿回失去的

德軍進駐萊茵區並構築工事，協約國那些的「公約」「和約」就是廢紙了。希特勒也不介意公開表示態度，一九三七年，德國、義大利、日本三國正式宣布成為同夥，因為柏林和羅馬在同一經度上，老希和老墨認為這條緯度線以後就是地球軸心了，所以，這三個黑老大聯盟的團夥就是軸心國了。

希特勒一直承諾德國人，要報第一次世界大戰的仇，要拓展德意志的生存空間。他一準備動手，第一個目標，肯定是先拿回第一次世界大戰失去的部分。頭一個當然是他的國家奧地利，根據老希的說法，奧地利必須回到她的國家——德意志；而第二個就是德意志曾經的波西米亞。

老希對奧地利的動作開始於一九三四年，挑唆奧地利國內的納粹份子政變，還刺殺了當時的奧地利總統。不過，當時老希還沒搞定義大利，老墨派了些軍隊守在阿爾卑斯山口威懾老希，德國人暫時沒能如願。

一九三八年，老墨不跟老希為難了，老希再次到奧地利去無事生非，說人家政府迫害納粹黨徒。天哪，只聽說過納粹黨欺辱別人，誰敢欺負納粹啊。奧地利政府不敢惹老希，就建議做個全民公決，如果奧地利人願意「回到國家懷抱」，那就回去，如果奧地利人不願意，老希大叔還是應該尊重他的同胞。

老希之前的政治生涯，玩選票的成功率不是很高，所以他可不賭全民公決這種事。手一揮，帝國軍隊開進維也納，從此奧地利成為帝國的一個省。老楊估計德軍進入維也納那天，老希在家沒睡著覺，他終於報了當年藝術學院拒收他的大仇。

奧地利也是講德語的，而且他們歷史上就是一家，拿回去也是應該的嘛。這是英法美的態度。老希看著協約國這幾個善人，連謝謝都懶得說了。

倒是佔領捷克，老希花了點功夫。捷克是第一次世界大戰後成立的國家，他家從東北到西南環繞如馬蹄的部分，跟德國接壤，被叫做蘇台德地區。在這個地區，居民大部分是日耳曼人，說德語。而捷克的其他地區，以斯拉夫人為主。捷克人被奧匈帝國日耳曼人統治期間，有點受氣，如今翻身作主，就反攻倒算，開始仗著自己人多欺負蘇台德地區的日耳曼人。

希特勒佔領了奧地利，讓蘇台德地區的日耳曼人看到了希望，天天呼喚著也要回到國家的懷抱。元首聽到了來自捷克的召喚，歐洲大地都在傳說老希要進入蘇台德地區，為日耳曼人討個公道。

這個消息讓英法美三國有點慌，總不能由著小鬍子想去哪就去哪吧，協約國三個大佬不能不作為啊。於是，一九三八年九月，英法德加上義大利一起在慕尼黑開個會，英國首相張伯倫老爺子以六十九歲的高齡長途奔襲，過來勸說老希。

慕尼黑會議的場景應該是這樣的，張老爺子慈祥地問老希：「我說小希啊，你就看張大爺一把歲數，這麼遠跑過來的份上，能放過捷克不？」

老希是個很講禮貌的人，答道：「沒門！」

張老爺子也是好脾氣的人，人家堅決不答應的事，就不能霸蠻要求了，於是和法國總理達拉第一商量，兩人都說：「行，那我們也不攔著了，你穩穩當當地，別打壞東西啊。」

四家人在歡樂祥和的氣氛中，簽訂了《慕尼黑協定》，四家都同意，以後蘇台德地區就歸第三帝國所有了，希特勒自己去拿吧。協議簽訂第二天，德軍佔領了蘇台德，希特勒心想，打牆也是動土了，一頭羊是放，一群羊也是放，捎帶著，把捷克全收下了。

44 第二次大規模街坊群架

1. 白色方案

一九三六年，萊茵區。

一九三八年，奧地利。

一九三九年，捷克斯洛伐克。

英法兩國發出警告了，拿這麼多可以了啊，最後一次了啊，你要再有行動我們可不幹了啊！

不行啊，老希又研究過地圖了，還有一塊丟失的國土沒拿回來呢，就是波蘭。第一次世界大戰後，波蘭復國了，為了支持這個飽受苦難的國家，也為了限制德國的發展，《凡爾賽和約》將原來東普魯士和德意志領土切割開來，波羅的海的重要城市但澤（現在的格但斯克）以及維斯瓦河下游到波羅的海的地區劃給波蘭，這一片地區也就是著名的波蘭走廊。

這條莫名其妙的走廊像刀一樣插在德意志的領土上，也插在德國人的心上，既然奧地利都回家了，就應該把波蘭走廊要回來，讓東普魯士回家來。

希特勒要求波蘭政府把但澤和波蘭走廊一起歸還，波蘭政府挺硬氣，告訴老希，這事不討論，沒得商量。老希不喜歡被拒絕，於是制定了一個「白色方案」，根據老希的脾氣，本來我只是要求但澤你不給我，那我自己去取的時候，你就別怪我胃口太大了啊。

英法感覺必須約束老希的行為了，張伯倫老爺子開始公開發飆，措詞比較嚴厲，希特勒估計，如果真要對波蘭下手，英法那邊少不得要干預了，為了自己不陷入兩線作戰的窘境，他決定，跟他最不喜歡的共產黨人，史達林同事建立一種全新的關係。

希特勒取得捷克後，蘇聯就已經向英法送去含情脈脈的秋波，希望三家能聯手制住日益失控的老希。英法兩國不願意屈尊跟共黨分子混，到發現希特勒對波蘭的企圖不能不管的時候，才放低身段願意跟蘇聯談合作。談歸談，滿肚子不情願，史達林同志感覺自己大鬍子的熱臉總貼在英法的冷屁股上，既然英法不能付出真心，蘇聯只好去找其他的真心人。

不管在意識型態上有多大的區別，希特勒和史達林從骨子裡是一種人，小鬍子希特勒雖然憎恨共產黨，可他承認對大鬍子史達林是有點敬佩的。這兩個鬍子如果忘記對方的缺點，只想到對方的優點，很容易勾搭成奸，而兩個鬍子的姦情證據就是一九三九年的八月二十三日簽訂的《蘇德互不侵犯條約》。在這個條約裡，專門有一條是關於波蘭的：「如波蘭發生領土和政治變動，蘇德雙方將大致以納雷夫河、維斯杜拉河和桑河為勢力分界」。總之是，波蘭這西瓜只要一切開，俄國和德國都必須分而食之。

一九三九年八月三十一日，突然有一群波蘭人佔領了德國邊境的格萊維茨（後劃給波蘭改名為格利維采）電台，據說還打死了守衛電台的德軍，有個囂張的波蘭人在電台裡大放厥詞，說波蘭人決心與德國人一戰。現場到處都是彈孔和血跡，地上還躺著身穿波蘭制服的波蘭人，屍體旁散落著波蘭的槍械。

波蘭人躲納粹還躲不起，居然敢明火執仗打到德國人家裡來？這個事的真相是什麼不重要了，重要的是，老希終於可以對波蘭動手了。

一九三九年九月一日，帝國的空軍開始對波蘭重要設施實施轟炸，波蘭本來還有幾架可憐兮兮的戰機，還沒來得及起飛就被炸成廢鐵。炸了一個小時，波蘭幾乎癱瘓，德國的地面部隊從西南、西北、北部三個方向挺進波蘭腹地。

五天之前，也就是一九三九年八月二十五日，有艘德國軍艦，荷爾斯泰因號訪問但澤港，訪問的名目據說是「紀念第一次世界大戰陣亡將士」，這艘戰列艦本來挺安詳友好地停在但澤的港口裡，九月一日那天，隨著帝國的轟炸機呼嘯而來，荷爾斯泰因號也突然變得猙獰了，對波蘭的海軍基地開炮，並直接封鎖了波蘭的海面。

大家都知道，德國入侵波蘭的戰役，被稱為「閃電戰」，這到底是一種什麼戰法呢？其實這種戰法最早是英國人提出來的，被德國人用於實戰並發展為經典，精要就是將地面裝甲部隊和空中兵力配合使用，先用飛機把對手炸個半殘廢，然後坦克開上去最後了斷。而對波蘭的入侵堪稱閃電戰的教案。

閃電戰不僅勢如雷霆，更是快如閃電，帝國的裝甲部隊在波蘭大地上挺進，而迎戰這些鋼鐵戰車的，是波蘭非常悲壯的騎兵部隊。九月十七日，波蘭政府就宣布放棄抵抗，逃亡羅馬尼亞。

事先已經說好，只要打波蘭，蘇聯也有份，所以九月七日，蘇聯紅軍從東部進入波蘭。十七日，德軍和紅軍在布列斯特勝利會師，居然還舉行了一次聯合軍演以示親熱。隨後各找方位，繼續深入，十月二日，波蘭全境投降，這倒楣西瓜，又被切了！而這場標誌著第二次世界大戰正式開始的戰役，德國佔領了一個國家，才用了一個月的時間。

英法忙什麼呢？他們不是說只要德國對波蘭動手他們一定會出手幫忙嗎？他們還真幫了。九月三日，英國就對德國宣戰了，法國在家躊躇了幾個鐘頭，萬般無奈也只好宣戰。說是宣戰，他們不戰啊。英國的軍隊大概是在波蘭投降後才進入歐洲大陸，而法國人更奇怪，聽著遠處波蘭一聲聲淒厲的哀嚎和求救，他家在法德邊境上的一百個師躲在堅實的馬其諾防線背後幫著波蘭人向上帝祈禱。從「宣戰」到正式開戰，有大半年的時間，英法一直避免和德國人交手，歷史書叫這段時間為「奇怪戰爭」。

2. 曼斯坦因計畫

佔領波蘭後，帝國的軍隊平靜了很久。西線一直沒有開打，讓所有人心裡發毛。老希有自己的計畫，史達林和他有姦情，波蘭和捷克都收復，後背是安全的，左邊是自己的盟友義大利，他家正全力對付巴爾幹半島那些小國，希特勒顧慮的，是自己的右翼，丹麥和挪威。

一九四〇年四月九日，德軍入侵丹麥，四個小時，丹麥投降。

隨後，對挪威發起進攻，遭遇了北歐人頑強抵抗，英法聯軍也參與作戰，到六月中才算徹底制服了挪威。而另一個北歐國家瑞典雖然號稱中立，看到老希這麼猛，也不敢耍態度，不僅以後繼續給德國供應鐵礦沙，還答應給德國的軍隊借道去芬蘭。

準備就緒了，歷史將會重演，驍猛的德意志軍團將再戰西線。

德國人打仗好看，就好看在計畫嚴密組織精確，這次再戰法國，他們自然也有計劃。這次的西線作戰計畫定名為「黃色計畫」，整個計畫應該說是跟第一次世界大戰的施里芬計畫差別不大。帝國的參謀部門還是認為，施里芬計畫本身沒錯，錯在執行失誤，所以這次預備再試一次。

不過，有個軍長反對這個計畫，他的名字叫曼斯坦因。

納粹雖然不好，不過德國軍團那些將領們卻是出類拔萃的，老楊估計很多「女地主」，對於納粹的將領們最花癡的就是隆美爾，或者古德里安，而跟這兩位並稱納粹三大名將的曼斯坦因就不甚了解。其實，如果真要從軍事角度給這三位一個排名，曼斯坦因應該算是老大，而讓曼斯坦因成名的，就是他推翻了「黃色計畫」，制定了「曼斯坦因計畫」。

黃色計畫翻版施里芬計畫：在法德邊境正面佯攻，主力部隊繞道比利時從北部進入法國。而曼斯坦因覺得，第一次世界大戰玩過一次的花樣，英法應該是有解決辦法了。曼斯坦因想出的辦法是，法德邊境正面佯攻，而比利時荷蘭那邊也是佯攻，將英法軍隊吸引到比利時，真正的德國主力，尤其是裝甲部隊突破防守最薄弱的比利時南部的阿登山區，渡過默茲河進入法國。而這支軍隊一進入法國就向英吉利海峽進發，這樣一來，比利時的盟軍和法國本土的軍隊就被分成兩半。

這個計畫非常大膽，最有問題的是，阿登山區是個山區，地形複雜，連步兵通過都很困難，坦克大炮怎麼走啊？聽著就不靠譜嘛。就在德國參謀部躊躇時，有個突發事件讓他們做出了最後的決定。有架攜帶著「黃色計畫」文件的飛機在比利時上空迷路迫降，德國人懷疑計畫落入了英法之手，所以只好沿用了曼斯坦因的方案。

第一次世界大戰後為了防禦德國，法國人在法德邊境修建了一座綿延七百公里的「長城」，也就是從法比邊境延伸到法意邊境的馬其諾防線。這條法國長城其堅固耐用和設施齊全絕對不是我們的長城可以比的，要說咱們的長城唯一勝它的就是比它長，而後來的事實證明，這個缺點是致命的，馬其諾防線的問題就出在，它不夠長。

在曼斯坦因的計畫中，如何突破這條固若金湯的馬其諾防線根本是不值得考慮的，德國的C集團軍會在這條防線上佯攻，不裝模作樣打一陣，人家白修了這麼隆重一道工事。德國的B集團軍繼續完成第一次世界大戰時的工作，進攻荷蘭和比利時，吸引大批的敵軍過去死磕。而真正的主力部隊A集團軍則部署在盧森堡一線，他們最主要的工作是讓坦克穿越阿登山區而後強渡默茲河進入法國。

一九四〇年五月十日帝國對荷蘭和比利時發出通牒，大意就是，德國人要打進來了，你們最好不要還手，否則管殺不管埋。

天一亮帝國的空軍就早起上班了，荷蘭和比利時頓時炸成一片火海。五月十四日，荷蘭投降；五月二十八日，比利時投降。而就在A集團軍穿越盧森堡的時候，這個地區就投降了。

這三個低地國家的投降不算最好的消息，最好的消息是：納粹名將，古德里安的裝甲兵團在空軍的掩護下穿越了阿登山區，在色當渡過默茲河，將法軍防線撕開一個大缺口。應該說，裝甲兵團順利進入法國已經昭示著曼斯坦因計畫的成功。

裝甲兵團按原計劃向英吉利海峽挺進，英法聯軍被切割成南北兩半，而進入北部比利時作戰的英法聯軍在比利時投降後被迫後撤，四十萬大軍擠進了港口城市敦克爾克。

德國軍隊從三個方向壓向敦克爾克，英法聯軍唯一的退路，就是身後濁浪滾滾的英吉利海峽。五月二十三日，古德里安的裝甲兵團，還有十六公里就可以看到在敦克爾克如同困獸般的英法聯軍。五月二十四日，世界歷史上最詭異的事發生了，裝甲兵團收到元首命令，停止前進，原地待命！

元首這個詭異指令導致的就是英國的「發電機行動」，在九天的時間裡，英國海上力量總動員，奇蹟般地救出了三十四萬被困的英法軍隊，為後來的戰鬥保存了可貴的有生力量。

到底老希同志為什麼突然裝甲兵團停止前進呢？原因是多重的，老希昏頭了是一定的。希特勒的心理素質一般，有點像炒股票的散戶，很多股民，跌得時候很麻木，遇上大漲反而忐忑不安。老希也陷入這樣一個心態，據他身邊人回憶說，帝國的軍隊在前方勢如破竹，元首在柏林惶惶不可終日，而且越是勝利他越是害怕，他總擔心有自己沒考慮到的風險。

英法大軍被圍敦克爾克，希特勒想的卻是，裝甲兵團跑得太快，後援和補給都沒跟上，敦克爾克的周邊有一片平原沼澤地帶，，萬一陷在其間遭遇英法兩面夾擊，後果不堪涉想。裝甲兵團是閃電戰成功的重要保障，金貴得很，以後的戰鬥還指望他們呢，不能受損失的。

這時，希特勒的右手戈林又自告奮勇，說是敦克爾克那些困獸，只需要交給帝國空軍，從天上就能搞定了。

以上是軍事考慮，希特勒還有政治考慮，對他來說，英國人大部分是盎格魯撒克遜人，算起來也是日耳曼的族系，不屬於要被滅絕的那部分，老希更多地是考慮讓他們投降，而不是趕盡殺絕。老希還想到，他的前輩偶像俾斯麥對奧地利作戰時，最後大勝時放了對方一馬，結果收到了很好的外交效果。

後世的猜測說什麼的都有，不管當時老希怎麼想的，他肯定是出了昏招了，他手下留情沒人承情，以後還要承受放虎歸山的後果。或者，我們可以直接認為是上帝對善良世界的保佑？

打到這個程度，南下法國的戰鬥幾乎就乏善可陳了，六月十四日，德軍進入巴黎。法國內閣辭職，將最丟人的投降事務交給了第一次世界大戰時法國的大英雄貝當元帥。

一九一八年，德國戰敗時，法國在貢比涅森林的一節火車車廂裡讓德國人簽了降書，為了顯得報仇徹底，一九四〇年六月二十二日，德國要求在同一地點接受法國投降，讓法國在同樣的位置用同樣的姿勢簽了降書。這次德國人滅亡法國用了六周時間。

征服法蘭西的戰役很精彩很悲壯，而其中最娛樂的部分是，義大利看到法國已經有點落水狗的感覺了，於六月十日也對法國宣戰，而後在人家馬上要投降的時候對其發動攻勢，被已經決定向德國投降的法國軍隊打回家了。所以說整個二次世界大戰，希特勒負責世界大戰，墨索里尼負責「二」。

3. 海獅計畫

拿下法國，西線還有英格蘭。希特勒對英國的感覺很古怪，似乎有點又愛又恨。德國參謀總部大戰之前喜歡研究計畫，可是最開始，他家對英格蘭的作戰計畫幾乎沒有，老希一往情深地等著英格蘭主動投降，一邊向巴黎進軍一邊還不斷對英國人含情脈脈。

老希碰上一個不解風情的，英國的邱吉爾首相拒絕任何妥協，多次表示血戰到底的決心。老希在家長歎一聲，然後，策劃了入侵英國的海獅計畫。

海獅計畫的大意就是帝國空軍先出擊，打掉英國沿海所有的防禦，最好徹底消滅英國空軍，奪取制空權；接著在空軍掩護下，海軍突破一直由英國人控制的英吉利海峽，利刃般的德意志地面部隊鋒利地切進英國的心臟。這個計畫成功的關鍵就是空軍的工作，只有空襲到達目的，登陸計畫才可能實現。

空軍司令戈林拍著胸脯告訴老大，沒問題，您放心吧！

開戰以來，作為閃電戰的先頭部隊，戈林幾乎沒有遇到過挫折，心理狀態極好，最重要是他財大氣粗的。為了這次空襲不列顛，空軍預備了三個集團軍，飛機超過兩千架，據他所知，英國當時本土的戰機只有七百架，轟炸機五百架。所以戈林很囂張地說，空軍在四周左右就能幹掉英格蘭。

老楊在英國篇已經介紹過了不列顛空戰，英國在這場戰鬥中取得了可歌可泣可圈可點的偉大勝利。到底德國的轟炸對英國造成多大的損失，已經不能計算了，不過從七月堅持到十月，不論是摧毀英國的空軍還是打垮英國人的意志，這兩件事都沒做到。不能掌握制空權，就更不能指望德國海軍正面硬撼不列顛的海軍了，最後希特勒只能無奈地宣布，「海獅計畫」無限制擱置。

英國最後沒有投降，對希特勒的全盤計畫是致命的。如果希特勒不對付蘇聯，英國沒有降服也沒什麼，他家現下最多也就是偶爾飛到柏林轟炸一下子，可如果希特勒要開向東線，則沒有清理乾淨的西線就會後患無窮，英格蘭早晚會成為一個反攻納粹的大基地。

4.巴巴羅薩計畫

開戰之前希特勒被迫委身給史達林，顯然是逢場作戲而且心懷幽怨。其實，邱吉爾才是老希的真愛，老希一直有個夢，那就是牽著邱吉爾的胖手，一起殺進莫斯科，把大鬍子抓出來揍死。

老希最恨的，猶太人、斯拉夫人、布爾什維克。眼下猶太人如同砧板上的肉，老希想殺就殺，可以不用顧慮了。而最大的斯拉夫和布爾什維克頭目大鬍子還逍遙在外呢，現在老希控制了大半個歐洲，縱然英國人不馴服，他們也翻不了天，小鬍子想打大鬍子想得心都痛了。

上篇說過，整個第二次世界大戰，老希負責戰，盟軍義大利負責「二」，這個二弟除了給所有人找樂子，還捅簍子，老希經常跟在後面收拾殘局。

老墨心比天高，水準下賤，看著德意志軍隊在歐洲大陸的王者霸氣，頗為嫉妒。總想著要跟老希爭個高下。

被法國的殘兵敗將收拾一頓後，義大利將滿腔怒火發洩在巴爾幹半島了，現在的巴爾幹地區，唯一還自由的就是希臘和南斯拉夫，老墨選擇希臘動手。這一場挑釁，希臘不僅將義大利軍隊趕出了希臘，還進攻了義大利的殖民地阿爾巴尼亞。

老希實在看不下去，他進攻蘇聯，也需要清理自己的側翼，於是帝國的軍隊就開進了希臘。同樣是軸心國的壞蛋，做壞事的本事怎麼差別這麼大呢。德國人一下場，戰局狀態逆轉，英國人派了軍隊支援希臘，這家人現在對撤退頗有心得，所以在希臘聯軍又玩了一次大撤退，老希全取巴爾幹。

巴爾幹的戰爭讓老希對蘇聯的進攻延遲了兩個月，而在攻擊蘇聯的日子裡，還要留下一定數量的部隊在巴爾幹鎮壓游擊隊，大家都知道，南斯拉夫有個叫鐵托的同志一直領導著不屈不饒的游擊戰鬥。巴爾幹半島分散了納粹的兵力精力，試想如果義大利這幫窩囊廢能稍微懂點事有點出息，老希在蘇聯的行動說不定就不一樣了。

打誰家，早一點晚一點可能都不是重要問題，但是打蘇聯，時間和日子要算得非常仔細，因為務必速戰速決，以迴避老毛子家那害死了無數高手的惡劣天氣。

一九四一年六月二十二日，德軍一百五十三個師加上降國軍隊五百餘萬人，大舉開進蘇聯，老希的計畫是，三個月內了結大鬍子，以後的江湖，只准有一個鬍子！這就是著名的「巴巴羅薩計畫」，小鬍子以紅鬍子之名對付大鬍子。

開局非常順利，納粹的軍隊幾乎是禦風而行，佔領了大量蘇聯重要工業城市和設施，蘇聯紅軍被打得措手不及，手足無措。一九四一年十月二日，納粹兵臨莫斯科城下。當時的納粹宣傳部長戈培爾已經通知報紙預留版面，隨時宣布帝國佔領莫斯科這個偉大的勝利。

讓希特勒沒想到的是，在莫斯科他們遭遇了從沒見過的玩命抵抗，整個城市全民皆兵，殊死保衛首都。最倒楣的是，這一年的冬天特別冷。老希根本沒預備要在莫斯科過冬的，德軍的冬戰裝備異常匱乏，而且希特勒本人沒到過這麼冰天雪地的地方，他想不出會冷到什麼程度。不僅需要禦寒的冬裝，還需要白色的冬裝，否則大雪中軍團無法隱蔽，最要命，燃油凝固，坦克裝甲車全部癱瘓，就連戰士的槍栓都被凍住，拉不開了。

相比之下，主場作戰的蘇聯紅軍裝備好多了，至少人家有手套，有棉帽，有耳朵套，還有豐富的冬季作戰經驗。十一月七日，十月革命勝利二十四周年，史上最著名的紅場閱兵，史達林慷慨激昂地演說後，千萬斯拉夫子弟帶著保家衛國的一腔熱血從閱兵廣場直接進入戰場，那些青澀的少年，大多數人再沒有回來。

莫斯科保衛戰應該是世界戰爭史上最壯麗的一幕，大戰從一開始就讓所有的蘇聯人熱血澎湃，著名作曲家，蘇聯國歌的作者亞歷山大羅夫專門譜寫了《神聖的戰爭》一曲，鼓舞士氣。

不管什麼樣的對手，只要進入蘇聯被拖到了冬天，基本可以宣布自殺成功。蘇聯的勝利就是將德國人拖進了冬天。十二月，蘇聯紅軍開始反擊，雖然不能將德軍完全趕出蘇聯，但是希特勒不得不宣布，東線又陷入了他最不希望看到的膠著狀態。

莫斯科保衛戰是納粹戰車啟動以來最大的失敗，繼不列顛空戰後，再次打破納粹不敗的神話。其實，不管蘇聯紅軍和老百姓多麼神勇，最後讓希特勒的計畫沒有實現的重要原因是：蘇聯實在太落後了，交通貧瘠，道路泥濘，德國人最擅長的裝甲部隊根本跑不動，在路上耽擱的功夫太多了。

德軍在蘇聯戰事不順，就給日本寫信，讓他們趕緊動手。前面說到，老希跟日本人結盟的原因就是指望他們幫著打蘇聯，現在正是需要他家的時候，小日本想什麼呢？

小日本沒想過蘇聯的事，他們憋著偷襲珍珠港呢。一九四一年十二月七日，老希被蘇聯的戰事整得上火，突然被告知，日本人炸了美國的珍珠港！老希一口氣沒上來，差點昏過去。老希非常清楚美國的實力，而且他還深刻記著第一次世界大戰時因為美國參戰帶來的的逆轉，第二次世界大戰開打前，老希一再指令德國海軍，絕對不能襲擊美國的船隻，只要美國人不參戰，帝國的軍隊基本還能控制歐洲的局勢。這下好了，美國人參戰了，而且對美國來說，歐洲當然比亞洲重要，他家一參戰，當然是一頭紮進歐洲戰場幫忙。

進攻蘇聯的失敗和日本偷襲珍珠港宣告著老希的好運氣正在消褪，而找了這麼「二」的兩個兄弟，從開始就注定了老希最後的結局。

5. 北非戰場

一九四二年一月一日，這個新年開始讓希特勒很鬧心，因為有包括英美蘇還有中國的二十六個國家跑到華盛頓開了個會，商量著團結起來一起對抗軸心國法西斯。

二十六個國家組織起來，規模還是挺嚇人的，看著盟國越來越熱鬧，老希的心拔涼拔涼，自己那兩個兄弟，小日本什麼忙也幫不上，義大利除了添亂什麼也不能幹，這不，義大利又陷在北非需要幫忙了。

義大利不是一直要重建羅馬帝國嘛。已經佔領了埃塞俄比亞，所以就覬覦蘇伊士運河。蘇伊士運河是英國去往印度的要道，是英國人的心頭肉，誰也不能碰的。早在十九世紀，這個區域就是英國最大的海外軍事基地，駐紮著十萬英軍。一九四〇年義大利進攻埃及，一九四一年，希特勒就收到了求救郵件。

控制蘇伊士運河，切斷英國和印度的聯繫，對軸心國顯然也是必要的，所以老希也就派人過來幫忙了。他派來的，就是埃爾溫．隆美爾，無數第二次世界大戰粉的偶像。

隆美爾一八九一年出生在一個中學校長家裡，看他照片總是笑得神祕莫測就知道，肯定是天蠍座。參加第一次世界大戰時，他獲得過三枚鐵十字勳章，戰後在軍校任教，還寫了一本叫《步兵進攻》的教材，就是這本書讓他引起了元首的注意，被調到身邊成為衛隊長。不是自己最親信的嫡系，怎麼可能充當警衛隊長呢，老希對隆美爾肯定是寵愛的。

在首長身邊伺候，晉升得特別快，隆美爾的仕途順利充分說明這一點。第二次世界大戰開始，德軍閃襲波蘭，威猛的裝甲部隊讓軍事教員出身的隆美爾很驚歎，加上他還一直有些到戰場建功立業的小心思，就跟老闆提出，想上前線打仗。希特勒當時就問他，想去哪個部隊，隆美爾毫不客氣地要求當一個裝甲師長。

隆美爾之前一直是步兵，沒進過裝甲部隊，而且歷史上他最高也就是個營長，怎麼直接要求當師長，而獨立操作一個裝甲師？

沒辦法，隆美爾是老大的人，必須安排，正好，有個參加波蘭戰役的輕裝甲師改組成為第七裝甲師，給老大一個面子，讓隆美爾去參加一個速成的裝甲兵訓練班，然後將新的第七裝甲師交給他，愛怎麼折騰就怎麼折騰吧。誰能想到，這個第七裝甲師最後能成為帝國的王牌呢，隆美爾真不給老大丟臉啊。

第七裝甲師成名於法國戰場，隆美爾跟隨主力的A集團軍跋涉阿登山區，然後向英吉利海峽奔襲。五月十三日，第七師強渡了默茲河，六月十九日，他們就佔領了法國在英吉利海峽的重要深水港瑟堡，大概計算一下，這支以坦克為主的裝甲部隊每天能推進四十—五十英里，大家不要小看這個速度，因為他們一邊行進一邊還要同英法盟軍作戰。沿途俘獲英法聯軍近十萬，德軍方面才損失了兩千人。

以飛沙走石的進攻速度，第七裝甲師在法國人的眼花瞭亂中橫穿了法國大陸，是德國所有的裝甲部隊中，速度最快，跑得最遠的。法國人驚歎之下，給起了個外號，叫他們「魔鬼之師」。

一九四一年二月，希特勒提升這位愛卿為中將，並任命他為為非洲軍團司令，到非洲去解救義大利人。

隆美爾一進入非洲，就說了一句名言：最好的抵抗是進攻。兩個月的時間，軍力和軍備都明顯不如對手的隆美爾以寡敵眾扭轉了戰局。

隆美爾的北非戰場成為第二次世界大戰時的明星戰場，就是來源於德意與英國這種實力不對等，德國軍隊一直是以小賭大，玩的就是心跳，靠的就是隆美爾狡黠詭異的打法，所以隆美爾被稱為「沙漠之狐」。

話說隆美爾剛登陸的時候，手上可以使用的坦克不多，增援的還在路上，他居然不等其他坦克到手，就急不可待地發起了攻擊。奇襲英軍駐地收到效果後，就發動坦克部隊追擊，英國部隊看著滿天的塵煙，影影綽綽鋪天蓋地的坦克群，不知道這位魔鬼之師的魔頭帶了多少裝備來非洲，嚇得英國人拚命跑。後來才知道，隆美爾用一批大眾汽車，裝上一個坦克的紙糊外殼，冒充坦克擺了英國人一道。

隆美爾五月份就將攻防形勢逆轉，將英國的軍隊被壓縮在埃及不敢出來。兩邊重點爭奪的，就是利比亞地中海上的重要港口托布魯克。

港口城市一直是重要的戰略據點，尤其是對於控制了地中海的英軍，托布魯克更是不能失去的。英國人掌握制海權，德軍的補給非常困難，一直在各方面出於劣勢，捉襟見肘打這麼窮的仗，所以隆美爾這樣的高手也花了快一年的時間，到第二年才拿下了托布魯克。

英國人失去托布魯克，天都塌了，邱吉爾差點為這事下台，而隆美爾則風光無限了，因為對這個重地的收復，隆美爾被晉升為元帥，他才五十一歲，是帝國史上最年輕的元帥，這麼短的時間這樣的晉升速度，跟老大的恩寵是分不開的，隆美爾在非洲的戰事，經常被德國的媒體極盡渲染誇張地報導，人家英國人叫他「沙漠之狐」，德國人都說他是「沙漠之神」。現在很多第二次世界大戰迷對隆美爾的崇拜，很大程度也是源於當時媒體對他的瘋狂炒作。

實際上，佔領托布魯克是隆美爾軍事生涯的頂點了，其後的日子，基本就是隕落。老希全副精力押在蘇德戰場，非洲戰場更是吃了上頓沒下頓。美國人的五百輛最新式坦克和那個叫蒙哥馬利的一起降臨沙漠，讓德軍的日子更加難過。

一九四二年十月底，蒙哥馬利發動了非洲戰場決定戰役，也就是阿拉曼戰役。這個事英國人有點耍賴，因為他們知道隆美爾因病回國修養了。

聽說北非失利，病床上的隆美爾又被老希趕回了非洲，只是，大勢已去了。隆美爾最牛的告別非洲之作就是在被重兵追擊的情況下，有條不紊地組織了一場完美的遠端撤退，德國軍隊退守突尼斯，而就是被逼退到突尼斯這麼不利的情況下，隆美爾還是抓住一次反擊的機會，重創美國軍隊。

隆美爾輸了也值得表揚，撤退到突尼斯後，被授予「非洲集團軍群」的司令頭銜，這個頭銜享受什麼待遇不知道，實權肯定沒有了，因為第二年五月，德軍被英美聯軍徹底趕出非洲大陸。非洲戰場成為第二次世界大戰第一個提前大結局的舞台。而這個舞台上最耀眼的明星——隆美爾的故事，我們後面還會說到。

6. 兩大戰役

自從老希啟動了東線戰事，這裡就是他最深的痛了。莫斯科保衛戰讓原本節節進逼的帝國軍隊步步撤退，到一九四二年春天，老希暫時不跟莫斯科較勁了，北方他要求佔領列寧格勒（聖彼德堡），南方，他看中了史達林格勒（伏爾加格勒），而又以後者更為重要。

戰爭進入膠著，打的就是資源和補給了。史達林格勒是伏爾加河上的重要港口，重要工業城市，有大型兵工廠，從這裡向西向南就是頓河下游流域、庫班河流域和高加索地區，是蘇聯糧食、石油和煤炭的重要產區，這些資源對於此時的蘇德都是極為重要的。

一九四二年七月十七日，希特勒下令進攻史達林格勒，他給了帝國軍隊八天時間，要求在七月二十五日拿下。這個城市名叫「史達林格勒」，用大鬍子的名字命名的，萬一給小鬍子佔領，以後改名字叫希特勒格勒，讓大鬍子情何以堪呢。所以史達林當然是要求蘇聯紅軍死守。

後來這場戰役的慘烈和艱難超出這兩個鬍子的想像，也超出所有人的想像，這一戰最著名的就是巷戰。

德軍天上地下狂轟亂炸，用了兩個月進了城，沒想到，最難的戰鬥反而在城中。男女老少，各行各業都投入了對德軍的反抗和反擊，住宅、教堂、學校都成為戰鬥場地，斯拉夫人的小宇宙爆發到頂點，據說德軍進城後的十天裡，每天超過三千名士兵死於巷戰。要知道，職業軍人遭遇平民是很鬱悶的，挺猥瑣的烤麵包大叔，平時見誰都低三下四一臉笑模樣，突然掏出菜刀血紅著眼睛面對這荷槍實彈的大兵撲上來狂砍，這個畫面還真挺嚇人的。這樣被嚇幾次，再強的神經也受不了。德國大兵無奈地說：「即使我們佔領了廚房，仍然需要在客廳繼續戰鬥」。

蘇聯人民的犧牲爭取到的最好成果是又將德軍拖進了冬天。進入十一月，蘇聯紅軍反攻並將三十三萬絕望的德軍包圍。當時德軍的主將是保盧斯，他寫信給希特勒，要求突圍撤退。這場史達林格勒的死磕，夾雜著很多大小鬍子的意氣和面子之爭，兵敗事小，丟臉事大，所以老希下令，不准撤！

其實老希自己也知道德軍堅持不住了，預備打造一個形象工程，他給保盧斯火線升職，提升他為元帥。他覺得，納粹沒有被俘的元帥，保盧斯帶上元帥的軍銜而後自盡殉國，算是給帝國軍隊保全最後的臉面。據說當時的元帥肩章之類的是透過飛機空投到前線的。

新元帥沒給老大面子，第二年的一月就被俘虜，二十四名將軍和近十萬士兵向蘇聯投降。保盧斯元帥成為蘇聯紅軍俘獲最有價值的戰俘。有多值錢呢，當時史達林的兒子雅科夫被德軍俘虜關在集中營，希特勒曾想用雅科夫換回保盧斯，被史達林拒絕了！

希特勒掩蓋了保盧斯被俘的消息，號稱他是為國捐軀，還全副儀仗給安排了一場葬禮，希特勒親臨現場，一臉悲痛。保盧斯後來的最大作用是在戰爭後期號召德國人起來反對納粹停止戰爭，並在戰後成為主要證人參與對納粹的審判，在德意志留下一輩子的罵名。

史達林格勒的慘敗，宣告德軍已經失去了戰場上的主動，整個納粹內部瀰漫著低迷的氣氛，國內對希特勒的不滿也在逐漸增加。老希太需要一場勝利重建軍隊的信心和自己的形象了，所以史達林格勒的頹敗之氣還沒散盡，他又下令發動庫爾斯克戰役。

庫爾斯克戰役是史上最大的坦克戰，兩邊投入了上萬輛的坦克。希特勒欽點曼斯坦因為新的集團軍群司令，全權指揮這場大戰。

前面說過，曼斯坦因是納粹所有將領中的佼佼者，其軍事修為可列三大名將之首，如果有興趣深入研究第二次世界大戰的戰史，大家會發現，曼斯坦因出的主意很少有失誤的，不過有的時候，他的主意不被採納而已。

軍事學家對庫爾斯克戰役的研究很多，一般的說法都以為開戰時德軍已經是強弩之末，而很多解密文件說，其實蘇聯才是強弩之末，如果德軍嚴格執行曼斯坦因的計畫，第三帝國將會收穫這次寶貴的勝利。不管說什麼了，輸了就是輸了，即使有曼斯坦因這樣的天才。五十萬帝國將士，三千多架飛機，一千五百多輛坦克的損失，幾乎讓帝國在東線的戰力損失殆盡，在這個戰場，帝國軍隊永遠失去了銳氣，轉入防禦，而與之相對的，則是蘇聯紅軍的大舉反攻。

7. 盟軍登陸

很多人說庫爾斯克戰役的失敗是因為希特勒在戰役後期將曼斯坦因的精銳部隊調走了，為什麼調走？因為老希預備放棄蘇德戰場，他聽說英國的蒙哥馬利和美國的巴頓組成聯軍在西西里島登陸了！

前面說到，一九四三年，英美盟軍將全部德軍趕出了非洲，取得了全勝。下一步，他們就計畫著越過地中海上岸，德軍都被蘇聯紅軍牽制在東線，英美盟軍考慮在西西里島登陸，先收拾了義大利再說。

登陸戰是挺難的，如果遭遇嚴密防守，衝上海灘的士兵基本就是送死。老楊在英國篇裡介紹過，第一次世界大戰時英法聯軍的登陸戰就以慘敗告終，當時的達達尼爾海峽都被血染紅了。所以再玩登陸戰，英美盟軍要好好計畫一下。

一九四三年的四月三十日，西班牙南部海岸發現一具屍體，身穿英國海軍制服。整個第二次世界大戰，西班牙號稱中立，其實誰都知道他家是希特勒一夥的，而且德國在西班牙南部還設立了一個重要的諜報機關。屍體一落在西班牙人手裡，德國人就知道了，這時英國也號稱收到消息，催促西班牙將屍體奉還。西班牙的有關機構在屍體上搜查，真不得了，居然是條大魚，屍體的腰帶裡藏著一封絕密文件，文件上說，英美盟軍將在薩丁島和希臘登陸！

收到這個消息，雖然當時很多人提醒，英美盟軍只可能在西西里島登陸，希特勒還是下令增加了希臘和薩丁島的防禦，沒拿西西里島當重點關照。一九四三年七月十日，英美聯軍在西西里島勝利登陸。

這是怎麼回事呢？那具西班牙南岸的屍體就是第二次世界大戰中最漂亮的「肉餡計畫」。英國人找了一具屍體，極盡偽裝掩飾之能事，讓德國人相信這是一個遇難的英國軍官，隨後一番做作，不斷地跟西班牙交涉，要求返還屍體，裝得神乎其神，把德國人給騙了。

西西里島登陸成功，直接導致的結果就是墨索里尼下台。七月二十五日，由義大利國王出面，將這位「凱撒」抓住關起來。盟軍扶持義大利成立新的政府，調轉槍口，加入盟軍作戰。

收到墨索里尼下台被捕的消息，希特勒又驚又怒，此時義大利雖然成立了新政府，應該說局勢還是在德國控制中，所以老希認為，只要救出墨索里尼，讓他重新執政，來自帝國下腹部的威脅就可以解除。

希特勒在東普魯士他的指揮所——狼穴召見了特種部隊的突擊隊長斯科爾茨。斯科爾茨也是納粹中的明星人物，第二次世界大戰中關於他的事蹟甚多，這傢伙很好認，因為臉上有一道很長的刀疤，江湖人稱「刀疤臉」，來自於他大學時期的決鬥。比起納粹其他人物那種一絲不苟的整潔端莊，這道刀疤讓斯科爾茨有點匪幫氣質。

斯科爾茨幫助希特勒組建了納粹特種部隊，而他們的成名戰，就是受命營救被捕的墨索里尼。營救的第一步，是要確定墨索里尼被關在哪裡。斯科爾茨收到的線報很多，發現都是假的。後來的德國的諜報機關檢測到，從義大利中部亞平寧山脈的大薩索山頂上，發出的無線電信號經常提到「重要人物」，經過勘察，墨索里尼果然被關在大薩索山的峰頂。

大薩索山是滑雪勝地，山頂上有座旅館，原來是給滑雪者居住的，山下到這間旅館只有一條索道，在這種山頂救人，被認為是不可能的任務。

斯科爾茨想出的辦法是雪山機降，用滑翔機將傘兵送上山頂。升空才發現，原來的著陸點根本不能落，刀疤臉藝高膽大，明明是偷襲，他下令讓滑翔機降落在旅館前面的空地上。滑翔機都受了不同程度的損壞。好在，一下飛機，就劫持了一個義大利軍官做人質，隨後強行突進旅館救人。整個營救過程只花了四分鐘。最驚險的地方是離開山頂。山頂距離太小，不夠營救的飛機起飛，德軍的王牌飛行員選擇衝下懸崖，在半空中將飛機拉起，驚險萬分不可思議地救走了墨索里尼。

這次行動被柏林的媒體稱為「魔鬼的傑作」，看到老兄弟的希特勒激動萬分，斯科爾茨受到特別嘉獎，立時名動江湖。而墨索里尼也在希特勒的扶持下，在羅馬以北的薩羅湖邊成立了一個偽政府，被叫做「薩羅政府」。因為德軍此時佔領著義大利北部，希特勒需要一個穩妥的人幫他統治，墨索里尼的偽政府就成為傀儡。

東線戰事啟動到西西里島登陸，一九四一—一九四三這二年時間裡，整個歐洲大陸就靠蘇聯紅軍和貧民的熱血和生命抵抗著納粹德軍一輪輪屠殺般的進攻，史達林一直催促英美等國趕緊找地方登陸，開闢第二戰場，分解一下東線壓力。

西西里島盟軍玩陰謀詭計僥倖成功，可是在義大利南部的軍隊還不足以成氣候，對盟軍來說，最佳的狀態肯定是在大西洋西岸登陸，深入法國開闢新戰場，再次讓德國陷入他們最鬱悶的兩線作戰。

這個道理希特勒顯然比誰都清楚，所以從挪威海岸到法國西班牙邊界這麼長的海岸線上，納粹也修起一道「萬里長城」。真是萬里長城，這道防禦工事全長超過五千公里，堡壘密集，防禦堅實，這條號稱「大西洋壁壘」防禦工事在規模上應該是歐洲之最了。在這條防禦工事上德軍部署的軍隊超過百萬，而負責這條工事的，就是隆美爾元帥。

跟西西里島登陸一樣，如果德軍事先知道了盟軍登陸的具體位置，盟軍不管多少人都被打成活靶了。諾曼地登陸戰號稱世界史上最壯麗的戰役了，比起幾十萬大兵在風浪中撲向法國海灘這個畫面，為登陸戰做的各種準備則是更加精彩。根據西西里島的登陸經驗，要想上岸，必先行騙。

西西里島那種規模的登陸，一具屍體可能就夠用了，而諾曼第這麼大規模的登陸，不知道多少屍體才能實現騙局。這個古往今來最偉大的欺騙工程就是「衛士計畫」，包括三個部分，第一，登陸前不讓德軍知道具體的登陸地點；第二，登陸中防止他們調兵防禦；第三，登陸後，防止他們發兵來圍堵。

整個第二次世界大戰，英國有幾件事是幹得很漂亮的，第一，一直掌握制海權，第二，在空襲中保住了反攻的大本營，第三，破獲了德軍的超級密碼機，第四，摧毀了德國在英國的間諜網。這四條都成為登陸戰的重要條件，尤其是第四條，在這個大騙局裡發揮了重要作用。

第二次世界大戰期間，德國人最頭痛的就是他們的間諜很難在英國立足並展開工作，所以後來，對於英國和盟軍的情報工作，他們只能從自己截獲的無線電情報裡分析，這就直接導致了，盟軍可以干擾試聽，放出假消息，誘使德軍上當。而英國人更厲害的是，很多落網的德國間諜後來都被他們發展成為雙面間諜，兩頭打工。其中最出名的就是西班牙人「嘉寶」，表演大師級的間諜，他幾乎是整個諾曼地登陸計畫的關鍵核心，而此人最牛的是，他同時獲得了德國納粹鐵十字勳章和大英帝國勳章，成為間諜這個領域前無古人後無來者的宗師。

自從定下在法國諾曼地登陸開始，盟軍的情報部門就開始做戲，雖然沒有明說，但是他們的動作顯示，他們會在法國加萊港登陸。為了讓希特勒相信這件事，英國情報部門真是煞費苦心了。而其中最慘烈的，就是英國的諜報人員，他們都被統一告知，盟軍的登陸計畫是國家一級機密，打死也不能說，如果受不了酷刑，就吃毒藥自盡。這些了解登陸計畫的情報人員配發劇毒藥丸。後來這些情報人員被納粹抓住，當然是抵死不肯說，然而納粹的逼供手段，絕對不是老虎凳辣椒水這麼簡單了，盟軍特務，扛不住之下想咬毒藥自盡，居然發現，藥丸是假的！吃完死不了，還要繼續受酷刑！如此一來，很多人就崩潰了，招供了，可他們招的，都是盟軍將在法國加萊登陸！

大家都知道蓋世太保手段狠辣頭腦清楚，是不是真扛不住屈打成招，他們看得出來。諾曼地登陸期間，受盡酷刑或者陪上性命的盟軍情報人員超過幾千人，他們到死都不知道，他們誓死捍衛的，是假情報。好在這些人的犧牲，終於讓德國人確信，盟軍將在法國加萊登陸。

登陸的日子選在一九四四年六月六日，對西線B集團軍司令隆美爾來說，這是個悲劇的日子。這一天，是他太太的生日，看到英吉利海峽上烏雲低霾，濁浪排空，他想，盟軍總不會選這種日子跨海找死吧，所以他急沖沖跑到維也納，給老婆過生日去了。

為了防止在登陸過程中被敵軍檢測，盟軍所有的艦隻都出港，遊弋在英吉利海峽上，表演假象，軍艦尾部拖掛大氣球，造出水波，飛機在空中向海面拋灑金屬箔干擾雷達。

登陸在諾曼第海岸的五個灘頭進行，最激烈殘酷的戰鬥發生在奧巴哈海灘，到底有多慘，大家可以觀看好萊塢大片《拯救雷恩大兵》。

登陸過程中，西線的將領感覺事態嚴重，向希特勒要求調用兩個坦克師去諾曼第，老希當時正睡午覺，認為這次登陸是盟軍虛張聲勢，而要求不准打擾他。等他睡醒覺，大腦回到顱內，急忙忙下令裝甲師支援諾曼第，一切已經太遲。

七天時間，三十二萬士兵，十萬噸物質被送上了歐洲大陸，並且在灘頭築起了陣地。隨後的兩個月，盟軍大舉東進，八月二十五日，進入法國巴黎，解放了這個被德軍佔領四年的國家。十一月，盟軍的戰線推進到了法德邊界，在萊茵河西岸建立橋頭堡，預備給第三帝國最後一擊。

8. 最後的戰鬥

盟軍上岸，法國解放，西線戰事重開，局勢對德軍大為不利，老希決定在他之前大獲成功的西線再賭一次，再戰阿登山區，用開戰時的辦法，將登陸後的盟軍劈開分割，逼他們再來一次敦克爾克撤退。

對希特勒來說，這次的阿登戰役是最後的反擊機會，絕對不能失敗，所以他再次動用了斯科爾茨和他的特種兵部隊。這次他們的任務是，裝扮成美國人，進入阿登山區美軍防線的駐地，去騷擾對方。

斯科爾茨找了三千個說美語的士兵，穿上美軍制服，配發美國裝備，關鍵是要學會美國人那種「腔調」，專門培訓他們夾著著俚語說話，用美國大兵時髦的動作。

十二月十六日，德軍集結了兩千多輛坦克和重炮，二十八個師，撲向了盟軍的阿登防線。跟剛開打時一樣，阿登山區依然是防線的最薄弱點，盟軍僅在這裡部署了很少的美國軍隊，而美國大兵根本想不到這裡會再次遭到德軍的重視，大軍來襲。

戰爭的頭幾天，美國的防線幾乎可以用混亂來形容，除了他們的措手不及，還要感謝斯科爾茨的特種部隊。這些德國人坐美國吉普，叼著美國香煙，在美軍陣地上亂竄，傳遞假消息，假命令，或者是悲觀情緒和各種謠言，攪動一場不小的混亂。

這些冒牌美國人剛開始在美軍陣地混得如魚得水，但是假的就是假的，總有穿幫，美國大兵幾乎是地球上最自由散漫的人了，而德國人尤其是德國軍隊，其嚴謹守律也是世界之最，德國軍人冒充美國大兵，人家那種吊兒郎當的模樣他們就學不像，東施效顰難免破綻百出。

冒牌美國大兵開著吉普去加油，要求加「PETROL」，加油站的美國大兵就奇怪了，我們美國那疙瘩，不這麼說啊，我們說的是「GASOLINE」啊，這幾個夥計哪個州的，怎麼這口音啊？再一對話，破綻更多，馬上搜查，竟然找到了德軍的密碼本之類的間諜物品。

美國這才反應過來，自己的隊伍裡有特務。隨後的美軍開始了內部清理，要分辨假冒的美國人很容易，「最近哪個棒球隊贏了？」「哪個籃球明星轉隊了？」「有個脫口秀演員是不是打記者了？」這些個八卦事件，美國人哪怕在前線打得如火如荼時也會保持關心，而德國人幾乎不做這些無聊事，只要這些問題答不出來，肯定是假貨。就是用這個辦法，美國將混入的德國間諜清理出來，結束了內部的混亂。

前線戰場上，因為防禦的美軍明顯不夠，納粹的進軍非常順利，美國軍隊冒著風雨，以驚人的速度不斷增援，總算在第二年反敗為勝。而這場戰役最明星的部隊就是美國的一〇一空降師。

這一場阿登山區的戰鬥是史上最大的陣地反擊戰，也是德軍的最後一搏，此戰之後，納粹德國這柄利劍鋒銳盡失，進攻的能力固然失去了，連防禦都危機重重。

9. 狼群戰術

納粹德軍即將失敗，老希的宏偉夢想將被即將到來的現實踏得粉碎，可是納粹德軍還有許多故事沒有說完。之前我們重點講述的，都是德國的陸上戰爭，「閃電戰」被譽為德軍取勝的法寶。德軍一直號稱有兩大法寶，另一個，就是他家的「狼群戰術」。

第一次世界大戰時，德國的潛艇是他家重要武器之一，到第二次世界大戰時，潛艇戰繼續發揚光大。這也是無奈的事，因為英國的海面優勢，德國想盡辦法也無法在水面上與之爭霸，只好在水面以下玩陰招。

所謂「狼群戰術」，就是德國海軍的一種潛艇戰法，跟群狼進攻一樣，十幾艘潛艇趁月黑風高悄沒聲息地潛到商船或是戰船周圍，找好位置後，突然出水發射魚雷，將重型艦隻打沉，潛艇再次下潛，迅速逃離凶案現場。

戰法的發明者，是德國的海軍名將鄧尼茨，這個人物在第二次世界大戰結束前後是納粹最重要的人物。他在第一次世界大戰時，指揮無限制潛艇戰，發現潛艇對大型船隻這種打法非常不利，於是第二次世界大戰開始就發明了這種以小打大，以多打少，聚眾犯罪的打法。

在第二次世界大戰剛開始階段「狼群戰術」屢屢得手，威風無比，德國海軍差一點雄霸大西洋，盟軍艦隻，尤其是商船屢遭黑手，損失無數，補給線嚴重受創。而鄧尼茨因為這種打法，江湖人送外號「狼頭」，一路平步青雲直升到海軍司令。

盟軍也不會傻呼呼地被動挨打，一直針對「狼群戰術」找對策。盟軍的反潛技術反潛武備不斷升級，狼頭的思維還停留在最初的勝利，進入一九四三年，狼群戰術能得手的時候越來越少，而狼群本身還經常遭遇重創，隨後，狼群宣布失敗。

狼群戰術對後來的海軍影響是巨大的，進入現代戰爭，面對龐然大物航空母艦時，潛艇還是最佳的武器，就是來自於鄧尼茨這種戰法。

狼群橫行大西洋時，德國海軍決定抓住這個有利時機，讓自己的水面艦艇出去見見世面。這樣，德國海軍最自豪的「俾斯麥」號戰列艦帶領一個還算體面的艦隊開進了大西洋戰場。俾斯麥號戰列艦是德軍和英軍軍備競賽的產物，納粹花費巨金祕密打造，在戰艦方面，絕對是奢侈品一類的，號稱是「不沉的海上堡壘」，還被稱為是「海上死神」。

因為德國海軍的江湖地位一般，這次以這麼高檔的戰艦出海開戰還要進入大英帝國控制的大西洋，茲事體大，所以俾斯麥號出海時，老希親自到港口送行，不過老希沒想到，這麼貴的寶貝沉得這麼快。

一九四一年五月二十四日，一進入大西洋的俾斯麥號就被英國艦隻盯梢，「俾斯麥號」遭遇的第一個對手就是英國戰艦「胡德號」。胡德是英國十八世紀的海軍名將，用他名字命名的這艘戰艦，是第二次世界大戰以前，海面上最長最大最強最帥的軍艦，也是英國海軍的王牌。

俾斯麥號和胡德號相逢在清晨的海上，這樣兩艘名艦這樣的相逢，一點金風玉露的惺惺相惜都沒有。「胡德號」先開火，然而他做錯了，他的炮火打向了跟俾斯麥出海的另一艘戰艦，而俾斯麥號眼神好多了，艦上的主炮齊發，準確命中了胡德的彈藥艙，胡德號斷成兩截，不到三分鐘就沉沒，艦上一千多官兵一起沉入海底。

初出江湖，首戰告捷，俾斯麥果然夠鐵血。「胡德號」是英國人心中的寶貝疙瘩，就這樣被一個海上新手打沉了，讓英國海軍很沉重，他們下定決心要報仇。

英國人的報仇跟黑社會幫派很像，那就是召集很多打手，追著仇家跑，見一次打一次，最好打得你媽都不認識。

五月二十六日，俾斯麥號在英吉利海峽的風浪中落單被仇家堵住，英國的戰機在天空對俾斯麥號一輪輪轟炸，水面上，五艘英國戰艦團團圍住，以一種瘋狂的頻率向俾斯麥發射炮彈，在一個多小時的時間裡，俾斯麥號中彈超過千餘發，甲板上火焰沖天，濃煙滾滾，掙扎了一陣後沉沒，在胡德號沉沒的三天後，就隨它而去。

俾斯麥號這樣的高檔奢侈品剛進入大西洋就被打沉，標誌著德國海軍經過幾年刻苦建設發展，跟大英帝國的海軍還是有巨大的差距，所以後來的戰役，海上的主動權，德國人也不敢幻想了。一直沒有制海權，也是納粹最後失敗的重要原因之一。

10.元首的末日

戰爭進入一九四四年，德軍的戰敗指日可待，德國本土不斷受到盟軍轟炸，生活水深火熱的。不僅百姓怨聲載道，即使是在納粹內部，某些軍官也開始對元首出現了懷疑甚至怨懟。有一部分納粹軍官，希望能私下跟盟軍議和，提前結束戰爭。這些人追隨老希多年，知道這夥計的脾氣，讓他停戰議和甚至投降，幾乎是不可能的。要想結束戰爭，唯一的可能是：希特勒，死！

最想結束戰爭的，肯定是那些身受戰爭之苦的，有一個出身德國貴族世家的年輕人，叫施陶芬貝格就是這樣一位。照片上，參戰前的施陶芬貝格，是個清雋英俊的日耳曼青年，一九四三年之後，他完全變了樣，在北非戰場，他失去了整隻右手，左手的兩根手指和左眼，雙腿也受了重傷。施陶芬貝格靠著頑強的毅力，學習用殘疾的雙手適應新生活，最了不起的是，他竟然練習成了，用僅剩的三根手指安裝炸彈！

身體上的創傷和德軍在戰場上的失利一直考驗著施陶芬貝格最初的信仰，到最後，他終於相信，他信錯了，希特勒和他帶給德國人的一切是不對的，愛恨只有一線，既然愛錯了，就變恨了，施陶芬貝格強烈渴望要殺死元首。

一九四四年，施陶芬貝格獲得了一次提升，這樣以來，他有很多機會能接觸希特勒。七月二十日，他收到命令到「狼穴」開會，他決定選這天動手。

施陶芬貝格拎著一個皮包進入會議室，因為開會時間臨時修改，他計畫的安裝時間被壓縮了很多，本預備安裝兩枚炸彈，最後只能安裝一枚。他將安裝好的炸彈放在手提包裡，擺放在會議桌下面，並設定了時間，正好在希特勒腳邊。到爆炸時間將近，施陶芬貝格找個藉口離開了會議室。

他放置皮包的位置離元首太近了，阻擋了某個軍官向希特勒彙報工作，於是被順手提到一邊，這樣一來，炸彈和希特勒之間就隔著一張桌子的底座。

炸彈按時爆炸，就是這張桌子的保護，讓希特勒逃過一劫，只是燒傷了大腿震壞了耳朵。

暗殺失敗，希特勒的憤怒是暴烈的，黨衛軍頭目希姆萊負責全權徹查此事。以希姆萊的脾氣，要是只追究當事人，就不符合他魔頭的稱號了。

希姆萊後來查出有七千人涉案，被處決的有五千人，處決的方式也花樣百出，比如用鋼琴弦勒死。各種處決方式被拍攝下來，交給元首，讓他看著解恨。施陶芬貝格死得挺舒服，他被槍決，死後屍體被焚燒，骨灰丟進了水溝，所謂挫骨揚灰。

這一場暗殺調查牽連甚廣，涉案的大人物很多，其中就有隆美爾元帥。諾曼地登陸後的戰爭，讓隆美爾受了重傷，失去了左耳左眼，還因為跟老希戰爭理念上的分歧，失去了元首的恩寵。根據希姆萊的調查，發現了隆美爾跟暗殺集團的一些信件，雖然沒有確切的證據，他被認定是暗殺事件的主謀之一。因為他原來的戰功，元首賜他自盡並答應在他死後為他舉行國葬。一九四四年十月十四日，隆美爾身穿非洲軍團制服，戴上獎章，在自己的車中服用氰化鉀自盡。

這個暗殺過程詳見另一部好萊塢大片《刺殺希特勒》，湯姆克魯斯戴著一個眼罩裝模作樣演繹了施陶芬貝格，裝得還挺像。

隆美爾在另一個世界很快又見到了元首。一九四五年四月二十五日，蘇聯紅軍完成了對柏林的包圍，並攻入城中開始巷戰。被戰爭折磨得麻木的日耳曼人顯然沒有當年蘇聯人保家衛國的精神。就在這幾天，納粹的二號人物戈林帶著金銀財寶溜出了柏林，隨後發布公告，要接管帝國，之前希姆萊也號稱要取代希特勒成為元首，所以老希最後的日子，百忙之中還不忘處理這兩個叛徒，後來留下的遺囑，讓海軍司令鄧尼茨接替自己的元首之位。

四月三十日，希特勒飲彈自盡。希姆萊被盟軍俘虜後服毒而死，戈林被俘成為第二次世界大戰結束後被審判的納粹最大的戰俘，判以絞刑，不過臨刑前，他也服毒死了。元首就是元首，明明可以服毒，他開槍打死自己，顯得極其壯烈。

鄧尼茨接手元首之位的重要工作就是投降，就這樣，第二次世界大戰結束了。

45 元首私生活：不能不說的故事

希特勒是德國歷史的男一號，根據老楊的八卦秉性，說完了正事，不能不說野史緋聞，這篇介紹一下小鬍子非主流愛情生活。

上篇說到，老希的很多部署和僕從都自殺了，這夥計氣場太強大了，他恐怕是這個世界上導致自殺事件最多的人了，這個紀錄不知道金氏總部能不能接受。不光男人為希特勒自殺的人多，女人也不少，第一個開頭的，就是老希的外甥女格利·勞巴爾。

格利是希特勒同父異母的姐姐安吉拉的女兒。希特勒第一次見到外甥女時，正在牢裡，因為慕尼黑啤酒館事件服刑，大姐帶著兒子女兒去探監，在監獄的日子，十六歲的格利淺褐色的眼睛像早晨的陽光一樣閃亮。

出獄後的希特勒正式展開了自己的政治生涯，就把大姐接到自己慕尼黑的家中處理家務，格利要到慕尼黑求學，於是也住進了希特勒的家。到底是什麼時候開始，這個舅舅看外甥女的眼神不一樣呢？

格利青春美麗，活潑可愛，還熱情開朗，對長期處在冰冷陰暗的政治氛圍的老小男人，她是乾淨而溫暖的，所以希特勒身邊不少納粹黨員對這個小姑娘都很喜愛。

格利情竇初開的時愛上的第一個男人是希特勒的司機，埃米爾·莫里斯。埃米爾·莫里斯應該是老希死忠的親隨了，甚至在政變後陪著老大一起坐牢。埃米爾和格利私定了終生，這個事讓希特勒勃然大怒，根據埃米爾自己說，有一次老大看見他和格利在一起，一把揪住他，差點要了他的命。

希特勒命令兩人分手，格利不答應，老希直接中斷並收回了之前給姐姐家的資助。錢和權很少有實現不了的目的，老希成功地攪黃了外甥女的初戀。

時隔不久，格利又看上一個畫家，兩人祕密交往。希特勒透過私家偵探人肉這個可憐的畫家，還監控檢查格利和畫家所有的信件，當時也沒有影印機，老希百忙之中還命令自己的祕書截留並抄錄這些情書，忙著策劃納粹大事之餘就是看外甥女給其他男人的情書讓自己難受，實在受不了，就給姐姐施加壓力，讓她逼女兒跟畫家分手。

老希又成功了，但是他有危機意識了。總不能這麼被動吧，舊的去了新的冒出來，沒完沒了啊，必須宣告一下所有權，格利是我老希看中的女人，你們誰也不許染指！

一九三〇年，老希在慕尼黑租了整整一層樓的豪宅，跟格利一起搬進去，生活在一起。後來老希說，這段時光，是他人生中最幸福的日子，業餘時間裡，老希帶格利吃、喝、玩、購物，滿足格利幾乎所有的要求，而格利這個從小並不富裕的年輕姑娘，極大地滿足了各種各樣的虛榮。據說老希此時曾下定決心，只要自己的政治野心實現，他就娶格利為妻。

老希的政治地位步步攀升，雖然老希不是個帥哥，但他畢竟是個領袖和統帥，男人透過征服世界而征服女人，隨著江湖地位日益顯赫，匍匐在老希軍靴下的女人跟納粹黨徒一樣不斷成長。

公眾人物都有自己的御用攝影師，希特勒自然也有，海因里希．霍夫曼。我們現在看到希特勒的照片，小個子的小鬍子還挺精神的，那就是霍夫曼的功勞，能把一個並不出眾的男人照得這麼威武說明其技術還是相當不錯。

霍夫曼的照相館雇傭了個學徒工，十七歲的小姑娘愛娃．布勞恩。希特勒偶爾會出現在霍夫曼的照相館，這個四十歲的男人彬彬有禮頗有風度，最重要的是，他每次來都坐著豪華轎車，有司機祕書助理一些人跟著，見到他的人也都畢恭畢敬，沒想到有生之年能見到這樣一個大人物，幾乎是一見面，愛娃就迷上了小鬍子，然後立下了將這個老男人搞定的遠大理想。

對於一個年輕小姑娘的崇拜，希特勒一點都不陌生，他也很享受這一切，所以愛娃她偷偷地寫了熱情洋溢的情書，放在他口袋裡，老希也佯裝不知，愉悅地收下。

老希是個紳士，紳士最大優缺點就是對女人的青睞，從不明白拒絕。不管有多少女人對老希示愛，老希也不過是逢場作戲而已，外甥女依然是他的最愛。

格利是個天真的小姑娘，她根本不會懂得希特勒這種男人的生活特點，希特勒身邊的女人和希特勒對女人的態度都讓她很迷茫痛苦。最要命的是，希特勒自己每天跟不同的女人眉來眼去地搞曖昧，卻不准格利隨便離開，監視並控制她的所有行動，檢查她的信件，審查她的朋友，防止她再被亂七八糟的男人盯上。壓抑的格利開始經常跟希特勒吵架，冷戰，逐漸憂鬱，而後有一天，她在希特勒的口袋裡，發現了愛娃寫給老希熱辣辣的情書，當天晚上，格利找了把手槍，打爆了自己的腦袋！

很難想像這件事對希特勒的打擊有多大，據說他趕回來一看到格利的屍體，當時就掏出手槍想隨她而去，幸虧保鑣們反應快，否則就沒有二次大戰那麼多熱鬧看了。由這段時間開始，老希變成了一個素食主義者。連續幾個月，老希大部分時間盤亙在格利的房間裡，此後的歲月，他永久保存格利在巴伐利亞別墅裡的房間，保證所有的東西都跟格利在時一模一樣，即使後來他再次裝修，格利的房間都不准改動。格利的母親曾經要求女兒的遺物，被老希拒絕了，衣服、飾品、照片、雜物，所有東西，不論大小，一概不給。

格利自殺的事足足困擾了希特勒六個月，他身邊的人想盡辦法開解安慰他，御用攝影師霍夫曼成功地將希特勒請到電影院看戲，非常體貼地將愛娃安排在老希身邊。

納粹嚴格調查了愛娃的祖宗八代，確信沒有猶太人，希特勒將她帶回家。不過，三令五申，這個關係不能曝光，要保密，換言之，愛娃必須接受成為希特勒的祕密情人。

希特勒太忙了，尤其是競選那段時間，這時候的老希，天仙也顧不上了，他經常忘記有個叫愛娃的女郎在慕尼黑苦苦等他，有的時候，愛娃的電話他也不願意接聽。

女人和男人不一樣，女人墜入愛河，愛情就是全部，而男人在實現自己的野心理想的時候，通常會忘記女人，就算他依然愛著她。

這個道理一般的女人都不太懂，所以很多女人一被忽視，就要死要活。愛娃也是，而且自殺情緒會傳染，她想到格利的死，那個女孩飲彈自盡，差點讓希特勒崩潰，愛娃願意用自己的生命試驗這個男人的愛情，於是她偷了父親的手槍，對自己的頸動脈開了一槍！

自殺也是個技術活，愛娃顯然沒有格利那樣的無師自通，雖然血流如注，愛娃自己打電話求救，保住了性命。希特勒收到消息，大驚，趕忙回到慕尼黑探望。

差點陪上性命，好在收到效果了。老希是個重感情的人，已經有個女孩為自己自殺了，不能再讓另一個女孩重蹈覆轍，而且老希正在競選，是事業最關鍵的時刻，如果媒體報導自己連一個女孩子都擺不平，以後還能統治德意志這麼多男女老少嗎？

就這樣，愛娃正式進入了希特勒的生活。不過，根據戈培爾的宣傳，希特勒是沒有私生活沒有女人的，因為元首將所有的精力都奉獻給黨和國家了，為了維持這個形象，愛娃繼續躲在地下。

直到希特勒成為真正的德意志老大，而且即將讓整個歐洲血雨腥風，愛娃覺得，自己應該浮出地面，獲得一個正式名份了，可她發現，老希還是沒這個意思。

元首在慕尼黑買了一棟小別墅送給愛娃，配輛車，再加上珠寶衣飾無數。無論如何，對一個出身一般的小姑娘來說，這樣的日子剛開始還是挺享受的。因為希特勒大部分時間都不在，愛娃又不能拋頭露面地社交，於是大部分時間用來美化自己，為悅己者容。化妝、造型、換衣服，在實踐中學習，後來修練得出神入化的。為了節食修身，愛娃患了胃病。好在這個悅己者很領情，每次愛娃胃病發作，老希都心痛不已。而且對於任何時候見到愛娃，她一絲不苟地妝容和修飾，元首非常滿意，老希自己就是個愛整潔的人，精緻的女人讓他很愉悅。

愛慕希特勒的女人實在太多了，沒條件的暗戀，稍有條件的寫情書明白表達，條件更好的，透過中間人跟偶像見面。一九三三年，一個英國貴族小姐用盡渾身解數，終於獲得了跟希特勒吃頓飯的機會。

英國小姐叫尤蒂尼．米特福德。這是個英國的老牌貴族家的小姐。米特福德家有六個姐妹，活躍在倫敦的上流社會。在英國，這六姊妹是非常紅的，提起她們，有人會想起宋氏三姐妹，最大的相同點就是姐妹之間，信仰和意識型態迥異。米特福德姐妹中，有狂熱的納粹份子，還有共產黨。而其中最狂熱崇拜希特勒的，就是六姐妹中的老四，尤蒂尼。仔細算起來，這六姊妹跟後來的邱吉爾首相還是表兄妹的關係。

這頓飯吃得雙方都很興奮，尤蒂尼發現偶像比自己想像中更風度翩翩，知識淵博，對希特勒來說，尤蒂尼是個雅利安的完美女人，而且，尤蒂尼在英國的背景，也可以為希特勒所用，兩人吃飯聊天約會數次後，尤蒂尼上了元首的床。兩人如膠似漆的時候，希特勒稱尤蒂尼為「英國女神」。

尤蒂尼是英國貴族，希特勒需要她的社會資源，所以她不用低調，開著納粹黨部的汽車，來往穿梭於各集會現場，為納粹歡呼，為希特勒歡呼。

一九三九年，眼看第二次世界大戰就要開打，尤蒂尼天天祈禱，不要讓自己的祖國和愛人的國家開戰。上帝沒保佑她，當年，英國真的向德國宣戰了。尤蒂尼深受打擊，用希特勒送給她作為定情信物的手槍自殺。尤蒂尼小姐也沒受過專業訓練，子彈順利入腦，人卻還活著。她被抬在擔架上祕密送回了英國，英國醫生認為冒險取出子彈會危及生命，就採取了保守療法，後來尤蒂尼就一直帶著這顆子彈痛苦地活到一九四八，飽受折磨而逝。

根據野史，當初沒有為尤蒂尼做手術取出子彈的原因，是因為她懷孕了，在英國產下一個男嬰，她自己說是希特勒的孩子。孩子一出生就被人收養，後來就下落不明了。

希特勒與尤蒂尼打得火熱的那段時間，愛娃在慕尼黑有所耳聞，對她來說，有個解決這個問題的法寶，那就是自殺。於是，愛娃又吞食了大量安眠藥，好在，又救活了。

殺手鐧再次奏效，希特勒被身邊的女人自殺整得有點神經質了，他選擇了回到愛娃身邊，以後，不再跟別的女人公開鬼混了。

愛娃終於獲得了一點地位，希特勒偶爾會以私人祕書的身分帶她出席某些場合，還允許她偶爾到柏林秀一把。經過兩次生死，愛娃這時也成熟多了。希特勒不給她名份，她也不主動爭取，社交場合，她非常嚴格地要求自己，逐步為自己打造一個讓人尊敬的形象，周圍的人也慢慢認可她，遺憾的是，雖然越來越有魅力越來越高貴，第三帝國第一夫人這個位置她可望而不可及。

元首不結婚，沒有家庭，第三帝國不能沒有第一夫人第一家庭啊，這時，宣傳部長人物戈培爾和他太太補上了這個位置，這兩口子家庭和睦還有六個孩子。

戈培爾和夫人瑪戈達是野史很喜歡的兩口子，瑪戈達是個私生女，她母親帶著她嫁給一個猶太老男人，從小到大，瑪戈達在猶太人圈子生活，長大後，自然就愛上了一個猶太人阿羅佐羅夫。阿羅佐羅夫是個猶太復國主義者，從小的理想就是要到耶路撒冷去建立猶太國家，為了這個偉大理想，他跟青梅竹馬的戀人瑪戈達分手了。

失戀後痛苦萬分的瑪戈達嫁給了一個有錢的日耳曼老男人，婚後又時不常的給老男人戴綠帽子，最後，得到一套柏林的房子和一筆遣散費後，瑪戈達恢復獨身。她離婚所得的柏林的房子，離當時的納粹黨部非常近。

失婚有錢的婦人是社會不安定因素之一，瑪戈達熱中於在周圍的酒吧混日子，而這些酒吧裡最多的，就是納粹黨員。戈培爾先吸引了瑪戈達的注意，閒得沒事的瑪戈達為了談戀愛方便，主動要求去納粹黨部當志工，如此，瑪戈達又認識了希特勒。

瑪戈達跟希特勒的關係，野史眾說紛紜，這兩人有一腿可能是真的，而且希特勒曾找人說媒，想迎娶瑪戈達，讓她成為帝國的第一夫人。瑪戈達對希特勒崇拜得五體投地，可是不知道為什麼，她還是嫁給了戈培爾，還生了六個孩子。據說她的孩子名字都以「H」開頭，用來表達對元首的忠誠。

戈培爾家這個第一家庭其實也沒有看起來那麼和美，後來戈培爾找小三想回家離婚，還是希特勒幫助瑪戈達出頭，才維持了這個帝國家庭的穩定。

有名有姓跟老希有一腿的女人真不知道有多少，而後來第二次世界大戰後對希特勒的遺體解剖，好像這夥計有點生理障礙。而且，希特勒是不是同性戀，一直是個熱門的研究項目，總之一句話，這傢伙肯定不是一個正常的人。

一九四五年上半年，隨著盟軍逼近柏林，希特勒躲進地下八米的防空洞繼續組織負隅頑抗。月底，見大勢已去，拒絕了所有人對他的逃生建議，他決定自殺，還囑咐警衛在死後燒毀自己的屍體。

臨近兵敗，愛娃來到了柏林，來到了希特勒身邊，跟他在地下防空洞過日子。希特勒決定自殺時，愛娃表示她也會緊緊相隨，但是有一個要求，她要個名份，希望以希特勒夫人的身分去到另一個世界。

四月二十九日，在少數納粹官員的見證下，希特勒跟愛娃在地下防空洞舉行了簡陋的婚禮。死神將至，愛娃卻是滿臉的幸福，她很得意地宣布，以後要叫她「希特勒夫人」了。

四月三十日，元首的房間裡傳來了槍聲。警衛打開房門，希特勒倒在沙發上，右太陽穴有個彈孔，牆上和沙發上血跡斑斑應該還有腦漿。沙發邊上，愛娃服毒自盡而死，身上濺滿希特勒的鮮血。這個女人終於在第三次自殺成功了。

警衛將二人的屍體澆上汽油，焚燒，埋葬在附近。後來被蘇聯紅軍挖出來。所有人都懷疑這具屍體不是希特勒本人，因為主角就這樣隨便死了，在劇情上有點對不起觀眾，只有屍體是假的，老希真人還存活於世，這個結尾才算有點意思，所以這具可憐的屍體完全得不到安息，輾轉接受各種檢測。

希特勒的追隨者中，最衷心的是戈培爾一家。希特勒自殺身亡的第二天，戈培爾夫婦叫六個孩子出來，說是給他們喝熱巧克力，這六個孩子非常安靜地死去了，隨後，戈培爾和瑪戈達在自己的地下室自殺，全家效忠了元首。

除了希特勒的私生活，他留給後人還有一個有趣神祕的話題，就是關於當年納粹的巨大財富。從一九三九年開始的納粹征伐，攻城掠地，殺人無數，斂取的各國財物、珍寶、藝術品更是無數，很多古堡、宮殿、博物館都被洗劫一空。

為了保證納粹軍隊的專業性，希特勒專門組織了一支以搶劫為主要工作的隊伍，其中包括的都是些專業人士，古董專家、藝術品鑑賞家、金融專家等，一進入佔領國，這支別動隊就根據自己的專長接受該國的金銀財寶，債券外匯等等。大家回顧一下納粹的戰鬥足跡，就可以知道，這筆財富的數字幾乎是不可想像的。

據說納粹有多個藏寶地點，而其中最大的，應該是一九四五年被陸續轉移藏匿的「大德意志寶藏」，據保守估計，這筆包括了黃金、白銀、珠寶、藝術品在類的寶藏價值超過當時的三千五百億法郎，這麼大一筆財富埋藏在歐洲不知道哪個角落，讓全世界的探險家很有生存目標。當初盟軍為了追蹤這批財富，也組織了專業的隊伍，在某些疑似地點，掘地三尺，也偶有收穫，但肯定不是傳說中的「大德意志寶藏」。

在所有被納粹掠奪轉移的財富中，最近幾年經常被提起的，就是大名鼎鼎的「琥珀宮」。琥珀宮是普魯士第一任國王腓特烈一世送給王后的，這是個三十平方米的房間，模仿凡爾賽宮的鏡廳，在柏林夏洛特堡內建造的。腓特烈一世要求極盡美麗和奢華，所以建築師一點沒省錢，用當時非常昂貴的琥珀裝飾了這座宮殿，內部還鑲嵌大量的黃金和寶石，很多的工藝師和匠人辛苦工作了十年才建成，最後得名「琥珀宮」。

幾年後，俄國的彼得大帝造訪普魯士，看到琥珀宮眼睛發亮，挪不動腿，走不動路。當時的普魯士國王是腓特烈．威廉一世，正想聯合俄國找瑞典的麻煩，捨不得孩子套不著狼，只好將琥珀宮送給彼得大帝了。

琥珀宮先是在俄國冬宮，第二次世界大戰前，被放置在聖彼德堡外一個宮殿，供人參觀，這座金碧輝煌的宮殿被稱為世界第八奇蹟。

「巴巴羅薩」計畫啟動後，納粹狂風般攻入聖彼德堡，看見琥珀宮，還能不搶嗎？宮殿被分拆後，運到了東普魯士的哥斯尼堡（現俄羅斯的加里寧格勒）。

一九四五年，聽說蘇聯紅軍向東普魯士逼近，希特勒下令將琥珀宮轉移，而就在這時，英國飛機的一輪轟炸，哥斯尼堡幾乎成為白地，本以為琥珀宮被一起炸毀，不過蘇聯紅軍進入該地區時，並沒有發現被炸毀後應該留下的痕跡，所以，大家猜測，琥珀宮被納粹快人一步成功轉移。

後來關於琥珀宮的傳聞就熱鬧了，一會說發現在奧地利，一會說發現還在東普魯士，還經常有人舉著號稱是琥珀宮的殘片出來胡說八道，牽著全歐洲的投機者非常興奮，據估計，琥珀宮的價值現在已經超過幾億英鎊，誰找到都是暴富。只是，這麼大的東西，就算真找到，要偷偷挖掘，還要順利出手估計都不容易，所以我們普通老百姓看個熱鬧就行了，千萬別打主意啊。

46 波茨坦會議內容

1. 分區佔領

德國還沒正式戰敗，同盟國就開始預備戰後的事了。熟門熟路的老規矩，幾個巨頭找個地方開個會，商量痛打落水狗。

有了第一次世界大戰的教訓，這次再整日耳曼這幫好戰份子，絕對不能留情，務必打入十八層地獄，還要踏上一隻腳，讓他家永世不得翻身。

一九四三年，眼看著德國人不行了，同盟國幾個大佬就隔三差五聚眾開會，商量戰後事宜。一九四三年德黑蘭會議，美國的羅斯福總統就提出，把德國切割成五個國家。快結束的時候，英美兩兄弟眼看著蘇聯越來越囂張，覺得有必要扶持一個無害的德國抗衡蘇聯，蘇聯考慮一下，也覺得如果德國分得太碎，不確定因素太多，也感覺讓他家維持統一是合理的。於是，一九四五年二月，雅爾達會議上，三家商量，就不肢解德國了，三家大佬，每人佔領一塊得了。基本商定，東部給蘇聯佔領，西部和南部就英美分掉，後來英美又把法國人拉進來，慶祝勝利的蛋糕嗎，每人都要分一份。

一九四五年六月五日，四國駐德佔領軍總司令在柏林正式聲明把德國分成四個部分，東區分給蘇聯、西北區分給英格蘭、西南區歸老山姆、西區歸法蘭西。而「大柏林」區由四國共同佔領。七月底，波茨坦會議上，四國又透過對德管制的政治經濟原則。至此，蘇、美、英、法四國分區佔領德國的局面正式形成。

同盟國四個贏家在德國駐下後，對德國的懲罰就是全方位的了。

首先，德國的版圖需要修改一下，奧地利和捷克再次從德國分離出去；鑑於普魯士一直是德意志內部最不安定的麻煩製造者，所以必須將之從德國的領土上剝離，東普魯士由蘇聯和波蘭分掉，為了防止以後再有爭端，所有在波蘭境內生活的德國人全部返鄉，沒事不准在波蘭出現，重新規定德國和波蘭的邊界。

2.紐倫堡審判

必須以戰犯審判納粹份子。第二次世界大戰快結束時，同盟國哥幾個除了討論如何切了德國版圖，還重點討論如何切了那些沒自殺沒戰死的納粹份子。每家都死了不少人，都沒有正常的心態，蘇聯人認為，只要穿納粹制服的直接拖去活埋，英國人比較人道，認為不用扯犢子，還審什麼啊，全拉去槍斃。要說還是人家美國真格的法制社會，他家堅持，不審就不能判，再壞的戰犯也要給予公平受審的權力，而且，為了顯示公平，應該成立一個國際法庭來辦這個事。

國際法庭選在哪裡呢？德國東南部，巴伐利亞州的紐倫堡。為什麼選這裡？公認這裡是納粹的

龍興之地。希特勒取得元首大位後，專門回到這裡，舉行盛大的納粹集會，正式宣布取消猶太人的公民權並將他們打入地獄。紐倫堡對於納粹，有點根基和精神發源地的感覺。

紐倫堡也被炸得一片蒼夷，好在還有個破舊的小法院搖搖欲墮地存在，美國的大法官找幾個包工頭給稍微裝修了一下，這裡就成為了名垂史冊的紐倫巴國際法庭，也是德國南部紅色旅遊的重點景點。

四個同盟國各派一個法官，大法官當然是美國人，被告呢，在德國俘虜堆裡仔細遴選一下，挑了二十三個出來，後來能出庭的，只有二十一個。辯護律師有一群，各地的記者還有一群，小法庭上擠了不少人。

二十一名被告中，最引人注目的，有空軍司令戈林，納粹的外交部長里賓特洛浦和希特勒的副手，魯道夫·赫斯。最遺憾是老希不能參與其盛。

這真是一個巨大的工程，這麼多人從一九四五年底審到一九四六年十月一日，開庭兩百多次，傳召的證人兩百多人次，其間公布的照片、資料汗牛充棟。跟蹤報導的記者都差點累吐血，好在鐵證如山，釘死了被告的各種罪行，終於忙出了結果，有十二人被判以絞刑。

里賓特洛浦當時就被吊死，戈林比較嘰嘰歪歪，不僅拒不認罪，還不同意被吊死。在將被吊死之前，這傢伙離奇服毒自殺，留下遺書，說是自己身上一直藏有毒藥。

這件事成了謎了，按說關押看守對戈林的搜查是比較徹底的，況且知道納粹有服毒自盡的愛好，一顆氰化鉀藥丸是怎麼逃過檢查呢？這個謎底在五十多年後被揭開了，有個當時的美國看守自首，說是當年被一個美女誘惑，幫著傳遞了一顆藥物給戈林，讓他最後沒成為吊死鬼。

法庭還決定，沒吊死毒死的戰犯，要專門建個監獄來關押。在西柏林建立一個由軍隊管理的施潘道盟國軍事監獄，蘇美英法四國各指派一名監獄長，四國各派三十名衛兵看守，所有的開銷費用由新成立的德意志聯邦共和國政府支付。

這座監獄是一道獨特的風景，因為大部分時間，看守比犯人多，而且犯人還越來越少。到一九六五年，這裡就剩了魯道夫．赫斯一個犯人，看守他的有四名監獄長、一個牧師、十七名文員、二十名軍官、三十三名士兵和四名醫生。西德政府為了養活這些閒得發慌的監獄人員，每天要支付一萬馬克，於是魯道夫．赫斯成了世界上享受待遇最高最隆重的囚犯。好在這夥計在一九八七年離奇自殺了，監獄撤銷，西德政府省了這筆折磨人的開銷。而之前花在這個監獄上的費用，已經超過兩千六百萬馬克了。

紐倫堡審判的意義是很重大的，人類幾千年的歷史下來，打架就像城裡丟自行車一樣的頻繁，丟自行車的賊永遠不會落網，誰也不會因為發動戰爭，或者種族滅絕之類的事被判刑，紐倫堡第一次讓戰爭成為一種罪行，以後再在街坊上打架，打輸了還要接受公開審判，雙倍的丟人現眼。

而本來戰後的部分德國人對納粹還有些不是太理性的認識，紐倫堡審判公布的大量證據讓德國人認清了納粹的滅絕人性的真面目，應該說，引發了戰後德國人的很多反思。

3. 賠款和4D計畫

分了土地，殺了仇家，別指望不要經濟賠償。這次同盟國認為，第一次世界大戰那種漫天要價，而且還允許德國人索要折扣實在太不嚴肅了，這次，一口價，賠兩百億美金。夠客氣了，同盟國說，他們在戰中損失的兩千億都不止呢！

兩百億美金，哪有錢啊？那些工業資產、工業產品、工作力這不都是錢嗎，用這些來頂吧。千萬別讓他家分期付款還了，誰知道夜長夢多會出什麼蛾子啊。看德國現下有什麼，這家人工業發達，那些設備什麼的，都是好東西。蘇聯馬上不幹了，說你們三個算盤打得太精了吧，德國的工業中心和經濟中心都在西部，東部這邊老少邊窮，我們蘇聯就是把地皮都刮回去，能賣幾個錢啊？

戰後蘇聯國際地位飆升，老毛子發飆，英法美還是覺得別惹他。不就是錢嘛，他說他要沒收他佔領地區所有的德國資產和相應的海外資產，其他三國說，好啊，你拿回去吧。於是蘇聯將東部地區德國的工廠什麼的拆掉搬回蘇聯了，還不夠？再分給他一點。德國西部的物質、工業設備二十五％給蘇聯，其中十％直接拆走搬回家，另外十五％用同價的煤炭、石油之類的資源來換，實在沒有？馬鈴薯也換。

四位大哥總算分爽了，波茨坦會議圓滿成功了！

這就結束了？闖這麼大的禍，就這點懲罰？當然不是，以上這些，不過是同盟國先能實現的，還有更狠的整殘德國的計畫，需要在未來慢慢實施。

同盟國的巨頭們一致認為，要想將德意志這家人永遠按住，不能讓他家翻過身來，必須實現四個目標：去軍事化、去納粹化、去工業化，民主化，四個詞開頭都是D，所以叫4D計畫。

這4D計畫由四個國家主導在自己的佔領區內進行，這可熱鬧了，西佔區英法美三個國家，意識型態，宗教信仰比較一致，所以他們執行這個計畫，動作還是基本一致的，而蘇聯那部分就大不相同了。

第一條不能同步的就是民主化，大家想像一下，「民主」這個詞在東西佔區肯定有不同的解讀啊，至於軍事化和工業化，可想而知了，軍隊沒了，將領被審判了，哪裡還能軍事化；廠房設備拆掉換錢了，工業結構被嚴重破壞了，哪裡還能工業化呢。

倒是去納粹化是個同仇敵愾的工作，也就是，四個佔領區，根據自己的情況採取相應的措施，肅清納粹分子，讓納粹這個詞彙永遠脫離德國人的生活。

德國人一半被英法美，一半被蘇聯用各種手段調教，兩邊偶爾還憋著互相競爭，此時的德國是兩種政體和意識型態的表現舞台，東西方都想向對方和全世界顯示，自己的管理教育方法是最科學最優越的，兩個佔領區如同雙胞兄弟，本來外表動作、思想行為都是一致的，後來被分開送給不同的人家教養，終於變成越來越不像的兄弟倆了。

47 終於整散了

1. 第一次柏林危機

第二次世界大戰，全歐洲被打成廢墟，百廢待興。全世界最舒坦的國家就是美國，他家不但沒受損失，反而更加壯實了。現在整個西歐都看老山姆家的臉色，就等著他家在吃飽喝足後多少施捨點，幫西歐小兄弟度過難關。

唯一不給老山姆好臉的就是老毛子，他家也有小弟，他家把持著東歐。老毛子和老山姆在歐洲大陸怒目相向，誰也不服誰。

戰後沒幾年，老山姆發現，他家一家獨富是不持久的，生產出來的東西賣給誰家呢，歐洲那些買家都沒錢啊。老山姆多聰明啊，在家一想，首先要扶持西歐經濟，讓市場恢復，美國的產品有去處，國內的經濟才能維持發展；而且西歐各國感念老山姆慷慨解囊，會忠心地追隨美國，抵制蘇聯勢力向西發展。在這個指導思想下，馬歇爾計畫也就是歐洲復興計畫就出臺了。

對於我們的德意志，老山姆有清楚認識，如今英法美佔據西部，蘇聯佔據東部，估計誰也不會先撤，如果德國成為西歐抵禦共產主義東歐抵禦資本主義的最前線，那兩邊都要做長遠考慮，所以，老山姆覺得，應該先讓英法美的佔領區合併。

馬歇爾計畫對於特定地區的作用就是在於此，英法都拿了老山姆家的援助和貸款，對於美國大哥的要求，他們不太拒絕，法國人開始有點不情願，他家還是堅持要讓德國保持四分五裂，老山姆拍出二點五億美元放在法國人面前，法國人什麼氣都順了，於是，西德三個佔領區實現了合併。

三佔區合併後，美國人組織西歐幾個主要國家開了個會，大意就是，老毛子不好說話，他顯然霸住東德那部分不讓了，老山姆家想要援助德國，只好讓西德成為一個獨立的國家，這樣他家就可以進入馬歇爾計畫，跟歐洲其他國家一起走向經濟復興。

蘇聯人在東德踮著腳往西邊看，越看越不對，西邊這幫資本主義反動派很猖獗啊，這些人想搞什麼鬼啊。

還沒容蘇聯人想清楚，西邊的又搞事了，他們居然發行新的貨幣了！帶有B記號的新馬克，開始進行流通。

話說蘇聯和西歐左右兩邊分掉了德國，原來的首都柏林在東德境內，也就是老毛子的佔領區。可為了展現佔領時的公平，柏林也是分成兩半的，也就是東柏林歸老毛子，西柏林歸西歐三國。柏林市有兩套政府班子，一套是西方的，一套是東方的。不過貨幣的流通是沒有政治傾向的，B記號的馬克已進入西柏林，自然也就進入了東柏林，整個柏林的貨幣亂套了。

蘇聯人一邊抗議一邊反擊，反擊的辦法毫無新意，他家印了一種D記號的馬克，進入東部區域流通，把局面攪得更亂了。

蘇聯人要麼不攪局，只要一開動，就肯定把事情搞惡化。為了表示對西邊的憤慨，蘇聯封鎖了柏林切斷了西柏林與西德的聯繫，除了三條空中走廊，水陸、貨運交通全部切斷，想把西柏林的百姓陷入困境讓他們屈服。

六月二十四日封鎖，六月二十九日，美國就啟動了大規模空運，向柏林的百姓空投各種糧食和生活物質，一年之內，美國飛機起飛二十七萬次，空投物質超過兩百萬噸，讓蘇聯的封鎖失去了意義。

蘇聯的封鎖讓自己形象很臭，淪為反派，而美國人因為這一年的空運，成為柏林百姓心中最可愛的人，美國的運輸機帶著慈愛的光輝從天際掠奪，是那一年柏林人最美好的回憶。最溫馨的故事是，有個美國飛行員，可憐柏林的孩子沒有糖果，於是用手帕做成降落傘，繫上巧克力丟到西柏林，後來這個行動引發了美國向西柏林的孩子們捐獻糖果的運動，百忙中的美國空軍，不僅要投擲生活物質，還投下了十幾噸糖果。

不僅對柏林空投物質，西德對蘇聯需要的部分物質還實行了反封鎖，最要命的是，雖然鬧這麼多事，可沒耽誤西德建國的進程，英法美三國有條不紊地準備著聯邦德國成立的大小事宜。

這就是歷史上著名第一次柏林危機，有第一次就有第二、第三次。這第一次危機最後以老毛子低頭結束，第二年，一九四九年五月，蘇聯萬般無奈，解除了封鎖，整個過程，用「陪了夫人又折兵」來形容老毛子，應該是比較貼切的。

老毛子折騰不起了，西德的成立不可阻擋了。一九四九年九月二十日，德意志聯邦共和國正式成立，定都波恩。蘇聯人急眼了，他們也倒騰出一部東德法律，宣布成立德意志民主共和國，一九四九年十月七日，首都東柏林。

就這樣，東西兩個德國誕生了，好不容易統一的德意志，再次分裂。

2.建築奇蹟——德國長城

東西德國一成立，兩個大哥就高下立現。西德接受美國的援助後開進突飛猛進地發展，而東德，不用說了，老大哥自己也不富裕呢。

這種分別其他區域不明顯，東西柏林可是在一個屋子裡，看得清清楚楚的。想像一下啊，一個堂屋分兩半，大哥家在左邊吃飯，二弟家在右邊吃飯，二弟家伙食越來越好，隔三差五還吃紅燒肉，大哥家每天能吃飽馬鈴薯就不錯了，大哥家的老婆孩子能不怨聲載道嗎？

不就是紅燒肉嗎，吃不著我還躲不起了？大哥跟二弟商量，你能不能搬出去，堂屋是我們家首都，你總在這裡吃飯不合適對吧？

一九五八年，大哥家的赫魯雪夫要求二弟家的艾森豪，帶著西歐諸小弟，從西柏林撤出去。艾森豪說，憑什麼啊，哥幾個就不走，以後我們還天天吃牛排呢！

太欺負人了，美帝份子仗著自己有錢，得瑟！老毛子拋出最後通牒，六個月，不搬走，就抄擀麵杖把二弟一家打出柏林。誰知二弟家也有擀麵杖，人家還有西瓜刀之類的專業鬥毆武器呢，兩邊揮舞著兵器互相威脅了幾天，蘇聯發現，佔不到便宜，再次認慫，算了，繼續這麼過吧。

這就是歷史上的第二次柏林危機，老毛子又丟臉了。

德國大院裡美蘇的問題解決不了，大院外，兩位大佬冷戰和軍備競賽不斷升級，連帶著身後的諸小弟，形成世界局勢兩大派系，涇渭分明。

一九六一年，赫魯雪夫同志看到蘇聯發展不錯，核彈頭也攢了不少，覺得有必要再次舊事重提。在維也納，赫魯雪夫見到了甘迺迪，見對方是個小白臉，赫魯雪夫心理上很有優勢，非常拽地再次要求西歐三國從西柏林撤軍，如果不答應，以後西德或者西歐三國要進入西柏林，需要東德同意。這種威脅對老山姆家是沒用的，甘迺迪斷然拒絕。

這次大哥來真的了，不僅僅是找擀麵杖了，赫魯雪夫下令，蘇聯軍隊所有士兵停止復員，再增加三十%的軍費。甘迺迪淡淡一笑：「誰怕誰啊？」這邊美國國會大筆一揮，增加了三十二億美元的國防預算，徵召國民警衛隊和預備役入伍，還開始修建防空設施。

架勢擺得太足了，左鄰右舍都感覺到這兩家看來預備將冷戰升溫到熱戰，直接互毆。周圍人趕緊閃避吧，三十二億美金啊，斷不是西瓜刀擀麵杖之類的傢伙了，這家人曾經往一個小島上丟過原子彈呢！

老山姆家是有錢，嚇唬人有用，但是要說做事果決，性格潑辣，那還是老毛子。就在美國人摩拳擦掌，預備跟老毛子對峙到底的時候，蘇聯人做了一件匪夷所思的事。

一九六一年八月十三日凌晨，起床的柏林的人民發現，東西柏林的分界線上，靠近東德這一邊，一夜之間冒出來一道牆！雖然只是一道鐵絲網，那些鐵棘在初升的陽光中閃著寒光，透著猙獰。東德的同志們還在發著黑暈，突然發現，軍隊已經封鎖了全部路口，也就是說，東柏林人已經過不去了！

話說二弟家吃上紅燒肉後，讓大哥這邊的人口都非常羨慕，所以從一九四九年東西德正式成立開始，東德的人往西德跑就成為一個潮流了。在蘇聯統治下的東德人就算生活苦點，一直有個最後的指望，那就是，實在過不下去，可以到西邊那個自由富裕的天地去重新開始。看著這道一夜之間建成的鐵絲網，東德人反應過來了，大家被圍住了，再也出不去了！

隨後的幾天，東德的軍隊不辭勞苦，爭分奪秒地修牆，以最快的速度將鐵絲網變成了鋼筋水泥的堅固工事，一百多公里長，四米多高，還給這個工事起了個名字，叫「中國長城二號」。

這就是柏林牆了，對於柏林牆叫做「中國長城」，老楊認為絕對是污蔑咱家的萬里長城，咱家長城是為了防禦北方敵對部落的，不是防止關內的百姓跑出去的！在功能上，柏林牆比萬里長城低級多了！

這個事件，就是第三次柏林危機。這次危機比較嚴重，不僅柏林突然冒出來一道醜陋無比的屏障，美蘇還正式撕破臉了，本來之前兩家還假惺惺地簽了個禁止核子試驗的協定，這會兒協定無效了，蘇聯率先恢復核試，美國緊緊跟上，沒休息幾年的軍備競賽再次開始。

3.要不要翻牆，這是個問題

在談到「翻牆」問題時，老楊鄭重聲明，所有關於「翻牆」的字面意義或者引申意義都是針對東西柏林的，跟其他國家組織或者個人無關，如有敏感純屬自尋煩惱。

柏林牆這個詞語，如果要分類，應該歸入哪一類呢？建築類？政治類？文化類？思想類？

牆是修起來了，工程品質也不錯，防範嚴密，除了多個檢查站，還有壕溝、電網、碉堡、警犬等，這些監獄看守能威懾東德的人民，讓他們永遠打消翻牆的念頭嗎？

柏林牆建成後，這個地方就成了兩個德國的老百姓最矚目的地點，誰也不願被無故關了禁閉的，這一牆之隔，只要越過去，就是一個自由的新天地。好在牆是死的，人的智慧是活的，東德人民捨生忘死千方百計翻越柏林牆的故事，更是可歌可泣，悲喜交加。

最開始越過柏林牆的好辦法是跳樓，東柏林那邊沿柏林牆一線的高樓都成為偷渡聖地。西柏林這邊接應的親戚朋友們準備好床單棉被，要跳樓的在窗邊站好，對準目標，眼睛一閉，向下一跳，只要定點降落準確，就成功了。

東德處理跳樓事件是一不做二不休，索性將柏林牆沿線所有的高樓，全部拆除，推平，成為空地，穿過空地接近柏林牆，殺無赦！

後來大家想到，不就是一堵牆嗎，跑快點，身手敏捷點不就過去了嗎。一九六一年，有個叫彼得的十八歲東柏林小夥就決定這樣幹了。果然夠敏捷像是練過的，一眨眼就攀上了柏林牆頂，只要跳下去就好了，誰知，就在此時，槍聲響了。中彈的年輕人跌下了牆頭，很遺憾，他掉在東柏林那邊了。

中槍的彼得哀號著求救，而駐守柏林牆的東柏林守軍沒人搭理他，西柏林那邊的軍人聽不下去了，冒著被槍擊的危險，從牆頭上丟了一個急救包過去，而此時的彼得已經無法自救了，他在地上被痛苦折磨五十多分鐘後死去，東柏林的軍人們嚴守職位，沒有一個為他分心。

翻牆也不行了，那就撞牆吧。找輛重型卡車，全速衝過去，只要將牆體撞倒，就算成功了。有個東柏林的卡車司機真是這樣成功了，德國車輛性能真好，這麼厚的牆被撞開一個大缺口，人車一起衝線，西柏林方面一片歡呼。可是，當歡呼的人群打開車門迎接新同胞時，發現這個司機已經死在駕駛座上，身中十九彈，顯然是被東柏林的守軍擊中。讓人安慰的是，這個青年應該是進入西柏林之後才嚥氣的。

東柏林人的翻牆事蹟簡直是五花八門精彩紛呈，有挖隧道的，有用熱氣球的，最牛的是有人自製潛水艇偷渡成功，而最辛苦的是有人藏身在小汽車的引擎部分翻牆成功的。

不自由，毋寧死，都知道翻越柏林牆九死一生，可在牆內的人總是想要出去的。世界上的事就是這麼古怪，如果沒有這堵牆，也不見得所有人到要到牆那邊去，可這堵牆往這一豎，明顯的禁錮，就容易讓人逆反，要不要「翻牆」？

48 高牆內外之聯邦德國

只聽說牆內的人要出來，沒聽說過牆外的人想進入，到底柏林牆內外，是個什麼情況呢，這一篇，我們介紹一下被兩位大佬分拆控制的兩個國家。

1. 最偉大的德國人

講述西德的故事，要先請出西德之父——阿登納，他是西德的第一任總理。

要了解歐洲國家的政治經濟，不能迴避而且非常沉悶無趣的，就是該國的政黨。聯邦德國剛成立的時候，黨派林立，根據魏瑪共和國的經驗，黨派良莠不齊的，不知道什麼時候又有不安定份子拿黨派當社團建設。隨著不斷地清理整合，到五〇年代時，西德有三個主要政黨。

第一個政黨叫基督教民主同盟，簡稱基民盟，第二大黨叫社會民主黨，也就是社民黨，這兩個是西德的主要政黨，長期輪流執政。第三個跟著打醬油的是自由民主黨，簡稱自民黨。後來八〇年底，因為環保運動興起又冒出來一個綠黨。

阿登納來自基民盟，經歷過魏瑪共和國、第三帝國和盟軍佔領時代。早年因為一場車禍，阿登納被撞碎了顴骨，後來一直就是一副愁眉苦臉的表情。阿登納四十一歲時就是科隆市長，是德國歷史上最年輕的市長。第二次世界大戰時期，因為不願意跟納粹同流合污，坐了兩次牢，給整得挺夠嗆的。

一九四九年，七十三歲的阿登納透過大選成為聯邦德國的總理。聯邦德國是議會民主制的國家，三權分立，總統雖然是國家元首，但是沒有實權，最高行政權力在總理手裡。

如此高齡成為國家領導人，阿登納最有價值的財富就是他的堅定、容忍和智慧。

老人家精力有限，所以在經濟方面，他全權交給了經濟部長艾哈德教授，因為有美國的大力援助，美元流水般進入國內，西德經濟在進入馬歇爾體系後，再次迎來了驚人的發展。大約是在一九六〇年西德又成為資本主義世界僅次於美國的經濟體。

阿登納老爺子最漂亮的工作是處理戰後錯綜複雜的國際關係，在這些關係中，與三個國家如何交往是大考，第一是如何面對恩人美國，第二是如何面對歐洲近鄰大哥蘇聯，第三是如何處理跟世仇法國的關係。而阿登納以一個古稀老人的智慧，將這三個關係處理得非常得體。

首先是美國，老大哥是幫了不少忙，剛建國那陣子，看著蘇聯拆東德的廠房拆得如火如荼，阿登納求老山姆手下留情，不要把西德的工業基礎設施全拆了，美國人答應了，給西德留下一點可以翻身的家底。隨著經濟發展，阿登納謀求的，就是跟美國平等的地位。

先是在經濟上反對美國的控制，還號召國內企業跟美國資本展開競爭，最後德國產品大規模進入美國市場，美國人要承認，這個小弟不能再當馬仔看了。一九五五年，爭氣的德國徹底擺脫了佔領國的控制，將外交軍事之類的權力全部收回，真正獲得了獨立，而且還加入了美國主持的北大西洋公約組織，完全洗清了戰敗國的頹敗之氣。

獲得獨立這一年，阿登納訪問了蘇聯，老爺子去莫斯科的目的，一是希望蘇聯釋放德國戰俘，二是希望蘇聯對東德的控制鬆動一下，只要蘇聯高抬貴手，西德就可以將東德收回來，三，蘇聯是歐洲老大哥，聯邦德國還是應該消弱彼此的敵意，兩邊可以建交。

阿登納七十九歲，赫魯雪夫也六十一歲了，兩老頭，別指望會妥協。談判過程中，明顯赫魯雪夫囂張一點，而且還不尊敬老人家。傳說某次歡迎宴會，赫魯雪夫打聽到阿登納老爺子只喝紅酒，於是他用伏特加敬酒，阿登納出於禮貌，一飲而盡，赫魯雪夫便接二連三地過來敬酒，最後，老爺子喝了十五杯！臉不紅心不跳，也沒撒酒瘋。而赫魯雪夫同志自己敬酒，杯子裡倒的，都是白開水。赫魯雪夫這點小花招，阿登納看得明明白白的，當時卻並不揭穿，每杯都奉陪。到第二天一早，阿登納委婉地點破時，赫魯雪夫臉上很難看。

赫魯雪夫態度強硬，可以和西德建交，也可以釋放戰俘，但是，蘇聯認定東西德是兩個國家，分別建交，別指望讓兩德統一。不論如何，阿登納差點喝得胃出血，三個外交目標實現了兩個，非常了不起了。

老爺子最可圈可點的工作，就是對待法國。兩次第二次世界大戰，還有歷史上那些亂糟糟的恩怨，德法兩個鄰居終於成為不同戴天的世仇，這樣的大仇要化解，需要雙方的容忍和智慧。阿登納是睿智有遠見的政治家，好在法國那邊，也碰上一個以大局為重的人。

一九五八年八十二歲的阿登納訪問巴黎，會見了當時的法國總統戴高樂。戴高樂是軍界出身，一般法國軍人對德國總有點牴觸和敵對，阿登納雖然懷著極大的善意造訪鄰居，可他對鄰居的態度並沒有把握。

美國的馬歇爾計畫讓自己成為西歐的大恩人，總以大哥的身分想永遠控制西歐諸國，進入五〇年代，隨著西邊各家走出戰後的低谷，經濟復甦，都覺得不能再看美國人臉色了。可是美國人這麼強大，不跟著他混不行啊。於是，就有人提出，如果歐洲成為一體，就具備對抗美國的實力了。

歐洲的衰落起因於諸國混戰，尤其是法德矛盾，更是讓這個地區定期的不安寧。德國再次崛起勢不可擋，法國人想開了，冤家宜解不宜結，何必不團結這個強大的鄰居，睦鄰友好，成為整個歐洲的穩定劑呢。

戴高樂對阿登納說：「須嘗試把歷史進程顛倒過來，使我們兩個民族言歸於好，並使他們的力量和才能聯合起來。歐洲聯合將由法國和德國完成，法國是趕車人，德國是馬。對法國來說，在歐洲只可能有一個夥伴，甚至是理想的夥伴，這就是德國。德國和法國必須結成緊密的友誼。只有德法之間的友誼才能拯救西歐。」

兩家握手言和，化敵為友，後來的日子，阿登納的工作重心都用來確定和法國的關係了。一九六三年，法德正式簽訂協定成為同盟。而就是因為歐洲這兩個大國的聯盟，讓歐洲的煤鋼聯營、歐洲經濟共同體、歐洲原子能機構這些組織相繼順利成立了，為後來的歐盟打下基礎。

阿登納對三個重要大國表現得很智慧，但是對其他國家的外交態度就值得商榷。對於其他國家，阿登納奉行一個「哈爾斯坦主義」，很保守，很孤僻。不是東西德都跟蘇聯建交了嗎，讓西德很糾結，如果任由東德發展他的國際地位，以後西德還有機會將東德收回來嗎？而且必須要讓東德知道，他們現在雖然勉強算個國家，想跟西德平起平坐是沒門的，難道以後所有的國家都有兩個德國的使館？

阿登納比較硬氣，他宣布，以後凡是跟民主德國建交的國家，聯邦德國一律不跟他們玩。年紀大了，偶爾鑽牛角尖也可以理解，所以，一九五七年，西德和南斯拉夫斷交，一九六三年跟古巴斷交，一九六五年，因為埃及跟東德建交了，西德為了表示自己很生氣，居然跟以色列，最恨他家的猶太人建交了，結果一舉得罪整個阿拉伯世界。這個老爺子不冷靜的行動，被他自己稱為是「哈爾斯坦原則」。

一九六二年，阿登納的司法部長因為一個週刊發表了不利於軍隊的文章而抓了人家的編輯記者，引起一場司法風波，影響很壞，老爺子不得不在第二年下課，將總理之位讓給經濟部長艾哈德。八十七歲才退休，阿登納真應該感謝司法部長，否則他可真是要在革命職位上終老了。

一九六七年阿登納去世，享年九十一歲，之前的德國歷史，老楊介紹了不少德國名人，各個都有不凡的豐功偉績，可是二〇〇六年，德國電視台選舉歷史上最偉大的德國人時，阿登納以最高票數當選為冠軍，德國人認為，老爺子是史上最偉大的德國人，因為他一手將遭受毀滅重創的衰敗國家送上復興富強的大道。在德國人看來，即使是馬丁路德或者馬克思這樣的人物都不能超越他。

2. 從艾哈德到施密特

艾哈德是阿登納的經濟部長，戰後德國經濟的騰飛，作為經濟學家的他，居功至偉。他有個綽號叫「社會市場經濟之父」。而所謂的「社會市場經濟」則是從第二次世界大戰後一直到現在，德國始終貫徹執行的經濟理論，它的大意就是，在充分尊重和保障自由經濟自由市場的基礎上，國家適度控制和調節，也就是說，自由歸自由，不能氾濫無紀律無約束。所以德意志的市場經濟，是有次序的自由競爭，重點是，有次序。

艾哈德有一句名言老楊特別喜歡，「自由是一個不可分割的整體。依我看來，政治自由、經濟自由和人的自由構成了一個完美的統一體。抽出其中的一部分，而不沖垮整體是不可能的」。

因為阿登納是臨時下課，還沒到大選的時候，所以他選定的接班人，除了要順利完成任期，還要在一九六五年的大選中獲勝，才能保住基民盟的執政地位。

艾哈德開始是自由黨人，根據一些資料顯示，雖然他當時一直為基民盟工作，可是接班成為總理的時候，他還沒加入該政黨呢。

艾哈德是經濟部長兼副總理，在跟阿登納搭檔的日子裡，兩個人的關係非常不好。艾哈德很注意網絡自己的勢力，以至於阿登納下課的時候，雖然一點兒也不喜歡艾哈德，可他的支持率太高了，不讓他上位不行啊。

阿登納退休之後繼續跟自己的繼承人作對，非常不厚道。在老爺子的努力下，艾哈德雖然贏得了大選，可是基民盟反對他，讓他根本無法組閣。正好第二年德國發生了財政危機，幾個自民黨的部長為了抗議政府辭職，艾哈德內憂外患之下，也只好辭職不幹了。

大家注意啊，阿登納是被迫辭職的，艾哈德也是被迫辭職的，後來西德的總理就彷彿被詛咒了，跟南韓的總統一樣，沒幾個得了善終的。

第三任西德總理，基辛格。從這任總理開始，德國開始逐漸拋棄阿登納那有點僵化的「哈爾斯坦原則」。基辛格說，要在諒解、信任、合作的基礎上與一切國家保持關係，有必要的時候，東歐那些國家也可以交往一下。

基辛格任內，西德和羅馬尼亞建交，和南斯拉夫恢復了邦交。雖然西德和東德都向某些國家派駐大使，不過西德人還是堅持說，自家是唯一能夠代表的德國的。

第三任總理幹了三年就提前回家了。基辛格提前下崗的原因是，社民黨和自民黨孫劉聯合，基民盟失勢，基辛格只好將總理之位讓給了社民黨的維利．勃蘭特。

勃蘭特是需要重點介紹的德國總理，他曾經是西柏林的市長，業績突出。聯邦德國的西柏林市長，大家可以想像那個工作環境，能在西柏林穩穩當當做市長，需要很高的能力和智慧，所以他被稱為是「世界上最著名的市長」。一九六九年成為西德總理，讓社民黨終於成為執政黨。一上台，勃蘭特就宣告了「哈爾斯坦原則」的徹底死亡，因為新總理推行的，是「新東方政策」，主要內容就是承認東德是獨立的主權國家，以後東德和誰建交西德都不跟著生氣了。

一九七〇年十二月七日，東歐最冷的季節，勃蘭特在凜冽的寒風中訪問波蘭。訪問活動中，有一項是向華沙的猶太死難紀念碑獻花圈。勃蘭特將花圈擺上紀念碑，應該退回來低頭默哀，出乎所有人的意料，這位西德總理撲通一聲跪在寒冷如冰的台階上！

猝不及防，所有人都無法反應，現場沉默了很久。還是記者們反應快，鎂光燈此起彼伏地開始閃耀，將勃蘭特下跪的照片永遠地留在史冊上。

第二天，全世界的媒體都轉發了這張照片，勃蘭特的膝下絕對有黃金，因為他這一跪，價值難以估計。幾乎所有在第二次世界大戰中飽受荼毒的國家和民族，都願意為這一跪原諒德國，結束仇恨。而曾經發動兩次世界大戰的德意志，因為這一跪徹底清洗了軍國主義的邪惡形象，成為受人尊敬的大國。

勃蘭特本人在第二次世界大戰時也飽受迫害，也是納粹的受害者，可是他願意以西德總理的身分替納粹向全世界道歉，勇於承擔責任，這一點，讓人感動。同時，在德國國內，很多民眾舉起火把走上街頭，聲援勃蘭特，也說明，德國的人民也是肯認錯的。

雖然我們常說，如果道歉有用，要警察幹嘛？但是當面對一個真誠的道歉時，大多數人會選擇寬容和原諒。歐洲各國是幸福的，那些受害者在天上，總於等到了兇手的歉意和承擔，看著勃蘭特的「華沙之跪」，老楊想的是，第二次世界大戰時，中國的那些死難者什麼時候能等到兇手的歉意和承擔?!

「華沙之跪」配合「新東方政策」，讓勃蘭特任內跟許多社會主義陣營的國家順利建立了外交關係。這其中包括波蘭、匈牙利、捷克等國，而在一九七二年，西德和中國也建交了，中國第一位駐德國大使是王雨田。

一九七一年，勃蘭特獲得了諾貝爾和平獎，美國《時代》週刊選他為年度人物，成為德國歷史上最明星的總理。可惜的是，這樣的一個總理，下場也不妙。

勃蘭特一直奉行對東德的親善政策，就是這種親善，給自己招惹了禍端。勃蘭特有個精幹的私人助理叫漢森，在總理身邊，工作一直深受好評。一九七二年時，因為一個東德的間諜落網，牽連出，這個漢森居然也是東德的間諜！

漢森原名紀堯姆，原本是在東德國安部下屬的一個雜誌社工作。蘇聯幫著東德培養了不少特工人員，紀堯姆也受過專業訓練，跟另一個女特工結婚後，受命潛入西德。

本來東德安排的任務，只不過是讓這夫婦倆進入當時在野的社民黨，做些零散的北約資料。沒想到，這夫婦倆太有才了，一進入社民黨，就屢屢升遷，最後紀堯姆就成了勃蘭特的助理，而勃蘭特居然又當上了總理。東德的情報組織都沒想到，他們隨便派個臥底在西德出差，就一舉進入了西德的權力中心！紀堯姆被捕，判了十三年，他太太被判八年。一九八一年東西德國交換間諜，東德用分布在東歐各國的被抓住的三十多個西德特工換回了紀堯姆一個人，也讓這傢伙成了歐洲最著名的特務之一。

作為西德的總理的私人助理，到底紀堯姆弄走多少北約的機密是不知道，但是勃蘭特由著一個間諜在身邊還茫然不知，還一天到晚傻樂顯得很不靠譜，加上勃蘭特還有個很不好的毛病，就是好色，私生活有點亂。紀堯姆被捕後，這個間諜不厚道，招供的都是他在勃蘭特身邊看到他老闆那些個花花草草的事，那陣子的西德報紙天天頭條都是勃蘭特的緋聞和花邊，想不到德國人八卦起來一點不比其他國家收斂。據說當時鬧得實在太難看，勃蘭特差點自殺，連遺書都寫好了。

都不想活了，還能幹總理嗎，一九七四年，勃蘭特總理辭職下課，財長施密特接棒這倒楣的職位。據說勃蘭特下台的時候，東德的情報機關捶胸頓足的，他們真沒想把勃蘭特弄下台，因為老勃一直是親東德的，是東邊最喜歡的西德人之一。

施密特我們挺熟的，這夥計喜歡中國，是第一個造訪中國的德國總理，當時會見了毛澤東和鄧小平，對這兩位老人家評價甚高。

施密特上任遭遇了歐洲兩次最嚴重的危機，也就是第二次世界大戰後再次導致歐洲衰退的兩次石油危機：一九七三年，因為第四次中東戰爭引發的第一次石油危機，和一九七八年，因伊朗局勢引發的第二次石油危機。

石油危機是歐洲人熱衷新能源的開始，施密特任內，西德大力發展核能，興建核電站。而就是因為石油危機，德國工業開始轉型，調整工業結構，以新能源、高科技為主的產業興起，機械製造、電子產品、電腦科技的發展讓西德工業成為高端、精緻、品質的代表。雖然說七〇年代的石油危機導致了歐洲整體衰退，但是西德是受影響比較小的國家，基本算是平穩度過了。危機中，歐洲各國都遭遇了嚴重的通膨，施密特政府對貨幣量的有效控制和對企業幫助和扶持，西德一直是整個歐洲物價指數最低，通膨率最低的國家。

前期的發展迅速，讓西德對老百姓非常慷慨，六〇—七〇年代，這是個非常舒適的福利國家。對教育的重視和投入大家都有耳聞，最讓人羨慕的是住房保障。七〇年代初，德國一年蓋一千萬套住房，其中五百萬就是福利房。實在買不起房的，國家給房補，自己租房，而西德法律裡，明文保護房客，房東絕對不能隨便就趕走房客或者是任意漲房租。

西德政府給老百姓的各種社會福利保險是真正的天文數字，而且在有很多福利國家的歐洲，西德政府的福利支出長期是排名第一的。

這種事我們也不能隨便羨慕，福利國家政府負擔太大，一遭遇經濟危機，馬上就顯出了弊端。施密特任內，一邊應付石油危機，一邊還要讓政府省錢，非常辛苦，好在，他也熬過了。

石油危機來自外部，這段時期，西德國內也發生了一場危機，而且一直綿延到二十一世紀。事情要從一九六八年說起，這一年，又是歐洲週期騷動的一年，這一年，歐洲很多地區鬧學運（學運的原因我們到法蘭西再詳細討論），西德也冒出了許多學潮運動。

一九六七年，伊朗國王在德國訪問，有學生示威遊行，有個警察開槍射殺了一名學生。而當時的報紙掩蓋了事情真相，將全部責任推給示威的學生，認為他們是咎由自取。這個事件直接導致學生運動的升級以及相應組織的崛起。

一九六八年，學運領袖魯迪杜奇克被擊中頭部，落下永遠的殘疾，更加激化了矛盾，很多激憤的小孩走向了極端，他們準備以暴制暴，有幾個青年點燃了法蘭克福兩家百貨公司，放火的目的說是抗議越戰。不管這些小孩反對什麼，既然到百貨公司去放火，基本可以認定，德國恐怖份子組織誕生了。

一九七〇年，巴德爾和邁因霍夫兩人組建了「紅軍派」，這是一個極激進的左派組織，訴求是打倒美帝，推翻帝國主義政府，實現社會平等共產主義之類的。怎樣實現這個目標呢？城市游擊戰，襲擊重點人物，達到威懾反動派的目的。

我們一直認為，這種反美帝、要求平等的呼聲一般是來自社會底層，「紅軍派」比較特殊，骨幹份子幾乎都是中產階級，以知識份子和大學生為主，兩個頭目，巴德爾是教授的兒子，邁因霍夫是個美女，已婚，有兩個孩子。

紅軍派的城市游擊戰就是殺人放火搶銀行，他們專門跑到約旦河西岸，找到「游擊戰」的大當家，巴勒斯坦民族解放陣線，跟他們的戰士一起受訓。

一九七二年，因為一系列爆炸事件，紅軍派的老大巴德爾以及一些團夥骨幹份子被捕，簡直就是捅了馬蜂窩了。

這一年八月，第二十屆奧運會在慕尼黑召開。一群人衝進了以色列運動員的駐地，當場打死兩名運動員，挾持了九名運動員為人質。經過一輪激戰，西德警方當場擊斃了五名歹徒，然而九名以色列運動員已經遇害，西德還搭上了一名警察。慕尼黑奧運會因為此事暫停了一天，西德政府因為保全措施的疏漏和對恐怖分子的掉以輕心，被全世界批評，而就是從這屆奧運會開始，保安工作成為重中之重。

傳說襲擊慕尼黑奧運會的恐怖組織和紅軍派是有聯繫的，他們對奧運會的行動，有點聲援紅軍派的意思。紅軍派看著一起受訓的兄弟們那麼神勇，膽子更大了。

最轟動的一年是一九七七年，這一年歷史上被稱為「德意志之秋」。為了要求釋放被捕的兄弟，監獄之外的紅軍派的報復更加激烈。先是刺殺了聯邦德國的總檢察長，接著德累斯頓銀行的總裁遇害，隨後是紅軍派威脅要用火箭筒攻打聯邦檢察院！

恐怖活動一輪接一輪，德國的有錢人資本家不知道下一個輪到誰，都活在恐慌裡。但是施密特政府沒有屈服，堅決不釋放關押的恐怖份子頭目。當年九月五日，西德雇主聯合會主席施賴爾被綁架。

紅軍派要求德國政府釋放關押的紅軍派成員，每人給十萬馬克送他們出境。這種條件，任何政府都不會接受的。

十月十三日，為了再次聲援紅軍派，巴解的四名激進份子劫持德國漢莎航空公司的一架客機，帶著機上八十七名乘客，迫降在索馬里的摩加迪休機場。五天後，西德派出一支特種部隊，進入機場，擊斃了悍匪，解救了人質。

紅軍派見這麼大的行動都被粉碎，知道自己沒盼頭了，幾個頭目當天全部自殺。德國人就是節烈，自殺和殺人一樣毫不手軟。施賴爾的屍體在一輛汽車的後車箱被發現。可憐的夥計，被關押了四十四天還是被打爆腦袋死掉了。

後來紅軍派一直還有些零星的活動，到一九九八年才算正式終結。被紅軍派殺掉的人不少，都是大人物，西門子公司總裁、德意志銀行行長之流都在其中。

雖然施密特在任沒有徹底打掉紅軍派，不過跟熬過經濟危機一樣，他也熬過了這殘酷的一九七七年。他連續兩屆贏得了大選，可惜，既然西德有總理魔咒，施密特也是逃不掉的。

施密特是唯一一個「死」於「建設性不信任案」的德國總理。「建設性不信任案」，顧名思義，包括兩部分，第一是不信任，第二是建設性。也就是說，國會認為總理信不過了，不能用了，不能投票讓他下課就完了，必須先選一個新總理出來，再罷免上一個總理。這項法律再次看出德意志民族考慮事情很嚴密嚴謹的。

施密特屬於社民黨，當時的政府是社民黨和自民黨聯合組閣，基民盟在野。因為在某些經濟政策上，社民黨和自由黨不能統一，自民黨在內閣的幾個大員請辭，自民黨退出內閣，轉而與基民盟合作。而施密特因為有些對東歐和美國的政策讓社民黨對他也很不滿意，於是這三大政黨都想讓他下台。根據「建設性不信任案」，基民盟的科爾被選為新總理，大家都沒意見，國會投票，施密特下課。

一九八二年，德國歷史上最神氣的總理科爾上任了。

49 高牆內外之民主德國

上篇老楊介紹了西德歷任總理的瑣事，一本正統的歷史書，應該是重點介紹該國政治經濟發展的。而老楊覺得，西德發展發達到什麼程度，根本不用詳細介紹，如果西德不好，東德為什麼願意被他合併呢？而既然東德後來消失了，他家的故事，也就隨便說說吧。

西德有三個政黨，東德沒這麼囉嗦，人家就一個黨，統一社會黨。東德是老毛子一手建立的，他家只知道一個政黨統治國家，政黨輪替這個事，蘇聯人也不懂，沒辦法教給東德。

民主德國是德意志的東部地區，歷史上的經濟支柱就是農業。不論是大型工業還是資源礦產，基本都在德意志西部。第二次世界大戰後，老毛子為了追繳欠款，將東德這邊非常可憐的一些工業設施也拆走了。「馬歇爾計畫」啟動後，美元輸血般進入西德，而相對應的是，老毛子還在不停地追要欠款，東德的老百姓從建國那一天就負債累累。從起步開始，東德遠遠落後西德。

前面說過，柏林牆的建立，就是要防止東德的人往西德跑。跑的都是專業人士，還有些農莊主之類的。百廢待興，工廠沒了，技術工人跑了，連種地的都越來越少。本來就缺吃少穿的，蘇聯老大哥的債還不能不還。一九五三年六月，統一社會黨發布決議，把那些公家公司，國有企業的工作定額指標提高十%，但是工人薪資呢，原地不動，最可悲的是，東德政府還上調了肉、蛋等生活必需品的價格！

六月十五—十六日，東德各地陸續出現規模不等的罷工潮，罷工的人群不受控制，開始跟警察發生衝突，在六月十七日，發展到高潮，東柏林有四萬多各階層的人走上街頭，示威遊行。本來只是要求政府減低食品價格，降低生產生活壓力，誰知發展到後來，就變成了要求民主，要求自由，要求兩德統一。東德政府看著事態好像要變質，儼然已經向起義或者造反那個方向發展了，趕緊向蘇聯求助。駐德蘇軍出面平息了這次工潮。

事件之後，蘇聯老大哥自己也反省了一下，是不是把小兄弟逼得太緊了？一九五四年開始，蘇聯不再跟東德追債，還將幾個大型工業實體無償轉讓給東德，隨後向東德提供原料和糧食。

德意志民族的特點就是生命力頑強，給點陽光就燦爛，給點雨露就氾濫。東德跟西德一樣，在克服了戰後最初幾年的困難後，東德的社會主義經濟也走上了神奇的快速發展大道。

東德的歷史上，對國家有重大影響的，是前後兩位領導人，兩個黨的總書記，一個是一九五〇年—一九七一年在任的烏布利希，另一位則是一九七一—一九八九年在任的昂奈克。這兩個同志跟西德的總理一樣，下場也都不太好。

雖然都是一個黨派的書記，兩人在經濟政策上還略有不同。烏布利希認為，國家雖然是社會主義的，但是不用什麼都收歸國有，有些地方和企業要給與一定自主權，引入部分的市場經濟機制。

這個東德特色的社會主義在五〇—七〇年代，讓東德的經濟高速發展，國民收入翻了兩番，在東歐各國中，發展形勢最好。

隨著經濟發展，計劃經濟的弊端暴露出來，烏布利希動了改革的念頭，於是被整下台了。昂奈克在蘇聯勃列日涅夫的支持下，成為新的總書記。昂奈克認為社會主義就是社會主義，計劃經濟就是計劃經濟，不要摻雜其他東西，所以在他任內一直致力於加強中央集權和集權經濟。

昂奈克治下，因為集約化經營，資源統一調配，生產統一部署，頭幾年顯得效率很高。

一九八四年，民主德國的人均收入名列世界第八位，已經進入世界發達工業國家行列，踞東歐各國之首。不過，需要特別備註的是，進入八〇年代，隨著東西德關係有所緩和發展，聯邦德國向民主德國提供了數量巨大的貸款。

前面說到，勃蘭特總理因為身邊的東德間諜助理被下課。東德的間諜居然如此厲害，連帶著東德的情報部門也大紅大紫了。其實，說到東德，他家的國家安全部是不能不提的，這個叫做「史塔西」的部門，被認為是世界上頂尖的情報部門。

「史塔西」最早師從蘇聯的克格勃及納粹的蓋世太保，隨著第二次世界大戰後科技的進步，這個成立於一九五〇年的組織玩出了屬於自己的血染的風采。

「史塔西」組織的口號叫做「我們無處不在」。他們還真做到了，無孔不入地監視和監聽是他們最擅長的工作。對外派駐間諜方面，全世界都公認他們成果卓絕，看吧，隨便派個人就成為了西德總理最信任的私人助理，而整翻了一屆內閣。

一九八二年，柴契爾夫人祕密訪問西德，英國的情報部門裝神弄鬼跑前跑後地忙碌，以為將首相的行蹤隱藏得天衣無縫，結果，後來的揭祕資料顯示，柴契爾夫人在西德的行動全程，都被東德監視並拍照留念了。

柴契爾夫人是個極端的反共份子，那次訪問，不論是她本人還是科爾，都以為保密和保安工作非常完美，「史塔西」的資料顯示，當時想謀殺柴契爾夫人，絕對是舉手之勞。英國篇曾說到一九八四年柴契爾夫人在布萊頓飯店遇襲，差點被炸死，據說當時動手的愛爾蘭共和軍私下一直和史塔西保持密切聯繫。

50 柏林牆的倒掉

東德的事是頂沒勁的，還是轉回西德吧，西德現在的掌門人是科爾總理。

科爾總理是七〇後很熟悉的人物，我們剛懂事的時候，家裡電視新聞裡，經常聽到這胖老頭的名字。這是一個身材高大，說話帶著嚴重口音的人，長得慈眉善目的。

科爾擁有哲學的博士學位。科爾從青年時代就喜歡政治，加入基民盟，一九七三年成為該黨主席。基民盟發起不信任案整倒了上任總理施密特，基民盟成為執政黨，則科爾成為新總理。科爾是德國歷史上僅次於俾斯麥在位時間最長的國家元首，而跟俾斯麥一樣，科爾最了不起的，則是他一手促成了德國統一。

上篇介紹了東西德兩國的各自發展，好像日子都很好過，為什麼東德突然就想回到西德的懷抱呢？神仙鬧的，不過，神仙不是科爾，神仙是蘇聯的戈巴契夫。

一九八五年，這位蘇聯神人入主了克林姆林宮，將整個世界攪翻了天。老戈那驚天動地的改革重點就是一句話，向資本主義學習，向資本主義靠攏。蘇聯老大哥熬不住了，美國等西方勢力手腳麻利地向東歐滲透。從一九八九年波蘭變色開始，整個東歐推倒了多米諾骨牌，匈牙利、捷克、保加利亞、羅馬尼亞全跟著改旗易幟，成為資本主義陣營的新小弟。

民主德國是東歐國家中最富裕的，屬於發達國家。窮才思變，不窮就說明沒錯，昂奈克覺得，東德跟波蘭那些窮鄉僻壤不一樣，沒什麼需要改革的，不能跟著這些不著調的鄰居瞎跑，東德要以不變應萬變。

吃飽了肚子就有精神追求啊，周圍的人都在要求自由民主，咱們東德的老百姓還被牆圍著呢，他們也有不滿要發洩啊。東德的老百姓想發洩，除了遊行示威抗議政府，還有一個選擇，那就是跑到西德去。

匈牙利變色後，拆除了與奧地利邊境的電網和鐵絲網，匈牙利的人可以隨便去奧地利溜達了，隨後，捷克的邊境也開放了。這樣一來，東德的兄弟們可以組團到捷克和匈牙利旅遊，而後撒丫子竄到西德去。雖然繞遠路，肯定比翻牆安全。

那陣子真是東歐旅行的黃金歲月啊，捷克、匈牙利的旅行社，接待東德偷渡團的，數錢數到手軟，三個月，有近十萬人經這兩地進入西德。

昂奈克恨不得放狼狗追這幫逃兵，可是人家已經進入自由世界了，不歸他管了。無奈之下，還是要找老大哥幫忙，正好趕上東德國慶四十周年，把戈巴契夫請來，「老大，你說幾句中聽的，告訴我們這幫老鄉，現在的生活很好，千萬別鬧事」。誰知道老戈過來就是拆台的，他公開致詞，話裡有話地要求東德跟上東歐其他國家的改革步伐，與時俱進，「誰要是跟不上形勢，誰就會受到現實的懲罰」。

行了，大哥這番話，如同往東德的柴火堆裡倒了一桶汽油，那火焰真是騰騰的。東德人不忙著旅遊了，他們上街遊行示威，提出了「新聞自由」、「旅遊自由」、「選舉自由」等各種要求，而在所有的要求中，漸漸有一種要求成為中心，那就是「統一」！

昂奈克徹底失勢，當月就被趕下台，克倫茨成為東德新任老大，一上台，他就說要改革，但是改革可以談，統一的事暫時不談。這時的東德人民，已經有非常清醒的訴求了，所以不依不饒地繼續遊行，而且動輒是幾十萬人的大規模遊行。

東德政府現在唯一能想到的，暫時平息混亂的辦法，就是，開放柏林牆。

十一月九日晚上十點，東德的邊防戰士奉命打開柏林牆關卡的圍欄，潮水般巨大的人流帶著笑聲、哭聲、歡呼湧向西柏林。在西柏林等待的親屬朋友們也帶著笑聲、哭聲、歡呼聲奔跑著迎上去，兩邊的人流擁抱在一起，笑聲、哭聲、歡呼聲疊加在一起，響徹夜空。

這是世界歷史上最讓人感動激動的時刻，最動人心魄的圖畫。二十八年了，上次見面時的嬰兒現在已經是高大的青年，而曾經年少輕狂的兄弟朋友，如今已是兩鬢染霜。過去這二十八年的歲月僅僅是一牆之隔，可兩邊有多麼不一樣的故事和人生啊。

牆內牆外這些激動的人們，找到了最好的慶祝方法，那就是拿柏林牆出氣，用各種工具毀壞它，雖然正式推倒它是後來的事，但在開放的那幾天，他就已經被鑿子錘子等小型工具破壞得不成樣子了。當時有些頗有生意頭腦的商人精心收集柏林牆的碎片，後來當作紀念品出售，還真有人買。

「當初，白蛇娘娘壓在塔底下，法海禪師躲在蟹殼裡。現在卻只有這位老禪師獨自靜坐了，非到螃蟹斷種的那一天為止出不來。莫非他造塔的時候，竟沒有想到塔是終究要倒的麼？活該！」這是我們家魯迅先生的名篇《論雷峰塔的倒掉》最後一段，老楊每次講到推倒柏林牆這段，心中總會自然浮現這段話。

51 再次統一

柏林牆開放，東德的人跑到西德去的人單日超過五十萬。本以為開放柏林牆，讓老百姓有個出口，可以緩解國內的緊張局勢，可沒想到，老百姓對統一的要求更強烈了。

科爾總理本來在波蘭訪問，聽說柏林牆開放了，立即提前結束訪問，開始全力策劃如何利用東德百姓的強烈情緒。

西德規定，東德人進入西德，憑身分證件可以在任何銀行、儲蓄所等金融機構領取一百西德馬克的「歡迎費」，拿到以後就可以隨意去購物。「地主」說，一百馬克管什麼用啊?!八〇年代，咱們家的駐德國大使一個月的薪資大約也不過兩百多馬克。幾十萬東德人進入西德，大家可以算算，西德人的誠意。

本來東德只有執政黨，東歐劇變，東德人也順應潮流搗鼓出好些個黨派。德國統一社會黨為了應和民意，也改名為民主社會主義黨，之前的昂奈克和後來的克倫茨與新黨形象不配套，全部開除出黨。此時東德的情形，再想一黨獨大獨裁統治幾乎是不可能了，既然有這麼多黨派了，當然就可以玩競選了，選出一個人民議會出來。

一九九〇年三月十八日，對東德人來說，真是新奇的日子。跟蘇聯老大哥混了這麼久，大世面沒見過，小狀況還是常經歷，但是公民選舉國家政府，這個事真沒玩過啊。老楊想像，肯定有很多東德人填選票的時候，會顫抖著手，緊張得直冒汗。

這次大選幾乎是西德一手安排主導的，科爾總理需要在所有參選的黨派中，選擇和自己心思最契合的，扶植其上位。登記參選的政黨組織有二十四個，雖然都是新手，也像模像樣地各自拋出了競選綱領。科爾仔細閱讀每個政黨組織的施政主張。關於國家自由民主，經濟發展外交關係之類的，科爾顧不上看了，他最關心的，是這些政黨關於兩德統一的想法。

其中有個政黨的主張讓科爾露出了滿意的笑容，這個黨派叫做德國基督教民主聯盟，簡稱基民盟，也就是科爾的政黨在東德組建的黨派，一筆寫不出兩個「基」，一家人嗎，心往一處想，勁往一處使。東德的基民盟對統一的看法是：民主德國直接併入聯邦德國，合併後的德國繼續留在北約。

大選期間，科爾和西德基民盟忙死了，那真是出錢又出力啊，多方奔走，大把撒錢，老科隔三差五就竄到東德去，幫著基民盟站台競選，而且科爾拋出了一個殺手鐧，他宣布，如果基民盟贏得大選，東德人手裡的東德馬克可以一：一兌換成西德馬克！

當時西德馬克的價值大約是東德馬克的四倍，也就是說，東德一回歸西德，老鄉們的財富立時翻倍，各個都能發筆小財。這個利誘太赤裸裸，太不可抗拒了。東德基民盟就此贏得大選，黨主席德梅齊埃成為部長會議主席，也就是東德的國家元首。

後來的事實證明，東西德馬克一比一的兌換，雖然是幫助科爾實現了統一的目標，卻為統一後的德國埋下巨大的禍端，後面會說到。

新政府一上台就開始跟西德討論合併問題，最重要的當然是貨幣，既然科爾事先有承諾，東德的百姓只管把薪資養老金之類的拿過來兌換就好了。其他關於國名、國體、國歌、國旗之類的都好說，眼下最重要的問題是，當時東西德分家是英法美蘇四國主導的，現在要合併，這四家說了，他們必須參與討論。

一九九〇年五月，兩德和英法美蘇四國外長在波恩開會，這個六方會議被叫做「2＋4」外長會議。西方人也磨嘰，人家統一都成定局了，還開這種馬拉松式的長篇會議，從五月開到十月，經過四輪磋商總算達成協議。

其實這六方外長，英法美和兩德早就意見一致，最難纏的是蘇聯，他家不同意西德吃掉東德、不同意新德國留在北約，還有蘇聯在東德的駐軍問題，好在，戈巴契夫這個人算是蘇聯歷史上最好說話的領袖，一點不強硬，看著與會代表都累得不行了，而且人家還答應給蘇聯一百五十億馬克的撤軍費呢，到最後，蘇聯都妥協了。

一九九〇年十月三日凌晨，東德所有政府部門的旗幟緩緩降下，隨後升起聯邦德國的國旗，柏林地區舉行了盛大的慶祝活動，來自全世界兩千多名政要親眼見證了這個偉大的時刻，東德的五個州正式宣布併入聯邦德國，兩德從此合二為一，存在了四十一年的民主德國，平靜地退出了歷史。

做了東德元首半年的梅齊埃淡定地交出了自己的職位，等待聯邦政府的安排，在兩德統一的慶祝大會上，梅齊埃提醒所有人，就算民主德國已經退出了歷史舞台，這四十一年的歷史是不能抹殺的，東德人民四十一年的努力奮鬥，以及他們為兩德統一作出的貢獻也是不可忽略和遺忘的。

統一後梅齊埃基本退出了政壇，現在是一個律師。應該說，這個東德的末代總理對統一的貢獻是挺大的，而他的工作還有一個亮點，那就是，在他任內，他有一個政府副發言人，挺機靈的一個小姑娘，名字叫做默克爾。

52 猜不到，這結局

其實在德國所有的政黨裡，對兩德統一最上心的是社民黨，所以他們會搞「新東方政策」，並主動向東歐、東德示好。態度太親熱，沒控制好尺度，勃蘭特總理還栽了。基民盟一直是親美的，他們的外交政策中，對美德關係的重視肯定大於對統一的熱衷，可是他們就是有這麼好的運氣，就趕上了這個千載難逢的好時候，讓科爾和基民盟一舉成就了這麼大的一件功勳。

科爾在兩德統一的過程中，最大的特點就是快刀斬亂麻。當時有很多人提醒他，兩種制度直接合併，操之過急肯定會出很多問題，應該先將兩邊經濟、政治、制度上差異適度調和，再說統一的事。科爾是個政治家，他知道機不可失失不再來的道理，先拿回來，強行送進洞房，生米煮成熟飯，成了一家人了，還有什麼不好商量的。

無情的現實讓主婚人科爾大受打擊。剛結婚那兩年兩口子日子還不錯，第三年就開始出現問題，而且問題還越來越多，尤其是經濟發展方面。

一九九〇－一九九一年，新德國經歷了一個發展高峰期，源於西德對東德基礎建設項目投入，老婆進門了，總要給買新衣服新鞋子新首飾給好好打扮一下。可到了一九九二年，德國經濟就陷入了嚴重的衰退，後來一直到二十一世紀，就再沒見到那種高速發展的大好形勢，經濟狀況應該說是非常低迷的。

統一後十年，很多記者去德國採訪，都喜歡問德國人，統一後的生活怎麼樣，有很大一部分德國人認為沒有統一前日子好過，而這其中，最多的是東德人。

東德人怎麼了，不是嫁入豪門了嗎，怎麼整得這麼怨婦呢？這要從合併時說起。大家還記得吧，科爾為了迎娶東德，同意讓西德馬克和東德馬克按一：一兌換合併，東德老百姓像中了彩券一樣高興啊。社會主義國家的老百姓，腦子裡就不容易有經濟學的意識。東德馬克直接變成西德馬克，等於是人為地導致東德貨幣的大幅度升值，直接產生的結果誰都知道，出口受挫。

人家西德馬克堅挺值錢，那是人家西德生產的都是高精尖的工業產品，你東德生產出來的，本來就是便宜貨，用東德馬克結算還能接受，現在要支付西德馬克了，誰還買你家東西啊。貨幣升值，肯定會造成出口減少進口增加，自己家的東西賣不掉，外面的產品還都擠進來，東德的工廠能不倒閉嗎？工廠都倒了，工人能不失業嗎？

科爾總理承諾過，合併之後，三－五年，能讓東德人民的生活水準跟西德人一樣。這個大話說得太大了，東德的工業都完蛋了，生活水準從哪來啊？不要緊，西德有錢。平均一年一千億，往東德砸！為了保證西德政府的砸錢計畫，西德人民繳納「團結稅」。

西德人對東德人算不錯了，哪個政府開徵新的稅種不遭人罵啊，對於科爾政府的「團結稅」，西德人民沒意見，都痛快交了。根據統計，從一九九〇年－二〇〇〇年，西德對東德的輸血，高達一點五萬億馬克。

這麼一筆天文數字的投入，還是沒讓東德人滿意。合併前東德的社會福利也不錯，跟東歐其他國家比，那是頂尖的，一合併，發現西德的福利更好。既然總理承諾，要讓東德人過上西德人的日子，社會福利首先要跟上吧，於是，這一點五萬億馬克，大部分都用來直接補貼給老百姓了。授人以魚不如授人以漁，老百姓雖然有勞保吃，還是希望有工作幹，東部工業一直不景氣，失業率高居不下，東德人豈能不埋怨呢？

大家說了，沒有柏林牆了，東德找不到工作不會去西德嗎？真沒法去，雖然同根同種，可這四十年的高牆內外，職業經歷、教育水準、人的素質已經拉開很大的差距，東德人經常說西德人歧視他們，不給他們工作，西德人也冤枉，西德的企業出名的科學高效，東德原來那些人浮於事的國企員工過來，怎麼適應呢？就算進入西德企業打工，東德的工人還是抱怨，薪資收入比不上西德人。

還有一部分東德人抱怨得更厲害，原來東德政府的官員們。他們最委屈，東歐其他國家變色，公有制到私有制的進程裡，離資源最近的官僚們都發財了，俄羅斯家那幾個都發成巨頭了，可因為東德直接被合併，這些人什麼也沒弄到手，好處都被來自西德的資本主義企業家拿走了。最痛苦的是，之前高高在上的官僚生活，如今還被剝奪了所有特權，跟小老百姓一樣了，這樣的日子，真是不好過啊。

統一後有些德國經濟學家說，德國的經濟的低迷，是因為他家有其他家沒有的沉重的包袱。而這個沉重包袱，說的肯定是東德。這一點五萬億的投入，到二十一世紀，東德的生活水準達到了西德的九十%，很多西德人肯定想，如果這筆支出直接用於西德，西德將會怎麼樣呢？

德國人常說，柏林牆倒了，可兩邊人民心中的牆最少還需要一代人的努力才能推倒。不管是西德人說東德人不知道感恩還嫉妒，還是東德人說西德人搞歧視，現在已經是一家人了，統一是發展趨勢，痛苦的磨合過程也是不可避免的。

53 德意志是鐵打的

說到這裡，差不多了。統一、分裂，再統一、再分裂，再再統一，為了理清楚這個過程，老楊真是筋疲力盡了。歐洲各大國的歷史，德國歷史是最難以梳理的，這家人大部分時間就分得七零八落，不分裂的時候，就把其他國家打得分裂，真不讓人省心啊。

很多不省心的小孩都是天才，老楊一直覺得，如果每個國家都是一個人的話，德意志就是天才，而且是鐵打的天才，不管多少次被打倒，都能漂亮地再次站起來。

雖然統一後，德國經歷了十年遲緩的發展期，但是他家依然保持著世界第三大經濟體的地位。德國點燃了兩次戰火，將整個歐洲打成廢墟，可是歐盟成立後，他家還是以超強的實力成為歐洲老大，現在，德國是歐盟國家中最大的經濟體，是歐盟諸國的核心。

在二〇一〇年之前，德國是世界上最大的出口國，今年這個地位被中國人暫時拿走了。不過，就算中國產品的出口金額超過了德國，咱們的出口產品和德國的出口產品也不可同日而語，咱們勝的是數量，德國人勝的，是質地。

一次次在廢墟上重建繁榮，德意志的筋骨是鐵打的；

一次次慘澹失敗而振作奮起，德意志的精神是鐵打的；

被仇恨被懲罰能自尊自省，德意志的心裡素質是鐵打的；
在這麼熱的夏天寫完這麼紛亂破碎的德國史，老楊也是鐵打的。

德國王室世系表

法蘭克王國

墨洛溫王朝（481—751）

1 克洛維一世（466—511）（法蘭克王國國王481—511）

2 克洛塔爾一世（500—561）（法蘭克王國國王511—561）

3 希爾佩里克一世（539—584）（法蘭克王國國王561—584）

4 克洛塔爾二世（584—629）（法蘭克王國國王613—629）

5 達格貝爾特一世（605—639）（法蘭克王國國王623—639）

6 克洛維二世（634—657）（法蘭克王國國王639—657）

7 丕平時代

（1）丕平一世（？—640）

（2）丕平二世（635—714）

（3）查理· 馬特（688—741）

加洛林王朝（751—987）

1 丕平三世（714—768）（法蘭克王國國王751—768）

2 查理一世（742—814）（法蘭克王國國王，皇帝768—814）

3 路易一世（778—840）（法蘭克王國國王，皇帝814—840）

（注：三個兒子簽訂《凡爾登條約》，法蘭克王國分裂，下面是德意志的東法蘭克王國）

4 路易二世（804—876）（東法蘭克國王843—876）

5 路易三世（830—882）（東法蘭克國王876—882）

6 查理三世（839—888）（東、西法蘭克國王，皇帝881—887）

（注：西法蘭克的「禿頭」查理為查理二世）

7 阿努夫（？—899）（東法蘭克國王887—899，皇帝896—899）（注：私生子）

8 路易四世（893—911）（東法蘭克國王900—911）

第一帝國—德意志神聖羅馬帝國

法蘭克尼亞王朝（911—918）

康拉德一世（？—918）（德意志國王912—918）

薩克森王朝（919—1024）

1 亨利一世（876—936）（德意志國王919—936）

2 奧托一世（912—973）（德意志國王936—973，羅馬帝國皇帝962—973）

3 奧托二世（955—983）（德意志國王961—983，羅馬帝國皇帝967—983）

4 奧托三世（980—1002）（德意志國王983—1002，羅馬帝國皇帝996—1002）

5 亨利二世（973—1024）（德意志國王1002—1024，羅馬帝國皇帝1014—1024）

薩利安王朝（1024—1137）

1 康拉德二世（990—1039）（德意志國王1024—1039，羅馬帝國皇帝1027—1039）

2 亨利三世（1017—1056）（德意志國王1039—1056，羅馬帝國皇帝1046—1056）

3 亨利四世（1050—1106）（德意志國王1056—1106，羅馬帝國皇帝1084—1106）

4 亨利五世（1089—1125）（德意志國王1099—1125，羅馬帝國皇帝1111—1125）

5 洛泰爾二世（1075—1137）（德意志國王1125—1137，羅馬帝國皇帝1133—1137）（注：《凡爾登條約》中得到中部王國的洛泰爾擁有皇帝位，稱一世）

霍亨施陶芬王朝（1138—1208，1212—1254）

1 康拉德三世（1093—1152）（德意志國王1138—1152）

2 腓特烈一世（1123—1190）（德意志國王1152—1190，神聖羅馬帝國皇帝1155—1190）

3 亨利六世（1165—1197）（德意志國王1169—1197，神聖羅馬帝國皇帝1191—1197）

4 菲力浦（1178—1208）（德意志國王1197—1208）

韋爾夫王朝（1198—1215）

奧托四世（1175或1182—1218）（德意志國王1198—1215，神聖羅馬帝國皇帝1209—1215）

霍亨施陶芬王朝（續）

1 腓特烈二世（1194—1250）（德意志國王1212—1250，神聖羅馬帝國皇帝1220—1250）

2 康拉德四世（1228—1254）（德意志國王1250—1254）（注：教皇英諾森四世1254年開除康拉德四世教籍，無皇帝加冕）

空位時期

哈布斯堡王朝（注：此世代只擔任德意志國王，皇帝位為北義大利王國擁有）

1 魯道夫一世（1218—1291）（德意志國王1273—1291）

2 阿道夫（1250—1298）（德意志國王1292—1298）（注：拿索伯爵，不屬哈布斯堡系，為德意志貴族推舉以對抗強大的哈布斯堡家族，被阿爾貝特一世處死）

3 阿爾貝特一世（1255—1308）（德意志國王1298—1308）

盧森堡王朝

亨利七世（1269或1274—1313）（德意志國王1308—1313，神聖羅馬帝國皇帝1312—1313）

維特爾斯巴赫王朝

路易四世（？1283—1347）（德意志國王1314—1347，神聖羅馬帝國皇帝1328—1347）

盧森堡王朝（續）

1 查理四世（131—1378）（德意志國王1346—1378，神聖羅馬帝國皇帝1355—1378）

2 文策爾（1361—1419）（波西米亞國王1373—1419，德意志國王1378—1400）

維特爾斯巴赫王朝（續）

魯佩特（1352—1410）（德意志國王1400—1410，神聖羅馬帝國皇帝1403—1410）

盧森堡王朝（續）

西吉斯蒙德（1368—1437）（匈牙利國王1387—1437，波西米亞國王1419—1437，德意志國王1410—1437，神聖羅馬帝國皇帝1433—1437）

哈布斯堡王朝（續）

1 阿爾貝特二世（1397—1439）（匈牙利國王，波西米亞國王，德意志國王1438—1439）

2 腓特烈三世（1415—1438）（德意志國王1440—1493，神聖羅馬帝國皇帝1452—1493）

3 馬克西米連一世（1453—1519）（德意志國王1486—1519，神聖羅馬帝國皇帝1493—1419）

4 查理五世（1500—1558）（西班牙國王1516—1555，德意志國王

1519—1555，神聖羅馬帝國皇帝1520—1555）（注：此後哈布斯堡家族分為西班牙系和奧地利系，以下為奧地利系）

5 斐迪南一世（1503—1564）（匈牙利國王1526—1563，波西米亞國王1526—1562，神聖羅馬帝國皇帝1555—1564）

6 馬克西米連二世（1527—1576）（波西米亞國王1562—1575，匈牙利國王1563—1572，神聖羅馬帝國皇帝1564—1576）

7 魯道夫二世（1552—1612）（匈牙利國王1572—1608，波西米亞國王1575—1611，神聖羅馬帝國皇帝1576—1612）

8 馬蒂亞斯（1557—1619）（匈牙利國王1608—1618，波西米亞國王1611—1617，神聖羅馬帝國皇帝1612—1619）

9 斐迪南二世（1578—1637）（匈牙利國王1618—1625，波西米亞國王1619—1627，神聖羅馬帝國皇帝1619—1637）

10 斐迪南三世（1608—1657）（匈牙利國王1625—1655，波西米亞國王1627—1656，神聖羅馬帝國皇帝1637—1657）

11 利奧波德一世（1640—1705）（匈牙利國王1655—1687，波西米亞國王1656—1690，神聖羅馬帝國皇帝1658—1705）

12 約瑟夫一世（1678—1711）（匈牙利國王1687—1711，波西米亞國王1690—1711，神聖羅馬帝國皇帝1705—1711）

13 查理六世（1685—1740）（匈牙利國王，波西米亞國王，神聖羅馬帝國皇帝1711—1740）

14 瑪麗亞·泰瑞莎（1717—1780）（奧地利大公，匈牙利、波西米亞女王1740—1780）

法蘭茲一世（1708—176）（神聖羅馬帝國皇帝1745—1765）

15 查理七世（1679—1745）（神聖羅馬帝國皇帝1742—1745）

16 約瑟夫二世（1741—1790）（匈牙利國王，波西米亞國王1780—1790，神聖羅馬帝國皇帝1765—1790）

17 利奧波德二世（1745—1792）（匈牙利國王，波西米亞國王，神聖羅馬帝國皇帝1790—1792）

18 法蘭茲二世（1768—1835）（匈牙利國王，波西米亞國王，神聖羅馬帝國皇帝1792—1805）（注：神聖羅馬帝國後被拿破崙勒令解散）

第二帝國—德意志帝國

霍亨索倫王朝（注：普魯士王國部分略）

1 威廉一世（1792—1888）（普魯士國王1861—1888，德意志帝國皇帝1871—1888）

2 腓特烈三世（1831—1888）（普魯士國王，德意志帝國皇帝1888）

3 威廉二世（1859—1914）（普魯士國王，德意志帝國皇帝1888—1914）

德意志共和國（第一共和國）（1918—1933）

納粹德國（第三帝國）（1933—1945）

德意志民主共和國（1950—1990）

德意志聯邦共和國（1949—1990）

世界歷史有一套之德意志是鐵打的／楊白勞著. --
一版.-- 臺北市：大地, 2013.11
面： 公分. --（History：61）

ISBN 978-986-5800-05-5（平裝）

1. 德國史

743.1 102021905

世界歷史有一套之德意志是鐵打的

HISTORY 061

作　　者　楊白勞
發 行 人　吳錫清
主　　編　陳玟玟
出 版 者　大地出版社
社　　址　114台北市內湖區瑞光路358巷38弄36號4樓之2
劃撥帳號　50031946（戶名　大地出版社有限公司）
電　　話　02-26277749
傳　　真　02-26270895
E - mail　vastplai@ms45.hinet.net
網　　址　www.vastplain.com.tw
美術設計　普林特斯資訊股份有限公司
印 刷 者　普林特斯資訊股份有限公司
一版一刷　2013年11月

大地

定　價：350元
版權所有・翻印必究
Printed in Taiwan

本書原出版者：現代出版社有限公司，簡體版原書名：《世界歷史有一套之德意志是鐵打的》作者：楊白勞，版權經紀人：丹飛。經由中文繁體字版權代理：中圖公司版權部，授權台灣大地出版社在台灣、香港、澳門地區獨家出版發行。